우리 아이
교과서여행
가이드북

우리 아이
교과서여행 가이드북

초판 1쇄 | 2025년 7월 25일

글과 사진 | 권다현

발행인 | 유철상
책임편집 | 이유나
편집 | 김정민, 성도연
디자인 | 노세희, 주인지
마케팅 | 조종삼

펴낸 곳 | 상상출판
주소 | 서울특별시 동대문구 왕산로28길 37, 2층(용두동)
구입·내용 문의 | **전화** 02-963-9891(편집), 070-8854-9915(마케팅)
팩스 02-963-9892 **이메일** sangsang9892@gmail.com
등록 | 2009년 9월 22일(제305-2010-02호)
찍은 곳 | 다라니
종이 | ㈜월드페이퍼

※ 가격은 뒤표지에 있습니다.

ISBN 979-11-6782-222-2(13980)

© 2025 권다현

※ 이 책은 상상출판이 저작권자와의 계약에 따라 발행한 것이므로
   본사의 서면 허락 없이는 어떠한 형태나 수단으로도 이용하지 못합니다.
※ 잘못된 책은 구입하신 곳에서 바꿔 드립니다.

www.esangsang.co.kr

교과서와 친해지는 사계절 국내여행지 365

우리 아이 교과서 여행 가이드북

권다현 지음

상상출판

차 례

프롤로그 · 18
이 책을 보는 방법 · 20
아이와의 여행, 이것이 궁금해요! · 22
아이랑 가뿐하게~ 짐 꾸리기 체크리스트 · 26
학년별 추천 여행지 교과서 밖으로 여행을 떠나요! · 28
계절별 1박 2일 추천 코스 · 30
제주 2박 3일 추천 코스 · 38
베스트 아이 여행지 · 40
자연 산책길 | 동물체험공간 | 직업체험공간 | 국립 전시관

 1. 꽃향기 따라 타박타박~ · 48

- 001 국립서울현충원 · 50
- 002 경교장 · 51
- 003 북서울꿈의숲 · 52
- 004 서대문형무소역사관 · 53
- 005 서울새활용플라자 · 54
- 006 서울에너지드림센터 · 55
- 007 심우장 · 56
- 008 우리옛돌박물관 · 57
- 009 안산자락길 · 58
- 010 종로구립 박노수미술관 · 60
- 011 창덕궁 · 61
- 012 통인시장 · 62
- 013 항동철길 · 63
- 014 홍릉숲 · 64
- 015 중남미문화원 · 65
- 016 한국마사회 원당목장 · 66
- 017 동구릉 · 67
- 018 물맑음수목원 · 68
- 019 안성팜랜드 · 69
- 020 쁘띠포레 · 70
- 021 안양예술공원 · 71
- 022 세종대왕릉 · 72
- 023 연천전곡리유적 · 73
- 024 철도박물관 · 74
- 025 신장쇼핑몰 · 75
- 026 임진각 관광지 · 76
- 027 포천아트밸리 · 78
- 028 노추산 모정탑길 · 79
- 029 르꼬따쥬 · 80
- 030 하슬라아트월드 · 81
- 031 화진포 · 82
- 032 감추해수욕장 · 83
- 033 보광미니골프장 with 카페18홀 · 84
- 034 상도문돌담마을 · 85
- 035 젊은달와이파크 · 86
- 036 영월 청령포 · 87
- 037 뮤지엄 산 · 88
- 038 제이드가든 · 90
- 039 이상원미술관 · 91
- 040 대관령양떼목장 · 92
- 041 제천 배론성지 · 93
- 042 청풍호반케이블카 · 94
- 043 수암골 · 95
- 044 청주 운보의 집 · 96
- 045 청남대 · 97
- 046 오대호아트팩토리 · 98
- 047 중앙탑사적공원 · 99
- 048 계족산 황톳길 · 100
- 049 뿌리공원 · 101
- 050 베어트리파크 · 102
- 051 공산성 · 103

052	공주 원도심 투어 · 104		**086**	다랭이마을 · 139
053	신리성지 · 105		**087**	섬이정원 · 140
054	유기방가옥 · 106		**088**	위양지 · 141
055	당림미술관 · 107		**089**	사천케이블카 자연휴양림 · 142
056	내포보부상촌 · 108		**090**	순매원 · 143
057	아그로랜드 태신목장 · 109		**091**	사량도 · 144
058	충의사 · 110		**092**	장사도 해상공원 까멜리아 · 145
059	천안 유관순열사유적 · 111		**093**	통영 삼도수군통제영 · 146
060	이응노의 집 · 112		**094**	하동 차마실 · 147
061	양남주상절리 · 113		**095**	경상남도안전체험관 · 148
062	경주 양동마을 · 114		**096**	감천문화마을 · 149
063	골굴사 · 115		**097**	삼진어묵체험관 · 150
064	김천 추풍령테마파크 · 116		**098**	아홉산숲 · 151
065	문경새재도립공원 · 118		**099**	초량이바구길 · 152
066	상주 자전거박물관 · 119		**100**	흰여울문화마을 · 153
067	권정생동화나라 · 120		**101**	고창고인돌박물관 · 154
068	무섬마을 · 121		**102**	남원다움관 · 155
069	별별미술마을 · 122		**103**	남원시립 김병종미술관 · 156
070	나리분지 · 123		**104**	서도역 · 157
071	울릉역사문화체험센터 · 124		**105**	오성한옥마을 · 158
072	독도 · 125		**106**	임실치즈테마파크 · 159
073	등기산스카이워크 · 126		**107**	지산유원지 · 160
074	죽변해안스카이레일 · 127		**108**	광주 펭귄마을 · 161
075	칠곡 가산산성야영장 · 128		**109**	섬진강도깨비마을 · 162
076	청라언덕 · 129		**110**	구례5일시장 · 163
077	화본마을 · 130		**111**	지리산치즈랜드 · 164
078	거제꿀벌교육농장 · 131		**112**	천개의향나무숲 · 165
079	거제파노라마케이블카 · 132		**113**	나주학생독립운동기념관 · 166
080	거제포로수용소유적공원 · 133		**114**	3917마중 · 167
081	공곶이수목원 · 134		**115**	목포해상케이블카 · 168
082	옥화마을 · 135		**116**	선암사 · 169
083	저도 · 136		**117**	퍼플섬 · 170
084	거창 항노화힐링랜드 · 137		**118**	선도 · 172
085	진영역철도박물관 · 138		**119**	청산도 · 173

| 120 | 운림산방 · 174
| 121 | 진도개테마파크 · 176
| 122 | 진도타워 · 177

2. 시원하게 즐겨요 여름 · 178

| 123 | 국립경찰박물관 · 180
| 124 | 서울상상나라 · 181
| 125 | 서울약령시한의약박물관 · 182
| 126 | 선농단역사문화관 · 183
| 127 | 송파책박물관 · 184
| 128 | 청계천박물관 · 186
| 129 | 청와대사랑채 · 187
| 130 | 크라운해태키즈뮤지엄 · 188
| 131 | 효창공원 · 189
| 132 | 정약용유적지 · 190
| 133 | 한국만화박물관 · 191
| 134 | 송암스페이스센터 · 192
| 135 | 황순원문학촌 소나기마을 · 193
| 136 | 삼성화재 모빌리티뮤지엄 · 194
| 137 | 전곡항 · 195
| 138 | 영종도 씨사이드파크 · 196
| 139 | 인천어린이과학관 · 198
| 140 | 강릉솔향수목원 · 199
| 141 | 정동진조각공원 · 200
| 142 | 바우지움조각미술관 · 202
| 143 | 아야진해수욕장 · 203
| 144 | 하늬라벤더팜 · 204
| 145 | 미인폭포 · 205
| 146 | 하이원추추파크 · 206
| 147 | 속초시립박물관 · 207
| 148 | 외옹치바다향기로 · 208
| 149 | 휴휴암 · 209
| 150 | 별마로천문대 · 210
| 151 | 한반도뗏목마을 · 211
| 152 | 나전역 · 212
| 153 | 덕산기계곡 · 213
| 154 | 동강전망자연휴양림 · 214
| 155 | 병방치스카이워크 · 215
| 156 | 고석정 · 216
| 157 | 철원역사문화공원 · 217
| 158 | 한탄강지질공원 · 218
| 159 | 구와우마을 · 219
| 160 | 365세이프타운 · 220
| 161 | 청옥산 육백마지기 · 221
| 162 | 이외수문학관 · 222
| 163 | 고라데이마을 · 223
| 164 | 도담삼봉 · 224
| 165 | 수양개빛터널 · 225
| 166 | 의림지 · 226
| 167 | 제천기차마을 · 227
| 168 | 국립현대미술관 청주 · 228
| 169 | 아미미술관 · 229
| 170 | 죽도 상화원 · 230
| 171 | 학성리공룡발자국화석산지 · 231
| 172 | 안면도쥬라기박물관 · 232
| 173 | 천리포수목원 · 234
| 174 | 옥산서원 · 235
| 175 | 대가야역사테마관광지 · 236
| 176 | 구미에코랜드 · 237
| 177 | 김천녹색미래과학관 · 238
| 178 | 짚라인문경 · 239
| 179 | 문경에코월드 · 240
| 180 | 백두대간협곡열차 · 242
| 181 | 안동문화관광단지 유교랜드 · 243
| 182 | 영덕 고래불국민야영장 · 244
| 183 | 영덕풍력발전단지 · 246
| 184 | 영천전투메모리얼파크 · 247

185 천부 해중전망대 · 248
186 행남해안산책로 · 249
187 국립해양과학관 · 250
188 빙계계곡 · 251
189 의성조문국박물관 · 252
190 한국코미디타운 · 253
191 칠곡호국평화기념관 · 254
192 포항운하 · 255
193 호미곶해맞이광장 · 256
194 대구미술관 · 257
195 신전뮤지엄 · 258
196 앞산공원전망대 · 259
197 향촌문화관 · 260
198 거제 맹종죽테마파크 · 261
199 외도 보타니아 · 262
200 고성공룡박물관 · 264
201 남해보물섬전망대 · 265
202 동의보감촌 · 266
203 나폴리농원 · 267
204 전혁림미술관 · 268
205 삼성궁 · 269
206 합천영상테마파크 · 270
207 국립부산과학관 · 271
208 부산시티투어 야경코스 · 272
209 송도해상케이블카 · 273
210 태종대 · 274
211 간절곶 · 275
212 장생포 고래문화특구 · 276
213 선유도 · 278
214 남원 백두대간트리하우스 · 279
215 익산 교도소세트장 · 280
216 달빛소리수목원 · 281
217 전일빌딩245 · 282
218 고려청자박물관 · 283

219 국립나주박물관 · 284
220 증도 소금박물관 · 285
221 낭도 · 286
222 예술랜드 · 288
223 장도 · 289
224 정남진 장흥물축제 · 290
225 포레스트수목원 · 291

3. 알록달록 단풍 구경  · 292

226 국립한글박물관 · 294
227 단군성전 · 295
228 돈의문박물관마을 · 296
229 문화역서울284 · 298
230 북한산둘레길 우이령길 · 299
231 서울교육박물관 · 300
232 서울시립 북서울미술관 · 301
233 석파정 서울미술관 · 302
234 선유도공원 · 303
235 윤동주문학관 · 304
236 이화동 벽화마을 · 305
237 정동길 · 306
238 한양도성박물관 · 308
239 안성맞춤랜드 · 309
240 화담숲 · 310
241 양주시립 장욱진미술관 · 312
242 목아박물관 · 313
243 옥녀봉 그리팅맨 · 314
244 캠프그리브스역사공원 · 315
245 파주 이이 유적 · 316
246 아르카북스 책방 · 317
247 국립수목원 · 318
248 공룡알 화석산지 · 320
249 배다리헌책방골목 · 321

250	차이나타운 · 322		284	호미반도 해안둘레길 · 361
251	DMZ박물관 · 323		285	군위 한밤마을 · 362
252	도깨비골 스카이밸리·해랑전망대 · 324		286	마비정 벽화마을 · 363
253	소금산그랜드밸리 · 325		287	클레이아크 김해미술관 · 364
254	메종카누네 · 326		288	남해 독일마을 · 365
255	속삭이는자작나무숲 · 328		289	남사예담촌 · 366
256	인제스피디움 · 329		290	드라마 최참판댁 촬영지 · 367
257	로미지안가든 · 330		291	하동레일바이크 · 368
258	만항재 · 331		292	함안말이산고분군 · 369
259	정선아리랑열차 · 332		293	임시수도기념관 · 370
260	몽토랑산양목장 · 333		294	을숙도생태공원 낙동강하구에코센터 · 371
261	효석달빛언덕 · 334		295	외고산옹기마을 · 372
262	난계국악박물관 · 336		296	책마을해리 · 373
263	천상의정원 수생식물학습원 · 337		297	군산시간여행마을 · 374
264	대전근현대사전시관 · 338		298	경암동 철길마을 · 375
265	부소산성 · 339		299	대둔산 · 376
266	부여왕릉원 · 340		300	산속등대 · 377
267	한산모시관 · 341		301	삼례문화예술촌 · 378
268	웅도 · 342		302	왕궁리 유적 · 379
269	외암민속마을 · 344		303	강진만생태공원 · 380
270	은성농원 · 345		304	백운동정원 · 381
271	삼성현역사문화공원 · 346		305	섬진강기차마을 · 382
272	경주 솔거미술관 · 347		306	송광사 · 384
273	사명대사공원 · 348		307	무안황토갯벌랜드 · 386
274	문경단산 관광모노레일 · 349		308	순천 낙안읍성 · 387
275	국립백두대간수목원 · 350		309	순천만국가정원 · 388
276	맨션애플트리 · 352		310	기점·소악도 · 390
277	도산서원 · 353		311	자은도 · 392
278	맹개마을 · 354		312	생일도 · 393
279	봉정사 · 356		313	정남진 편백숲 우드랜드 · 394
280	선비촌 · 357		314	능주역 · 395
281	예천곤충생태원 · 358			
282	활기찬예천활체험센터 · 359			
283	주왕산 · 360			

4. 따뜻한 추억 만들어요  · 396

- 315 국립항공박물관 · 398
- 316 서소문성지역사박물관 · 399
- 317 서울풍물시장 · 400
- 318 서해금빛열차 · 401
- 319 하이커 그라운드 · 402
- 320 화랑대 철도공원 · 403
- 321 아침고요수목원 오색별빛정원전 · 404
- 322 현대모터스튜디오 고양 · 405
- 323 광명동굴 · 406
- 324 애기봉평화생태공원 · 407
- 325 유리섬박물관 · 408
- 326 조명박물관 · 409
- 327 고랑포구역사공원 · 410
- 328 산정호수 썰매축제 · 411
- 329 강화역사박물관 · 412
- 330 교동도 대룡시장 · 413
- 331 뒷뜨루 · 414
- 332 참소리에디슨손성목영화박물관 · 415
- 333 연필뮤지엄 · 416
- 334 설악케이블카 · 417
- 335 라디오스타박물관 · 418
- 336 마을호텔 18번가 · 419
- 337 삼탄아트마인 · 420
- 338 애니메이션박물관 · 421
- 339 추전역 · 422
- 340 대관령하늘목장 · 423
- 341 발왕산 관광케이블카 · 424
- 342 나는 숲이다 · 426
- 343 활옥동굴 · 427
- 344 한국조폐공사 화폐박물관 · 428
- 345 국립생태원 · 429
- 346 경주 버드파크 · 430
- 347 경주세계자동차박물관 · 431
- 348 경상북도독립운동기념관 · 432
- 349 청도소싸움미디어체험관 · 433
- 350 구룡포과메기문화관 · 434
- 351 거제식물원 · 435
- 352 고성독수리 · 436
- 353 밀양한천테마파크 · 437
- 354 개평마을 · 438
- 355 부산영화체험박물관 · 439
- 356 해운대블루라인파크 · 440
- 357 이영춘가옥 · 441
- 358 태권도원 · 442
- 359 학산숲속시집도서관 · 443
- 360 진안홍삼스파 · 444
- 361 목포근대역사관 · 445
- 362 득량역 추억의 거리 · 446
- 363 율포해수녹차센터 · 447
- 364 영암곤충박물관 · 448
- 365 미황사 · 449

Special Page
언제 떠나도 좋은  · 450

인덱스 · 462

지역별 차례

서울·인천

서울 경교장 · 51
서울 국립경찰박물관 · 180
서울 국립서울현충원 · 50
서울 국립한글박물관 · 294
서울 국립항공박물관 · 398
서울 단군성전 · 295
서울 돈의문박물관마을 · 296
서울 문화역서울284 · 298
서울 북서울꿈의숲 · 52
서울 북한산둘레길 우이령길 · 299
서울 서대문형무소역사관 · 53
서울 서소문성지역사박물관 · 399
서울 서울교육박물관 · 300
서울 서울상상나라 · 181
서울 서울새활용플라자 · 54
서울 서울시립 북서울미술관 · 301
서울 서울약령시한의약박물관 · 182
서울 서울에너지드림센터 · 55
서울 서울풍물시장 · 400
서울 서해금빛열차 · 401
서울 석파정 서울미술관 · 302
서울 선농단역사문화관 · 183
서울 선유도공원 · 303
서울 송파책박물관 · 184
서울 심우장 · 56
서울 안산자락길 · 58
서울 우리옛돌박물관 · 57
서울 윤동주문학관 · 304
서울 이화동 벽화마을 · 305
서울 정동길 · 306
서울 종로구립 박노수미술관 · 60
서울 창덕궁 · 61
서울 청계천박물관 · 186
서울 청와대사랑채 · 187
서울 크라운해태키즈뮤지엄 · 188
서울 통인시장 · 62
서울 하이커 그라운드 · 402
서울 한양도성박물관 · 308
서울 항동철길 · 63
서울 홍릉숲 · 64
서울 화랑대 철도공원 · 403
서울 효창공원 · 189
인천 강화역사박물관 · 412
인천 교동도 대룡시장 · 413
인천 배다리헌책방골목 · 321
인천 영종도 씨사이드파크 · 196
인천 인천어린이과학관 · 198
인천 차이나타운 · 322

경기권

가평 아침고요수목원 오색별빛정원전 · 404
고양 중남미문화원 · 65
고양 한국마사회 원당목장 · 66
고양 현대모터스튜디오 고양 · 405
광명 광명동굴 · 406
광주 화담숲 · 310
구리 동구릉 · 67
김포 애기봉평화생태공원 · 407
남양주 물맑음수목원 · 68
남양주 정약용유적지 · 190
부천 한국만화박물관 · 191
안산 유리섬박물관 · 408
안성 쁘띠포레 · 70
안성 안성맞춤랜드 · 309

안성 **안성팜랜드** · 69
안양 **안양예술공원** · 71
양주 **송암스페이스센터** · 192
양주 **양주시립 장욱진미술관** · 312
양주 **조명박물관** · 409
양평 **황순원문학촌 소나기마을** · 193
여주 **목아박물관** · 313
여주 **세종대왕릉** · 72
연천 **고랑포구역사공원** · 410
연천 **연천전곡리유적** · 73
연천 **옥녀봉 그리팅맨** · 314
용인 **삼성화재 모빌리티뮤지엄** · 194
의왕 **철도박물관** · 74
파주 **임진각 관광지** · 76
파주 **캠프그리브스역사공원** · 315
파주 **파주 이이 유적** · 316
평택 **신장쇼핑몰** · 75
평택 **아르카북스 책방** · 317
포천 **국립수목원** · 318
포천 **산정호수 썰매축제** · 411
포천 **포천아트밸리** · 78
화성 **공룡알 화석산지** · 320
화성 **전곡항** · 195

강원권

강릉 **강릉솔향수목원** · 199
강릉 **노추산 모정탑길** · 79
강릉 **뒷뜨루** · 414
강릉 **르꼬따쥬** · 80
강릉 **정동진조각공원** · 200
강릉 **참소리에디슨손성목영화박물관** · 415
강릉 **하슬라아트월드** · 81
고성 **DMZ박물관** · 323
고성 **바우지움조각미술관** · 202

고성 **아야진해수욕장** · 203
고성 **하늬라벤더팜** · 204
고성 **화진포** · 82
동해 **감추해수욕장** · 83
동해 **도째비골 스카이밸리·해랑전망대** · 324
동해 **연필뮤지엄** · 416
삼척 **미인폭포** · 205
삼척 **하이원추추파크** · 206
속초 **보광미니골프장 with 카페18홀** · 84
속초 **상도문돌담마을** · 85
속초 **설악케이블카** · 417
속초 **속초시립박물관** · 207
속초 **외옹치바다향기로** · 208
양양 **휴휴암** · 209
영월 **라디오스타박물관** · 418
영월 **별마로천문대** · 210
영월 **영월 청령포** · 87
영월 **젊은달와이파크** · 86
영월 **한반도뗏목마을** · 211
원주 **뮤지엄 산** · 88
원주 **소금산그랜드밸리** · 325
인제 **메종카누네** · 326
인제 **속삭이는자작나무숲** · 328
인제 **인제스피디움** · 329
정선 **나전역** · 212
정선 **덕산기계곡** · 213
정선 **동강전망자연휴양림** · 214
정선 **로미지안가든** · 330
정선 **마을호텔 18번가** · 419
정선 **만항재** · 331
정선 **병방치스카이워크** · 215
정선 **삼탄아트마인** · 420
정선 **정선아리랑열차** · 332
철원 **고석정** · 216
철원 **철원역사문화공원** · 217

철원 한탄강지질공원 · 218
춘천 애니메이션박물관 · 421
춘천 이상원미술관 · 91
춘천 제이드가든 · 90
태백 365세이프타운 · 220
태백 구와우마을 · 219
태백 몽토랑산양목장 · 333
태백 추전역 · 422
평창 대관령양떼목장 · 92
평창 대관령하늘목장 · 423
평창 발왕산 관광케이블카 · 424
평창 청옥산 육백마지기 · 221
평창 효석달빛언덕 · 334
홍천 나는 숲이다 · 426
화천 이외수문학관 · 222
횡성 고라데이마을 · 223

충청권

공주 공산성 · 103
공주 공주 원도심 투어 · 104
단양 도담삼봉 · 224
단양 수양개빛터널 · 225
당진 신리성지 · 105
당진 아미미술관 · 229
대전 계족산 황톳길 · 100
대전 대전근현대사전시관 · 338
대전 뿌리공원 · 101
대전 한국조폐공사 화폐박물관 · 428
보령 죽도 상화원 · 230
보령 학성리공룡발자국화석산지 · 231
부여 부소산성 · 339
부여 부여왕릉원 · 340
서산 웅도 · 342
서산 유기방가옥 · 106

서천 국립생태원 · 429
서천 한산모시관 · 341
세종 베어트리파크 · 102
아산 당림미술관 · 107
아산 외암민속마을 · 344
영동 난계국악박물관 · 336
예산 내포보부상촌 · 108
예산 아그로랜드 태신목장 · 109
예산 은성농원 · 345
예산 충의사 · 110
옥천 천상의정원 수생식물학습원 · 337
제천 의림지 · 226
제천 제천 배론성지 · 93
제천 제천기차마을 · 227
제천 청풍호반케이블카 · 94
천안 천안 유관순열사유적 · 111
청주 국립현대미술관 청주 · 228
청주 수암골 · 95
청주 청남대 · 97
청주 청주 운보의 집 · 96
충주 오대호아트팩토리 · 98
충주 중앙탑사적공원 · 99
충주 활옥동굴 · 427
태안 안면도쥬라기박물관 · 232
태안 천리포수목원 · 234
홍성 이응노의 집 · 112

경상권

거제 거제 맹종죽테마파크 · 261
거제 거제꿀벌교육농장 · 131
거제 거제식물원 · 435
거제 거제파노라마케이블카 · 132
거제 거제포로수용소유적공원 · 133
거제 공곶이수목원 · 134

| 거제 옥화마을 · 135
| 거제 외도 보타니아 · 262
| 거제 저도 · 136
| 거창 거창 항노화힐링랜드 · 137
| 경산 삼성현역사문화공원 · 346
| 경주 경주 버드파크 · 430
| 경주 경주 솔거미술관 · 347
| 경주 경주 양동마을 · 114
| 경주 경주세계자동차박물관 · 431
| 경주 골굴사 · 115
| 경주 양남주상절리 · 113
| 경주 옥산서원 · 235
| 고령 대가야역사테마관광지 · 236
| 고성 고성공룡박물관 · 264
| 고성 고성독수리 · 436
| 구미 구미에코랜드 · 237
| 김천 김천 추풍령테마파크 · 116
| 김천 김천녹색미래과학관 · 238
| 김천 사명대사공원 · 348
| 김해 진영역철도박물관 · 138
| 김해 클레이아크 김해미술관 · 364
| 남해 남해 독일마을 · 365
| 남해 남해보물섬전망대 · 265
| 남해 다랭이마을 · 139
| 남해 섬이정원 · 140
| 대구 군위 한밤마을 · 362
| 대구 대구미술관 · 257
| 대구 마비정 벽화마을 · 363
| 대구 신전뮤지엄 · 258
| 대구 앞산공원전망대 · 259
| 대구 청라언덕 · 129
| 대구 향촌문화관 · 260
| 대구 화본마을 · 130
| 문경 문경단산 관광모노레일 · 349
| 문경 문경새재도립공원 · 118

문경 문경에코월드 · 240
문경 짚라인문경 · 239
밀양 밀양한천테마파크 · 437
밀양 위양지 · 141
봉화 국립백두대간수목원 · 350
봉화 맨션애플트리 · 352
봉화 백두대간협곡열차 · 242
부산 감천문화마을 · 149
부산 국립부산과학관 · 271
부산 부산시티투어 야경코스 · 272
부산 부산영화체험박물관 · 439
부산 삼진어묵체험관 · 150
부산 송도해상케이블카 · 273
부산 아홉산숲 · 151
부산 을숙도생태공원 낙동강하구에코센터 · 371
부산 임시수도기념관 · 370
부산 초량이바구길 · 152
부산 태종대 · 274
부산 해운대블루라인파크 · 440
부산 흰여울문화마을 · 153
사천 사천케이블카 자연휴양림 · 142
산청 남사예담촌 · 366
산청 동의보감촌 · 266
상주 상주 자전거박물관 · 119
안동 경상북도독립운동기념관 · 432
안동 권정생동화나라 · 120
안동 도산서원 · 353
안동 맹개마을 · 354
안동 봉정사 · 356
안동 안동문화관광단지 유교랜드 · 243
양산 순매원 · 143
영덕 영덕 고래불국민야영장 · 244
영덕 영덕풍력발전단지 · 246
영주 무섬마을 · 121
영주 선비촌 · 357

영천 **별별미술마을** · 122	함안 **함안말이산고분군** · 369
영천 **영천전투메모리얼파크** · 247	함양 **개평마을** · 438
예천 **예천곤충생태원** · 358	합천 **경상남도안전체험관** · 148
예천 **활기찬예천활체험센터** · 359	합천 **합천영상테마파크** · 270
울릉 **나리분지** · 123	
울릉 **독도** · 125	## 전라권
울릉 **울릉역사문화체험센터** · 124	
울릉 **천부 해중전망대** · 248	강진 **강진만생태공원** · 380
울릉 **행남해안산책로** · 249	강진 **고려청자박물관** · 283
울산 **간절곶** · 275	강진 **백운동정원** · 381
울산 **외고산옹기마을** · 372	고창 **고창고인돌박물관** · 154
울산 **장생포 고래문화특구** · 276	고창 **책마을해리** · 373
울진 **국립해양과학관** · 250	곡성 **섬진강기차마을** · 382
울진 **등기산스카이워크** · 126	곡성 **섬진강도깨비마을** · 162
울진 **죽변해안스카이레일** · 127	광주 **광주 펭귄마을** · 161
의성 **빙계계곡** · 251	광주 **전일빌딩245** · 282
의성 **의성조문국박물관** · 252	광주 **지산유원지** · 160
청도 **청도소싸움미디어체험관** · 433	구례 **구례5일시장** · 163
청도 **한국코미디타운** · 253	구례 **지리산치즈랜드** · 164
청송 **주왕산** · 360	구례 **천개의향나무숲** · 165
칠곡 **칠곡 가산산성야영장** · 128	군산 **경암동 철길마을** · 375
칠곡 **칠곡호국평화기념관** · 254	군산 **군산시간여행마을** · 374
통영 **나폴리농원** · 267	군산 **선유도** · 278
통영 **사량도** · 144	군산 **이영춘가옥** · 441
통영 **장사도 해상공원 까멜리아** · 145	나주 **3917마중** · 167
통영 **전혁림미술관** · 268	나주 **국립나주박물관** · 284
통영 **통영 삼도수군통제영** · 146	남원 **남원 백두대간트리하우스** · 279
포항 **구룡포과메기문화관** · 434	남원 **남원다움관** · 155
포항 **포항운하** · 255	남원 **남원시립 김병종미술관** · 156
포항 **호미곶해맞이광장** · 256	남원 **서도역** · 157
포항 **호미반도 해안둘레길** · 361	나주 **나주학생독립운동기념관** · 166
하동 **드라마 최참판댁 촬영지** · 367	목포 **목포근대역사관** · 445
하동 **삼성궁** · 269	목포 **목포해상케이블카** · 168
하동 **하동 차마실** · 147	무안 **무안황토갯벌랜드** · 386
하동 **하동레일바이크** · 368	무주 **태권도원** · 442

보성 득량역 추억의 거리 · 446
보성 율포해수녹차센터 · 447
순천 선암사 · 169
순천 송광사 · 384
순천 순천 낙안읍성 · 387
순천 순천만국가정원 · 388
신안 기점·소악도 · 390
신안 선도 · 172
신안 자은도 · 392
신안 증도 소금박물관 · 285
신안 퍼플섬 · 170
여수 낭도 · 286
여수 예술랜드 · 288
여수 장도 · 289
영암 영암곤충박물관 · 448
완도 생일도 · 393
완도 청산도 · 173
완주 대둔산 · 376
완주 산속등대 · 377
완주 삼례문화예술촌 · 378
완주 오성한옥마을 · 158
익산 달빛소리수목원 · 281
익산 왕궁리 유적 · 379
익산 익산 교도소세트장 · 280
임실 임실치즈테마파크 · 159
장흥 정남진 장흥물축제 · 290
장흥 정남진 편백숲 우드랜드 · 394
전주 학산숲속시집도서관 · 443
진도 운림산방 · 174
진도 진도개테마파크 · 176
진도 진도타워 · 177
진안 진안홍삼스파 · 444
해남 미황사 · 449
해남 포레스트수목원 · 291
화순 능주역 · 395

제주

서귀포시 김영갑갤러리 두모악 · 458
서귀포시 마라도 · 459
서귀포시 무민랜드 제주 · 459
서귀포시 서귀포 치유의 숲 · 459
서귀포시 안덕계곡 · 460
서귀포시 오조포구 · 460
서귀포시 이중섭거리 · 460
서귀포시 제주 항공우주박물관 · 461
서귀포시 조랑말체험공원 · 461
서귀포시 하효살롱 · 461
제주시 거문오름 · 452
제주시 걸어가는 늑대들 · 452
제주시 노루생태관찰원 · 452
제주시 노형수퍼마켙 · 453
제주시 돌하르방미술관 · 453
제주시 비양도 · 453
제주시 비자림 · 454
제주시 산양큰엉곳 · 454
제주시 선흘리 동백동산 · 454
제주시 예술곶산양 · 455
제주시 용눈이오름 · 455
제주시 저지문화예술인마을 · 455
제주시 제주돌문화공원 · 456
제주시 제주월령선인장군락지 · 456
제주시 차귀도 · 456
제주시 탐나라공화국 · 457
제주시 하도해변 · 457
제주시 한담해안산책로 · 457
제주시 해녀박물관 · 458
제주시 환상숲곶자왈공원 · 458

프롤로그

너희와 함께여서 모두 좋았어

"저는 다시 태어날 수 있다면 여행작가의 아이로 태어나고 싶어요."

얼마 전 아이와의 여행을 주제로 한 강연에서 후배가 나를 소개하며 이런 농담을 덧붙였다. 걸음마를 시작하면서부터 전국 방방곡곡, 이 나라 저 나라를 수시로 여행하는 아이들을 가까이에서 지켜보며 내심 부러웠다는 의미일 테다. 첫째에게 이 말을 전했더니 심드렁한 표정으로 고개를 가로젓는다.

"엄마랑 여행하면 얼마나 힘든지 몰라서 그러는 거야."

예상치 못한 대답에 불쑥 서운한 감정이 밀려들었다.

"너 안고 업고 다니느라 엄마가 더 힘들었거든?"

녀석은 잠시 엄마의 눈치를 살피더니 미안한 듯 말을 보탠다.

"이젠 혼자서도 잘 걸으니까 엄마 아들은 내가 계속할게."

여행작가란 직업 때문에 아이들과 함께 여행할 기회가 더 많았던 것은 사실이다. 하지만 남들에겐 휴식이자 힐링인 여행이 내겐 '일'이다. 여행지에서 시간과 비용을 효율적으로 운영해야 하는데, 취재에 아이들을 동행한다는 것은 대단히 비효율적인 선택이다. 혼자였다면 하루에 끝낼 취재를 아이들을 데려가면 2~3배의 시간과 비용을 들여야 한다. 혼자서 오롯이 아이들을 챙기느라 체력도 금세 바닥난다. 그럼에도 아이와의 여행을 고집했던 데는 특별한 이유가 없다. 그저 녀석들과 함께 하는 하루하루, 계절 하나하나가 소중하게 느껴졌기 때문이다. 눈도 제대로 뜨지 못하던 팔뚝만 한 녀석들이 어느새 훌쩍 자라 엄마와 함께 걷고 옆에서 쉴 새 없이 조잘조 잘 떠드는 것을 보면 새삼 놀랍고 또 기특하다. 그리고 생각한다. 지금 이 시간이 조금만 더 천천히 흘러줬으면. 아직 녀석들과 함께 하고 싶은 것들이 너무도 많은데 오늘도 아이들은 친구들과 노는 것이 더 즐겁다며 쪼르르 집 밖으로 향한다. 여행은 그렇게 한 줌 모래처럼 스르륵 사라져버리는 시간을 추억이란 이름으로 기억하고 곱씹게 만든다. 아이가 그 모든 순간을 기억하지 못하면 어떤가. 우리가 함께 걸었던 길과 싱그러운 바람, 투명한 공기가 아이들의 살이 되고 마음이 되었다고 믿으면 그만이다.

책의 초판을 작업할 때 열 살이었던 첫째는 어느새 중학생이 되었다. 주변에선 그동안의 수많은 여행경험이 어떤 '성과'가 있는지 슬쩍 확인하고 싶은 눈치다. 아니, 어쩌면 나부터 길 위에서 자란 아이가 남들과는 다른 감성이나 창의성으로 반짝이길 은근히 기대하고 있는지도 모른다. 너무도 평범한 아이의 학교생활에 조바심을 느낀 적도 있다. 그러나 이 책을 준비하며 지난 10여 년의 여행을 돌아보니 아이는 더없이 건강하고 씩씩하게 오늘을 자라고 있었다. 먼 길을 걸어온 덕분인지 신나게 달리는 체력만큼은 누구에게도 뒤지지 않는다. 이른 봄에도 차가운 계곡에 뛰어들고 한겨울 세찬 바람에도 캠핑을 즐겼더니 그 흔한 감기도 아이를 비껴간 지 몇 해가 됐다. 45점짜리 수학 시험지를 내밀면서도 짝꿍이 틀린 문제를 자신은 맞혔다며 자랑스러워하는 못 말릴 초긍정왕이다. 지난해 초등학교에 들어간 둘째는 또 어떤가. 엄마를 따라 여행지에 갈 때마다 토이카메라로 취재 흉내를 내더니, 공개수업 때 "멋진 우리 엄마처럼 여행작가가 되고 싶습니다!"라고 큰 소리로 외쳐 다른 엄마들의 부러움을 한 몸에 받았다. 그래, 이런 너희라면 충분하다. 수천 장의 아이들 사진을 정리하며 새삼 녀석들에게 고맙고 행복했다. 때론 힘들다고 생각했는데 지나고 보니 눈부신 봄이었고 너흰 꽃이었구나.

지난 초판 때도 작가의 말을 이렇게 마무리했던 것 같다. 이 책이 모든 육아동지들에게 잠시나마 고민을 덜어주고 아이를 한 번 더 안아줄 수 있는 여유를 만들어주길 바란다.

권다현

〝 이렇게 구성했어요 〞

이 책은 계절별로 아이와 함께 여행하기 좋은 우리나라 여행지 365곳을 담았습니다. 제주특별자치도의 여행지 30곳은 책의 뒷부분에 따로 실어 구성했습니다.

1 아이와의 여행, 이것이 궁금해요!
여행작가이자 두 아이의 엄마인 저자가 '아이와 떠나는 여행'에 대한 엄마들의 여러 가지 질문에 친절하게 답변했습니다. 또한 아이와 여행 시 짐 꾸리는 노하우와 여행 전 도움이 되는 짐 꾸리기 체크리스트도 함께 제공했습니다.

2 추천 일정
계절별 추천 일정과 제주 추천 일정을 소개했습니다. 추천 일정의 경우, 1박 2일을 기준으로 하되 영유아의 체력이나 낮잠 시간이 꼭 필요한 하루 일과를 고려해 하루에 두 곳 정도의 여행지를 방문하는 일정을 제시했습니다.

3 테마별 베스트 아이 여행지
책에서 다룬 여행지들 중에서 다시 엄선한 곳들을 자연 산책길, 동물체험공간 등 다양한 테마로 소개했습니다. 본격적인 여행지 소개에 앞서 아이와 떠나기 좋은 여행지를 한눈에 살펴볼 수 있어 여행의 설렘을 더욱 높여줍니다.

4 여행지별 소개
계절에 따라 아이와 떠나기 좋은 자연 명소, 박물관·미술관·체험관, 테마파크 등을 관련 정보와 함께 담았습니다. 아이와 직접 여행하면서 고른 여행지의 생생하고 정확한 정보를 실었습니다.

*이 책에 실린 모든 정보는 2025년 5월을 기준으로 하고 있습니다. 정확한 정보를 싣고자 하였으나 요금이나 운영시간 등은 수시로 변동될 수 있으니 여행 전 한 번 더 확인하시기 바랍니다. 잘못되거나 변동된 정보가 있다면 편집부나 작가(kokoma_train@naver.com) 이메일로 알려주세요. 빠른 시일 내에 반영하겠습니다.

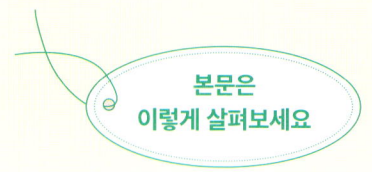

본문은 이렇게 살펴보세요

❶ 추천 연령·추천 월

여행지별로 추천 연령을 표시했습니다. 아이 발달에 따른 개인 차가 있을 수 있으니 이 점은 참고하시기 바랍니다. 추천 월은 여행지를 방문하기에 가장 좋은 월을 제시했습니다.

추천해요
7~10세
4~10월

134
송암스페이스센터

연계교과 4학년 사회 | 5학년 과학

경기 양주

장흥유원지 내에 자리한 송암스페이스센터는 수도권에서 낭만적인 별자리여행이 가능한 곳이다. 별빛패키지를 구입하면 돔 형태의 스크린을 통해 우주에 대한 다양한 정보와 함께 우주인들의 생활도 엿볼 수 있는 '플라네타리움'을 거쳐 케이블카를 타고 천문대로 올라간다. 관측에 앞서 전문가들이 아이들의 눈높이에 맞춰 이날 볼 수 있는 별자리를 설명해주고 커다란 망원경을 통해 실제 밤하늘을 살펴보게 된다. 사진과 개념으로만 알고 있던 행성과 별자리를 직접 관찰할 수 있으니 아이들은 물론, 어른들도 흥미롭게 참여할 수 있다. 일반관람객들은 토요일에만 이용 가능하며 입장권이 비싼 편이니 해설을 이해할 수 있는 아이들만 참여하기를 추천한다.

- 경기 양주시 장흥면 권율로185번길 103
- 토요일 13:00~21:30 *발권마감 19:00
- 별빛패키지(천문대+케이블카+플라네타리움) 어른 35,000원, 소인 30,000원
- 031-894-6000
- www.starsvalley.com
- #체험여행 #별자리여행 #천문대 #여름별자리 #플라네타리움 #천체관측

이것도 체크! 서울 근교의 천문대들
양평 중미산천문대, 과천 국립과천과학관 천체관, 화천 조경철천문대 등 서울 근교에서 별자리여행이 가능한 천문대들이 꽤 많아요. 대부분 예약제로 운영되니 참고!

함께 둘러봐도 좋아요~
- **주변 여행지** 가나아트파크(www.artpark.co.kr | 체험프로그램 및 여름시즌 수영장 운영)
- **연계 가능 코스** 양주시립 장욱진미술관(p.312)
- **키즈프렌들리 맛집** 송추가마골 본관(갈비탕 | 경기 양주시 장흥면 호국로 525 | 031-826-3311 | 유아 의자)

192

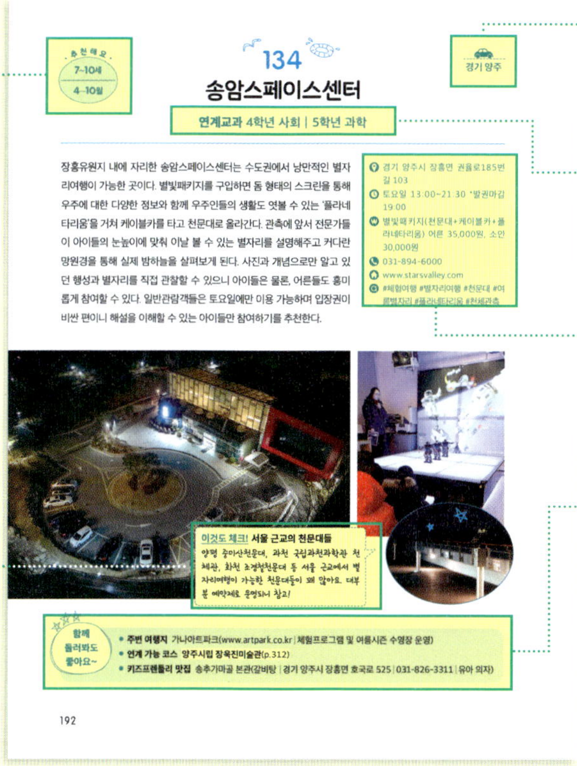

❷ 지역

여행지가 속한 지역을 보기 쉽게 나타냈습니다.

❸ 연계교과

여행과 학습을 연계할 수 있도록 초등 교과목과 학년을 표시했습니다.

❹ 여행지 기본 정보

주소, 전화, 운영시간, 요금, 홈페이지 등의 정보를 담았습니다.

❺ 함께 둘러봐도 좋아요~

함께 둘러볼 만한 주변 여행지와 코스로 좀 더 알찬 여행이 되도록 도왔습니다. 또한 아이 동반 가족이 편하게 식사할 수 있는 '키즈프렌들리 맛집'도 소개해 즐거운 여행의 추억을 쌓게 해줍니다.

❻ 이것도 체크!

여행지와 관련해 흥미로운 이야기와 정보를 제공해 여행의 재미를 더합니다.

> **아이와의 여행, 이것이 궁금해요!**

육아는 아무리 많은 경험담을 듣더라도 그야말로 '케바케(case by case)'. 아이와 함께 하는 여행도 마찬가지다. 아이의 성향에 부모의 취향까지 더해지면 '정답' 찾기란 더욱 어려워진다. 그래도 함께 아이를 키우는 육아동지들이 궁금해 하는 질문에는 공통점이 있다. 여기, 부모의 고민을 조금이라도 덜어주기 위한 질문들을 모았다.

아이와의 나들이, 키즈카페가 답일까요?

A. 키즈카페에 가면 아이들도 잘 놀고 부모들도 잠시 여유가 생기는 건 부정할 수 없어요. 하지만 그것도 한두 번. 아이와 같은 눈높이로 놀 게 아니라면 부모는 매번 2시간을 '견뎌야' 해요. 때론 아이 대신 엄마, 아빠가 즐거운 나들이를 계획해보면 어떨까요? 아이들 때문에 몸은 힘들어도 눈과 마음이 즐겁다면 충분한 보상이 돼요. 경험상 아이들은 솔방울 하나만 있어도 잘 놀아요. 다양한 환경에서 놀이를 찾아내는 게 오히려 아이의 창의력에도 도움이 되지 않을까 싶어요.

카시트에 앉기 싫어하는 아이 때문에 장거리 여행은 엄두도 못 내요.

A. 많은 육아 전문가들이 강조하는 것 중 하나가 꼭 필요한 원칙은 타협하거나 예외를 두어서는 안 된다는 것이에요. 안전과 관련한 원칙이 그렇지요. 카시트는 아이의 생명을 지켜주는 장치이니 절대 예외가 있을 수 없어요. 신생아 때부터 카시트에 앉는 습관을 들이는 것이 중요하지만, 이미 아이가 불편함을 느끼고 있다면 다른 보상을 제시하는 것도 방법이 될 수 있어요. 예를 들면 약속한 휴게소에서 아이가 좋아하는 뽑기나 간식(평소 제한하거나 금지했던 것이면 효과 UP!)을 허용해주는 식으로요. 영유아의 경우, 신나게 놀게 한 후 낮잠시간에 이동하는 것도 좋은 방법이에요.

Q3. 아이가 걷는 걸 싫어해요.

A. 걷기를 좋아하는 아이는 많지 않아요. 걷는 걸 싫어한다고 여행을 포기할 게 아니라 아이가 걸을 수 있는 한계가 어디까지인지 지속적으로 시도해보길 추천해요. 또 걷기 싫어한다고 짜증내거나 혼내기보다 아무리 짧은 거리라도 아이가 스스로 걸어냈을 때 폭풍칭찬을 해주는 거죠. 이러한 경험이 반복되면 아이도 자연스레 성취감을 느끼며 다음 시도를 이어갈 수 있을 거예요.

Q4. 남매(혹은 형제자매)가 성향이 너무 달라서 여행지를 고를 때마다 고민이에요.

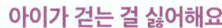

A. 어른도 취향을 맞추기 어려운데 아이들은 오죽할까요. 수목원이나 공원처럼 어떤 성향이든 무난하게 놀 수 있는 여행지를 고르거나 하루에 하나씩 각자의 성향에 맞는 여행지를 코스에 넣어주는 것도 방법이에요. 대신 이러한 과정을 아이들도 이해하고 한 번씩은 서로 양보해야 한다는 걸 가르치는 것이 좋아요. 경험상 성향이 잘 맞는 친구가 있는 가족과 동행하거나 엄마, 아빠가 아예 한 명씩 따로 데리고 여행하는 것도 좋은 해결책이었어요.

Q5. 아이가 어려서 '이 여행을 기억이나 할까?' 생각하면 회의적인 기분이 들어요.

A. 실제로 가까운 지인들에게 많이 들었던 말이에요. 하지만 아이들은 어른들처럼 언어화를 통해 기억을 저장하는 게 아니라 저마다의 이미지와 감각들로 여행을 기억한다고 해요. 때론 저도 잊고 있던 추억을 아이가 불쑥 꺼내거나 그림으로 그려 놀란 적도 여러 번이에요. 아이의 여행 경험을 더 오래도록 기억하게 하려면 함께 여행을 기록하는 습관을 들이는 것도 좋아요. 저는 아이 방에 커다란 지도를 붙여두고 매번의 여행을 폴라로이드 사진으로 남기며 기록해둬요. 가끔 '우리만의 여행지도'를 보며 수다를 떨다 보면 1시간이 훌쩍 지날 정도지요.

Q6. '노키즈존' 때문에 여행 가서 밥 한 끼 먹는 것도 눈치 보여요.

A. 아이를 키우는 엄마로서 속상한 현실이지만 여행을 하다 보면 상식 이하의 행동을 하는 부모들을 가끔 만날 때가 있어요. 상대방을 원망하기 전에 일단 우리부터 아이들이 공공의 질서를 잘 따르도록 조금은 엄격한 부모가 되어야 해요. 그리고 식당을 선택할 때 유아 의자가 있는지 미리 확인해요. 유아 의자를 비치한다는 건 그만큼 가족 손님을 배려한다는 의미니까요. 식사 후에는 "덕분에 아이와 편하게 식사를 했어요"라며 꼭 고마움을 표시해요. '키즈프렌들리' 식당에 그만큼의 보상을 해준다면 '예스키즈존'도 더 많아지지 않을까요.

Q7. 여행작가 엄마는 아이와 여행할 때 무엇을 가장 중요하게 생각하나요?

A. 물론 아이와의 소통이지요. 일상에서는 나누기 어려웠던 속마음도 여행에서는 의외로 툭툭 털어놓게 되니까요. 또 하나는 아이에게 여행문화를 가르치는 일이에요. 편의점이나 대형마트보다는 현지 구멍가게나 전통시장을 이용하고, 대규모 자본이 투입된 테마파크보다는 때 묻지 않은 자연과 그 속에서 살아가는 사람들을 직접 만나며 여행하는 방법을 먼저 보여주려고 노력해요. 이런 여행을 경험한 아이들 세대에는 우리나라의 여행문화도 한층 성숙해지고 아름다워질 거라 믿어요.

Q8. 아이와 외출하려면 짐 꾸리기만으로도 지쳐요. 짐을 줄일 수 있는 방법이 없을까요?

A. 요즘에는 스틱분유, 레토르트이유식, 일회용 턱받이 등 짐을 줄일 수 있는 다양한 제품들이 판매되고 있어요. 대형마트 유아동 코너를 수시로 돌아보며 신제품을 스캔해보아요. 또 편의점에서 어떤 물건들을 팔고 있는지 꼼꼼히 확인해두면 좋은데, 혹시 모를 돌발 상황에 대체 가능한 제품을 찾을 수도 있지요. 가방도 소재가 가벼운 제품을 선택해요. 또 매번 짐을 챙기기보다 외출용 가방을 정해 미리 준비물을 챙겨놓고 그때그때 기저귀와 물티슈 정도만 추가하면 시간과 고민을 줄일 수 있답니다.

여행작가 엄마의 짐 꾸리기 꿀팁

① 아이와의 여행에 유모차는 꼭 필요해요!

② 노리개젖꼭지는 아이에게 안정감을 주는 아이템

③ 경사로가 없는 경우엔 유모차보다 아기띠가 유용해요.

④ 애착인형은 낯선 잠자리를 편안하게 만들어줘요.

⑤ 야외에서 하는 비눗방울 놀이도 재밌어요.

⑥ 야외 활동을 대비해 널찍한 담요나 돗자리를 준비해도 좋아요.

⑦ 월령에 따라 치발기도 좋은 장난감이 돼요.

⑧ 음악이나 간단한 영상이 나오는 카시트 거울도 있어요.

⑨ 작은 가방 형태로 패킹 가능한 비옷은 우산보다 훨씬 유용해요.

⑩ 여름엔 햇빛을 가려줄 모자를 꼭 챙겨요.

⑪ 겨울엔 두꺼운 우주복이 외출용으로 딱!

⑫ 모자와 목도리, 심지어 마스크의 기능까지 합친 제품도 있어요.

〝아이랑 가뿐하게~〞 짐 꾸리기 체크리스트

개인적인 경험과 육아 전문가들의 조언을 바탕으로 정리한 아이와의 외출 및 여행 준비물 체크리스트! 필요에 따라 더하고 빼며 각자에게 가장 효율적인 방식으로 짐을 꾸려보자. p.25의 '짐 꾸리기 꿀팁'을 참고하여 더욱 든든하게 여행을 준비할 수 있다.

★ 수유·이유용품

- □ **모유수유 중이라면** 아이스팩 넣은 보냉가방, 휴대용 유축기, 모유저장팩, 수유가리개
- □ **분유수유 중이라면** 젖병(가벼운 소재), 분유(스틱형 또는 휴대용 케이스나 젖병에 소분), 보온병 *1박 이상 여행 시 분유포트, 젖병세척솔, 젖병세정제(아기약병에 소분)
- □ **이유식 중이라면** 이유식(레토르트식품이나 휴대용 식기에 소분), 아이스팩 넣은 보냉가방, 스푼, 턱받이
- □ **일반식 중이라면** 아기용 숟가락과 포크, 턱받이나 손수건
- □ 빨대컵(스파우트컵), 생수, 간식(아이가 좋아하는 사탕이나 젤리류도 조금)
- □ 월령에 따라 노리개젖꼭지, 클립, 치발기
- □ 구강티슈, 가제손수건
- □ 휴대용 부스터

★ 기저귀·물티슈

- □ **기저귀 떼기 전이라면** 기저귀(외출 시에는 밴드형, 1박 이상이면 팬티형도 함께), 상황에 따라 방수기저귀
- □ **기저귀 뗀 후라면** 속옷, 휴대용 소변기
- □ 물티슈, 제균티슈

★ 목욕·위생용품
- [ ] 휴대용 보디로션 *1박 이상 여행 시 보디워시, 치약, 칫솔
- [ ] 면봉, 손톱깎이(손톱가위)
- [ ] 체온계 *1박 이상 여행 시 해열제, 열패치, 상처연고, 콧물흡입기, 베이비미스트(코막힘방지용), 밴드, 일회용 알코올솜
- [ ] **여름이라면** 선크림, 수딩젤, 모기기피제, 모기연고
- [ ] 위생백

★ 의류
- [ ] 여벌 내복과 옷, 양말
- [ ] 계절에 따라 도톰한 베스트와 모자, 마스크, 목도리, 장갑
- [ ] 날씨에 따라 비옷(패킹 가능한 제품)

★ 이동용품
- [ ] 휴대용 유모차
- [ ] 아기띠(월령에 따라 슬링이나 힙시트)
- [ ] 계절에 맞는 담요
- [ ] 계절에 따라 쿨시트나 바람막이, 워머

★ 기타
- [ ] 아기장난감(색칠공부, 퍼즐, 비눗방울 등), 계절에 따라 물놀이용품(물총, 비치볼 등)
- [ ] 애착인형이나 물품
- [ ] 휴대용 돗자리(공원이나 잔디밭에 갈 때)

학년별 추천 여행지
교과서 밖으로 여행을 떠나요!

아이들은 단순히 읽고 외우는 공부보다 직접 보고 체험할 때 더 오래 기억하고 깊이 이해할 수 있어요. 특히 초등학교는 세상을 배우는 가장 중요한 시기로, 실생활과 연결된 학습이 꼭 필요하답니다. 교과서에서 배웠던 장소에 직접 가본다면, 그것은 단순한 지식이 아니라 '나만의 경험'이 될 테니까요. 또 여행을 통해 배움이 한 가지 과목에 국한하지 않고 여러 영역으로 확장될 수도 있어요. 예를 들어 경복궁을 방문하면 역사뿐만 아니라 전통건축, 궁중문화, 한글 창제까지 자연스럽게 연결되죠. 이렇게 통합적인 배움을 경험할 수 있다는 것이 교과서 밖 여행의 가장 큰 장점 아닐까 싶어요. 그럼 학년별, 과목별로 어떤 여행지를 찾아보면 좋을까요?

1학년

『국어』는 한글을 익히는 것을 시작으로, 상황에 맞는 인사말이나 자신의 감정을 정확하게 표현하는 법, 동시를 읽고 생각이나 느낌을 나누는 등의 활동을 합니다. 『바슬즐(통합)』은 학교생활에 필요한 안전수칙을 익히고 가족과 친척, 이웃 등 다양한 관계의 사람들을 이해해요. 또 우리나라를 대표하는 태극기와 무궁화는 물론, 다양한 전통문화도 알려준답니다. 상상으로 가득한 탐험 이야기도 나눠요.

추천여행지 국립한글박물관, 송파책박물관, 배다리헌책방골목, 권정생동화나라, 경상남도안전체험센터, 서울상상나라, 서울약령시한의약박물관, 서울풍물시장, 통인시장 등

2학년

『국어』는 자신의 경험이나 생각을 표현하는 법, 시나 이야기를 감상하고 생각이나 느낌 표현하기 등의 활동을 합니다. 『바슬즐』은 자연을 이해하고 마을을 탐험해요. 또 사진과 음식 등을 통해 세계의 다양한 모습을 만나요. 세종대왕과 장영실 같은 위인과 다양한 발명품에 대해서도 배운답니다.

추천여행지 세종대왕릉, 북서울꿈의숲, 돈의문박물관마을, 외암민속마을, 맹개마을, 윤동주문학관, 중남미문화원, 신장쇼핑몰, 흰여울문화마을, 남원다움관 등

3학년

『국어』는 다양한 종류의 글을 읽고 중심 생각을 찾거나 자신의 생각과 느낌을 글로 표현해요. 또 극본을 읽고 작품 속 인물이 되기도 해요. 『사회』는 우리 고장과 주변 장소를 이해하고, 과거의 건축 및 생활문화를 배웁니다. 또 가족의 모습과 역할 변화도 공부해요. 『과학』은 힘과 관련된 현상을 찾고 동식물을 알아봐요. 강과 바다, 흙 등 지표 변화와 물질의 상태 및 소리의 성질도 배운답니다. 『미술』에서는 수채화와 수묵화는 물론, 사진기 사용법을 익혀요. 또 시각문화와 민속인형 및 미술감상 예절도 배워요.

추천여행지 종로구립박노수미술관, 포천아트밸리, 상도문돌담마을, 한양도성박물관, 서소문성지역사박물관, 고성독수리체험, 거제식물원, 국립수목원 등

4학년

『국어』는 의견이 드러나게 글을 쓰고 토의하는 법을 배워요. 책을 읽거나 영화를 감상하고 자신의 생각을 정리하는 활동도 해요. 『사회』는 지도를 통해 우리 지역의 위치와 특징을 이해하고 역사나 국가유산에 대해서도 배워요. 촌락과 도시를 비교하고 사회 변화와 문화다양성도 이해해요. 『과학』은 물의 상태 변화와 화산, 지진에 대해 배워요.

추천여행지 경주양남주상절리, 향촌문화관, 의림지, 고라데이마을, 구와우마을, 속초시립박물관, 선농단역사문화관, 경주양동마을, 수암골 등

5학년

『국어』는 글을 요약하고 여러 매체에 대해 배워요. 우리말의 소중함을 익히고 기행문도 써요. 『사회』는 우리 국토와 자연환경과 인문환경, 헌법을 공부해요. 또 고조선을 시작으로 고구려, 백제, 신라, 가야를 거쳐 통일신라와 발해, 고려, 조선의 역사와 문화유산을 배워요. 일제 침략과 광복, 대한민국 정부 수립과 6·25전쟁까지 역사를 이해해요. 『과학』은 우주와 다양한 생물, 날씨, 물체의 운동 등을 공부해요. 『도덕』은 웃어른에 대한 예절을, 『미술』은 한지와 염색공예를 비롯해 우리나라 시대별 작품을 감상해요.

추천여행지 국립서울현충원, 경교장, 서대문형무소역사관, 화진포, 공산성, 효창공원, 대가야역사테마관광지, 국립해양관, 장생포고래문화특구 등

6학년

『국어』는 비유와 속담, 관용표현을 공부해요. 『사회』는 4·19혁명과 5·18민주화운동 등의 현대사와 우리나라의 경제성장, 세계의 다양한 모습, 지구촌의 평화와 발전을 공부해요. 『과학』은 지구와 달의 운동, 여러 기체, 식물의 구조와 기능, 전기의 이용, 에너지와 생활, 우리 몸의 구조와 기능을 익혀요. 『미술』은 풍경과 추상표현, 판화를 배워요. 또 건축과 만화, 애니메이션은 물론, 한국화와 민화 등도 다뤄요.

추천여행지 전일빌딩245, 인천어린이과학관, 서울에너지드림센터, 젊은달와이파크, 청남대, 국립현대미술관 청주, 애니메이션박물관 등

계절별 1박 2일 추천 코스 ❶

Spring
봄날의 동화 나라로 떠나요

안동에는 엄마들에게도 너무나 익숙한 국민 동화 『강아지똥』이 탄생한 동화나라가 자리하고 있다. 아이들과 함께 동화책의 감동도 곱씹어보고, 낙동강 너머 비밀스레 자리한 맹개마을도 거닐어보자.

첫째 날

11:00 안동 **권정생동화나라**(p.120)에서 신나게 뛰놀기

↓ 자동차로 7분

13:00 『강아지똥』이 탄생한 **일직교회** 둘러보기

권정생 작가가 새벽종을 치는 종지기로 지내며 수많은 동화를 썼던 방이 그대로 남아있어요.

↓ 자동차로 8분

14:00 **안동화련***에서 맛있는 점심

예약은 필수! 좌식테이블 있어요~

📍 경북 안동시 일직면 하나들길 150-23
📞 0507-1310-4335

↓ 자동차로 50분

16:00 **도산서원**(p.353) 구경하고 고택에서 잠들기

계절별 1박 2일 추천 코스 ❷

Summer
한여름의 소금밭을 만나요

음식의 감칠맛을 더하는 소금! 이 귀한 소금이 어디에서 왔는지, 또 어떻게 만들어지는지 알려줄 수 있는 특별한 여행지가 있다. 우리나라에서 가장 큰 염전이 자리한 신안 증도는 멀리 떠난 만큼 특별한 체험과 휴식이 가능한 소금 같은 여행지다.

첫째 날

청정 갯벌에만 산다는 짱뚱어를 관찰할 수 있는 나무다리로 물이 빠지면 갯벌체험도 가능해요!

13:00
신안 증도 **짱뚱어다리**에서 즐거운 갯벌체험

자동차로 7분

15:00
오션스파랜드에서 신나는 물놀이

엘도라도리조트 내에 자리한 야외 수영장으로 바다를 바라보며 물놀이를 할 수 있어요! 유아풀이 따로 있어서 어린아이들이 놀기에도 좋아요!

32

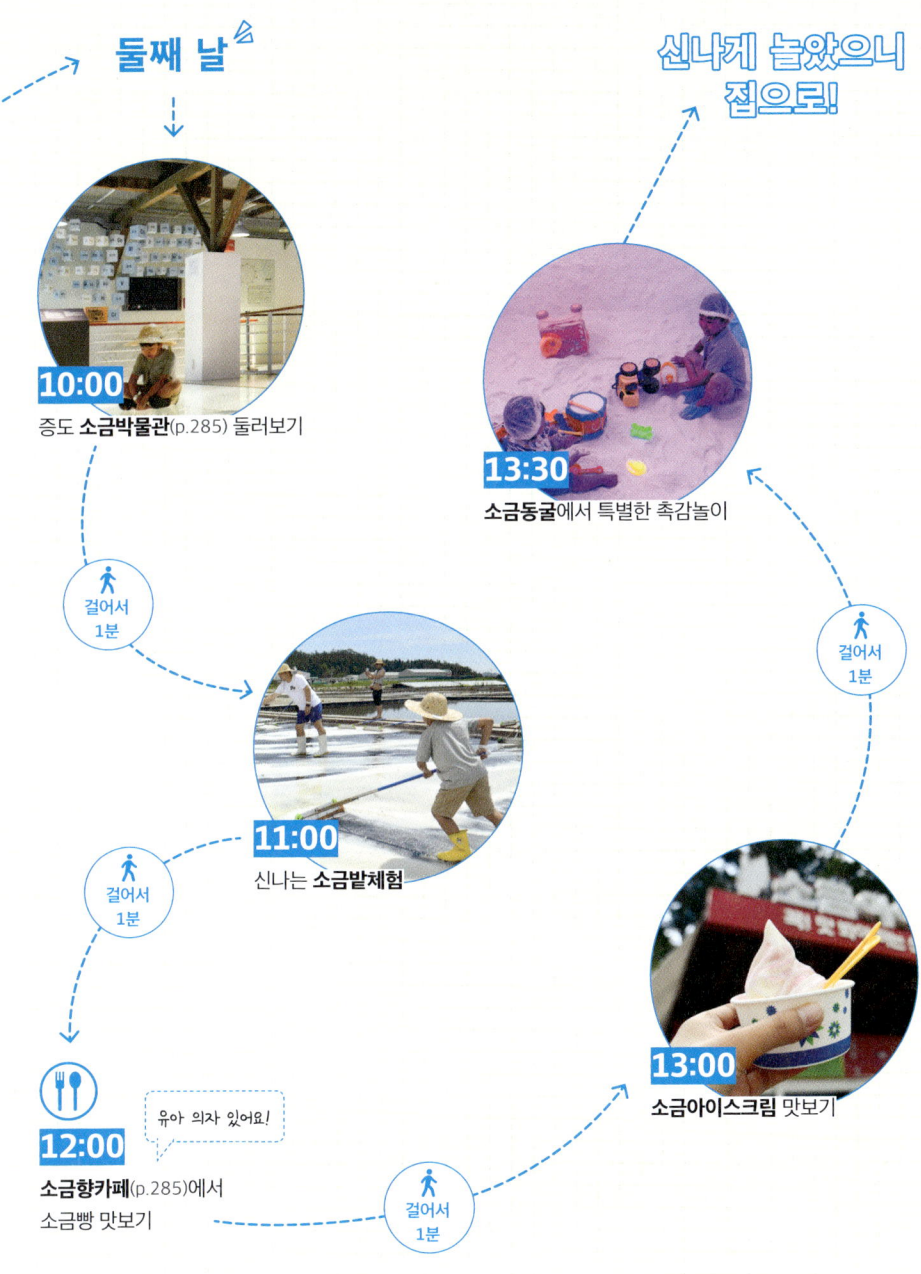

계절별 1박 2일 추천 코스 ❸

Fall
가을엔 칙칙폭폭 증기기관차를 타요

<토마스와 친구들> 덕분에 아이들에게도 익숙한 증기기관차를 타고 가을에 물든 섬진강변을 달려볼 수 있는 감성여행지, 바로 전남 곡성에 자리한 기차마을이다. 밤에는 섬진강 위로 펼쳐진 아름다운 가을 하늘과 빛나는 별도 관찰해보자.

첫째 날

걸어서 1분

12:30
섬진강기차마을(p.382)
둘러보기

11:30
곡성 증기기관차 타고
섬진강변 달리기

자동차로 15분

14:00
지리산가는길(p.383)에서
느긋한 점심

유아 의자 있어요!

자동차로 10분

눈부신 하얀 겨울을 즐겨요

Winter · 계절별 1박 2일 추천 코스 ❹

아이들이 겨울을 기다리는 이유는 단순하다. 하얀 눈밭에서 썰매도 타고 눈싸움도 하고, 그저 신나게 놀고 싶어서다. 발왕산 정상은 겨울 내내 눈이 쌓인다. 대관령하늘목장도 눈밭을 마음껏 즐길 수 있는 곳이다. 여행의 마지막은 초록빛 가득한 식물원에서 봄을 기다려보자.

첫째 날

11:00 발왕산 관광케이블카(p.424) 타고 겨울 산 둘러보기

↓ 걸어서 1분

13:00 황태회관(p.425)에서 따뜻한 점심
유아 의자 있어요!

→ 자동차로 10분

14:00 대관령하늘목장(p.423)에서 에서 신나게 뛰어놀기

↑ 자동차로 10분

16:00 알펜시아 스키점프 센터(p.423)에서 색다른 체험

→ 자동차로 25분

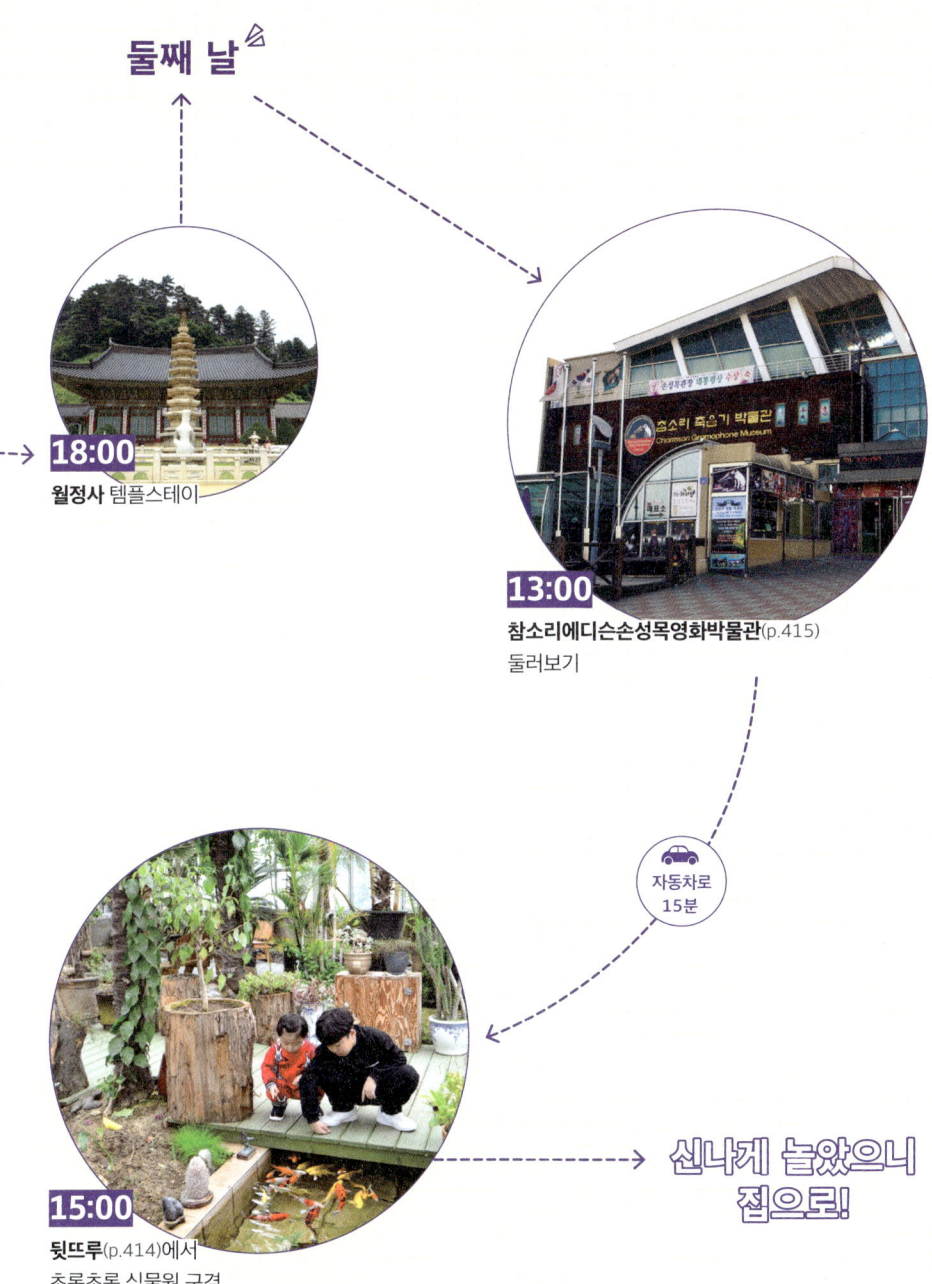

둘째 날

18:00
월정사 템플스테이

13:00
참소리에디슨손성목영화박물관(p.415)
둘러보기

자동차로
15분

15:00
뒷뜨루(p.414)에서
초록초록 식물원 구경

**신나게 놀았으니
집으로!**

| 제주 2박 3일 추천 코스 |

감성 가득 제주로 떠나요

제주만큼 아름다운 자연과 풍성한 볼거리로 가득한 여행지가 또 있을까? 맑고 푸른 바다와 신비로운 숲, 제주에서 만날 수 있는 특색 있는 문화공간까지 2박 3일 일정으로 담아봤다. 아이들의 연령과 컨디션에 따라 유동적으로 활용해보자.

첫째 날

11:00
노형수퍼마켙(p.453)에서
상상력 키우기

자동차로 20분

12:30
단소*에서 든든한 점심
제주 제주시 애월읍 애월로 139-4
0507-1496-7178

유아 의자 있어요!

자동차로 5분

14:00
한담해안산책로(p.457)
거닐기

자동차로 25분

16:00
무민랜드 제주(p.459)에서
귀여운 캐릭터와 놀기

> 베스트 아이 여행지 ❶

고즈넉한 풍경 속에서 휴식을~
자연 산책길

시끌시끌한 도심을 벗어나 아이와 함께 하는 자연 여행. 공기 좋고, 탁 트인 자연에서 아이는 맘껏 뛰놀 수도 있고, 엄마, 아빠와 오손도손 발맞춰 걸을 수도 있다. 초록초록 숲과 하늘빛 바다를 돌아보며 온 가족이 함께 산책해보자.

1 물맑음수목원
(남양주) p.68
아이들이 다양한 식물과 곤충을 관찰하며 자연의 소중함을 배우는 곳이다.

2 화담숲
(경기 광주) p.310
사계절 내내 아름다운 자연을 감상할 수 있는 숲속 정원이다.

3 강릉솔향수목원
(강원 강릉) p.199

이름 그대로 솔향 폴폴 나는 소나무숲에서 힐링하자.

4 양남주상절리
(경북 경주) p.113

신기한 모양의 주상절리와 유채꽃을 구경할 수 있는 바다 산책길.

5 행남해안산책로
(경북 울릉) p.249

울릉도의 신비로운 해안절벽과 맑고 투명한 바다를 가까이에서 감상할 수 있다.

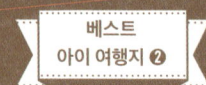

동물 친구들과 인사해요!
동물체험공간

아이가 직접 만져보고, 먹이를 주며 동물들의 따뜻한 체온을 느낄 수 있는 동물체험장. 멀리서 구경하는 동물원과 달리, 동물 친구들과 직접 교감할 수 있어 특히 아이들이 좋아하는 곳이다. 이곳에서는 생명을 소중히 여기는 마음까지 길러볼 수 있을 것이다.

1 안성팜랜드 (경기 안성) p.69
한가로이 풀을 뜯는 소 방목장과 산양들의 놀이터를 만날 수 있다.

2 몽토랑산양목장 (강원 태백) p.333
해발 800m 고지대에 위치한 유산양 목장이다.

3 대관령양떼목장
(강원 평창) p.92

푸른 초원에서 한가롭게 노니는 양들을 만날 수 있는 곳~

4 베어트리파크
(세종) p.102

아름다운 자연을 배경으로
수백 마리 곰들이 한가로이 노니는 동물원이다.

5 거제꿀벌교육농장
(경남 거제) p.131

꿀벌이 자연 생태계에서 하는
중요한 역할을 몸으로 배울 수 있다.

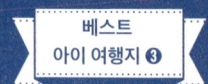

아이의 꿈을 현실로 이뤄주는
직업체험공간

하고 싶은 것도, 되고 싶은 것도 많은 우리 아이를 위해 하루쯤 아이의 꿈을 펼칠 수 있는 시간을 마련해보자. 다양한 직업 탐색을 하거나 미래의 꿈을 이뤄볼 수 있는 체험공간에서 말이다. 미래의 경찰관, 패션모델… 여기 다 모여라!

1 국립경찰박물관 (서울) p.180
경찰근무복을 입고 순찰차를 탈 수 있어 경찰관을 꿈꾸는 아이라면 특히 좋아할 만하다.

2 진영역철도박물관
(경남 김해) p.138
모형열차 운전체험과 승무원 복장체험 등 놀이처럼 재미있게 참여할 수 있는 프로그램이 많다.

3
라디오스타박물관
(강원 영월) p.418

방송국을 그대로 활용한 박물관으로 라디오 스튜디오에서 직접 DJ가 되어 방송을 진행할 수 있다.

4
인제스피디움
(강원 인제) p.329

수시로 레이싱대회가 열리는 서킷도 구경하고 클래식카 박물관에서 색다른 경험도 가능하다.

5
한국코미디타운
(경북 청도) p.253

코미디체험관에서 DJ로 변신하거나 코믹 CF의 주인공이 되는 영상체험, 코미디언으로 분장하는 시뮬레이션 분장실 등 다양한 경험이 가능하다.

베스트 아이 여행지 ❹

지식과 감성을 쑤욱~
국립 전시관

아이의 지적 호기심과 감성 지수를 높여주는 곳들이 많지만 의외로 놓치기 쉬운 곳이 바로 국립 전시관이다. 나라에서 운영하는 기관이다 보니, 전시물은 알차면서 입장료는 합리적이다. 주로 도심에 위치해 있어 인근의 다른 볼거리와 함께 둘러보기도 좋다.

1 국립한글박물관
(서울) p.294
한글의 역사와 가치를 돌아보는 전시는 물론, 한글의 제자 원리를 이해할 수 있는 한글 놀이터도 있다.

2 국립항공박물관
(서울) p.398
국내 유일의 항공 전문 박물관으로 실제 크기 항공기와 다양한 체험시설이 마련되어 있다.

3 국립현대미술관 청주

(충북 청주) p.228

국내 최초의 수장형 미술관으로 미술품을 보관하는 수장고 그 자체가 전시 공간이 되는 독특한 구조다.

4 국립해양과학관 (경북 울진) p.250

바다를 주제로 한 과학관으로 아이들이 해양의 신비와 과학원리를 쉽고 재미있게 배울 수 있다.

5 국립부산과학관

(부산) p.271

과학을 놀이처럼 즐길 수 있는 곳. 과학 놀이터 천체투영관 등 흥미로운 공간들이 많다.

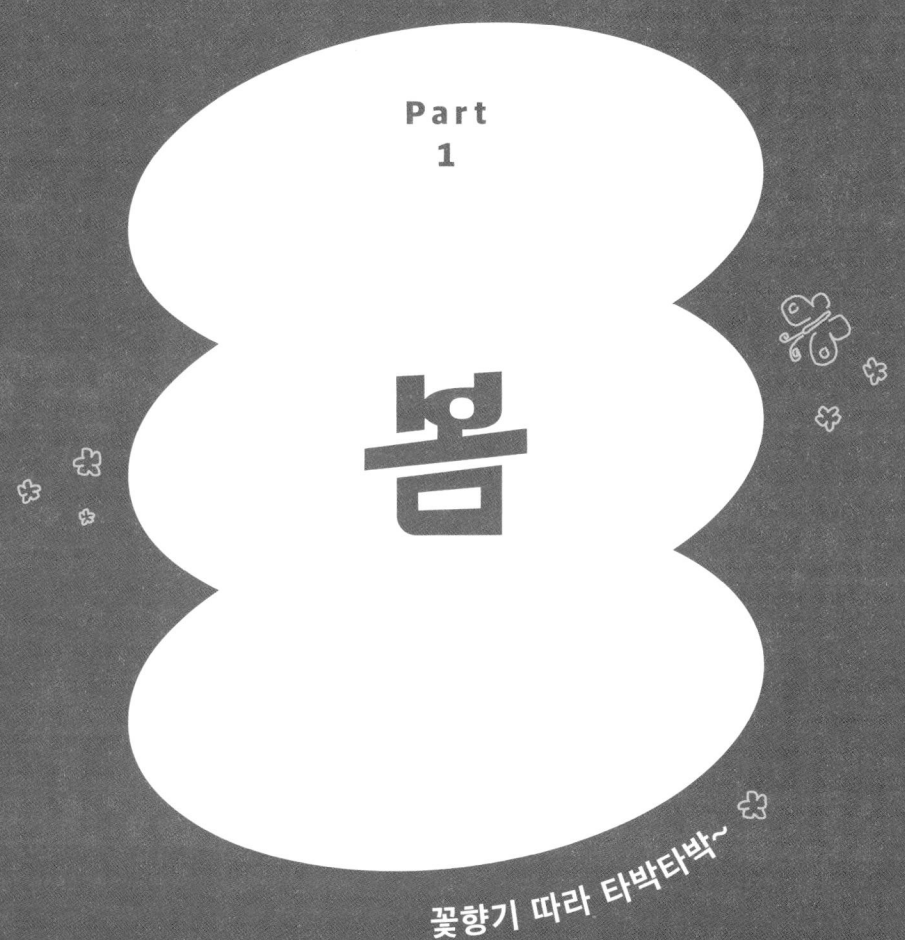

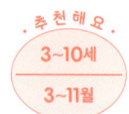

001
국립서울현충원

연계교과 6학년 사회

서울

현충원은 나라를 위해 목숨을 바친 선열들을 모신 곳으로, 이들의 활약상을 살펴볼 수 있는 호국전시관과 유품전시관도 자리해 아이들과 자연스레 애국심에 대한 이야기를 나눠볼 수 있다. 언뜻 무겁고 엄숙한 공간이지 않을까 싶지만 실제 찾아가보면 오히려 잘 가꿔진 공원에 가깝다. 지난 60여 년 동안 자연생태가 잘 보존되어 다람쥐와 딱따구리는 물론 천연기념물인 붉은배새매도 만날 수 있다. 묘역과 묘역 사잇길에선 할미꽃과 작약, 비비추 등 계절마다 다채로운 꽃들이 피고 진다. 특히 정문에서 현충탑까지 이어지는 주요 도로엔 늘어진 가지가 멋스러운 수양벚나무를 심어 봄이면 그 독특한 정취를 즐기려는 이들로 북적인다. 유아와 초등학생의 눈높이에 맞춘 견학프로그램도 운영하고 있으니 미리 전화로 문의해보길 추천한다.

- 서울 동작구 현충로 210
- 06:00~18:00, 호국전시관·유품전시관·현충관 09:00~18:00
- **휴무** 호국전시관·유품전시관 공휴일, 설날·추석, 동절기 토요일
- 1522-1555
- www.snmb.mil.kr
- #체험여행 #역사여행 #애국심 #도심산책 #수양벚나무 #벚꽃엔딩

함께 둘러봐도 좋아요♡

- **주변 여행지** 조선일보 뉴지엄(newseum.chosun.com)
- **연계 가능 코스** 국립한글박물관(p.294)
- **키즈프렌들리 맛집** 샤브몰 서울사당점(샤브샤브 | 서울 동작구 사당로 196 2층 203호 | 0507-1422-1494 | 유아 의자)

002
경교장

연계교과 6학년 사회

대한민국 임시정부 주석을 지낸 백범 김구는 아이들에게도 익숙한 이름이다. 그는 광복 이후 지금의 강북삼성병원 본관에 자리한 경교장에서 생활하며 외세의 신탁통치에 반대하고 통일된 정부수립을 주장하는 민족진영의 목소리를 대변했다. 그러나 1949년 이곳 집무실에서 암살범의 흉탄에 맞아 목숨을 잃게 된다. 경교장 2층 집무실 유리창에는 당시 상황을 재현하듯 총탄 자국이 선명하다. 지하에는 서거 당시 김구가 입었던 피 묻은 저고리와 바지가 전시되어 보는 이들을 숙연하게 만든다. 윤봉길이 상하이 홍구공원으로 떠나던 날 김구와 맞바꿨다는 시계도 눈길을 끈다. 1층은 임시정부에서 사용하던 모습 그대로 꾸며져 있는데, 김구는 이곳에서 환국 이후 첫 국무위원회를 비롯해 자주통일을 위한 다양한 활동을 펼쳤다.

- 서울 종로구 새문안로 29
- 09:00~18:00 **휴무** 월요일
- 02-735-2038
- #체험여행 #역사여행 #백범김구 #대한민국임시정부 #깨진유리창

- **주변 여행지** 국토발전전시관 (서울 중구 정동길 18)
- **연계 가능 코스** 돈의문박물관마을 (p.296)
- **키즈프렌들리 맛집** 중림각 (중식당 | 서울 중구 청파로 443 | 02-364-9999 | 유아 의자)

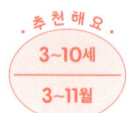

 서울

003
북서울꿈의숲

연계교과 3학년 과학 | 5학년 사회

북서울꿈의숲은 넓은 잔디밭과 숲길, 연못, 사슴방사장, 전망대까지 갖춘 복합 문화·자연공원으로 아이들과 함께 도심 속에서 자연을 마음껏 즐길 수 있다. 도심 잔디광장에서는 아이들이 자유롭게 뛰어다니기에 좋고, 사계절 다른 풍경을 보여주는 숲속 산책로에서는 계절별 식물과 곤충을 관찰할 수 있다. 상상톡톡미술관에서는 다양한 전시가 열려 자연과 문화를 함께 체험할 수 있으며, 전망대에 오르면 서울 동북부를 한눈에 내려다보는 시원한 풍경도 만날 수 있다. 어린이놀이터는 모험놀이형으로 조성돼 창의적인 신체활동을 유도하고, 곳곳에 설치된 물놀이터, 음악분수 등은 아이들의 오감을 자극한다.

- 서울 강북구 월계로 173
- 상상톡톡미술관 10:00~18:00
  휴무 상상톡톡미술관 월요일
- 02-2289-4000
- parks.seoul.go.kr/dreamforest
- #체험여행 #감성여행 #공원산책 #미술관나들이 #사슴방사장 #전망대

- **주변 여행지** 서울형 키즈카페 강북구 번3동점 강북구 PLAY ON(서울 강북구 오현로 208 309동)
- **연계 가능 코스** 서울시립 북서울미술관(p.301)
- **키즈프렌들리 맛집** 에이치코드(브런치) | 서울 성북구 장월로23길 5-10 | 010-5944-6250 | 유아 의자

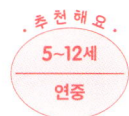

004
서대문형무소역사관

연계교과 6학년 사회

여전히 현재진행형인 상처와 아픔 때문일까. 일제강점기의 역사를 알게 되면 아이들은 누구나 그 비극을 가슴 깊이 공감한다. 열여덟 꽃다운 나이에 감옥에서 숨을 거둔 유관순, 일본군을 향해 폭탄을 던지고 그 자리에서 체포돼 결국 총살당한 윤봉길 등 목숨과 맞바꾼 독립운동가들의 희생은 절로 고개가 숙여질 정도다. 서대문형무소는 일본이 독립운동가들을 잡아 가두고 비인간적인 고문을 자행했던 곳으로 아이들은 물론, 어른들도 가슴 한편이 뜨거워진다. 당시 모습 그대로 보존된 감옥은 지금도 섬뜩한 느낌을 지울 수 없고 앳된 얼굴의 수형기록표로 채워진 추모 공간은 관람객들의 마음을 먹먹하게 만든다. 이곳에서라면 선조들이 숭고한 헌신으로 지켜낸 우리의 평범한 하루하루가 얼마나 소중한 것인지 아이들도 피부로 느끼게 될 것이다.

- 서울 서대문구 통일로 251
- 하절기 09:30~18:00, 동절기 09:30~17:00 **휴무** 월요일(공휴일인 경우 그다음 날), 1월 1일, 설날·추석
- 어른 3,000원, 청소년 1,500원, 어린이 1,000원
- 02-360-8590
- sphh.sscmc.or.kr
- #체험여행 #역사여행 #독립운동가 #유관순 #애국심 #삼일절

함께 둘러봐도 좋아요~
- **주변 여행지** 이회영기념관(leehoeyeong.com)
- **연계 가능 코스** 안산자락길(p.58)
- **키즈프렌들리 맛집** 돈박(돈가스) | 서울 종로구 통일로 230 롯데캐슬상가 19호 | 02-720-2999 | 유아 의자

005
서울새활용플라자

연계교과 3학년 과학

'업사이클링'을 주제로 한 새활용 복합문화공간으로 아이들이 자원순환과 환경보호의 중요성을 창의적으로 체험할 수 있는 곳이다. 폐자원을 버리지 않고 새롭게 가치 있는 제품으로 재탄생시키는 과정을 다양한 전시와 체험프로그램을 통해 자연스럽게 배울 수 있다. 또 버려진 플라스틱, 천, 목재 등을 활용해 나만의 작품을 만들어보는 수업도 수시로 열려, 놀이처럼 환경감수성을 키울 수 있다. 곳곳에 마련된 새활용 제품 전시장에서는 예술, 디자인, 패션과 결합한 다양한 새활용 사례를 볼 수 있어, 창의력과 문제해결능력 향상에도 도움이 된다.

- 서울 성동구 자동차시장길 49
- 10:00~18:00 **휴무** 일요일, 1월 1일, 설날·추석
- 02-2153-0400
- www.seoulup.or.kr
- #체험여행 #업사이클링 #환경감수성 #환경보호 #자원순환

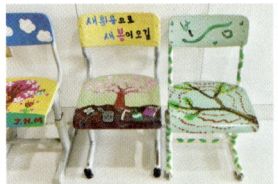

- **주변 여행지** 서울하수도과학관(sssmuseum.org)
- **연계 가능 코스** 청계천박물관(p.186)
- **키즈프렌들리 맛집** 카레당 | 카레 | 서울 광진구 능동로 251 | 0507-1308-4022 | 유아 의자

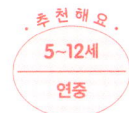

006
서울에너지드림센터

 서울

연계교과 3·5학년 과학

아이를 키우는 부모라면 에너지 고갈로 인한 다양한 환경문제와 신재생에너지에 대한 관심이 자연스럽다. 상암동에 자리한 서울에너지드림센터는 우리나라 최초의 에너지자립형 건물로 실제 '제로에너지'로 가동되고 있다. 고효율 유리창호와 단열재, 자연광, 땅속 온도를 이용한 냉난방 시스템으로 다른 건물들과 비교해 에너지 사용량을 70%까지 줄이고 나머지 30%는 태양광 발전을 통해 직접 생산한다. 홈페이지를 통해 미리 해설을 예약하면 이 같은 에너지 절약법에 대해 자세한 설명을 들을 수 있다. 전시관 내에는 신재생에너지로 꼽히는 소수력과 풍력, 바이오에너지의 활용을 직접 체험해볼 수 있는 공간들도 마련돼 있다. 체험프로그램도 다양하게 운영된다.

- 서울 마포구 증산로 14
- 09:30~17:30 휴무 월요일, 1월 1일, 설날·추석, 12월 12일 개관기념일
- 02-3151-0562
- seouledc.or.kr
- #과학체험 #신재생에너지 #제로에너지 #에너지절약 #북극곰을지켜주세요

이것도 체크!
한때 쓰레기장이었던 공원
서울에너지드림센터가 위치한 월드컵공원 내 평화의공원은 1993년까지 쓰레기 매립지로 이용되었습니다. 이후 안정화 사업 끝에, 2002년 난지천 월드컵공원으로 새롭게 태어나게 됐죠.

함께 둘러봐도 좋아요~
- **주변 여행지** 문화비축기지(서울 마포구 증산로 87 | 02-376-8410)
- **연계 가능 코스** 선유도공원(p.303)
- **키즈프렌들리 맛집** 성산왕갈비(돼지고기구이 | 서울 마포구 월드컵북로 233 | 02-306-2001 | 좌식테이블)

007
심우장

연계교과 6학년 사회

심우장은 「님의 침묵」의 시인으로 잘 알려진 만해 한용운이 마지막 숨을 거둔 집이다. 그는 3·1운동 당시 민족대표 33인의 한 명으로 독립선언서에 서명했던 독립운동가이기도 했는데, 이를 이유로 체포돼 옥고를 치렀음에도 일제의 식민지배를 비판하는 내용의 시를 꾸준히 발표했다. 1933년 이 집을 지을 당시에도 햇빛이 잘 드는 남쪽에 터를 잡으면 조선총독부와 마주 본다는 이유로 반대쪽인 북향에 집을 지었다고 전한다. 한용운이 생활하던 방 안에는 그의 글씨와 연구논문집, 옥중공판기록 등이 그대로 보존되어 평생 조국의 독립을 위해 애썼던 치열한 삶을 돌아보게 한다.

📍 서울 성북구 성북로29길 24
🕘 09:00~18:00
🔖 #체험여행 #역사여행 #도심산책 #만해한용운 #님의침묵

- **주변 여행지** 성북근현대문학관(서울 성북구 성북로 21길 24)
- **연계 가능 코스** 우리옛돌박물관(p.57)
- **키즈프렌들리 맛집** 성북동면옥집(갈비탕 | 서울 성북구 대사관로 40 | 02-765-3450 | 유아 의자)

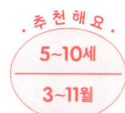

추천해요
5~10세
3~11월

008
우리옛돌박물관

서울

연계교과 3·5학년 사회

우리옛돌박물관은 선사시대부터 조선시대까지 우리 민족이 남긴 다양한 석조유물을 한눈에 볼 수 있는 국내 유일의 돌 전문 박물관이다. 전시장에는 고인돌, 석등, 석탑, 석불 등 다양한 돌 조각이 전시돼 있으며, 아이들은 돌이 단순한 재료를 넘어 역사와 문화를 담은 매개체임을 자연스럽게 이해할 수 있다. 야외전시장에서는 다양한 크기와 표정의 벅수(장승)들이 자리해 정겨운 옛 생활상을 생생하게 체험할 수 있고, 관람 중 돌 조각에 숨겨진 상징과 이야기를 찾아보는 활동은 아이들의 상상력과 탐구심을 키워준다. 함께 자리한 뮤지엄웨이브도 전시에 따라 아이들과 함께 관람하기 좋다.

- 서울 성북구 대사관로13길 66
- 화·금요일 10:00~17:00, 토·일요일 및 공휴일 10:00~18:00(동절기 제외)
- 성인 5,000원, 청소년 3,000원, 어린이 2,000원
- 02-986-1001
- www.koreanstonemuseum.com
- #체험여행 #감성여행 #돌박물관 #석조유물 #도심산책 #뮤지엄웨이브

함께 둘러봐도 좋아요~

- **주변 여행지** 길상사 (www.gilsangsa.or.kr)
- **연계 가능 코스** 심우장 (p.56)
- **키즈프렌들리 맛집** 성북동누룽지백숙(누룽지백숙) | 서울 성북구 성북로31길 9 | 02-764-0707 | 유아 의자

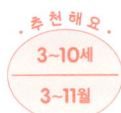

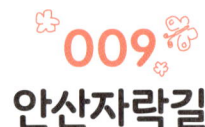

추천해요
3~10세
3~11월

009 안산자락길

서울

연계교과 3학년 과학

안산은 서대문구에 자리한 나지막한 산으로 조선이 건국되었을 때 신하들 일부가 도읍지로 추천했을 만큼 위치나 풍광이 빼어나다. 6·25전쟁 당시엔 서울을 되찾기 위한 최후의 전투가 벌어졌던 역사적인 공간이기도 하다. 그러나 아이들과의 여행지로 안산을 추천하는 이유는 다른 데 있다. 휠체어나 유아차를 이용해 산책을 즐길 수 있는 이른바 '무장애 숲길'이 조성되어 있기 때문. 그 길이도 무려 7km에 달해 어린 아이들을 데리고 한나절 산책을 떠나기에도 전혀 부담이 없다. 특히 봄이면 안산 전체가 연분홍 벚꽃으로 뒤덮여 온 가족이 로맨틱한 꽃놀이를 즐기기에도 딱이다. 벚꽃음악회가 열리는 연희숲속쉼터 공연장에선 널찍한 잔디밭에서 설렘 가득한 봄날의 피크닉도 누릴 수 있다.

서울 서대문구 봉원사길 75-66
#체험여행 #감성여행 #도심산책 #무장애숲길 #유아차산책 #벚꽃엔딩

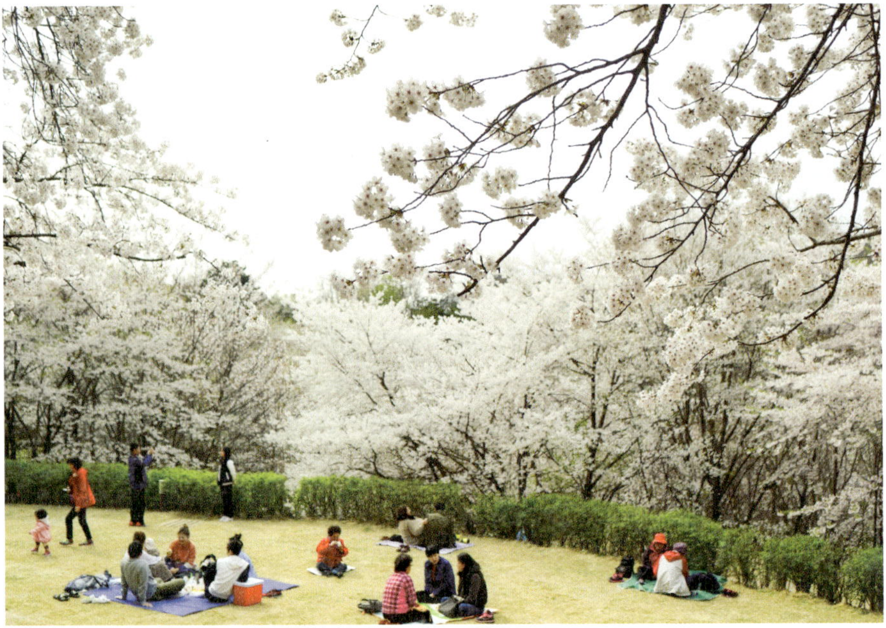

- **주변 여행지** 서대문자연사박물관(namu.sdm.go.kr)
- **연계 가능 코스** 서대문형무소역사관(p.53)
- **키즈프렌들리 맛집** 고미정(불고기정식) | 서울 서대문구 연희로26길 28 | 0507-1384-0297 | 유아 의자)

함께
둘러봐도
좋아요~

010
종로구립 박노수미술관

연계교과 3학년 미술 | 6학년 사회

흔히 한국화라고 하면 흑과 백의 단조로운 색감을 떠올리지만 화가 박노수의 작품은 조금 다르다. 동양적인 선과 여백 위에 파랗고 노란 색채를 덧입혀 오히려 감각적이면서 현대적인 느낌마저 풍긴다. 덕분에 아이들도 동화책 그림을 감상하듯 친근하고 편안하게 접근할 수 있다. 미술관으로 사용되는 건물도 독특하다. 화가가 살던 옛집을 전시 공간으로 활용하고 있는데, 1930년대에 지어진 이곳은 한옥의 온돌과 마루에 붉은 벽돌, 서양식 포치가 함께 어우러져 고풍스러운 분위기를 풍긴다. 건축적, 문화재적 가치가 높아서 서울시 문화재자료 1호로도 지정됐다. 때문에 아이들과 함께 관람할 때 문화재가 훼손되지 않도록 세심한 주의가 필요하다. 가옥 뒤편 전망대에서 바라보이는 옥인동 일대의 풍경도 놓치면 안 될 볼거리다.

- 서울 종로구 옥인1길 34
- 10:00~18:00 **휴무** 월요일, 1월 1일, 설날·추석
- 어른 3,000원, 청소년 1,800원, 어린이 1,200원
- 02-2148-4171
- www.jfac.or.kr/site/main/content/parkns01
- #체험여행 #감성여행 #미술관여행 #도심산책 #동양화 #서촌

함께 둘러봐도 좋아요~
- **주변 여행지** 상상굴뚝놀이터(서울 종로구 자하문로19길 18-16)
- **연계 가능 코스** 통인시장(p.62)
- **키즈프렌들리 맛집** 차이들 안녕인사동점(중식당 | 서울 종로구 인사동길 49 3층 | 0507-1422-9557 | 유아 의자)

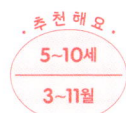

서울

011
창덕궁

연계교과 5학년 사회

조선의 궁궐 중에서 아름답기로 손에 꼽히는 창덕궁은 유네스코가 선정한 세계유산이기도 하다. 동아시아에 존재하는 궁전들과 비교해 건축미뿐 아니라 자연과의 조화와 배치가 탁월하다는 이유에서다. 이 같은 창덕궁의 가치를 압축적으로 만나볼 수 있는 공간이 후원이다. 후원관람은 예약제로 운영되기 때문에 반드시 여행 전 홈페이지를 통해 티켓을 예매해야 한다. 문화재해설사의 안내에 따라 부용지와 애련지, 연경당 등을 차례로 둘러보는데 약 70~90분 정도 소요된다. 아이들이 있으면 눈높이에 맞춰서 해설이 이뤄지기 때문에 후원의 아름다움을 자연스럽게 느낄 수 있다. 특히 매화가 만개할 무렵 창덕궁을 찾으면 낙선재를 비롯한 전각 대부분이 다채로운 봄꽃들에 뒤덮여 봄날의 정취를 즐기기에도 좋다.

- 서울 종로구 율곡로 99
- 2~5월·9~10월 09:00~18:00, 6~8월 09:00~18:30, 11~1월 09:00~17:30 **휴무** 월요일
- 어른 3,000원   02-3668-2300
- royal.khs.go.kr/cdg
- #체험여행 #역사여행 #조선시대 #궁궐 #세계유산 #매화 #후원예약

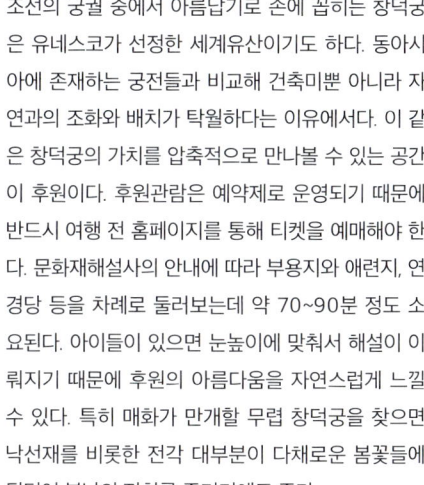

함께 둘러봐도 좋아요~
- **주변 여행지** 국립어린이과학관(www.csc.go.kr)
- **연계 가능 코스** 정동길(p.306)
- **키즈프렌들리 맛집** 깡통만두(만두 | 서울 종로구 북촌로2길 5-6 | 02-794-4243 | 유아 의자)

012
통인시장

서울

연계교과 3·5학년 사회

조선시대 서촌 지역의 오랜 역사를 품고 있는 전통시장이다. 특히 시장 내에서는 '엽전도시락' 프로그램을 운영해 아이들이 실제 엽전을 가지고 다양한 반찬을 고르는 재미를 경험할 수 있다. 자연스레 경제활동의 기본 원리와 교환의 개념도 배울 수 있다. 시장 곳곳에서는 떡, 전, 김밥, 빈대떡 같은 전통 먹거리를 맛볼 수 있어 오감을 자극하는 즐거운 체험이 이어진다. 상인들과 직접 인사를 나누고, 상품을 고르고, 간단한 흥정까지 해보는 활동은 사회성과 의사소통 능력을 키우는 데에도 도움이 된다. 통인시장을 대표하는 기름떡볶이도 놓치면 안 될 먹거리다.

- 서울 종로구 자하문로15길 18
- 07:00~21:00, 도시락카페 11:00~16:00 **휴무** 매달 셋째 주 일요일, 도시락카페 화요일
- 0507-1378-0940
- tonginmarket.modoo.at
- #체험여행 #전통시장 #시장도시락 #엽전도시락 #서촌

- **주변 여행지** 국립고궁박물관 (www.gogung.go.kr)
- **연계 가능 코스** 종로구립 박노수미술관 (p.60)
- **키즈프렌들리 맛집** 포비 광화문(카페) | 서울 종로구 종로3길 17 D타워 1층 21호 | 02-2251-8125 | 유아 의자

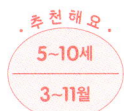

013
항동철길

서울

연계교과 3학년 사회 | 5학년 과학

아이를 키우다보면 아이가 한 번쯤 기차에 흠뻑 매료될 때가 있다. 그 옛날 애니메이션 〈토마스와 친구들〉부터 〈띠띠뽀 띠띠뽀〉까지 괜히 나온 게 아니다. 이 무렵 아이와 기차를 테마로 여행을 떠난다면 재미가 배가 될 것이다. 구로에 자리한 항동기찻길은 도심 한복판에서 기찻길을 따라 걸으며 아이와 색다른 추억을 쌓을 수 있는 여행지다. 과거 화물수송을 목적으로 건설된 철길을 산책로로 활용하고 있는 이곳은 중간 중간 감성을 자극하는 문구나 조형물도 설치돼 따스한 봄날의 산책에 잘 어울린다. 1km 남짓한 철길 끝에는 최초의 서울시립수목원인 푸른수목원이 자리하고 있어 잠시 걸음을 쉬어갈 수 있다. 수목원 내에는 북카페도 마련돼 있다.

서울 구로구 오리로 1189
#체험여행 #도심산책 #기찻길 #초록초록 #감성여행 #푸른수목원

- **주변 여행지** 푸른수목원(서울 구로구 서해안로 2117 | parks.seoul.go.kr/pureun)
- **연계 가능 코스** 한국만화박물관(p.191)
- **키즈프렌들리 맛집** 브런치빈 구로항동점(파스타 | 서울 구로구 서해안로 2104 엠프라자 303호 | 0507-1400-0736 | 유아 의자)

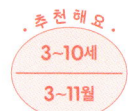

014
홍릉숲

 서울

연계교과 3·5학년 과학

홍릉숲은 우리나라에서 가장 오래된 산림과학연구 공간으로, 아이들이 다양한 식물과 생태계를 가까이에서 체험할 수 있는 살아있는 자연교실이다. 본래 조선 고종황제의 비인 명성황후의 능이 있던 곳으로, 현재는 수목원과 연구림으로 조성돼 일반에 공개되어 있다. 숲길을 따라 걷다보면 소나무, 참나무, 은행나무 등 다양한 수종을 만나볼 수 있으며, 작은 연못과 초지, 꽃길에서는 계절별로 다른 생태 변화를 관찰할 수 있다. 곳곳에 설치된 식물 해설판과 생태 안내문을 통해 자연스럽게 숲의 구조와 식물의 특징을 배울 수 있고, 숲해설 프로그램에 참여하면 더 깊이 있는 체험이 가능하다.

- 서울 동대문구 회기로 57
- 토·일요일 09:00~18:00 *평일 사전 예약제. 토·일요일이 공휴일이면 휴무
- 02-961-2777
- #체험여행 #도심산책 #초록초록 #감성여행 #산림과학관

이것도 체크! 돗자리와 음식은 No~
인터넷에 올라온 후기 중에는 도시락을 먹으며 피크닉을 즐겼다는 이야기가 있는데, 현재 홍릉숲은 돗자리와 음식 반입을 금지하고 있어요. 자연의 소중함을 배우고 체험하는 공간인 만큼 관람예절은 필수!

함께 둘러봐도 좋아요~
- **주변 여행지** 다이노스얼라이브(서울 동대문구 왕산로 200)
- **연계 가능 코스** 선농단역사문화관(p.183)
- **키즈프렌들리 맛집** 혜성칼국수(칼국수 | 서울 동대문구 왕산로 247-1 | 02-967-6918 | 좌식테이블)

015
중남미문화원

경기 고양

연계교과 4·6학년 사회

중남미문화원은 중남미 지역에서 30여 년간 외교관 생활을 했던 부부가 함께 꾸민 공간으로, 현지에서 수집한 다양한 민속품과 예술품을 전시하고 있다. 붉은 벽돌로 쌓아올린 이국적인 건축물과 초록빛으로 우거진 산책길, 풍만한 곡선을 뽐내는 멕시코 여인들의 조각상이 마치 먼 나라로 떠나온 것처럼 이국적인 정취를 느끼게 한다. 특히 박물관 한쪽 벽면을 가득 채운 갖가지 모양과 색깔의 가면들은 중남미 특유의 강렬한 표현방식과 화려한 예술적 기교가 어우러져 흥미로운 볼거리가 된다. 봄이면 하얀 목련이 가득 피어 우아한 아름다움을 뽐낸다. 산책로 한편에서 멕시코식 샌드위치인 타코(Taco)도 맛볼 수 있는데, 낯선 풍경과 함께 색다른 맛과 분위기를 즐기기에 좋다.

- 경기 고양시 덕양구 대양로285번길 33-15
- 하절기 10:00~18:00, 동절기 10:00~17:00 **휴무** 월요일, 설날·추석
- 어른 8,000원, 청소년 6,000원, 어린이 5,000원
- 031-962-7171
- www.latina.or.kr
- #체험여행 #감성여행 #초록초록 #타코 #목련 #예술체험

함께 둘러봐도 좋아요~

- **주변 여행지** 쥬쥬랜드(zoozoo.kr)
- **연계 가능 코스** 한국마사회 원당목장(p.66)
- **키즈프렌들리 맛집** 힐하우스 커피&바베큐(바비큐 | 경기 고양시 덕양구 동헌로 385-18 | 0507-1336-1402 | 유아 의자)

016
한국마사회 원당목장

경기 고양

연계교과 3학년 과학 | 5학년 사회

짙푸른 초원과 하얀색 울타리, 한가로이 풀을 뜯는 흑갈색 말들이 한 폭의 그림처럼 어우러진 원당목장은 각종 CF와 드라마 촬영지로도 인기가 높다. 간혹 멋스러운 갈기를 흩날리며 기수와 한 몸이 되어 달리는 경주마들도 만날 수 있어 색다른 볼거리가 된다. 본래 우수한 종마들을 육성하고 관리하기 위해 지어진 이곳은 지난 1997년부터 목장 일부를 일반에 공개하고 있다. 드넓은 초원과 산책로를 따라 걸으며 온 가족 함께 느긋한 여유를 즐길 수 있고, 곳곳에 마련된 포토존에서 목장 풍경을 배경으로 특별한 추억도 남길 수 있다.

- 경기 고양시 덕양구 서삼릉길 233-112
- 하절기 09:00~17:00, 동절기 09:00~16:00 **휴무** 월·화요일
- 02-1566-3333
- #체험여행 #감성여행 #도심산책 #초록초록 #그림같은풍경

함께 둘러봐도 좋아요~

- **주변 여행지** 서삼릉(경기 고양시 덕양구 서삼릉길 233-126 | 031-962-6009)
- **연계 가능 코스** 중남미문화원(p.65)
- **키즈프렌들리 맛집** 너른마당(오리밀쌈, 경기 고양시 덕양구 서삼릉길 233-4 | 0507-1364-6655 | 유아 의자)

017 동구릉

경기 구리

연계교과 5~6학년 사회

경복궁을 기준으로 동쪽에 자리한 9개의 능을 가리키는 동구릉은 조선 왕릉 가운데 최대 규모를 자랑한다. 특히 이곳에는 조선을 건국한 태조 이성계의 능인 건원릉이 자리하고 있어 그 의미가 남다르다. 건원릉을 시작으로 9개의 능을 시대별로 둘러보면 조선왕릉의 변천사를 이해하는 데도 큰 도움이 된다. 능과 능 사이로는 짙푸른 녹음에 둘러싸인 아름다운 산책로가 이어지는데, 대부분 아이들도 걷기 좋은 완만한 흙길이다. 제사를 준비하고 왕릉을 관리하던 이들이 머물던 재실에는 한낮의 햇살을 피해갈 수 있는 작은 도서관이 마련돼 걸음을 쉬어가기에 좋다. 매일 오전 10시와 오후 1시, 3시에는 정기해설도 운영되니 유네스코 세계유산이기도 한 조선왕릉의 역사적 가치에 대해 보다 자세한 설명을 들어보는 것도 좋겠다.

- 경기 구리시 동구릉로 197
- 2~5월·9~10월 06:00~18:00, 6~8월 06:00~18:30, 11~1월 06:30~17:30 **휴무** 월요일
- 어른 1,000원
- 031-579-4900
- #체험여행 #역사여행 #도심산책 #초록초록 #세계유산 #이성계

함께 둘러봐도 좋아요~
- **주변 여행지** 구리어린이천문대(경기 구리시 동구릉로 427 3층)
- **연계 가능 코스** 정약용유적지(p.190)
- **키즈프렌들리 맛집** 카페동구릉(베이커리 | 경기 구리시 동구릉로 197-24 | 031-563-3450 | 유아 의자)

018 물맑음수목원

연계교과 3·5학년 사회

경기 남양주

맑은 물과 숲을 테마로 조성된 자연생태체험 공간으로, 아이들이 다양한 식물과 곤충을 관찰하며 자연의 소중함을 몸으로 배우는 곳이다. 계절별로 꽃과 나무가 어우러지는 정원, 작은 연못, 자연 숲길 등이 잘 조성되어 있어 산책을 하며 숲의 다양한 생명체를 관찰할 수 있다. 수목원 곳곳에는 식물 해설판도 설치돼 있어 아이들이 직접 나무 이름과 특징을 찾아보는 탐구 활동을 할 수 있고, 물길 체험장에서는 물살의 흐름과 수생 생물에 대해 배우는 자연놀이도 가능하다. 숲해설 프로그램이나 가족 체험프로그램에 참여하면 자연의 순환, 생물 다양성 같은 과학 개념도 쉽게 이해할 수 있다.

- 경기 남양주시 수동면 지둔로307번길 47-4
- 09:00~18:00 휴무 월요일
- 031-590-4078
- www.nyj.go.kr/forest
- #체험여행 #수목원 #생태체험 #숲해설 #산책 #초록초록

함께 둘러봐도 좋아요~

- **주변 여행지** 비스타밸리(경기 남양주시 화도읍 비룡로360번길 15-17)
- **연계 가능 코스** 제이드가든 (p.90)
- **키즈프렌들리 맛집** 석고개짜장마을(중식당 | 경기 남양주시 수동면 비룡로 1032-1 | 031-591-6662 | 유아의자)

019 안성팜랜드

연계교과 3학년 과학 | 5학년 사회

끝없이 펼쳐진 초원은 특별한 볼거리나 놀거리가 없어도 아이들에게 신나는 놀이터가 되어준다. 안성팜랜드는 무려 39만 평에 이르는 푸른 초지가 사계절 다양한 풍경으로 맞아주는데, 특히 봄이면 짙푸른 호밀이 초원을 뒤덮고 한편에 샛노란 유채가 흐드러져 선명한 색의 대비를 이룬다. 이 광활한 초지를 달리는 트랙터마차의 덜컹임도 잊을 수 없는 추억이 된다. 목장으로 내려오면 다양한 가축들에게 먹이를 줄 수 있는 가축체험장과 새모이체험장, 한가로이 풀을 뜯는 소 방목장과 산양들의 놀이터를 만날 수 있다. 이곳에선 아기 젖소와 양에게 먹이도 주고 갓 뽑은 신선한 우유로 치즈도 만들어 먹는 등 시골 목장에 놀러온 것처럼 색다른 체험들로 가득하다. 또 도그쇼 공연장에선 영리한 양치기개로 불리는 보더콜리의 놀라운 묘기도 감상할 수 있다.

- 경기 안성시 공도읍 대신두길 28
- 10:00~18:00
- **5월 기준 팜 입장** 대인 15,000원, 소인 13,000원 *기간별 가격 변동 있음
- 031-8053-7979
- nhasfarmland.com
- #체험여행 #감성여행 #동물체험 #초록초록 #목장길 #트랙터마차 #도그쇼

함께 둘러봐도 좋아요~

- **주변 여행지** 딸기나라(경기 안성시 공도읍 난촌길 52-5)
- **연계 가능 코스** 안성맞춤랜드(p.309)
- **키즈프렌들리 맛집** 아메리카나 안성본점(햄버거 | 경기 안성시 공도읍 정봉길 49 | 031-655-5057 | 유아의자, 놀이방)

020
쁘띠포레

경기 안성

연계교과 3학년 미술

쁘띠포레는 자연 속에서 미술과 감성을 체험할 수 있는 아트 테마 공간이다. 이곳은 아이들이 자연을 재료 삼아 다양한 미술활동을 즐길 수 있도록 설계된 체험형 아틀리에로, 사계절 자연을 배경으로 한 감각적인 창작활동이 특징이다. 나뭇가지, 꽃, 흙, 돌 등 자연물을 활용해 그림을 그리고, 조형물을 만들며 창의력과 감수성을 키울 수 있다. 또 다양한 아트 키트와 원데이 프로그램을 통해 가족이 함께 참여하는 예술놀이도 경험할 수 있다. 넓은 잔디밭과 숲속 오두막 등 동화처럼 아름다운 풍경 속에서 자연과 예술이 어우러진 특별한 추억을 만들기에 제격이다.

- 경기 안성시 일죽면 사실로 305
- 11:00~18:00 **휴무** 일·월요일
- 아동자유체험권 18,000원, 원데이 클래스 40,000원 *프로그램마다 상이
- 031-672-7501
- petitforet.co.kr
- #체험여행 #감성여행 #예술체험 #아틀리에 #숲속오두막 #그림같은풍경

함께 둘러봐도 좋아요~

- **주변 여행지** 골목대장엉클팜(blog.naver.com/kmdjunclefarm)
- **연계 가능 코스** 안성팜랜드(p.69)
- **키즈프렌들리 맛집** 카페 더그린가든(브런치 | 경기 이천시 모가면 사실로 580 | 0507-1340-7186 | 유아의자)

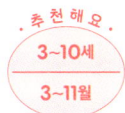

021 안양예술공원

연계교과 3학년 미술 | 5학년 사회

안양예술공원의 역사는 1930년대, 그러니까 일제강점기로 거슬러 올라간다. 당시 안양역장 혼다 사고로(本田貞五郎)가 삼성천을 막아 천연 수영장을 만들고, '안양풀'이라고 이름 붙였다. 피서객을 끌어모아 막대한 철도 수입을 챙기려는 목적이었다. 1969년에 정부가 국민관광지 '안양유원지'로 지정하면서 수도권 최고 피서지로 자리매김했다. 하지만 1977년 유례없는 대홍수가 안양유원지를 휩쓸었다. 국민관광지 지정마저 취소되면서 안양유원지의 영화는 지난 추억이 됐다. 다행히 2000년대 들어 안양유원지 정비 사업이 본격적으로 진행됐고, 2005년 안양예술공원 탄생의 결정적인 계기인 '안양공공예술프로젝트(APAP)'가 시작됐다. 아름다운 자연환경을 회복하고 예술과 건축이 어우러진 휴식 공간을 만드는 데 세계 각국의 건축가와 예술가 60여 명이 참여했다. 숲길을 따라 걸으며 아이들과 작품 하나하나 서로의 감상을 나눠본다면 예술적 감성까지 반짝이는 산책이 될 것이다.

- 경기 안양시 만안구 예술공원로 180
- 031-687-0548 www.apap.or.kr
- #체험여행 #감성여행 #예술체험 #안양유원지 #APAP #자연속미술관

- **주변 여행지** 김중업건축박물관(경기 안양시 만안구 예술공원로103번길 4)
- **연계 가능 코스** 광명동굴(p.406)
- **키즈프렌들리 맛집** 힌터하우스(브런치 | 경기 안양시 만안구 예술공원로 237 | 0507-1372-7926 | 유아의자)

022
세종대왕릉

연계교과 5~6학년 사회

경기 여주

여주에 위치한 세종대왕릉(영릉)은 한글을 창제하고 조선의 황금기를 이끈 세종대왕과 왕비 소헌왕후가 함께 잠들어 있는 역사적 장소다. 잘 정비된 숲길과 고즈넉한 능역을 따라 걸으며 아이들은 세종대왕의 업적과 조선시대 왕릉문화를 자연스럽게 배울 수 있다. 특히 입구에 자리한 세종대왕역사문화관에서는 세종대왕과 효종대왕, 그리고 조선왕릉에 대한 이야기를 알기 쉽게 영상과 그림으로 재현해 아이들의 이해를 돕는다. 효종대왕릉에는 재실이 남아있는데, 조선왕릉 재실의 기본형태가 가장 잘 보존되고 공간배치가 뛰어나 보물로 지정돼 있다.

- 경기 여주시 세종대왕면 왕대리 901-3
- 09:00~18:00 휴무 월요일
- 어른 500원
- 031-885-3123
- #체험여행 #역사여행 #세종대왕 #영릉 #효종대왕 #조선왕릉 #세계문화유산

함께 둘러봐도 좋아요~
- **주변 여행지** 생활문화전시관 여주두지(경기 여주시 여흥로105번길 18 2층)
- **연계 가능 코스** 목아박물관(p.313)
- **키즈프렌들리 맛집** 스톤숲 레스토랑(피자·파스타 | 경기 여주시 삼밭골길 55-23 | 0507-1314-7210 | 유아 의자)

023
연천전곡리유적

경기 연천

연계교과 3학년 과학 | 5학년 사회

구석기를 이해한다는 것은 아이가 상상할 수 있는 시간의 폭이 그만큼 넓어진다는 것을 의미한다. 또 아이들이 당연하게 생각했던 아늑한 집과 어두운 밤을 밝혀주는 전기, 생활 곳곳에 사용되는 철이 없던 시대의 이야기는 현재의 삶을 소중하고 고맙게 느끼는 계기가 된다. 매년 5월 경기도 연천 전곡리선사유적지를 배경으로 열리는 구석기축제는 책과 만화에서만 보았던 구석기의 삶을 직접 체험해볼 수 있어 더욱 특별하다. 특히 구석기시대의 원시인 분장을 한 '전곡리안'들과의 만남과 나무꼬치에 생돼지고기를 끼워 직화로 구워먹는 구석기 바비큐는 아이들에게 더없이 흥미로운 체험이 된다. 전 세계 고고학 교과서에도 등장하는 아슐리안형 주먹도끼를 비롯해 선사시대를 보다 가깝게 느낄 수 있는 다양한 체험프로그램도 마련하고 있다.

- **전곡선사박물관** 경기 연천군 전곡읍 평화로443번길 2
- **전곡선사박물관** 10:00~18:00 **휴무** 전곡선사박물관 월요일, 1월 1일 설날·추석
- 031-830-5600
- **전곡선사박물관** jgpm.ggcf.kr
- #체험여행 #역사여행 #구석기체험 #원시인 #구석기바비큐 #전곡선사박물관

함께 둘러봐도 좋아요~
- **주변 여행지** 한탄강어린이교통랜드(경기 연천군 전곡읍 선사로 14-71)
- **연계 가능 코스** 옥녀봉 그리팅맨(p.314)
- **키즈프렌들리 맛집** 레이트체크아웃(브런치 | 경기 연천군 전곡읍 은대성로 98 4~5층 | 0507-1367-7682 | 유아 의자)

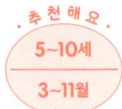

024 철도박물관

경기 의왕

연계교과 3학년 과학 | 5학년 사회

의왕시에 자리한 철도박물관은 대한민국 철도 역사를 한눈에 살펴보고, 다양한 기차체험을 할 수 있는 국내 대표 철도 전문 박물관이다. 실제 증기기관차와 디젤기관차, 고속열차 KTX 모형 등 다양한 열차가 전시돼 있어 아이들도 기차의 구조와 원리를 가까이에서 관찰하며 호기심을 키울 수 있다. 일부 열차는 실제 탑승도 가능하다. 실내전시관에서는 철도의 발전과정을 소개하는 다양한 모형과 영상자료를 통해 교통수단의 변화를 자연스럽게 이해할 수 있으며, 모형열차 운전체험과 승무원 복장 체험 같은 프로그램은 놀이처럼 재미있게 참여할 수 있다.

- 경기 의왕시 철도박물관로 142
- 하절기 09:00~18:00, 동절기 09:00~17:00 **휴무** 월요일(공휴일인 경우 그다음 날)
- 어른 2,000원, 청소년 및 어린이 1,000원
- 031-461-3610
- www.railroadmuseum.co.kr
- #체험여행 #역사여행 #기차여행 #증기기관차 #기관사체험 #승무원체험

함께 둘러봐도 좋아요~
- **주변 여행지** 디스커버스 의왕(www.discovers.co.kr)
- **연계 가능 코스** 안양예술공원(p.71)
- **키즈프렌들리 맛집** 팔각(중식당) | 경기 의왕시 장안남북로1길 17 | 031-462-3336 | 유아 의자

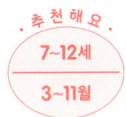

025
신장쇼핑몰

경기 평택

연계교과 5~6학년 사회

평택 신장동에 위치한 신장쇼핑몰은 평택 미군기지(K-6) 인근에 조성된 독특한 상권으로, 아이들이 미국 문화를 가까이에서 체험할 수 있는 살아있는 문화탐방 공간이다. 쇼핑몰 골목을 따라 미국풍 간판, 거리 예술, 다양한 외국 음식점들이 즐비해 있어 마치 해외에 온 듯한 이국적인 분위기를 느끼며 세계 여러 나라의 문화를 자연스럽게 접할 수 있다. 영어 간판을 읽어보거나 다양한 국적의 사람들과 간단히 인사해보는 활동은 아이들의 언어 호기심과 국제 감각을 키우는 데 도움이 된다. 곳곳에 설치된 벽화와 공공미술 작품을 배경 삼아 가족과 함께 사진을 찍으면 문화체험이 더욱 즐거워진다.

📍 경기 평택시 신장동
#체험여행 #역사여행 #6·25전쟁 #미군기지 #이국적인풍경

- **주변 여행지** 평택국제중앙시장(www.pticm.co.kr)
- **연계 가능 코스** 아르카북스 책방(p.317)
- **키즈프렌들리 맛집** 리오그릴 송탄점(스테이크 | 경기 평택시 중앙시장로6번길 30-14 | 031-666-7136 | 유아 의자)

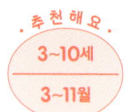

추천해요
3~10세
3~11월

026 임진각 관광지

경기 파주

연계교과 5학년 사회

봄날을 맞아 아이들이 마음껏 뛰어놀 수 있는 여행지를 고민한다면 파주 임진각 관광지가 훌륭한 답이 되어줄 것이다. 널찍한 잔디밭과 여유로운 산책로, 그림 같은 풍경이 아이들은 물론 엄마, 아빠의 마음도 편안하게 만들어주기 때문이다. 봉긋한 언덕을 따라 흥미로운 모양의 조형물과 색색깔 바람개비가 세워져 있어 아이들을 주인공으로 예쁜 사진을 남겨주기에도 좋다. 돗자리는 물론 봄부터 가을까지 그늘막도 설치할 수 있어서 온가족이 느긋하게 피크닉을 즐기다 한숨 눈을 붙이는 것도 가능하다. 주변으로는 분단의 역사가 살아 숨 쉬는 임진각과 스카이워크로 새롭게 단장한 독개다리, 6·25전쟁 당시 무려 천여 발이 넘는 총탄자국을 간직한 채 멈춰진 증기기관차, 역사적인 자유의 다리 등 아이들에게 평화의 의미를 되새겨볼 만한 공간들이 가득하다.

- 경기 파주시 문산읍 임진각로 164
- 임진각 전망대 09:00~20:00
- 031-953-4744
- #자연체험 #역사여행 #초록초록 #감성여행 #피크닉 #평화통일

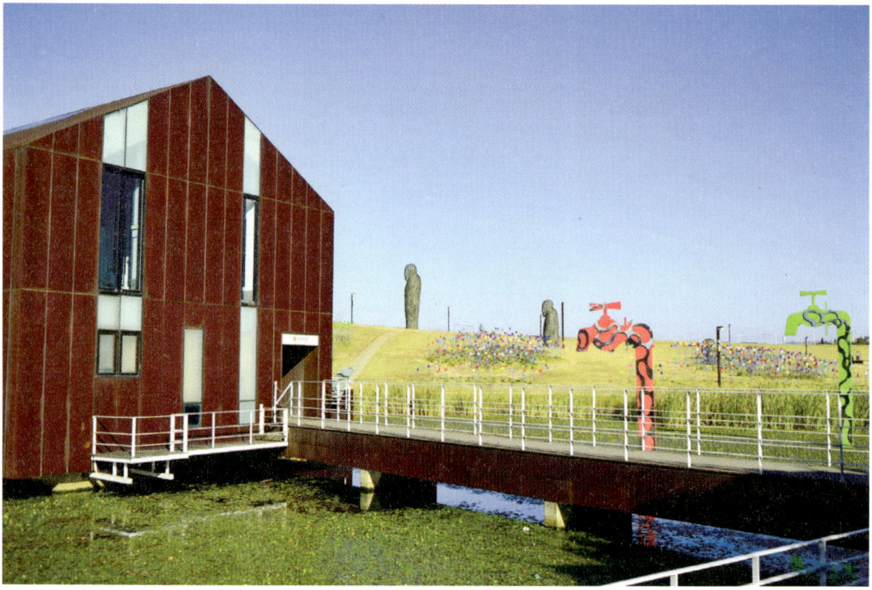

★★
함께
둘러봐도
좋아요~

- **주변 여행지** 국립6·25전쟁납북자기념관(www.abductions625.go.kr)
- **연계 가능 코스** 캠프그리브스역사공원(p.315)
- **키즈프렌들리 맛집** 포비든 플레이스(베이커리 | 경기 파주시 적십자로 139 | 유아 의자)

봄 77

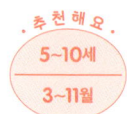

027
포천아트밸리

경기 포천

연계교과 3학년 과학 | 5학년 미술

포천아트밸리가 자리한 천주산 자락은 1960년대 꽤 유명한 화강암 채석장이었다고 한다. 아름다운 바위산 곳곳이 함부로 파헤쳐졌고, 더 이상 양질의 화강암을 생산할 수 없게 되자 흉물스럽게 파괴된 모습 그대로 버려지고 말았다. 사람들의 기억 속에 사라졌던 폐채석장은 시와 지역예술가들의 오랜 노력 끝에 친환경 문화예술공간으로 다시 태어났다. 소음과 먼지로 뒤덮였던 채석장을 다듬어 공원으로 만들고 마구잡이로 깎여나간 산등성이엔 산책로와 전망대가 설치됐다. 그중에서도 가장 눈길을 끄는 것은 천주호라 이름 붙은 호수다. 과거 화강암을 채석하며 파인 웅덩이에 샘물과 빗물이 스며들어 만들어진, 인공이지만 인공이 아니기도 한 호수다. 자연이 인간에게 받은 상처를 스스로 치유하고 그 자리를 푸른 물빛으로 채우고 있었다는 게 코끝 찡한 감동으로 다가온다.

- 📍 경기 포천시 신북면 아트밸리로 234
- 🕘 월~목요일 09:00~19:00, 금·토요일 09:00~22:00, 일요일 09:00~20:00 **휴무** 매달 첫째 주 화요일
- 💰 어른 5,000원, 청소년 3,000원, 어린이 1,500원 *모노레일(왕복 기준) 어른 5,300원, 청소년 4,300원, 어린이 3,300원
- 📞 1688-1035   🌐 artvalley.pcfac.or.kr
- 🔍 #체험여행 #감성여행 #예술체험 #채석장 #산책 #호수 #드라마촬영지

함께 둘러봐도 좋아요~
- **주변 여행지** 코버월드(cobuworld.modoo.at)
- **연계 가능 코스** 산정호수 썰매축제(p.411)
- **키즈프렌들리 맛집** 가채리504(카페 | 경기 포천시 신북면 중앙로335번길 34-1 | 0507-1350-6886 | 유아 의자)

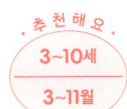

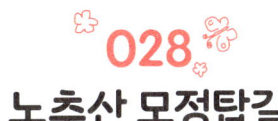

028
노추산 모정탑길

강원 강릉

연계교과 3학년 과학

아이를 낳아 키우다보니 어릴 때는 당연하게만 생각했던 어머니의 사랑이 얼마나 깊고 무조건적이었는지 깨닫고 또 깨닫는다. 오직 자식들의 안녕을 바라는 마음으로 쌓았다는 3,000여 개의 돌탑이 자리한 강릉의 노추산은 어느새 훌쩍 자라버린 아이의 손을 잡고 천천히 걸어보기 좋은 길이다. 무려 26년 동안 정성스레 이 돌탑들을 쌓았다는 차옥순 할머니는 매일 새벽 차가운 계곡물에 목욕재계를 하고 자식들의 건강과 행복을 빌었다고 한다. 지난 2011년 할머니가 돌아가시자 마을 사람들은 수천 개의 돌탑에 '모정탑'이란 이름을 붙여주고 집터를 고스란히 보존하는 등 그 뜻을 잇고자 노력하고 있다. 입구에는 마을에서 운영하는 캠핑장도 자리하고 있는데, 이곳에선 해설을 들으며 가족이 함께 걷는 체험프로그램도 운영하고 있다.

- 강원 강릉시 왕산면 대기리 1679-3
- 033-647-2540
- 강릉 노추산 힐링캠프 nochusan.modoo.at
- #체험여행 #감성여행 #돌탑쌓기 #어머니의사랑 #자연체험 #캠핑

함께 둘러봐도 좋아요~

- **주변 여행지** 강릉안반데기관광농원 (강원 강릉시 왕산면 안반데기1길 203)
- **연계 가능 코스** 강릉솔향수목원 (p.199)
- **키즈프렌들리 맛집** 성화천(백숙) | 강원 강릉시 왕산면 백두대간로 1982 | 0507-1409-8101 | 좌식테이블

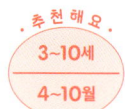

029
르꼬따쥬

 강원 강릉

연계교과 3학년 미술 | 5학년 사회

르꼬따쥬는 전통한옥을 품은 공간에서 자연 속 프라이빗 팜크닉을 즐길 수 있는 독특한 체험형 농원이다. 고즈넉한 한옥과 드넓은 정원을 배경으로, 아이들은 마음껏 뛰어놀며 자연을 온전히 느끼고 쉬어갈 수 있다. 팜크닉 세트에는 건강한 먹거리와 간식이 포함되어 있으며 정성스러운 플레이팅 덕분에 입은 물론 눈까지 즐겁다. 가족 단위로 예약을 받아 프라이빗하게 운영되기 때문에 더욱 여유로운 분위기 속에서 아이들이 안전하게 놀 수 있는 것도 큰 장점이다. 팜크닉 외에도 아이들을 위한 키즈살롱이나 정원에서 즐기는 바비큐 등 다양한 프로그램이 운영 중이다.

- 강원 강릉시 한밭골길 50-11
- 10:00~17:00 휴무 수요일
- 프라이빗 팜크닉 1인 30,000원, 키즈살롱 1인 50,000원, 프라이빗 바비큐 1인 70,000원
- 0507-1325-0813
- blog.naver.com/le_cottage
- #체험여행 #감성여행 #예술체험 #한옥카페 #프라이빗팜크닉 #그림같은풍경

- **주변 여행지** 강릉올림픽뮤지엄(강원 강릉시 수리골길 102)
- **연계 가능 코스** 뒷뜨루(p.414)
- **키즈프렌들리 맛집** 마운틴화덕피자(피자 | 강원 강릉시 한밭골길 76-14 | 0507-1388-5717 | 유아 의자)

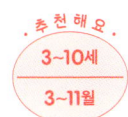

030
하슬라아트월드

강원 강릉

연계교과 3학년 미술 | 5학년 사회

정동진 바다가 한눈에 내려다보이는 하슬라아트월드는 규격화된 전시 공간을 벗어나 자연과 사람, 길이 한데 어우러진 예술 공간을 고민하던 조각가 부부가 직접 설계하고 완성했다. 감각적인 디자인호텔과 야외조각공원, 미술관 등이 함께 자리한 복합문화공간으로 드넓은 잔디밭 덕분에 아이들이 마음껏 뛰어놀기에도 좋다. 우주의 순환과 배설, 재생의 의미를 표현하기 위해 소똥을 작품 소재로 활용한 소똥미술관이나 다양한 모양의 피노키오들이 전시된 피노키오미술관, 마치 마법세계로 향하는 듯 지하공간을 빠져나오면 푸른 바다가 기다리는 실내미술관은 아이들에게도 더없이 흥미로운 공간들이다. 레스토랑에선 스테이크와 피자도 판매하고 카페에선 독특한 산야초 커피도 맛볼 수 있다.

- 강원 강릉시 강동면 율곡로 1441
- 09:00~18:00
- 어른 17,000원, 청소년 13,000원, 어린이 11,000원
- 033-644-9411
- www.museumhaslla.com
- #체험여행 #감성여행 #예술공원 #바다전망 #산책 #소똥미술관 #피노키오

함께 둘러봐도 좋아요~

- **주변 여행지** 딸기나라(경기 안성시 공도읍 난촌길 52-5)
- **연계 가능 코스** 정동진조각공원(p.200)
- **키즈프렌들리 맛집** 하슬라아트월드 레스토랑(스테이크 | 강원 강릉시 강동면 율곡로 1441 지하 1층 | 033-644-9411 | 유아 의자)

031
화진포

강원 고성

연계교과 3학년 과학 | 5학년 사회

고성 화진포는 맑은 호수와 푸른 바다가 어우러진 천혜의 자연경관을 자랑하는 곳으로, 아이들이 호수생태와 해양생태를 동시에 체험할 수 있는 소중한 자연학습장이다. 호수 둘레를 따라 걷는 산책로에서는 갈대숲과 다양한 철새를 관찰할 수 있고, 맑고 잔잔한 화진포 해변에서는 안전하게 물놀이도 즐길 수 있다. 주변에는 김일성 별장과 이승만 대통령 별장, 이기붕 별장 등이 복원되어 있어 자연스레 근현대사의 한 장면도 함께 체험할 수 있다. 이들 별장은 내부에 당시 자료들을 전시해두었는데, 특히 김일성 별장에는 김정일이 이곳에서 촬영한 사진이 남아 눈길을 끈다.

- 강원 고성군 거진읍 화포리
- 033-680-3352
- hwajinpo-lake.co.kr
- #체험여행 #감성여행 #역사여행 #산책 #김일성별장 #이승만별장

함께 둘러봐도 좋아요~
- **주변 여행지** 화진포해양박물관(강원 고성군 현내면 화진포길 412)
- **연계 가능 코스** 바우지움조각미술관(p.202)
- **키즈프렌들리 맛집** 장미경양식 본점(돈가스 | 강원 고성군 거진읍 거진길 37-1 | 0507-1317-2084 | 유아 의자)

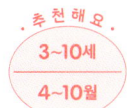

032
감추해수욕장

 강원 동해

연계교과 3학년 과학 | 5학년 사회

감추해변은 조용하고 한적한 바다 풍경을 즐길 수 있는 숨은 명소로, 가족이 함께 자연을 온전히 느끼기에 좋다. 고운 모래와 잔잔한 파도가 펼쳐지는 해변을 따라 걷다보면 파도 소리와 갈매기 소리에 귀를 기울이며 자연을 오감으로 체험할 수 있다. 고운 모래 덕분에 한여름에는 안전하게 물놀이를 즐기기에도 좋다. 해변 한쪽에는 고즈넉한 감추사가 자리하고 있는데, 바다를 굽어보는 작은 절이 그림처럼 어우러진다. 오랜 세월 바닷가 마을 사람들의 안녕과 평화를 기원했던 사찰을 둘러보며 조용히 마음을 다스리는 것은 물론, 자연과 인간이 조화를 이루어 살아온 이야기를 자연스럽게 배울 수 있다.

◎ **감추사** 강원 동해시 해안로 120
◎ #체험여행 #감성여행 #사찰여행 #물놀이 #감추사 #해안동굴

- **주변 여행지** 천곡황금박쥐동굴(강원 동해시 동굴로 50)
- **연계 가능 코스** 도째비골 스카이밸리·해랑전망대(p.324)
- **키즈프렌들리 맛집** 카페코스타(카페 | 강원 동해시 해안로 79 | 033-532-7697 | 유아 의자)

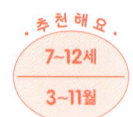

033
보광미니골프장 with 카페18홀

 강원 속초

연계교과 3·5학년 체육

영랑호를 배경으로 울창한 소나무 숲 사이에 자리한 보광미니골프장은 쉽고 재미있게 골프를 체험할 수 있는 가족형 야외스포츠 공원이다. 1963년에 개장한 우리나라 유일의 미니골프 게임장으로 온 가족 함께 놀이처럼 자연스럽게 골프의 기본 동작과 운동감을 익힐 수 있다. 오랜 역사를 증명하듯 골프 코스는 70~80년대 레트로 감성으로 꾸며져 있는데, 각 홀마다 붙은 이름도 재미있고 규칙도 일반적인 골프와 달리 독특하다. 과거 손님들을 위해 먹거리를 팔던 공간은 카페로 바뀌었는데, 시원한 음료와 함께 쉬어가기 좋은 공간이다. 키즈케어존으로 운영되는 만큼 아이들이 안전하게 게임을 즐길 수 있도록 주의가 필요하겠다.

- 강원 속초시 영랑호반길 69-4
- 10:00~19:00 **휴무 수요일**
- 1인 9,500원
- 0507-1349-3110
- #체험여행 #미니골프장 #골프체험 #영랑호 #소나무숲 #키즈케어존

함께 둘러봐도 좋아요~
- 주변 여행지 속초소야으뜸딸기 (강원 속초시 노학동 1126-1)
- 연계 가능 코스 한반도뗏목마을 (p.211)
- 키즈프렌들리 맛집 속초서롱(돈가스) | 강원 속초시 번영로105번길 57 | 033-637-0079 | 유아 의자)

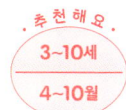

강원 속초

034
상도문돌담마을

연계교과 3·5학년 사회

상도문돌담마을은 설악산에서 내려온 깨끗한 물과 자연석을 이용해 마을 전체에 정성껏 돌담을 쌓아 만든 전통마을이다. 자연석을 그대로 쌓아 올린 돌담은 별다른 접착제 없이 수백 년간 무너지지 않고 유지되어, 아이들에게 자연과 함께 살아온 선조들의 지혜와 기술을 생생히 보여준다. 돌담길을 따라 걷다보면 굽이진 골목마다 서로 다른 형태의 담장과 아기자기한 마을 풍경이 펼쳐져 탐방하는 재미가 쏠쏠하다. 마을 입구에는 작은 전시관이 마련돼 있어 돌담의 역사와 구조를 쉽게 배울 수 있고, 마을에서는 전통 민속놀이, 돌탑 쌓기 체험 같은 가족 참여 프로그램도 운영해 체험형 학습을 더욱 풍성하게 한다. 마을 곳곳에 정다운 분위기의 민박집도 다수 자리해 여유롭게 하룻밤 쉬어가기에도 좋다.

문화공간 돌담 강원 속초시 도문동 208-1

#체험여행 #감성여행 #전통마을 #돌담길 #돌탑쌓기 #마을민박

- **주변 여행지** 척산온천휴양촌(www.choksan.co.kr)
- **연계 가능 코스** 설악케이블카(p.417)
- **키즈프렌들리 맛집** 다온(카페 | 상도문돌담마을 내 | 0507-1397-5571 | 유아 의자)

035
젊은달와이파크

강원 영월

연계교과 3학년 미술 | 5학년 사회

젊은달와이파크는 다양한 조형예술을 자유롭게 체험할 수 있는 독특한 복합예술문화공간이다. 입구부터 압도적인 규모와 강렬한 붉은색으로 눈길을 사로잡는 최옥영 작가의 〈붉은 대나무〉가 반겨준다. 날씨가 맑을 때면 파란 하늘과 대비를 이뤄 더욱 인상적인 풍경을 자랑한다. 실내전시관으로 들어가면 〈목성〉을 만날 수 있다. 소나무로 엮은 거대한 구조물 한가운데 서면 하늘이 보이는 구멍이 신비로운 분위기를 자아낸다. 이어 그레이스 박 작가의 〈시간의 거울-사임당이 걷던 길〉이 화려한 꽃밭을 펼쳐 보이고, 〈붉은 파빌리온 II〉에서는 그물을 엮어 만든 거대한 거미 모양의 놀이 공간이 아이들의 호기심을 자극한다. 이처럼 회화와 조각, 영상, 건축 등이 어우러진 전시는 아이들에게 상상력과 창의력을 키워준다. 야외 정원에서는 사계절마다 변하는 자연과 예술이 조화를 이루는 풍경을 즐길 수 있다.

- 강원 영월군 주천면 송학주천로 1467-9
- 10:00~18:00
- 어른 15,000원, 어린이 10,000원
- 0507-1326-9411
- ypark.kr
- #체험여행 #감성여행 #예술체험 #붉은대나무 #목성 #붉은파빌리온 #예술놀이터

함께 들러봐도 좋아요~
- **주변 여행지** 영월알파카랜드(강원 영월군 주천면 금용길 393)
- **연계 가능 코스** 영월 청령포(p.87)
- **키즈프렌들리 맛집** 코누(중식당 | 강원 영월군 무릉도원면 무릉법흥로 316-4 | 0507-1337-5699 | 유아 의자)

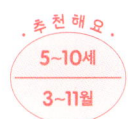

036
영월 청령포

연계교과 5~6학년 사회

강원 영월

강원도 영월의 깊숙한 산자락에 자리한 청령포는 조선 역사상 가장 비극적인 삶을 살았던 소년 임금, 단종의 유배지다. 어린 나이에 부모를 잃고 숙부인 수양대군에게 왕위까지 빼앗긴 그는 이곳 청령포에서 외로운 유배생활을 보내게 된다. 500년이 지난 지금까지도 배가 없으면 세상과 단절되는 이곳은 햇살 따스한 봄날에도 어쩐지 소년 임금의 쓸쓸함이 가슴 절절하게 느껴지는 듯하다. 단종이 기거했던 단종어소와 그의 비극적인 유배생활을 보고 들었다 하여 관음송이라 이름 붙인 소나무, 한양 땅을 바라보며 그리움과 서러움 대신 쌓아 올렸다는 망향탑도 고스란히 남아있다. 마치 신하가 임금을 향해 예를 갖추듯 단종어소를 향해 가지를 뻗은 수백그루의 소나무도 장관을 이룬다. 단종의 이야기를 담은 동화책도 있으니 여행 전 아이들과 함께 읽는다면 더욱 알찬 역사여행이 될 것이다.

- 강원 영월군 남면 광천리 산67-1
- 09:00~18:00 **휴무** 월요일(공휴일인 경우 그다음 날)
- 어른 3,000원, 청소년 2,500원, 어린이 2,000원
- 033-372-1240
- #체험여행 #역사여행 #조선 #단종 #소년임금 #유배지 #섬나들이 #초록초록

함께 둘러봐도 좋아요~
- **주변 여행지** 동강사진박물관(www.dgphotomuseum.com)
- **연계 가능 코스** 한반도뗏목마을(p.211)
- **키즈프렌들리 맛집** 카페올라(카페 | 강원 영월군 영월읍 청령포로 126-3 3층 | 0507-1393-8082 | 유아의자, 놀이방)

037
뮤지엄 산

강원 원주

연계교과 3학년 미술

뮤지엄 산은 개관 전부터 '일본의 가우디'로 불리는 세계적인 건축가 안도 다다오의 작품이라는 점에서 큰 화제를 모았다. 자연과 어우러진 건축, 그래서 100년을 내다보는 건축가로 불리는 그는 원주의 아름다운 자연을 배경으로 매력적인 건축물을 완성했다. 시간과 날씨에 따라 다채로운 풍경을 연출하는 워터가든과 곳곳에 자리한 대형 예술작품은 아이들의 상상력을 자극한다. 일상에서 흔히 사용하는 종이의 역사와 의미를 한자리에서 살펴볼 수 있는 종이박물관과 실제 파피루스도 만나볼 수 있다. 하늘과 우주를 오감으로 체험할 수 있도록 꾸며진 제임스 터렐의 설치작품도 흥미롭다. 아쉽게도 제임스 터렐관은 오후 3시에만 미취학 아동의 입장을 허락해 미리 시간 계획을 잘 세워야 한다. 초등학생부터 성인들을 대상으로 한 다양한 체험프로그램도 운영 중이고, 카페에선 짙푸른 산자락을 배경으로 여유롭게 쉬어갈 수도 있다.

- 강원 원주시 지정면 오크밸리2길 260
- 10:00~18:00 **휴무 월요일**
- 어른 23,000원, 청소년 15,000원, 어린이 5,000원
- 033-730-9000
- www.museumsan.org
- #체험여행 #감성여행 #예술체험 #안도다다오 #건축기행 #종이박물관

이것도 체크! 〈아치웨이(Archway)〉
워터가든에 세워진 이 거대한 작품은 러시아 출신의 작가 알렉산더 리버만의 작품!

☆☆
함께
둘러봐도
좋아요~

- **주변 여행지** 오크밸리천문교실(강원 원주시 지정면 오크밸리1길 68)
- **연계 가능 코스** 소금산그랜드밸리(p.325)
- **키즈프렌들리 맛집** 무툰 원주본점(스테이크 | 강원 원주시 지정면 월송석화로 428-10 | 0507-1349-1932 | 유아 의자)

038 제이드가든

강원 춘천

연계교과 3·5학년 과학

인기 드라마 〈그 겨울, 바람이 분다〉의 촬영지로도 잘 알려진 제이드가든은 유럽식 정원의 자연스러움과 한국식 산책길의 여유로움이 한데 어우러져 아이들과 봄나들이를 즐기기에 더없이 좋은 장소다. 수목원에 들어서면 투스카니 양식의 고풍스러운 건축물이 가장 먼저 반겨주고, 그 뒤편으로는 영국식 보더가든과 이탈리안가든 등 유럽풍의 정원문화를 만끽할 수 있는 이국적인 풍경들이 눈을 즐겁게 한다. 느티나무에 각종 데크를 설치한 나무놀이집에서 신나게 뛰놀고 맑은 개울에 발도 담그며 초록 숲을 마음껏 즐겨볼 수 있다. 아로마향초와 나무호루라기 만들기 등 체험 프로그램도 운영 중이며, 입구에 닭갈비와 연잎밥 등을 판매하는 식당도 자리해 한나절 편안하게 쉬어갈 수 있다.

- 강원 춘천시 남산면 햇골길 80
- 09:00~18:00
- 어른 11,000원, 청소년 및 어린이 6,000원
- 033-260-8300
- #체험여행 #감성여행 #수목원 #봄나들이 #초록초록 #드라마촬영지 #꽃놀이

함께 둘러봐도 좋아요~
- **주변 여행지** 가평군어린이음악놀이터(경기 가평군 가평읍 중앙로 10)
- **연계 가능 코스** 애니메이션 박물관(p.421)
- **키즈프렌들리 맛집** 살롱제이드(피자·파스타 | 제이드가든 내 | 033-260-8305 | 유아 의자)

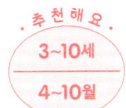

039
이상원미술관

강원 춘천

연계교과 3학년 미술

화가 이상원의 작품세계를 중심으로 다양한 현대미술을 감상할 수 있는 자연 속 미술관이다. 숲속 언덕에 자리잡은 미술관 건물은 자연과 조화를 이루도록 설계돼 있어, 아이들은 전시 관람과 함께 사계절 변화하는 숲 풍경을 동시에 느낄 수 있다. 상설전시실에서는 이상원 화백의 섬세하고 따뜻한 인물화를 감상할 수 있으며, 특별전시에서는 다양한 현대미술 작가들의 작품을 만날 수 있어 미술 감상의 폭을 넓힐 수 있다. 미술관에서는 어린이를 위한 미술체험 프로그램과 예술감상 교육도 운영되어 놀이처럼 예술을 배우는 시간이 마련된다. 미술관 내에서 숙소도 운영 중이라 미술관에서 특별한 하룻밤을 경험할 수도 있다.

- 강원 춘천시 사북면 화악지암길 99
- 10:00~18:00
- 어른 6,000원, 청소년 및 어린이 4,000원
- 0507-1437-9035
- www.lswmuseum.com
- #체험여행 #감성여행 #예술체험 #이상원 #현대미술 #미술관스테이

함께 둘러봐도 좋아요~
- **주변 여행지** 집다리골자연휴양림 (강원 춘천시 사북면 화악지암1길 130)
- **연계 가능 코스** 제이드가든 (p.90)
- **키즈프렌들리 맛집** 라운지05(스테이크) | 이상원미술관 내 | 0507-1403-2121 | 유아 의자

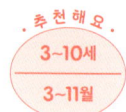

040
대관령양떼목장

강원 평창

연계교과 3·5학년 과학

순진한 눈매와 보송보송한 솜털, "메에~" 하는 울음소리마저 귀여운 양은 아이들에게 무척이나 친근한 동물이다. 강원도 평창에 자리한 대관령 떼목장은 드넓은 초원을 배경으로 그림처럼 서 있는 나무집과 하얀 양떼가 쉬어가는 목가적인 풍경으로 유명하다. 무엇보다 어린 양들에게 직접 건초 먹이도 줄 수 있어서 아이들에겐 자연과 교감할 수 있는 특별한 놀이터가 된다. 목장을 돌아보는 데 넉넉잡아 1시간이면 충분하고 대부분 부드러운 흙길이라 아이가 마음껏 뛰놀기에도 좋다. 목장 바로 옆으로는 백두대간의 줄기인 선자령이 뻗어 있어 산책로를 걷다보면 시원한 산바람이 가슴 깊숙이 불어든다.

- 강원 평창군 대관령면 대관령마루길 483-32
- 1~2월·11~12월 09:00~17:00, 3·10월 09:00~17:30, 4·9월 09:00~18:00, 5~8월 09:00~18:30 휴무 설날·추석
- 어른 9,000원, 청소년 및 어린이 7,000원
- 033-335-1966
- www.yangtte.co.kr
- #체험여행 #감성여행 #양떼목장 #건초체험 #초록초록 #봄나들이

- **주변 여행지** 바람마을 치즈체험장(blog.naver.com/colorpotato)
- **연계 가능 코스** 효석달빛언덕 (p.334)
- **키즈프렌들리 맛집** 수미카페(베이커리) | 강원 평창군 대관령면 횡계길 24 | 010-4345-3398 | 유아 의자

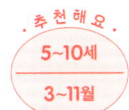

041
제천 배론성지

충북 제천

연계교과 6학년 사회

한국 가톨릭의 대표적인 성지로 1801년 신유박해 당시 수많은 가톨릭교도들이 이곳 배론산골에 숨어 지냈고, 이 같은 사실을 베이징의 주교에게 전달하려던 황사영의 백서가 발견돼 능지처참을 당하는 비극이 벌어지기도 했다. 이후 병인박해 때도 수많은 신부가 처형당한 장소이자 조선의 두 번째 신부였던 최양업도 배론에서 순교했다. 때문에 지금도 신자들의 성지 순례가 끊이지 않는 이곳은 일반 여행자들에게도 평화로운 풍경 속에서 마음의 위안을 얻을 수 있는 특별한 여행지다. 아이들은 드넓은 잔디밭에서 마음껏 뛰놀 수 있으니 종교적인 의미와 상관없이 가족 나들이를 즐기기에도 좋다. 물론 수많은 희생 덕분에 우리가 종교의 자유를 누릴 수 있음에 감사한 마음을 가져보는 시간도 필요하겠다.

- 충북 제천시 봉양읍 배론성지길 296
- 09:00~17:00, 휴게시간 12:30~13:30
- 043-651-4527
- www.baeron.or.kr
- #체험여행 #역사여행 #감성여행 #천주교성지 #순교 #신유박해 #병인박해

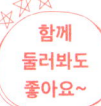

- **주변 여행지** 배론이시돌교육목장(충북 제천시 봉양읍 제원로4길 12)
- **연계 가능 코스** 청풍호반케이블카(p.94)
- **키즈프렌들리 맛집** 산자락(카페) 충북 제천시 봉양읍 제원로5길 27-18 | 0507-1321-2500 | 유아 의자

충북 제천

042
청풍호반케이블카

연계교과 3학년 과학 | 5학년 사회

청풍호반케이블카는 청풍호의 아름다운 풍광을 한눈에 감상할 수 있어 인기가 뜨겁다. 청풍면 물태리에서 비봉산 정상까지 약 2.3km를 왕복 운행하는데, 아이들은 케이블카를 타고 하늘을 나는 듯한 기분을 느끼며 자연의 경이로움을 온몸으로 체험할 수 있다. 탑승하는 동안 드넓은 청풍호와 산자락이 펼쳐지는 장관을 내려다보며 지형, 식생, 수자원의 변화를 관찰할 수 있어 자연학습 효과도 뛰어나다. 비봉산 정상에 오르면 전망대와 산책로가 마련되어 있어 가족이 함께 풍경을 감상하거나 가벼운 트레킹을 즐길 수 있다. 유리 바닥으로 되어 있는 크리스탈 캐빈은 색다른 스릴을 느끼고 싶은 아이들에게 특별한 체험이 된다.

- 충북 제천시 청풍면 문화재길 166
- 09:30~18:00
- 일반 캐빈 대인 18,000원, 소인 14,000원
- 043-643-7301
- www.cheongpungcablecar.com
- #체험여행 #감성여행 #케이블카 #청풍호 #그림같은풍경 #크리스탈캐빈

함께 둘러봐도 좋아요~

- 주변 여행지 금수산힐링체험센터(충북 제천시 수산면 옥순봉로 1102)
- 연계 가능 코스 의림지 (p.226)
- 키즈프렌들리 맛집 청풍황금떡갈비(떡갈비 | 충북 제천시 청풍면 청풍호로 1682 | 0507-1347-6303 | 유아 의자)

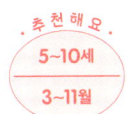

043
수암골

연계교과 3학년 사회 | 5학년 미술

수암골의 역사를 거슬러 올라가자면 6·25전쟁 직후 임시로 천막을 짓고 살던 피난민들이 들어와 마을을 형성한 것이 그 시작이었다. 산비탈에 다닥다닥 붙은 집들이 전형적인 달동네의 모습이었는데 인기 드라마 〈카인과 아벨〉, 〈제빵왕 김탁구〉, 〈영광의 재인〉 등이 이곳에서 촬영되면서 지금은 청주를 대표하는 여행지로 떠올랐다. 전봇대에 그려진 여자 아이의 뒷모습이라든가 이빨 빠진 아이들의 순박한 웃음, 연탄재 위에 그려진 익살스러운 미소와 짧은 글귀가 걷는 내내 걸음을 멈추게 한다. 제 쓸모를 다하고 버려진 연탄재들이 예술가의 손을 빌려 정겨운 작품으로 재탄생한 모습은 아이들에게도 뭉클한 감동으로 다가올 것이다. 근처에 카페거리가 자리해 아이들과 잠시 쉬어가기에도 좋다.

- 충북 청주시 상당구 수암로56번길 13-6
- 043-253-1330
- #체험여행 #감성여행 #예술체험 #벽화마을 #드라마촬영지 #카페거리

- **주변 여행지** 국립청주박물관 어린이박물관(cheongju.museum.go.kr)
- **연계 가능 코스** 청주 운보의 집 (p.96)
- **키즈프렌들리 맛집** 수암골 쪽갈비마을 금천본점(쪽갈비 | 충북 청주시 상당구 산성로98번길 31 | 0507-1368-0418 | 유아 의자)

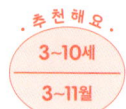

044
청주 운보의 집

충북 청주

연계교과 3학년 미술

인기 드라마 〈미스터 션샤인〉에 등장하며 화제를 모았던 운보의 집은 한국화의 대가로 불리는 운보 김기창이 생활하던 공간이다. 화려함을 덧입은 전통한옥과 비단잉어가 헤엄치는 고풍스러운 정원, 병풍처럼 집을 둘러싼 아담한 산자락이 한 폭의 그림처럼 아름답다. 집 내부도 마치 드라마 속에 들어온 것처럼 강렬한 소품들로 채워져 있다. 운보의 집 뒤편으로는 미술관도 자리해 '바보산수'로 대표되는 그의 작품세계도 만나볼 수 있다. 만 원짜리 지폐 속 세종대왕의 영정도 그의 손에서 탄생했을 만큼 천재 화가로 불렸던 운보지만, 일제강점기에 일본이 주최한 미술전람회에 입상하며 화려한 이력을 쌓아나갔던 만큼 친일 혐의가 짙다. 때문에 친일 화가가 해방 이후에도 승승장구할 수 있었던 민족의 비극에 대해서도 아이들에게 반드시 짚어줘야 할 부분이다.

- 충북 청주시 청원구 내수읍 형동2길 92-41
- 하절기 화~금요일 09:30~17:30, 토·일요일 09:30~18:00, 동절기 화~금요일 09:30~17:00, 토·일요일 09:30~17:30 **휴무** 월요일
- 어른 6,000원, 초중고생 5,000원, 유치원생 4,000원
- 043-213-0570
- #체험여행 #감성여행 #역사여행 #드라마촬영지 #운보김기창 #세종대왕영정

함께 둘러봐도 좋아요~
- **주변 여행지** 초정행궁(충북 청주시 청원구 내수읍 초정약수로 851)
- **연계 가능 코스** 국립현대미술관 청주(p.228)
- **키즈프렌들리 맛집** 사랑가득 샤브&구이(샤브샤브 | 충북 청주시 청원구 내수읍 마산3길 54-25 104호 | 043-215-0770 | 유아 의자)

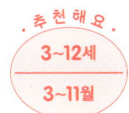

045 청남대

충북 청주

연계교과 5~6학년 사회

'남쪽에 있는 청와대'란 의미의 청남대는 대통령 전용으로 사용되었던 별장으로, 아름다운 대청호가 발아래 펼쳐지고 사방으로 월출봉과 옥새봉 등 오붓한 산자락에 둘러싸여 천하의 명당으로 꼽힌다. 전두환 대통령부터 노무현 대통령까지 역대 대통령들이 나랏일로 지친 몸과 마음을 쉬어가던 특별한 공간에서 아이와 함께 여유로운 산책을 즐겨보면 어떨까. 대통령들이 직접 사용하던 옷과 이불 등 베일에 둘러싸인 대통령의 일상을 엿볼 수 있는 대통령기념관과 역대 대통령들의 모습을 청동상으로 제작해 전시한 대통령광장도 관람객들에게 인기가 좋다. 특히 대통령광장 한편에는 '미래의 대통령'이란 이름이 붙은 단상이 자리하고 있으니 아이와 꼭 기념사진을 남겨보길 추천한다. 청남대 산책길도 계절마다 다른 풍경을 선물해 가족 단위 방문객에게 인기다.

- 충북 청주시 상당구 문의면 청남대길 646
- 09:00~18:00
- 어른 6,000원, 청소년 5,000원, 어린이 3,000원
- 043-257-5080
- chnam.chungbuk.go.kr
- #체험여행 #역사여행 #대통령별장 #초록초록 #미래의대통령

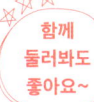

- **주변 여행지** 청주시립대청호미술관(충북 청주시 상당구 문의면 대청호반로 721)
- **연계 가능 코스** 수암골(p.95)
- **키즈프렌들리 맛집** 호반레스토랑(스테이크 | 대전 대덕구 대청로 493-28 | 042-931-0815 | 유아 의자)

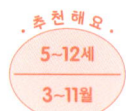

046
오대호아트팩토리

연계교과 3학년 미술

충북 충주

오대호아트팩토리는 우리나라 1호 정크아티스트인 오대호 작가의 작품을 전시한 복합문화공간이다. 정크아트는 쓰레기와 잡동사니를 의미하는 '정크(junk)'와 '예술(art)'을 합친 말로, 일상생활에서 발생하는 다양한 폐품을 활용해 만드는 미술을 가리킨다. 아이들은 이처럼 버려진 것들이 예술작품으로 다시 태어나는 과정을 직접 보고 체험하며 자원순환과 환경보호의 가치를 자연스럽게 배울 수 있다. 미술관은 폐교된 능암초등학교 건물을 활용, 아이들에게 더욱 친근한 분위기를 자아낸다. 특히 운동장에는 거대한 로봇부터 개성 넘치는 자전거 수십 대가 비치되어 아이들이 마음껏 타볼 수 있다. 직접 정크아트 작품을 만들어보는 체험프로그램도 운영 중이니 미리 정보를 확인하고 방문하길 추천한다.

- 충북 충주시 앙성면 가곡로 1434
- 10:00~18:00
- 1인 7,000원
- 0507-1446-0746
- 5factory.kr
- #체험여행 #감성여행 #예술체험 #정크아트 #오대호작가 #폐교 #자전거

- **주변 여행지** 비내섬(충북 충주시 앙성면 조천리 412)
- **연계 가능 코스** 중앙탑사적공원(p.99)
- **키즈프렌들리 맛집** 북충주농협 참한우마을(소고기구이 | 충북 충주시 앙성면 가곡로 1512 | 043-855-5808 | 유아 의자)

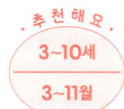

047
중앙탑사적공원

연계교과 5~6학년 사회

충북 충주

중앙탑공원은 우리나라 국토 정중앙에 세워진 충주 중앙탑(국보)을 중심으로 조성된 역사문화공원이다. 통일신라시대에 세워진 7층석탑은 균형 잡힌 아름다움과 함께 삼국통일의 상징적 의미를 지니고 있어, 아이들은 삼국시대와 통일신라 문화를 자연스럽게 배울 수 있다. 공원 내에는 넓은 잔디밭과 산책로가 잘 정비되어 가족이 함께 역사탐방과 여유로운 산책을 즐기기에 좋다. 밤이면 은은한 조명과 함께 다양한 포토존도 불을 밝혀 데이트 장소로도 인기다. 공원 바로 옆에 조성된 탄금호 무지개길은 낮에는 고즈넉한 강변 풍경을, 밤에는 이름 그대로 알록달록한 조명을 즐기며 걸을 수 있다. 화려한 경관조명 외에도 물 위에 뜬 달 조형물 덕분에 낭만적인 분위기를 선사한다.

- 충북 충주시 탑정안길 6
- 043-842-0532
- #체험여행 #역사여행 #중앙탑 #칠층석탑 #통일신라 #야경 #탄금호무지개길

- **주변 여행지** 충주박물관(www.chungju.go.kr/museum)
- **연계 가능 코스** 오대호아트팩토리(p.98)
- **키즈프렌들리 맛집** 중앙탑막국수(막국수) | 충북 충주시 중앙탑면 중앙탑길 109 | 043-846-5508 | 유아 의자

048
계족산 황톳길

연계교과 3학년 과학

대전

봄날의 숲길은 어디든 거닐기 좋지만 말랑말랑한 황톳길을 맨발로 걸을 수 있다면 금상첨화겠다. 대전 계족산은 무려 14.5km에 달하는 황톳길을 자랑할 뿐 아니라, 탁 트인 전망의 계족산성도 자리해 봄의 한가운데를 즐기기에 더없이 좋은 여행지다. 장동산림욕장 방면에서 오르는 길이 비교적 완만해 아이들과 함께 걷기 좋다. 황톳길은 산책로 거의 대부분에 깔려 있고, 중간중간 세족장이 자리해 원하는 구간만큼 맨발로 걸을 수 있다. 관리도 꽤 잘 되는 편이어서 늘 촉촉하고 부드러운 질감을 유지한다. 신라시대 석성인 계족산성까지는 다소 가파른 계단이 이어져 아이의 컨디션에 따라 걷기를 추천한다. 그래도 천천히 호흡을 조절하며 오르면 대전 시내는 물론, 맑은 날에는 멀리 공주까지도 한눈에 들어오는 탁 트인 전망이 기다리고 있다. 주말에는 오페라 공연도 펼쳐지고, 매년 5월에는 맨발걷기축제도 열려 보다 풍성한 즐길거리를 만날 수 있다.

- 대전 대덕구 장동 산 85
- 042-623-9909
- #자연여행 #감성여행 #황톳길 #맨발걷기 #피크닉 #숲속오페라

함께 둘러봐도 좋아요~
- **주변 여행지** 대청호자연생태관(대전 동구 천개동로 41)
- **연계 가능 코스** 뿌리공원(p.101)
- **키즈프렌들리 맛집** 꽁뚜(중식당 | 대전 대덕구 신탄진로36번길 111 | 042-483-9999 | 유아 의자)

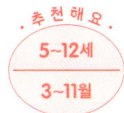

049
뿌리공원

 대전

연계교과 5학년 사회

흔히 자신의 성씨를 '뿌리'에 비유하곤 하는데, 대전에 자리한 뿌리공원은 이 같은 자신의 뿌리를 이해하고 자연스레 효의 의미를 되새겨볼 수 있는 공간으로 꾸며져 있다. 모든 성씨가 모인 곳이라는 의미의 만성교를 지나면 한국족보박물관이 먼저 모습을 드러낸다. 한 가문의 역사를 오롯이 담아내는 족보의 탄생과 제작방법, 왕가의 족보를 비롯해 돌족보와 비석족보, 휴대용 족보, 내시들의 족보까지 풍성한 볼거리가 눈길을 사로잡는다. 아이들도 자신의 성씨와 가문의 자료를 발견할 때마다 무척이나 반가워한다. 박물관 뒤편으로는 각 문중에서 직접 세운 240여 개의 조형물이 산책로를 따라 이어진다. 조형물 뒤편으로는 짙은 그늘과 봄바람이 시원한 생태숲이 이어져 잠시 산책을 즐기기에도 좋다.

- 대전 중구 뿌리공원로 79
- 하절기 05:00~23:00, 동절기 06:00~22:00
- 042-288-8300
- www.djjunggu.go.kr/hyo/index.do
- #체험여행 #역사여행 #나의뿌리 #족보박물관 #효도 #산책 #초록초록

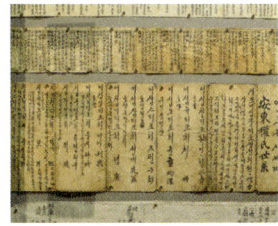

함께 둘러봐도 좋아요~

- **주변 여행지** 대전오월드(www.oworld.kr)
- **연계 가능 코스** 계족산 황톳길(p.100)
- **키즈프렌들리 맛집** 화율(피자·파스타 | 대전 서구 유등로17번길 128 | 0507-1307-5290 | 유아 의자)

050 베어트리파크

세종

연계교과 3·5학년 과학

순진한 눈매와 어린아이처럼 귀여운 몸동작 때문에 동화나 동요에도 자주 등장하는 곰은 아이들에게 친숙한 동물 중 하나다. 세종시에 자리한 베어트리파크는 이름 그대로 아름다운 자연을 배경으로 수백 마리의 반달곰들이 한가로이 노니는 동물원이자 오래된 향나무가 지키고 선 수목원이기도 하다. 이국적인 풍경 덕분에 배우 김태희가 황실 공주로 등장했던 드라마 〈마이 프린세스〉의 촬영지로도 눈길을 끌었다. 반달곰동산에서는 수십 마리의 반달곰들이 관람객들이 던져주는 먹이를 받아먹으며 재롱을 부리고, 전망대에 오르면 초록빛 정원이 한눈에 들어와 눈과 마음이 절로 맑아진다. 아이들을 위한 체험프로그램도 수시로 운영하니 미리 홈페이지에서 관련 정보를 확인하자.

- 세종 전동면 신송로 217
- 월~목요일 09:00~19:00, 금~일요일 09:00~20:00
- 어른 13,000원, 청소년 11,000원, 어린이 9,000원
- 0507-1414-7971
- beartreepark.com
- #체험여행 #동물원 #자연체험 #초록초록 #드라마촬영지 #반달곰

함께 둘러봐도 좋아요~

- **주변 여행지** 세종전통장류박물관(세종 전동면 배일길 90-43)
- **연계 가능 코스** 뿌리공원(p.101)
- **키즈프렌들리 맛집** 웰컴레스토랑(피자 | 베어트리파크 내 | 044-865-6137 | 유아 의자)

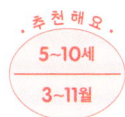

051
공산성

충남 공주

연계교과 5~6학년 사회

유네스코 세계유산으로도 등재된 공산성의 원래 이름은 웅진성. 공주의 옛 이름이자 백제의 도읍지였던 웅진을 지키기 위해 쌓은 산성이다. 당시엔 적의 침입을 살피던 성벽이 지금은 주민과 여행자들의 산책길로 인기가 높으며, 능선을 따라 부드럽게 펼쳐진 성벽을 걷다 보면 울창한 숲과 탁 트인 전망이 그림처럼 어우러진다. 주말에는 관광객들을 대상으로 수문병 교대식과 창술시범이 이뤄지는데, 조선의 경복궁과는 또 다른 군복과 의식이 등장해 백제를 직접 보고 이해하는 데 큰 도움이 된다. 활쏘기와 백제 의복체험 등 아이들이 좋아하는 즐길거리도 수시로 마련된다.

- 충남 공주시 금성동 53-51
- 하절기 09:00~18:00, 동절기 09:00~17:00
- 어른 3,000원, 청소년 2,000원, 어린이 1,000원
- 041-856-7700
- #체험여행 #역사여행 #삼국시대 #백제 #세계유산 #산책 #수문병교대식

함께 둘러봐도 좋아요~
- **주변 여행지** 백제오감체험관(충남 공주시 고마나루길 30)
- **연계 가능 코스** 공주 원도심 투어(p.104)
- **키즈프렌들리 맛집** 산장(한정식 | 충남 공주시 백미고을길 13-2 | 0507-1425-5996 | 유아 의자)

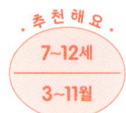

052
공주 원도심 투어

연계교과 5~6학년 사회

백제 유적지로 잘 알려진 공주지만 제민천을 따라 이어지는 원도심엔 다양한 근대문화유산들이 자리하고 있어 아이와 함께 한나절 천천히 걸어보기 좋다. 1930년대 건축물인 공주기독교박물관을 시작으로 보물 제150호로 지정된 반죽동 당간지주, 과거 읍사무소로 사용됐던 건물을 리모델링한 공주역사영상관까지 모두 걸어서 돌아볼 수 있다. '자세히 보아야 예쁘다'로 시작하는 「풀꽃」의 시인 나태주가 직접 머물며 작품활동을 하고 있는 풀꽃문학관도 원도심에 자리하고 있다. 거리 곳곳에 이들 건축물에 대한 소개를 담은 안내판이 자리하고 있어 찾아다니기도 편리하다. 잠시 걸음을 쉬어가고 싶을 땐 한옥카페인 '루치아의 뜰'에서 느긋한 여유를 즐겨도 좋겠다.

- 충남 공주시 무령로 201
- 공주역사영상관 041-852-6883
- #체험여행 #역사여행 #감성여행 #원도심 #풀꽃문학관 #루치아의뜰

함께 둘러봐도 좋아요~
- **주변 여행지** 충청남도역사박물관(museum.cihc.or.kr)
- **연계 가능 코스** 공산성(p.103)
- **키즈프렌들리 맛집** 고가네칼국수(칼국수 | 충남 공주시 제민천3길 56 | 041-856-6476 | 유아 의자)

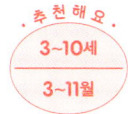

053
신리성지

충남 당진

연계교과 5학년 사회

신리성지는 한국 최초의 천주교 신부인 김대건 신부와 함께 선교활동을 했던 다블뤼 주교가 거주했던 곳이다. 천주교가 조선에 들어오기 시작했던 시기, 가장 먼저 그 교리를 받아들였던 신리마을은 조선에 천주교가 뿌리내리는 데 큰 역할을 담당했을 뿐 아니라 다수의 신부와 신자들이 순교한 유적지이기도 하다. 때문에 아이들에게는 근대사의 시작과 문화교류의 의미를 쉽고 깊이 있게 전해주는 살아있는 역사체험장이 된다. 초록빛 잔디밭이 펼쳐진 마당에는 보령 갈매못에서 순교한 다섯 성인을 기리는 경당이 자리하고, 산책로를 따라 이어진 길 끝에 성당과 순교미술관이 차례로 나타난다. 이국적인 건물과 고즈넉한 풍경 때문에 종교적인 의미가 아니더라도 아이들과 느긋하게 산책을 즐기기에 좋을 곳이다.

- 충남 당진시 합덕읍 평야6로 135
- 041-363-1359
- #체험여행 #역사여행 #천주교 #순교유적지 #순교미술관 #신리마을

함께 둘러봐도 좋아요~

- **주변 여행지** 솔뫼성지(충남 당진시 우강면 송산리 산45-3)
- **연계 가능 코스** 아미미술관(p.229)
- **키즈프렌들리 맛집** 치타누오바(카페 | 충남 당진시 합덕읍 신리1길 37-6 | 010-6468-1866 | 유아 의자)

054 유기방가옥

 충남 서산

연계교과 5~6학년 사회

서산 유기방가옥은 고즈넉한 한옥과 노란 수선화를 가득 심은 언덕이 그림처럼 어우러진다. 해마다 3~4월이면 유기방가옥에서 수선화 관람이 가능하고, 4월 중순까지 만개한 꽃을 감상할 수 있다. 이 무렵 유기방가옥 뒷동산은 추사의 표현을 빌리면 샛노란 구름이 질펀하게 깔린 듯하다. 산등성이엔 울창한 솔숲이 이어져 수선화의 노란빛이 더욱 선명하게 느껴진다. 고택 바로 뒤 언덕과 산자락을 따라 드넓게 펼쳐진 꽃밭에 놓인 의자가 포토존으로 인기다. 1900년대 초에 지은 고택은 서산 지역 전통 양반 가옥의 배치를 그대로 따른다. 대청에 앉으면 후원에 만발한 수선화가 한 폭의 그림 같다. 한옥 체험도 운영하고 있으니 운치 있는 하룻밤을 계획해도 좋겠다.

- 충남 서산시 운산면 이문안길 72-10
- 08:00~18:00
- 어른 5,000원, 청소년 및 어린이 4,000원
- 010-9436-3389
- 서산유기방가옥.gajagaja.co.kr
- #체험여행 #역사여행 #감성여행 #그림같은풍경 #꽃길만걸어요 #수선화

- **주변 여행지** 달빛미술관(충남 서산시 운산면 이문안길 50)
- **연계 가능 코스** 웅도(p.342)
- **키즈프렌들리 맛집** 여미갤러리&카페(카페 | 충남 서산시 운산면 운정로 112 | 041-667-7344 | 유아 의자)

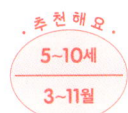

055
당림미술관

충남 아산

연계교과 3학년 미술

당림미술관은 자연과 예술이 조화를 이루는 숲속 미술관으로, 아이들이 여유롭게 걸으며 다양한 현대미술을 체험하는 문화 공간이다. 당림 이종무 화백이 설립한 이 미술관은 실내전시실과 야외 조각공원으로 구성되며, 회화와 조각, 설치미술 등 다양한 장르의 작품이 자연 속에 어우러져 전시된다. 미술관에서는 어린이를 대상으로 다양한 예술체험 프로그램도 운영 중인데, 특히 겹벚꽃이 만발한 봄에 바닥화를 그리는 체험은 매년 예약이 치열할 만큼 인기가 뜨겁다. 몽글몽글 분홍빛 겹벚꽃 아래서 그림을 그리는 아이들 모습은 보기만 해도 흐뭇하다.

- 충남 아산시 송악면 외암로1182번길 34-19
- 10:00~18:00 휴무 월요일
- 어른 5,000원, 어린이 3,000원
- 0507-1359-6969
- dangnim.modoo.at
- #체험여행 #감성여행 #예술체험 #숲속미술관 #겹벚꽃 #바닥화

함께 둘러봐도 좋아요~

- **주변 여행지** 유니크한노리터(충남 아산시 외암로 1193-18)
- **연계 가능 코스** 외암민속마을(p.344)
- **키즈프렌들리 맛집** 카페디엘(피자 | 당림미술관 내 | 0507-1413-6970 | 유아 의자)

056
내포보부상촌

충남 예산

연계교과 5~6학년 사회

내포보부상촌은 조선시대 상인 조직인 보부상의 문화를 체험할 수 있도록 조성된 전통테마마을이다. 예산보부상박물관에서는 관련 역사와 자료를 직접 관람하고, 전통장터를 재현한 마을 곳곳에서는 옛날 물건을 사고파는 모습을 보면서 보부상의 역할과 장터문화의 의미를 자연스럽게 배울 수 있다. 실제 장터놀이와 물물교환 체험, 전통공예 체험 등 다양한 프로그램이 마련돼 있어 놀이처럼 즐기면서 역사와 경제활동을 이해하는 데도 도움을 준다. 또 숲속놀이터에서는 아이들이 마음껏 뛰어놀며 추억을 만들 수 있다. 명절이나 시즌에 따라 다채로운 행사도 마련되니 방문 전에 미리 홈페이지를 확인하길 추천한다.

- 충남 예산군 덕산면 온천단지1로 55
- 화~금요일 10:00~18:00, 토·일요일 10:00~19:00 **휴무** 월요일
- 어른 11,000원, 청소년 9,000원, 어린이 7,000원
- 041-337-8830
- www.yesan.go.kr/bobusang.do
- #체험여행 #역사여행 #보부상 #전통장터 #장터놀이 #숲속놀이터

함께 둘러봐도 좋아요~
- **주변 여행지** 내포자연놀이뜰(충남 예산군 삽교읍 목리 1402)
- **연계 가능 코스** 충의사(p.110)
- **키즈프렌들리 맛집** 샤브향 스플라스리솜점(샤브샤브 | 충남 예산군 덕산면 온천단지3로 45-7 | 0507-1378-8095 | 유아 의자)

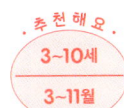

057
아그로랜드 태신목장

충남 예산

연계교과 3·5학년 과학

아그로랜드 태신목장은 넓은 초원과 목장을 배경으로 다양한 농장체험과 동물교감을 즐길 수 있는 국내 대표 체험형 목장이다. 아이들은 소, 양, 염소, 토끼 등 다양한 동물에게 직접 먹이를 주며 생명존중의 가치를 자연스럽게 배우고, 젖소 착유 체험이나 우유 만들기 체험에 참여해 축산업과 식품생산 과정을 놀이처럼 익힐 수 있다. 봄과 여름에는 초원을 달리는 승마체험, 가을에는 억새밭 탐방과 자연 관찰도 가능해 계절마다 다른 자연의 변화를 온몸으로 체험할 수 있다. 넓은 잔디밭과 트랙터 타기, 물놀이장 등 가족 단위로 하루 종일 즐길 수 있는 다양한 시설이 마련돼 있어 아이들에게 잊지 못할 농촌체험의 추억을 선사한다.

- 충남 예산군 고덕면 상몽2길 231
- 하절기 10:00~18:30, 동절기 10:00~17:30
- 어른 10,000원, 어린이 7,000원
- 041-356-3154
- www.agroland.co.kr
- #체험여행 #감성여행 #목장체험 #낙농체험 #우유만들기 #그림같은풍경

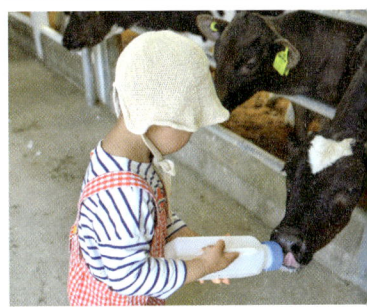

- **주변 여행지** 가람체리농원(충남 예산군 고덕면 호음재호지길 171-8)
- **연계 가능 코스** 내포보부상촌(p.108)
- **키즈프렌들리 맛집** 우유농가(카페 | 충남 예산군 고덕면 상몽2길 236 | 010-5358-5342 | 유아 의자)

058
충의사

충남 예산

연계교과 5학년 사회

일제강점기 독립운동가 윤봉길 의사의 생애와 업적을 기리기 위해 조성된 역사교육 공간이다. 기념관에는 윤봉길 의사의 유품, 사진, 독립운동 기록물 등이 전시되어 아이들이 나라를 위해 헌신한 청년 윤봉길의 뜨거운 애국심을 생생하게 배울 수 있다. 또 상하이 홍구공원 의거 모형과 독립운동 관련 영상을 통해 1932년 상하이 의거의 의미와 당시 시대상황도 쉽게 이해할 수 있다. 기념관 건너편에는 윤봉길 의사가 어린 시절을 보낸 생가도 있어 전통가옥을 둘러보며 의사의 성장배경과 민족정신을 함께 느낄 수 있다.

- 충남 예산군 덕산면 덕산온천로 183-5
- 하절기 09:00~18:00 동절기 09:00~17:00 휴무 월요일(공휴일인 경우 그다음 평일), 설날·추석
- 041-339-8238
- www.yesan.go.kr/ybgm.do
- #체험여행 #역사여행 #일제강점기 #독립운동 #윤봉길 #홍구공원의거

함께 둘러봐도 좋아요~
- **주변 여행지** 수덕사(www.sudeoksa.com)
- **연계 가능 코스** 은성농원(p.345)
- **키즈프렌들리 맛집** 용궁옛날짜장(중식당 | 충남 예산군 덕산면 덕산온천로 313-1 | 041-337-9477 | 좌식 테이블)

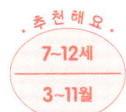

059
천안 유관순열사유적

충남 천안

연계교과 5학년 사회

천안 유관순열사유적은 3·1운동의 상징적 인물인 유관순 열사의 숭고한 정신을 기리기 위해 조성된 역사교육 공간이다. 유적지에는 유관순 열사의 생가, 기념관, 추모각 등이 자리해 있어 아이들은 열사의 어린 시절부터 독립운동까지의 삶을 깊이 있게 이해할 수 있다. 기념관 내부에는 유관순 열사의 생애를 소개하는 사진, 기록물, 모형 전시가 마련돼 있으며, 3·1운동의 의미와 당시에 겪었던 고난을 생생하게 체험할 수 있다. 생가터를 직접 걸으며 열사가 자란 환경을 체험하고, 추모각 앞에서는 자유와 독립을 위해 희생한 열사의 정신을 되새기는 시간을 보낼 수 있다.

- 충남 천안시 동남구 병천면 유관순길 38
- 하절기 09:00~18:00, 동절기 09:00~17:00
- 041-564-1223
- cheonan.go.kr/yugwansun.do
- #체험여행 #역사여행 #일제강점기 #독립운동 #유관순 #3·1운동

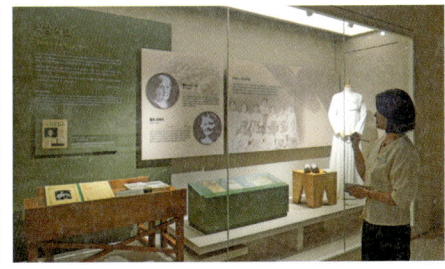

함께 둘러봐도 좋아요~
- **주변 여행지** 아우내독립만세기념공원(충남 천안시 동남구 병천면 아우내장터1길 12-23)
- **연계 가능 코스** 외암민속마을(p.344)
- **키즈프렌들리 맛집** 병천상회(베이커리) | 충남 천안시 동남구 병천면 병천2로 14 | 0507-1445-1817 | 유아 의자

060 이응노의 집

충남 홍성

연계교과 3학년 미술

이응노의 집은 한국을 대표하는 세계적인 화가 이응노의 생가와 작품세계를 만날 수 있는 문화 공간이다. 고즈넉한 시골마을 한편에 자리한 생가에서 이응노 화백의 어린 시절을 엿볼 수 있고, 현대적인 건축물로 조성된 기념관에서는 그의 다양한 작품세계를 감상할 수 있다. 특히 한글을 모티브로 한 문자추상 작품과 군상 시리즈는 아이들에게 자유로운 표현과 상상의 중요성을 자연스럽게 일깨워준다. 어린이 대상 예술체험 프로그램과 아트클래스도 수시로 운영돼 아이들이 직접 손으로 작품을 만들고 창의력을 키우는 기회를 얻을 수 있다. 아름다운 정원과 산책로도 마련되어 있어 자연과 예술을 함께 느끼며 여유로운 시간을 보내기에 좋다.

- 충남 홍성군 홍북읍 이응노로 61-7
- 하절기 09:00~18:00, 동절기 09:00~17:00 **휴무** 월요일(공휴일인 경우 그다음 평일), 1월 1일, 설날·추석
- 어른 1,000원, 청소년 및 어린이 500원
- 041-630-9232
- www.hongseong.go.kr/leeungno/index.do
- #체험여행 #감성여행 #예술체험 #이응노 #문자추상 #군상시리즈 #그림같은풍경

- **주변 여행지** 홍주성역사관(www.hongseong.go.kr)
- **연계 가능 코스** 내포보부상촌(p.108)
- **키즈프렌들리 맛집** 선스넥(분식 | 충남 홍성군 홍성읍 월계천길 67 | 041-631-5533 | 유아 의자)

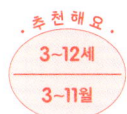

061
양남주상절리

경북 경주

연계교과 3·5학년 과학

주상절리라고 하면 제주에서 보는 기둥 형태를 먼저 떠올리지만, 경주에는 전 세계에 단 세 군데밖에 없다는 부채꼴 모양의 주상절리가 자리해 특별한 볼거리가 된다. 지역명을 따라 양남주상절리라 이름 붙은 이곳은 지질학적 가치를 인정받아 천연기념물로 보호되고 있는데, 워낙 독특한 형태라 지금도 그 생성원인과 과정을 연구 중이라고 한다. 이 주상절리가 한눈에 내려다보이는 전망대 주변으로 '파도소리길'이란 산책로가 다듬어져 있는데, 이름 그대로 경주의 푸른 바다를 곁에 두고 걸을 수 있어 매력적이다. 아이들이 걷기에도 좋은 완만한 코스일 뿐 아니라 부채꼴 외에 다양한 형태의 주상절리도 관찰할 수 있다. 봄이면 길을 따라 노란 유채꽃이 만발해 봄날의 정취를 느끼기에도 좋다. 전망대에서 읍천항으로 이어지는 코스에는 작은 출렁다리도 자리해 아이들이 좋아한다.

- 경북 경주시 양남면 읍천리 405-3
- 전망대 09:30~18:00
- #체험여행 #지질여행 #주상절리 #바다여행 #유채꽃 #천연기념물 #읍천항

함께 들러봐도 좋아요~

- **주변 여행지** 양남해수온천랜드24(경북 경주시 양남면 해변공원길 93)
- **연계 가능 코스** 경주 양동마을(p.114)
- **키즈프렌들리 맛집** 콘크카페 주상절리점(카페 | 경북 경주시 양남면 동해안로 498-12 | 054-745-4981 | 유아 의자)

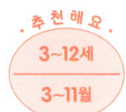

062
경주 양동마을

경북 경주

연계교과 3·5학년 사회

안동에 하회마을이 있다면 경주엔 양동마을이 있다. 실제로 이 둘은 한국을 대표하는 역사마을로 유네스코 세계문화유산에 함께 등재됐다. 경주 손씨와 여강 이씨 종가가 500여 년 동안 전통을 이어오고 있는 이곳은 우재 손중돈과 회재 이언적을 배출하며 조선시대 명문가로 꼽혔다. 무려 100년이 넘었다는 정겨운 점방을 지나 마을로 들어서면 소담스레 이어진 담벼락이 반겨준다. 곳곳에 언덕이 자리해 어디서든 잠시 걸음을 멈추면 그림 같은 풍경이 펼쳐진다. 웅장한 향나무가 지키고 선 서백당은 풍수지리적으로 위인이 태어날 명당이라 출가한 딸들은 친정에 와서 출산을 못 하게 했다는 웃지 못할 이야기도 전해진다. 서백당에서 내려오는 길목에 자리한 찻집에 들르면 300년 동안 물이 마르지 않았다는 우물도 체험해볼 수 있다. 일부 한옥은 숙박도 가능하고, 쌀엿과 약과 등을 판매하는 마을장터도 곳곳에 자리하고 있다.

- 경북 경주시 강동면 양동리 125
- 하절기 09:00~18:00, 동절기 09:00~17:00
- 어른 4,000원, 청소년 2,000원, 어린이 1,500원
- 054-762-2630
- yangdongvillage.or.kr
- #체험여행 #역사여행 #전통마을 #점방 #우물체험 #한옥체험

함께 둘러봐도 좋아요~
- **주변 여행지** 기원정사(경북 경주시 강동면 국당길 283)
- **연계 가능 코스** 골굴사(p.115)
- **키즈프렌들리 맛집** 카페아보르(카페 | 양동마을 내 | 0507-1345-9064 | 유아 의자)

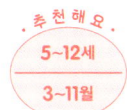

063
골굴사

경북 경주

연계교과 5학년 사회

경주 하면 불국사부터 떠오르지만 외국인들 사이에서 그에 못지않게 관심을 모으는 사찰이 있다. 우리나라 유일의 정통 석굴사원인 골굴사로, 토함산 자락의 자연동굴 12개를 다듬어 인도나 중국의 석굴 양식을 그대로 재현했다. 무려 1,500년의 세월을 간직한 이곳 사찰에는 승려들의 무예인 선무도가 이어져 내려온다. 덕분에 선무도의 신비로운 몸짓과 아름다운 정신에 매료된 외국인들이 아예 몇 달씩 머물며 수련하기도 한다. 일반 관람객들도 템플스테이를 비롯해 2~3시간 정도의 당일형 프로그램인 템플라이프를 통해 실제 선무도를 배워볼 수 있으며, 선무도 상설 공연도 진행된다. 미리 시간을 확인해 꼭 챙겨보길 추천한다.

- 경북 경주시 양북면 기림로 101-5
- 054-744-1689
- www.golgulsa.com
- #체험여행 #역사여행 #사찰여행 #석굴 #선무도 #선무도공연

함께 둘러봐도 좋아요~

- **주변 여행지** 한수원 홍보관(경북 경주시 문무대왕면 불국로 1655)
- **연계 가능 코스** 양남주상절리(p.113)
- **키즈프렌들리 맛집** 보리수나무카페(베이커리 | 경북 경주시 문무대왕면 기림로 101 | 0507-1335-0994 | 좌식테이블)

추천해요
3~10세
3~11월

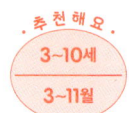

064
김천 추풍령테마파크

경북 김천

연계교과 3·5학년 사회

김천 추풍령테마파크는 '추풍령'이라는 지리적·문화적 상징성을 주제로 조성된 가족형 복합문화공간이다. 테마파크 안에는 짚코스터와 어드벤처 등 다양한 체험시설이 마련되어 아이들이 자연 속에서 신나게 뛰어놀며 모험심과 체력을 기를 수 있다. 테마파크에 들어서자마자 제일 먼저 눈길을 사로잡는 트리타워는 가을바람을 모티브로 대형 미끄럼틀과 암벽홀더, 네트놀이 등 다양한 활동이 가능하다. 어드벤처는 스카이타익스와 스카이트레일로 구성되어 온 가족 함께 즐길 수 있고, 짚코스터는 총 길이 465m로 약 3분 내외의 탑승시간 동안 짜릿한 스릴을 느낄 수 있다. 곳곳에 포토존도 자리해 특별한 추억을 남기기 좋다.

- 경북 김천시 봉산면 광천4길 110
- 09:30~17:30 **휴무** 월요일(공휴일인 경우 그다음 날), 1월 1일, 설날·추석
- 짚코스터+어드벤처 어른 20,000원, 청소년 15,000원, 어린이 7,000원
- 054-421-1697
- www.gcfmc.or.kr/cprthemepark
- #체험여행 #추풍령 #휴게소옆놀이터 #트리타워 #어드벤처 #짚코스터

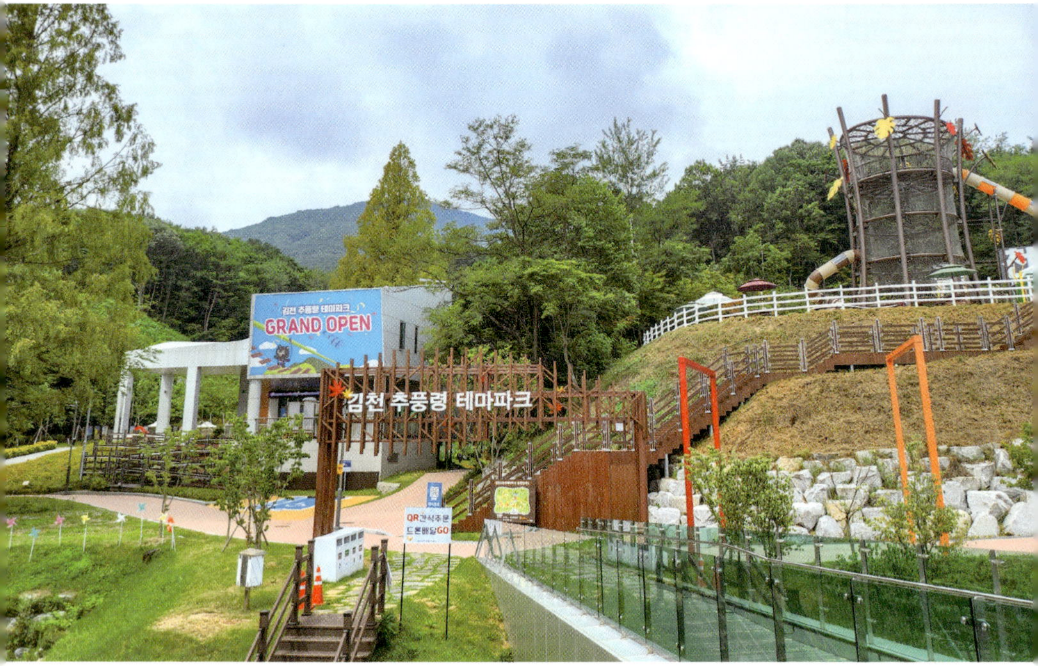

함께 둘러봐도 좋아요~

- **주변 여행지** 연화지(경북 김천시 교동)
- **연계 가능 코스** 사명대사공원(p.348)
- **키즈프렌들리 맛집** 한성식당(산채한정식) | 경북 김천시 대항면 황학동길 35-7 | 054-436-6179 | 유아 의자

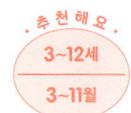

경북 문경

065
문경새재도립공원

연계교과 5~6학년 사회

백두대간에 자리한 고갯길인 문경새재는 한강 유역과 낙동강 일대를 연결하는 주요한 통로이자 삼국시대 이후 군사적 요충지로 치열한 싸움이 이어졌던 곳이다. 조선시대에는 한양을 지키는 중요한 관문으로, 과거를 보러는 영남의 선비들이 자주 애용하던 길이기도 했다. 과거에는 새도 쉬어갈 만큼 험준한 고개였다고 하나 지금은 웅장한 산과 짙푸른 녹음에 둘러싸여 때 묻지 않은 자연을 만끽하기에 더없이 좋은 여행지다. 매년 봄 문경새재를 배경으로 '찻사발축제'도 열리는데, 사기장의 하루를 오롯이 따라가며 직접 체험해보거나 물레를 돌려 사발을 만드는 흥미로운 프로그램이 가득해 아이들과 함께 찾아봐도 좋겠다. 여름부터 가을까지는 야간에 문경새재를 함께 걷는 달빛사랑여행도 운영한다.

- 경북 문경시 문경읍 새재로 932
- 오픈세트장 2,000원, 옛길박물관 1,000원, 생태미로공원 어른 3,000원, 청소년 2,000원, 어린이 1,500원
- 054-550-8363
- #체험여행 #역사여행 #초록초록 #고갯길 #찻사발축제 #달빛사랑여행

함께 둘러봐도 좋아요~
- **주변 여행지** 오미자테마공원(경북 문경시 문경읍 새재로 715)
- **연계 가능 코스** 문경에코월드(p.240)
- **키즈프렌들리 맛집** 라 루올로(피자 | 경북 문경시 문경읍 새재2길 29 | 0507-1421-5800 | 유아 의자)

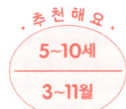

066
상주 자전거박물관

경북 상주

연계교과 3학년 과학 | 5학년 사회

상주 하면 달고 맛있는 곶감부터 떠올리겠지만 요즘은 자전거도시로 명성이 높다. 자전거 이용에 적합한 평탄한 지형 덕분에 전국적으로 가장 높은 자전거 보급률을 자랑하는 상주는 역사적으로도 일제강점기인 1911년 우리나라 최초의 자전거가 공급된 도시이기도 하다. 뿐만 아니라 식민지의 암울한 현실을 잊게 만들어준 '자전거 영웅' 엄복동이 일본인 선수들을 제치고 당당히 우승을 차지했던 조선 최초의 자전거대회도 이곳 상주에서 열렸다. 이 같은 자전거도시 상주의 다양한 매력을 살펴볼 수 있는 자전거박물관은 역사적인 자전거 유물들을 비롯해 전 세계의 이색 자전거 모델들도 한자리에서 만나볼 수 있다. 특히 무료 자전거대여소를 함께 운영하고 있어 아이들과 자전거를 빌려 탈 수도 있다.

- 경북 상주시 용마로 415
- 09:30~17:30 **휴무** 월요일(공휴일인 경우 그다음 날), 1월 1일, 설날·추석
- 어른 1,000원, 청소년 500원
- 054-534-4973
- #체험여행 #박물관 #자전거박물관 #자전거도시 #자전거대여

- **주변 여행지** 상주밀리터리테마파크(경북 상주시 사벌국면 경천로 654)
- **연계 가능 코스** 문경새재도립공원(p.118)
- **키즈프렌들리 맛집** 경양식썸(돈가스 | 경북 상주시 도남2길 174 | 0507-1342-2174 | 유아 의자)

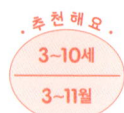

 경북 안동

067
권정생동화나라

연계교과 3·5학년 국어

아무도 거들떠보지 않던 강아지똥이 민들레꽃을 피우는 귀한 거름으로 쓰인다는 내용의 『강아지똥』은 '국민동화'라는 수식이 아깝지 않을 만큼 아이와 어른 모두에게 잔잔한 감동을 선물한다. 우리나라를 대표하는 아동문학가인 권정생은 안동의 작은 시골교회 문간방에서 『강아지똥』을 완성했다고 전해지는데, 권정생동화나라는 지독한 가난과 병마 속에서 꽃 피운 그의 작품세계를 엿볼 수 있는 공간이다. 특히 그의 단출한 작업실 한편에 적힌 '좋은 동화 한 편은 백 번 설교보다 낫다'는 글귀는 생전 아이들을 너무도 사랑했던 작가의 마음이 고스란히 느껴져 마음 한편이 뜨끈해진다. 맞은편에 전시된 그의 유언장에도 "내가 쓴 모든 책은 주로 어린이들이 사서 읽는 것이니 여기서 나오는 인세를 어린이에게 돌려주는 것이 마땅할 것"이라고 적혀 있다.

- 경북 안동시 일직면 성남길 119
- 10:00~17:00 휴무 월요일, 1월 1일, 설날·추석
- 054-858-0808
- kcfc.or.kr
- #체험여행 #문학여행 #감성여행 #강아지똥 #엄마까투리 #권정생

- **주변 여행지** 안동소호헌(경북 안동시 일직면 소호헌길 6)
- **연계 가능 코스** 봉정사(p.356)
- **키즈프렌들리 맛집** 도연갤러리카페(카페 | 경북 안동시 일직면 성남길 104 | 054-854-9191)

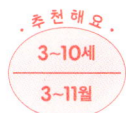

068
무섬마을

경북 영주

연계교과 3학년 미술 | 5학년 사회

영주 대표 여행지인 무섬마을은 낙동강 지류인 내성천이 휘돌아 흐르는 고요하고 아늑한 마을이다. 반남 박씨와 선성 김씨의 집성촌으로도 잘 알려진 이 마을은 40여 가구가 오붓하게 자리한 아담한 규모에도 무려 500년에 이르는 역사와 전통을 자랑한다. 무섬마을의 봄도 화려하기보다 순박하고 정겹다. 100년이 넘은 고택들 사이로 매화 향기가 피어오르고 소박한 초가 담장엔 노란 개나리가 만발이다. 마당에선 황금빛 산수유와 탐스러운 목련이 꽃송이를 터뜨려 마을이 온통 봄꽃에 물든다. 무섬마을의 명물인 외나무다리를 건너는 설레는 표정의 아이들도 한 폭의 그림처럼 아름답다. 마을 내에 식당과 한옥민박도 있다.

- 경북 영주시 문수면 수도리
- 054-638-1127
- www.무섬마을.com
- #체험여행 #감성여행 #전통마을 #전통체험 #꽃놀이 #매화 #외나무다리

- **주변 여행지** 천지인전통사상체험관(cji.yeongju.go.kr)
- **연계 가능 코스** 선비촌(p.357)
- **키즈프렌들리 맛집** 먹골집(누룽지백숙 | 경북 영주시 이산면 웃무리로 86 | 0507-1492-2093 | 유아 의자)

069
별별미술마을

경북 영천

연계교과 3학년 미술 | 5학년 사회

영천에 자리한 별별미술마을은 유적지나 박물관에서 만나는 거대한 역사와는 너무도 거리가 먼 평범한 삶이 이야기가 되고 별이 된다. 우리나라 최초의 마을사 박물관이 자리한 이곳은 마을에서 태어나고 자란 아이들의 낡은 돌 사진, 시골 어디서나 만날 수 있는 특별할 것 없는 집집마다의 전경, 심지어 정미소 외양간의 누렁소와 청년회장네 강아지까지도 소중한 기록으로 전시하고 있다. 또 마을 입구에 자리한 시안미술관은 1999년에 폐교된 초등학교 건물을 리모델링했는데, 나무 바닥이 삐걱대는 교실은 멋스러운 전시공간으로 바뀌었고 파릇파릇한 잔디가 깔린 운동장엔 다양한 설치작품이 세워졌다. 학교에서 미술관으로 공간의 목적만 바뀌었을 뿐 이곳은 여전히 아이들이 즐겁고 행복한 공간이다. 아이들이 좋아하는 미술체험도 다양하다.

- 시안미술관 경북 영천시 화산면 가래실로 364
- 시안미술관 10:00~17:30 휴무 시안미술관 월요일(공휴일인 경우 그다음 날), 설날·추석
- 시안미술관 어른 4,000원, 청소년 3,000원
- 054-338-9391
- www.cianmuseum.org
- #체험여행 #감성여행 #예술여행 #벽화마을 #마을사박물관 #시안미술관

함께 둘러봐도 좋아요~
- 주변 여행지 영천역사박물관(www.yeongcheonmuseum.com)
- 연계 가능 코스 영천전투메모리얼파크(p.247)
- 키즈프렌들리 맛집 전가네손짜장(중식당) | 경북 영천시 화남면 천문로 1695 | 054-332-3135 | 유아 의자)

070
나리분지

경북 울릉

연계교과 3학년 과학 | 5학년 사회

울릉도에서 유일한 평지인 나리분지는 성인봉을 비롯한 날카로운 봉우리들이 병풍처럼 둘러싼 모습이 인상적이다. 아이들이 화산 분화구를 직접 눈으로 관찰할 수 있을 뿐 아니라, 옛 주민들이 살던 너와집과 투막집도 자리하고 있어 더욱 흥미롭게 다가온다. 나리분지에는 울릉도에서 자란 산나물을 듬뿍 넣은 산채비빔밥 식당들도 여럿 운영되고 있으니 식사 무렵에 들르기를 추천한다. 든든하게 배를 채운 후에는 아이들이 좋아하는 롤러미끄럼틀과 트램펄린이 설치된 놀이터에서 신나게 뛰놀 수도 있다. 돗자리를 미리 준비한다면 웅장한 산자락을 배경으로 여유로운 피크닉을 즐겨도 좋겠다.

- 경북 울릉군 북면 나리
- 054-790-6423
- #체험여행 #자연체험 #섬여행 #화산지형 #산채비빔밥 #놀이터 #피크닉

- **주변 여행지** 성불사(경북 울릉군 북면 추산길 128-15)
- **연계 가능 코스** 천부 해중전망대(p.248)
- **키즈프렌들리 맛집** 나리촌식당(산채정식 | 경북 울릉군 북면 나리1길 31-115 | 054-791-6082 | 유아 의자)

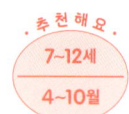

071
울릉역사문화체험센터

경북 울릉

연계교과 3·5학년 사회

울릉도의 아름다운 자연에 비해 그 역사는 잘 알려지지 않았다. 특히 울릉도의 근현대사는 독도가 지닌 정치적 중요성에 가려 제대로 살펴볼 수 있는 공간조차 찾기 어렵다. 울릉도 도동항에 자리한 울릉역사문화체험센터는 일제강점기에 지어진 일본식 가옥을 활용한 전시관으로, 일본의 혹독한 자원수탈을 피해가지 못했던 울릉도의 가슴 아픈 근현대사가 고스란히 담겨 있다. 다양한 사진자료와 영상물 덕분에 우리가 몰랐던 울릉도의 과거를 보다 쉽게 이해할 수 있을 뿐 아니라, 가족이 함께 가면 해설사가 아이들 눈높이에서 옛날이야기를 들려주듯 설명을 덧붙여 더욱 흥미롭게 둘러볼 수 있다. 입장료 대신 찻값을 지불하는 방식으로 운영되고 있어 잠시 걸음을 쉬기에도 좋다.

- 경북 울릉군 울릉읍 도동1길 27
- 09:00~17:00 휴무 월요일, 공휴일
- 관람+음료 4,000원, 관람 2,000원
- 054-791-7526
- www.facebook.com/nt.ulleung
- #체험여행 #역사여행 #일제강점기 #자원수탈 #울릉도역사 #박물관

- **주변 여행지** 독도박물관(www.dokdomuseum.go.kr)
- **연계 가능 코스** 행남해안산책로(p.249)
- **키즈프렌들리 맛집** 명가식당(따개비칼국수 | 경북 울릉군 울릉읍 울릉순환로 212-21 | 0507-1495-9308 | 유아 의자)

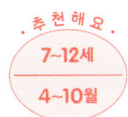

072
독도

경북 울릉

연계교과 5~6학년 사회

예측 불가한 날씨와 바닷길 때문에 발 딛기 전까지는 늘 가슴 졸이게 되는 섬, 그러나 한번 발 딛으면 기대 이상의 아름다움과 신비스러운 풍광으로 여행자의 탄성을 자아내는 섬, 바로 울릉도다. 그중에서도 한 번 더 행운의 뱃길을 기대해야 하는 독도는 접안시설이 열악해 파도가 조금만 높아도 배를 댈 수 없어 1년 중 여객선이 입도하는 날이 고작 50일 남짓. 오죽하면 '3대가 덕을 쌓아야 독도에 발을 딛을 수 있다'고 하니 독도 입도는 하늘과 바다가 허락한 행운이라고 해도 과언이 아니다. 마침내 여객선 출입구가 열리고 섬 가득 태극기가 휘날리는 독도에 내리는 순간, 시끌벅적하던 선내는 금세 고요해진다. 바라보는 것만으로도 가슴 뭉클해지는 우리 땅, 독도는 그래서 더욱 특별하다. 독도 입도에 실패하더라도 여객선 승선 기록만 있으면 독도관리사무소 홈페이지에서 '독도명예주민증'을 발급받을 수 있으니 아이들과 독도여행의 특별한 추억과 의미를 남기기도 좋다.

- 경북 울릉군 울릉읍 독도안용복길 3
- 054-790-6420
- **독도관리사무소** www.intodokdo.go.kr/member
- #체험여행 #섬여행 #역사여행 #독도는우리땅 #독도명예주민증

- **주변 여행지** 안용복기념관(경북 울릉군 북면 석포길 500 | 054-791-8873)
- **연계 가능 코스 나리분지**(p.123)

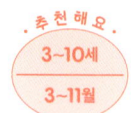

073
등기산스카이워크

연계교과 3학년 과학

지난 2018년에 첫선을 보인 등기산스카이워크는 총 길이 135m로, 당시 국내 최장 스카이워크로 화제를 모았다. 등기산스카이워크를 찾아가는 길, 멀리서 존재감을 뽐내는 구조물은 높이 20m로 우뚝 솟아 올라다 보기만 해도 아찔하다. 해안선을 따라 걷다가 일부 구간이 바다를 향해 돌출한 여타 스카이워크와 달리, 시작부터 바다를 향해 쭉 뻗은 구조라 스릴은 배가 된다. 투명한 바닥으로 넘실거리는 파도가 그대로 비쳐 이 길이 바닷속으로 들어가는지, 하늘 위로 오르는지 헷갈릴 정도다. 스카이워크 너비도 2m 정도라 바닷바람이 고스란히 느껴진다. 스카이워크 끝자락에 신비로운 조형물도 눈길을 끈다. 의상대사를 사모한 선묘 낭자를 표현한 작품이다. 동해의 힘찬 물줄기 사이로 반은 용이고 반은 아름다운 여인의 모습인 선묘 낭자가 전설 속 한없이 자애로운 미소로 관람객을 맞이한다.

- 경북 울진군 후포면 후포리 산141-21
- 1~2월·11~12월 09:00~17:00, 3~5월·9~10월 09:00~17:30, 6~8월 09:00~18:30 *설날·추석 당일은 13:00부터 개방
- 054-787-5862
- #체험여행 #스카이워크 #투명바닥 #스릴만점 #선묘낭자

함께 들러봐도 좋아요~
- **주변 여행지** 울진대게홍보전시관(경북 울진군 후포면 울진대게로 236-14)
- **연계 가능 코스** 죽변해안스카이레일(p.127)
- **키즈프렌들리 맛집** 물치상회(카페 | 경북 울진군 후포면 울진대게로 289-1 | 010-5967-8546 | 유아 의자)

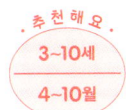

074
죽변해안스카이레일

경북 울진

연계교과 3학년 과학 | 5학년 사회

요즘 울진에서 가장 '핫한' 즐길거리를 꼽으라면 죽변해안스카이레일이 아닐까 싶다. 드라마 〈폭풍 속으로〉 촬영지와 '하트해변'으로 유명한 죽변해안을 따라 달리는 모노레일이다. 최대 높이 11m에 레일이 설치되어 이전에는 눈에 담을 수 없던 옥빛 바다와 기기묘묘한 바위를 감상하기 좋다. 모노레일 운행 속도가 걷는 속도와 비슷해 울진의 온갖 푸른색을 느긋하게 즐길 수 있다. 죽변등대에서 죽변항까지 약 2km 구간을 왕복 운행하며, 온 가족 함께 탁 트인 동해를 바라보면서 천천히 이동하는 동안 자연의 아름다움을 오감으로 체험할 수 있다.

- 경북 울진군 죽변면 죽변중앙로 235-12
- 주중 09:30~18:00, 주말 및 공휴일 09:00~18:00 **휴무** 매월 셋째 주 수요일 *기상 상황에 따라 변동 가능
- 2인승 21,000원, 3인승 28,000원, 4인승 35,000원
- 054-783-8881   www.uljin.go.kr/skyrail
- #체험여행 #감성여행 #기차여행 #하트해변 #모노레일

함께 둘러봐도 좋아요~
- **주변 여행지** 드라마 '폭풍 속으로' 세트장(경북 울진군 죽변면 죽변리 120-36)
- **연계 가능 코스** 등기산스카이워크(p.126)
- **키즈프렌들리 맛집** 프리다타코&커피(카페) | 경북 울진군 죽변면 죽변중앙로 102 | 010-9842-4602 | 유아 의자

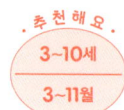

075 칠곡 가산산성야영장

경북 칠곡

연계교과 3학년 과학

캠핑을 좋아하는 사람이라면 봄날의 눈부신 벚꽃 아래서 즐기는 낭만적인 캠핑을 한 번쯤 꿈꿔봤을 것이다. 팔공산 자락에 위치한 가산산성야영장은 이 같은 바람을 이루기에 최적의 장소다. 사이트를 따라 무려 600그루의 벚나무가 자리해 시기만 잘 맞추면 흩날리는 벚꽃잎 아래서 꿈같은 하룻밤을 즐길 수 있다. 인공 시설을 최소화한 덕분에 아이들이 마음껏 뛰놀기에도 좋다. 해발 600m 야영장에서 바라보는 전망 또한 훌륭하다. 벚꽃시즌을 놓쳤더라도 고지대 야영장인 덕분에 여름에는 인근 지역과 비교해 6~7도 정도 낮은 온도가 유지된다고 한다.

- 📍 경북 칠곡군 동명면 한티로 1034
- 🕐 휴무 12~2월
- 💰 마사토 주중 5,000원, 주말 7,000원, 데크 주중 7,000원, 주말 9,000원
- 📞 054-973-8301 *재정비 관계로 휴업 중이니 연락 후 방문
- @ #체험여행 #감성여행 #캠핑 #벚꽃캠핑 #꽃놀이 #팔공산 #벚꽃엔딩

함께 둘러봐도 좋아요~
- **주변 여행지** 팔공산알파카(www.팔공산알파카.com)
- **연계 가능 코스** 칠곡호국평화기념관(p.254)
- **키즈프렌들리 맛집** 시크릿가든(카페) | 경북 칠곡군 동명면 득명2길 97-21 | 054-975-0588 | 유아 의자

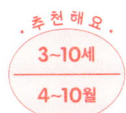

076
청라언덕

 대구

연계교과 5학년 사회

가곡 〈동무생각〉에 등장하는 청라언덕은 이름 그대로 푸른 담쟁이로 뒤덮인 낭만적인 공간으로 대구 근대골목여행의 중심지로 손꼽힌다. 특히 봄이면 다채로운 빛깔의 꽃들이 만개해 더욱 아름다운 풍광을 자랑한다. 언덕에는 이국적인 분위기를 더하는 선교사 사택들이 자리하고 있는데, 특히 스윗즈주택은 서양식 붉은 벽돌과 한옥의 기와지붕이 조화를 이룬 건축 양식이 독특하다. 이들 선교사 사택은 현재 선교박물관과 의료박물관, 교육·역사박물관으로 활용되고 있다. 아이들은 1900년대 초 서양문물이 국내에 전해지던 시기 생활모습을 생생하게 느끼는 것은 물론, 아름다운 자연 속에서 마음껏 뛰놀 수 있다.

- 📍 대구 중구 달구벌대로 2029
- 🔍 #체험여행 #감성여행 #동무생각 #푸른담쟁이 #스윗즈주택 #그림같은풍경

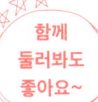

- **주변 여행지** 근대문화체험관 계산예가(대구 중구 서성로 6-1)
- **연계 가능 코스** 향촌문화관(p.260)
- **키즈프렌들리 맛집** 서영홍합밥(홍합밥 | 대구 중구 약령길 33-8 | 053-253-1199 | 좌식테이블)

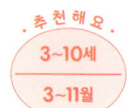

077
화본마을

 대구

연계교과 3·5학년 사회

뾰족한 삼각지붕을 얹은 화본역은 낡은 흑백사진 속에서 튀어나온 것처럼 애틋하고 아련한 풍경을 간직하고 있다. 플랫폼 너머 삐죽 솟은 급수탑도 화본역에서 빼놓을 수 없는 볼거리. 과거 증기기관차에 물을 공급하기 위해 지어졌던 급수탑 내부에는 원통형의 벽면에 '석탄정돈', '석탄절약과 같은 당시 작업 풍경을 가늠해볼 수 있는 글귀들이 남아있어 더욱 특별한 분위기를 느낄 수 있다. 화본역 건너편 언덕배기에 자리한 '엄마 아빠 어렸을 적에'란 테마박물관은 옛 교실에 손때 묻은 책상과 걸상, 흑칠판 등 그리운 학창시절을 떠올리게 하는 풍경이 기다리고 있다. 운동장엔 굴렁쇠와 제기, 달고나 등 엄마, 아빠의 추억의 놀거리도 가득하다. 옛 철도관사를 리모델링한 숙소도 예약 가능하니 홈페이지에서 정보를 확인해두면 좋겠다.

- 대구 군위군 산성면 산성가음로 722
- **박물관** 하절기 09:00~18:00, 동절기 09:00~17:00
- 어른 3,000원. 어린이 2,500원
- 054-382-3361
- 화본마을.com
- #체험여행 #감성여행 #기차여행 #벽화마을 #급수탑 #추억박물관 #달고나 #굴렁쇠

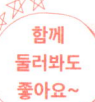

- **주변 여행지** 군위경찰서 산성지서 (대구 군위군 산성면 산성가음로 704)
- **연계 가능 코스** 군위 한밤마을 (p.362)
- **키즈프렌들리 맛집** 만재당(카페) | 대구 군위군 산성면 산성가음로 724-7 | 0507-1407-2380 | 유아 의자)

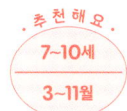

추천해요
7~10세
3~11월

078
거제꿀벌교육농장

경남 거제

연계교과 3·5학년 과학

거제꿀벌교육농장은 꿀벌을 주제로 한 다양한 생태체험이 가능한 특별한 농촌교육 공간이다. 아이들은 직접 보호복을 입고 벌통을 관찰하며 꿀벌의 생태와 역할에 대해 배울 수 있으며, 꿀 채취 과정을 살펴보며 자연과 인간이 함께 살아가는 방식을 체험하게 된다. 농장에서는 천연 벌꿀 시식, 밀랍 초 만들기, 꿀비누 만들기 같은 체험프로그램도 운영돼 과학적 호기심과 창의력을 동시에 자극한다. 야외에 마련된 자연놀이터에서는 꽃과 식물을 관찰하며 꿀벌이 자연 생태계에서 하는 중요한 역할을 몸으로 배우는 시간이 마련된다. 체험은 예약제로 운영된다.

- 경남 거제시 연초면 거제북로 199-51
- 월~금요일 09:00~12:00, 토요일 11:00~15:00 **휴무** 일요일
- 어른 1인 5,000원, 어린이 30,000원
- 010-6576-7235
- blog.naver.com/geojebee
- #체험여행 #생태체험 #꿀벌 #벌꿀시식 #밀랍초만들기 #자연놀이터

함께 둘러봐도 좋아요~

- **주변 여행지** 거제민속박물관(경남 거제시 연초면 대금산로 339-7)
- **연계 가능 코스** 거제식물원(p.435)
- **키즈프렌들리 맛집** 메리클리프(카페 | 경남 거제시 연초면 소오비1길 29-26 1~2층 | 유아 의자)

경남 거제

079
거제파노라마케이블카

연계교과 3학년 과학 | 5학년 사회

거제파노라마케이블카는 거제 시내와 바다, 산을 한눈에 조망할 수 있는 대형 케이블카 체험시설이다. 학동고개에서 노자산 정상까지 약 1.56km를 오르내리며, 아이들은 하늘을 나는 듯한 체험과 함께 거제의 아름다운 자연을 오감으로 느낄 수 있다. 케이블카는 일반 캐빈 외에 바닥이 투명한 크리스탈 캐빈도 운영돼 더욱 짜릿하고 색다른 경험을 제공한다. 정상에 오르면 광활한 남해와 거제 시내를 동시에 조망할 수 있으며, 전망대와 산책로도 잘 정비되어 있어 가족이 함께 자연 속에서 여유로운 시간을 보내기에 좋다.

- 경남 거제시 동부면 거제중앙로 288
- 09:00~20:30
- 일반 캐빈 왕복 대인 18,000원, 소인 15,000원
- 055-637-3311
- www.gjcablecar.com
- #체험여행 #감성여행 #케이블카 #파노라마 #그림같은풍경

함께 들러봐도 좋아요~
- **주변 여행지** 거제목재문화체험장(경남 거제시 동부면 거제중앙로 325)
- **연계 가능 코스** 거제포로수용소유적공원(p.133)
- **키즈프렌들리 맛집** 브라운핸즈 파노라마거제(카페 | 거제파노라마케이블카 내 | 0507-1361-3680 | 유아 의자)

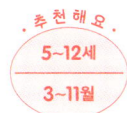

080
거제포로수용소유적공원

경남 거제

연계교과 6학년 사회

영화 〈스윙키즈〉의 배경이기도 한 거제포로수용소는 6·25전쟁 당시 설치된 최대 규모의 시설로 무려 17만 명의 인민군과 중국군 포로를 수용했다고 한다. 이 시기에 사용됐던 건물 일부와 사진, 의복 등 생생한 자료들은 이후 경상남도 문화재로 지정되어 지금의 유적공원을 조성하게 되었다. 아이들에게는 전쟁의 비참함과 안타까운 민족전쟁의 상처를 돌아보고, 평화와 통일의 의미를 되새기는 의미 있는 역사 여행지다. 그러나 무거운 마음으로만 돌아봐야 하는 공간은 아니다. 격렬한 전쟁 현장을 실감나게 경험할 수 있는 VR체험관을 비롯해 사격체험장 등 다양한 즐길거리도 곳곳에 자리하고 있다. 가족들을 대상으로 한 다양한 체험프로그램도 운영하니 미리 홈페이지에서 관련 정보를 확인하자.

- 경남 거제시 계룡로 61
- 09:00~18:00 **휴무** 화요일(공휴일인 경우 그다음 평일), 설날·추석
- 어른 7,000원, 청소년 5,000원, 어린이 3,000원
- 055-639-0625
- www.gmdc.co.kr/_pow
- #체험여행 #역사여행 #6·25전쟁 #포로수용소 #평화통일 #VR체험

- **주변 여행지** 새콤달콤농장(경남 거제시 거제면 거제남서로 3284)
- **연계 가능 코스** 거제파노라마케이블카(p.132)
- **키즈프렌들리 맛집** 해송가(돈가스 | 경남 거제시 계룡로5길 12 | 0507-1344-2717 | 유아 의자)

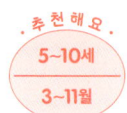

081
공곶이수목원

경남 거제

연계교과 3·5학년 과학

'수선화(Narcissus)'는 그리스 신화에 등장하는 아름다운 청년 '나르키소스(Narcissus)'에서 이름을 땄다. 숲의 요정 '에코'를 매몰차게 거절했던 그는 호수에 비친 스스로와 사랑에 빠지는 벌을 받게 된다. 이루어질 수 없는 사랑으로 목숨을 잃은 나르키소스는 한 송이 노란 수선화로 피어난다. 거제 공곶이에는 이처럼 눈부시게 아름다운 수선화가 푸른 바다와 어우러져 더없이 낭만적인 풍광을 선사한다. 오랫동안 버려진 땅이었던 이곳에서 데이트를 즐기다 사랑에 빠진 부부가 가난한 살림에도 조금씩 돈을 모아 지금의 수선화 농장을 이뤘다. 입장료는 따로 없지만 무인가판대에서 수선화를 팔고 있다. 아이들과 함께 그리스 신화와 꽃처럼 아름다운 노부부의 이야기를 함께 나누며 걷는다면 더욱 특별하게 기억될 봄 풍경이 아닐까 싶다.

📍 경남 거제시 일운면 와현리 87   📞 055-681-1520
#체험여행 #감성여행 #그림같은풍경 #수선화 #나르시스 #그리스신화

- **주변 여행지** 거제조선해양문화관(www.gmdc.co.kr/_marine)
- **연계 가능 코스** 옥화마을(p.135)
- **키즈프렌들리 맛집** 윤쉐프차이니스레스토랑(중식당) | 경남 거제시 일운면 와현1길 23-5 4층 | 0507-1391-8012 | 유아 의자

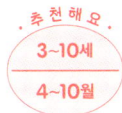

082
옥화마을

경남 거제

연계교과 3학년 사회 | 5학년 과학

옥화마을은 푸른 바다를 품은 한적한 마을로, 아이들이 자연생태를 온몸으로 체험할 수 있는 특별한 공간이다. 마을 안쪽으로 골목마다 벽화가 그려져 있는데, 미술을 전공한 이장님이 옥화마을 특산품인 문어와 다양한 바닷속 풍경을 애정 가득 담아냈다. 자그마한 포구를 따라 세워진 무지개 색깔 경계석 덕분에 동화 같은 분위기마저 느낄 수 있다. '무지개바다윗길'이라고 이름 붙인 해안산책로도 마을의 매력을 더한다. 마을 북쪽에서 시작해 기미산 둘레를 따라 이어지는데, 봄이면 붉디붉은 동백꽃이 초입부터 반겨준다. 걷는 내내 투명한 바다가 아이들에게도 특별한 감성을 선사한다.

- 경남 거제 일운면 옥림4길 11
- #체험여행 #감성여행 #벽화마을 #문어 #무지개바다윗길 #해안산책로 #동백꽃

함께 둘러봐도 좋아요~

- **주변 여행지** 거제씨월드(www.geojeseaworld.com)
- **연계 가능 코스** 공곶이수목원(p.134)
- **키즈프렌들리 맛집** 일레븐그릴 레스토랑(파스타 | 경남 거제시 일운면 거제대로 2752 2층 | 0507-1379-5251 | 유아 의자)

083
저도

경남 거제

연계교과 3·5학년 사회

저도는 오랜 기간 일반인의 출입이 제한되었던 섬으로, 최근 개방되어 자연과 역사를 함께 체험할 수 있는 특별한 관광지로 주목받고 있다. 섬 전체가 잘 보존된 숲과 바다를 품고 있어 아이들은 자연을 보다 가까이서 관찰하고 푸른 바다 풍경을 오감으로 느낄 수 있다. 대통령 별장으로 사용되었던 청해대와 군사시설이 남아있어 아이들은 저도의 역사적 배경과 국가 안보의 의미를 함께 배우는 뜻깊은 체험을 할 수 있다. 저도 탐방은 지정된 코스를 따라 해설사의 안내를 들으며 진행되어, 자연·역사·문화에 대한 흥미로운 이야기를 들으며 섬을 깊이 있게 이해할 수 있다.

- 경남 거제시 장목면 유호리
- 장목유람선 09:40~12:40, 13:40~16:40, 궁농유람선 10:10~14:00, 칠천도유람선 09:00~16:00 휴무 궁농유람선 수요일
- 장목·칠천도유람선 대인 19,000원, 소인 15,000원, 궁농유람선 대인 23,000원, 소인 14,000원
- 궁농유람선 jeodo.co.kr
- #체험여행 #섬여행 #대통령별장 #청해대 #유람선

함께 둘러봐도 좋아요~

- **주변 여행지** 바운스 트램폴린파크 거제한화벨버디어센터(경남 거제시 장목면 거제북로 2501-40 west동 4층)
- **연계 가능 코스** 거제파노라마케이블카 (p.132)
- **키즈프렌들리 맛집** 치치더테라스(일식당 | 경남 거제시 장목면 거제북로 2501-40 west동 G층 | 055-951-4213 | 유아 의자)

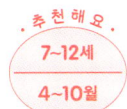

084
거창 항노화힐링랜드

연계교과 3학년 과학

항노화힐링랜드는 맑은 자연 속에서 숲체험과 건강활동을 즐길 수 있는 대규모 힐링복합공간이다. 천혜의 편백나무 숲을 따라 조성된 치유의 숲길과 다양한 숲속 체험장이 마련돼 있어 아이들은 자연을 가까이 느끼며 심신을 치유하는 특별한 체험을 할 수 있다. 하늘 높이 걸린 Y자형 출렁다리는 아찔한 스릴과 함께 산과 계곡을 한눈에 내려다볼 수 있는 명소로 아이들에게 도전과 성취의 기쁨을 안겨준다. 숲속 놀이터와 편백 쉼터에서는 자유롭게 뛰놀며 오감 발달과 체력을 기를 수 있으며, 다양한 숲해설 프로그램도 운영돼 자연에 대한 이해를 깊이 있게 할 수 있다. 숙소도 운영되고 있으니 여유롭게 하룻밤 쉬어가도 좋겠다.

- 경남 거창군 가조면 수월리 산19
- 09:00~17:00 **휴무** 화요일
- 일반 3,000원
- 055-940-7930
- #체험여행 #감성여행 #힐링여행 #숲속놀이터 #출렁다리 #아슬아슬

- **주변 여행지** 백두간천지온천 (경남 거창군 가조면 온천길 161)
- **연계 가능 코스** 합천영상테마파크 (p.270)
- **키즈프렌들리 맛집** 거창돌짜장갈비찜(중식당) | 경남 거창군 가조면 의상봉길 217-6 | 0507-1427-8048 | 유아 의자

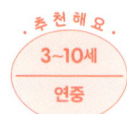

 경남 김해

085
진영역철도박물관

연계교과 3학년 과학 | 5학년 사회

진영역철도박물관은 100년이 넘는 역사를 지닌 진영역을 리모델링해 만든 철도 전문 박물관으로, 아이들이 교통수단의 발전사를 쉽고 재미있게 배울 수 있는 공간이다. 옛 진영역은 1905년 군용 철도로 개통되어 경전선 최초 지선인 마산선 건립 시기부터 물류 수송의 중심지 역할을 담당했다. 그러나 2010년 경전선 복선화와 KTX진영역이 건립되면서 그 역할을 내어주고 폐역의 운명을 맞았다. 그렇게 한동안 방치되었던 낡은 역사는 박물관으로 변신해 다시 사람들의 발길이 이어지고 있다. 전시관에는 옛 기차표, 기관사 복장, 열차 부품 등 다양한 철도 관련 유물이 전시되어 있어 과거부터 현재까지 철도의 변천 과정을 생생하게 체험할 수 있다.

- 경남 김해시 진영읍 진영로 145-1
- 09:00~18:00 **휴무** 월요일, 1월 1일, 설날·추석
- 055-344-0799
- jinyeongmuseum.modoo.at
- #체험여행 #감성여행 #기차여행 #철도박물관 #군용철도 #마산선

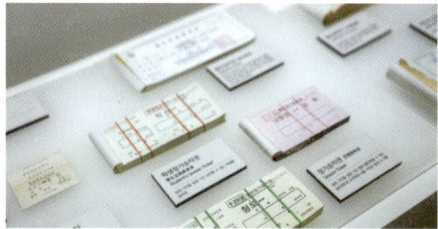

함께 둘러봐도 좋아요~

- **주변 여행지** 김해성냥전시관(진영역사공원 내)
- **연계 가능 코스** 클레이아크 김해미술관(p.364)
- **키즈프렌들리 맛집** 코지하우스 진영점(파스타 | 경남 김해시 진영읍 김해대로 386-32 | 0507-1422-8883 | 유아 의자)

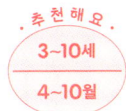

086
다랭이마을

경남 남해

연계교과 3·5학년 사회

다랭이마을은 가파른 산비탈을 따라 층층이 조성된 논과 밭이 이어지는 독특한 경관을 지닌 곳으로, 아이들이 우리 조상들의 지혜와 농업문화를 직접 체험할 수 있는 특별한 마을이다. 약 100층에 달하는 다랭이논은 자연을 거스르지 않고 땅을 일군 선조들의 삶을 고스란히 보여주며, 아이들은 경사진 지형을 활용해 농사를 짓는 전통 방식을 눈으로 보고 배울 수 있다. 마을 따라 이어지는 산책로를 걸으며 바다와 어우러진 논밭 풍경을 감상할 수 있고, 봄과 가을에는 마을축제와 다양한 농촌체험 프로그램도 운영된다. 마을 곳곳에 오래된 우물터와 학교 등 소소한 볼거리가 가득하니 천천히 걸어보길 추천한다.

- 경남 남해군 남면 남로 702
- 0507-1355-7608
- darangyi.modoo.at
- #체험여행 #감성여행 #다랭이논 #마을산책 #우물터 #그림같은풍경

- **주변 여행지** 석방렴(경남 남해군 남면 홍현리)
- **연계 가능 코스** 남해보물섬전망대(p.265)
- **키즈프렌들리 맛집** 시골할매막걸리(갈치조림 | 다랭이마을 내 | 0507-1324-8381 | 유아 의자)

087
섬이정원

경남 남해

연계교과 3학년 과학 | 5학년 미술

섬이정원은 자연과 예술이 조화를 이루는 테마 정원으로, 아이들이 다양한 식물과 조형물을 오감으로 체험할 수 있는 아름다운 공간이다. 약 6만 평 규모의 정원에는 사계절 꽃이 피어나는 꽃밭, 나무와 호수가 어우러진 풍경, 그리고 곳곳에 설치된 예술작품들이 펼쳐져 있어 산책을 하듯 자연과 예술을 동시에 즐길 수 있다. 테마별로 조성된 정원은 아이들이 색깔, 향기, 질감을 다양하게 체험할 수 있도록 구성돼 있어 자연학습과 감성 발달에 큰 도움이 된다. 특히 유럽풍 건축물과 포토존이 마련되어 있어 가족이 함께 사진을 찍으며 추억을 쌓기에도 좋다.

- 경남 남해군 남면 남면로 1534-110
- 09:00~18:00
- 어른 6,000원, 청소년 4,000원, 어린이 3,000원
- 0507-1399-3577
- www.seomigarden.com
- #체험여행 #감성여행 #유럽식정원 #산책 #초록초록 #그림같은풍경

- **주변 여행지** 바래길작은미술관(경남 남해군 남면 남면로1739번길 46-1)
- **연계 가능 코스** 남해 독일마을(p.365)
- **키즈프렌들리 맛집** 남해성(중식당 | 경남 남해군 남면 남면로1031번길 39-10 | 055-863-0066 | 유아 의자)

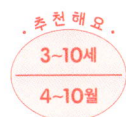

088 위양지

연계교과 3학년 과학 | 5학년 사회

논에 물을 대기 위해 만든 저수지는 흔하지만 위양지는 그 역사가 신라시대까지 거슬러 올라간다. 특히 저수지 둘레를 따라 웅장한 기둥을 자랑하는 이팝나무 군락이 사계절 멋스러운 풍광을 뽐낸다. 못 가운데엔 안동 권씨 집안의 정자인 완재정이 동양적인 아름다움까지 더한다. 덕분에 위양지는 밀양팔경의 하나로 손꼽히는 인기 여행지다. 이팝나무 꽃이 흐드러지게 피는 봄날은 위양지의 절정이다. 주변 카페에서 피크닉 세트를 대여해주는데, 아이들과 함께 예쁜 돗자리에 앉아 푸른 하늘을 가득 담은 위양지를 바라보고 있노라면 시간마저 천천히 쉬어가는 듯하다.

- 경남 밀양시 부북면 위양로 273-36
- #체험여행 #감성여행 #저수지 #위양못 #이팝나무꽃 #피크닉

함께 둘러봐도 좋아요~
- **주변 여행지** 열매가푸른날(경남 밀양시 부북면 위양로 310)
- **연계 가능 코스** 밀양한천테마파크(p.437)
- **키즈프렌들리 맛집** 위양448(카페 | 경남 밀양시 부북면 위양로 336 | 055-353-4480 | 유아 의자)

경남 사천

089
사천케이블카 자연휴양림

연계교과 3학년 과학

사천케이블카 주변에 조성된 사천케이블카 자연휴양림은 산과 바다를 동시에 즐길 수 있는 힐링형 자연체험 공간이다. 휴양림 내에는 울창한 숲과 잘 정비된 산책로가 펼쳐져 아이들은 자연 속에서 걷고 뛰놀며 생태를 체험할 수 있다. 숲속 놀이터와 치유의 숲길, 전망대 등 다양한 시설도 마련돼 있어 가족이 함께 여유롭게 시간을 보내기에 좋다. 숙박시설도 갖추어져 하루 동안 자연 속에서 머무르며 숲과 바다를 동시에 체험하는 특별한 추억을 만들 수 있다.

- 경남 사천시 실안길 242-45
- 09:00~18:00 **휴무** 화요일
- 어른 1,000원, 청소년 700원, 어린이 400원
- 055-835-9524
- #체험여행 #감성여행 #자연휴양림 #산책 #숲속놀이터 #초록초록

함께 둘러봐도 좋아요~

- **주변 여행지** 사천바다케이블카(scfmc.or.kr/cablecar)
- **연계 가능 코스** 남해 독일마을(p.365)
- **키즈프렌들리 맛집** 배말칼국수김밥 사천케이블카점(국수 | 경남 사천시 군영숲길 73 | 055-832-7070 | 유아 의자)

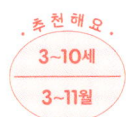

090
순매원

경남 양산

연계교과 3학년 과학

기차 타고 떠나는 꽃놀이는 상상만으로도 즐겁다. 양산 원동역에 자리한 순매원은 매년 봄이면 기차여행과 봄꽃을 함께 즐길 수 있는 여행지로 인기다. 원동역에서 내려 10여 분 남짓 걸어 올라가면 기찻길을 사이에 두고 왼쪽에는 잔잔한 낙동강 물결이, 오른쪽으로는 눈부신 매화밭이 펼쳐진다. 양산에서 꽤 규모가 큰 매실농원인 순매원은 매년 봄 매화가 만발한 무렵 인근 원동마을과 함께 축제를 마련한다. 돗자리만 챙기면 어디서든 편하게 앉아 기차가 지날 때마다 후두둑 떨어지는 연분홍 꽃잎을 즐길 수 있다.

- 경남 양산시 원동면 원동로 1421
- 055-383-3644
- #체험여행 #감성여행 #꽃놀이 #매화 #매실농원 #기차여행

- **주변 여행지** 양산당곡생태학습관(www.yangsan.go.kr/ysdanggok)
- **연계 가능 코스** 진영역철도박물관(p.138)
- **키즈프렌들리 맛집** 소풍길(미나리삼겹살 | 경남 양산시 백동길 123 | 0507-1321-4512 | 유아 의자)

091 사량도

추천해요 5~10세 | 3~11월

경남 통영

연계교과 5학년 사회 | 6학년 과학

통영 앞바다에 자리한 작은 섬이지만 그 풍경만큼은 웅장하고 드라마틱하다. 섬의 가장 큰 매력은 지리산의 능선을 닮은 '지리망산' 산행이다. 바다 위를 가로지르듯 이어진 출렁다리와 바위길이 짜릿한 경험을 선사한다. 난이도가 높은 코스라 고학년 아이들과 함께라면 추천한다. 산 정상에 서면 남해 바다가 한눈에 내려다보이고, 날씨가 맑으면 제주도와 대마도까지 보인다고 한다. 아이가 어리다면 해안도로를 따라 드라이브하거나 자전거를 타며 바다 풍경을 감상해도 좋다. 여름철에는 조용한 해변에서 물놀이를 즐기고, 봄과 가을에는 낚시나 갯벌 체험을 할 수 있어 계절마다 색다른 재미가 있다. 섬 특유의 한적함 속에서 자연과 친해지는 시간을 보낼 수 있다.

📍 경남 통영시 사량면
🏷 #체험여행 #감성여행 #섬여행 #지리망산 #출렁다리 #해안드라이브

함께 둘러봐도 좋아요~

- **주변 여행지** 더카트인통영(경남 통영 도산면 도산일주로 147)
- **연계 가능 코스** 통영 삼도수군통제영(p.146)
- **키즈프렌들리 맛집** 우리식당&커피&민박(갈비찜 | 경남 통영시 사량면 진촌2길 167 | 0507-1313-6103 | 유아 의자)

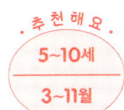

092
장사도 해상공원 까멜리아

경남 통영

연계교과 3학년 과학 | 5학년 사회

한려해상국립공원 내에 위치한 장사도는 '꽃의 섬'이라는 별명을 지닌 아름다운 섬이다. 특히 봄이면 수천 그루의 동백나무가 붉은 꽃잎을 터뜨리며 섬 전체를 수채화처럼 물들인다. 아이와 함께 장사도 해상공원 탐방로를 따라 걷다보면 울창한 동백숲, 자연 암석 해안, 바다 전망대 등 다양한 풍경이 이어져 지루할 틈이 없다. 나무데크로 잘 정비된 길은 유아차나 어린아이 동반 가족도 무리 없이 산책할 수 있어 더욱 반갑다. 섬에는 TV 드라마 촬영지로 유명한 조각공원과 갤러리 카페도 있어 쉬어가기 좋고, 곳곳에 숨겨진 포토존은 가족사진을 남기기에 안성맞춤이다. 통영 연화도, 매물도와 함께 '통영 3대 섬 여행지'로 꼽히는 장사도는 자연을 오감으로 느끼고 싶은 가족에게 추천하는 힐링 여행지다.

- 경남 통영시 한산면 장사도길 95
- 08:00~18:00
- 어른 10,000원, 청소년 8,000원, 어린이 5,000원
- 055-633-0362
- #체험여행 #감성여행 #섬여행 #동백꽃 #해안산책로 #섬집아기 #포토존

함께 둘러봐도 좋아요~

- **주변 여행지** 서호시장(경남 통영시 새터길 42-7)
- **연계 가능 코스** 사랑도(p.144)
- **키즈프렌들리 맛집** 통영밥상갯벌(굴요리 | 경남 통영시 동충4길 4 | 055-648-5599 | 유아 의자)

 경남 통영

093
통영 삼도수군통제영

연계교과 5~6학년 사회

통영에서 시내가 한눈에 펼쳐지는 전망포인트를 꼽자면 세병관을 빼놓을 수 없다. 이곳은 경복궁 경회루, 여수 진남관과 더불어 현존하는 목조 건물 가운데 가장 큰 규모를 자랑한다. 세병관은 조선 수군을 지휘하는 일종의 군사기지였던 삼도수군통제영 내에 자리하고 있는데, 초대 통제사였던 충무공 이순신의 업적을 기념하기 위해 건립되었다. 이순신 장군은 아이들에게 너무도 친숙한 인물이라 가족 여행지로도 안성맞춤이다. 뿐만 아니라 조선수군복을 직접 입어볼 수도 있고, 주말에는 후원에서 전통 활쏘기체험이나 조선 수군의 무예시범도 이뤄진다. 보다 자세한 정보는 홈페이지에서 확인할 수 있으니 미리 체크해두면 좋겠다.

- 경남 통영시 세병로 27
- 하절기 09:00~18:00, 동절기 09:00~17:00
- 어른 3,000원, 청소년 2,000원, 어린이 1,000원
- 055-645-3805
- tyhansancf.or.kr
- #체험여행 #역사여행 #세병관 #이순신 #수군복체험 #활쏘기체험

- **주변 여행지** 통영시립박물관(museum.tongyeong.go.kr)
- **연계 가능 코스** 나폴리농원(p.267)
- **키즈프렌들리 맛집** 가두리 통영(파스타 | 경남 통영시 중앙시장4길 10 | 0507-1371-0938 | 유아 의자)

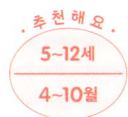

094
하동 차마실

경남 하동

연계교과 3학년 사회

하동은 차시배지가 자리할 만큼 오랜 차 문화 역사를 자랑한다. 특히 화개면 일대에 다원들이 밀집해 있는데, 저마다 차 맛이 다를 뿐 아니라 개성 있는 블렌딩 차를 내고 있다. 하동 차마실은 이 같은 다원들에서 꾸린 키트를 들고 원하는 차밭에서 프라이빗하게 찻자리를 즐기는 프로그램이다. 미리 예약하면 당일 차마실 키트를 수령할 다원이 배정되고, 차를 마시기에 좋은 장소들도 추천해준다. 차마실 키트는 뜨거운 물이 담긴 보온병과 휴대용 다기, 하동에서 생산된 차와 간단한 다식, 돗자리 등으로 구성된다. 키트 하나만 대여하면 한 가족 넉넉하게 차를 마실 수 있다. 정금차밭은 화개면 일대가 시원스레 펼쳐지는 전망이 탁월해 차마실의 최고 명당으로 꼽힌다. 온 가족 함께 차를 음미하는 과정에서 아이들은 자연의 소중함과 느림의 미학을 배우고 몸과 마음을 차분히 가라앉히는 시간을 보낼 수 있다.

- 🕒 10:00~18:00
- 하동 차마실 키트 20,000원
- 📞 055-883-6544
- www.nolluwa.co.kr
- #체험여행 #감성여행 #차마실 #찻자리 #다원 #피크닉

함께 둘러봐도 좋아요~

- **주변 여행지** 스타웨이하동(경남 하동군 악양면 섬진강대로 3358-110)
- **연계 가능 코스** 드라마 최참판댁 촬영지(p.367)
- **키즈프렌들리 맛집** 옥화주막(참게장정식 | 경남 하동군 화개면 쌍계로 21 | 055-883-9944 | 유아 의자)

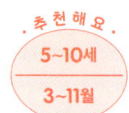

095
경상남도안전체험관

경남 합천

연계교과 3학년 과학

경상남도안전체험관은 아이들이 다양한 재난상황을 직접 체험하며 안전수칙을 배우는 종합 안전교육 시설이다. 지진과 화재, 태풍, 교통사고, 수상사고 등 현실에서 일어날 수 있는 여러 재난상황을 가상으로 체험하고, 위기 대응능력을 키울 수 있는 체험프로그램이 전문적으로 운영된다. 지진체험장, 화재대피체험장, VR재난체험존, 응급처치실습장 등이 마련돼 있어 아이들은 놀이처럼 몰입하며 생명과 안전의 소중함을 배울 수 있다. 특히 어린이 소방대원이 되어 직접 출동하는 체험은 인기 애니메이션 〈로보카폴리〉 캐릭터 차량을 직접 탑승, 아이들에게 잊지 못할 추억을 선사한다. 체험은 5세부터 10세까지 참여 가능하며 반드시 사전 예약해야 한다.

- 📍 경남 합천군 용주면 고품부흥1길 10-28
- 🕐 09:00~16:30, 휴게시간 12:00~13:00 **휴무** 월요일(공휴일인 경우 그다음 날)
- 📞 055-211-5497
- 🌐 www.gnfire.go.kr/firesafe/main.do
- 🔍 #체험여행 #안전체험 #지진체험 #화재출동 #로보카폴리

함께 둘러봐도 좋아요~
- 주변 여행지 합천한의학박물관(hckmmuseum.com)
- 연계 가능 코스 합천영상테마파크(p.270)
- 키즈프렌들리 맛집 델로보(피자 | 경남 합천군 옥산로 33 | 0507-1473-7852 | 유아 의자)

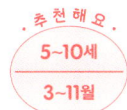

096 감천문화마을

연계교과 3학년 사회 | 5학년 미술

가파른 언덕을 따라 마치 계단처럼 차곡차곡 지붕을 맞댄 감천문화마을은 6·25전쟁 직후 부산으로 몰려든 피난민들이 형성한 달동네 중 하나다. 누군가는 한국의 산토리니, 마추픽추로 표현하는 알록달록한 벽들도 사실은 형편에 따라 그때그때 페인트칠을 하다 보니 그리 제각각이 되었단다. 때문에 아이들과 감천문화마을을 여행할 땐 입구에서 판매하는 스탬프지도를 구입해보길 추천한다. 마을에 수익금이 환원되는 이 지도는 정해진 길로만 이동하며 주민들에게 피해를 주지 않는 범위 내에서 여행을 즐기는 방법을 경험하도록 한다. 마을에 거주하는 예술가들과 함께 하는 체험프로그램을 이용해보는 것도 좋은 방법이다. 체험은 홈페이지에서 예약 가능하며, 마을 내 빈집을 활용한 게스트하우스도 운영 중이니 느긋하게 마을 여행을 즐겨볼 수도 있겠다.

- 부산 사하구 감내2로 203
- 하절기 09:00~18:00, 동절기 09:00~17:00
- 051-204-1444
- www.gamcheon.or.kr
- #체험여행 #감성여행 #마을여행 #공정여행 #스탬프지도 #게스트하우스

함께 둘러봐도 좋아요~
- **주변 여행지** 비석마을 피란생활박물관 (부산 서구 아미로 36-1)
- **연계 가능 코스** 임시수도기념관 (p.370)
- **키즈프렌들리 맛집** 까치까치 감천문화마을점 (브런치 | 감천문화마을 내 | 0507-1321-3838 | 유아 의자)

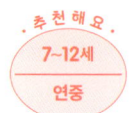

부산

097
삼진어묵체험관

연계교과 3학년 과학 | 5학년 사회

영도 입구에는 부산에서 가장 오래된 어묵제조가공소로 알려진 삼진어묵 체험관이 자리하고 있다. 이곳에선 부산을 대표하는 서민 먹거리인 어묵의 유래와 그 역사를 한자리에서 살펴볼 수 있는 것은 물론, 실제 공장에서 사용되는 어묵 반죽을 이용해 직접 어묵을 만들어볼 수도 있다. 어묵체험프로그램은 홈페이지를 통한 사전 예약자에 한해 운영되는데, 어묵 칼과 성형 틀을 이용해 다양한 모양과 색깔의 성형어묵과 아이들 입맛에 꼭 맞는 피자어묵 등을 만든다. 특히 주말에는 지금은 찾아보기 어려운 전통방식의 구이어묵을 만들어볼 수 있어 더욱 특별한 경험이 된다.

- 부산 영도구 태종로99번길 36 2층
- 09:00~18:00, 점심시간 12:00~13:00 **휴무** 월요일
- 몽떡오꼬노미 만들기 1인 15,000원 *10세 이하 부모 동반, 시즌별 체험 변동
- 051-412-5468
- #체험여행 #어묵만들기 #부산어묵 #피자어묵 #삼진어묵

함께 둘러봐도 좋아요~
- **주변 여행지** 깡깡이마을여행자센터(부산 영도구 대평로45번길 3)
- **연계 가능 코스** 흰여울문화마을(p.153)
- **키즈프렌들리 맛집** 사생활 영도점(피자 | 부산 영도구 동삼오선로 30 201~203호 | 0507-1363-2960 | 유아 의자)

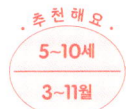

098
아홉산숲

부산

연계교과 3학년 과학

아홉산숲은 400년 넘게 대대로 가꿔온 천연 숲으로, 다양한 식생과 아름다운 자연경관을 간직한 힐링형 자연체험지다. 대나무숲, 삼나무숲, 편백나무숲이 어우러진 이곳에서는 아이들이 계절마다 변화하는 숲의 모습을 관찰하며 생태계의 소중함을 몸으로 배울 수 있다. 특히 빽빽한 대나무숲 길을 걷는 경험은 아이들에게 숲속 모험을 떠나는 듯한 특별한 설렘을 선사한다. 여러 영화와 드라마 촬영지로도 알려진 이 숲은 자연이 주는 아름다움과 웅장함을 오롯이 느낄 수 있을 뿐 아니라 곳곳에 설치된 나무 벤치와 작은 쉼터에서 온 가족이 여유롭게 휴식을 취하기에도 좋다.

- 부산 기장군 철마면 웅천리 520-10
- 09:00~18:00
- 어른 8,000원, 청소년 및 어린이 5,000원
- 051-721-9183
- www.ahopsan.com
- #체험여행 #감성여행 #대나무숲 #산책 #초록초록

- **주변 여행지** 정관박물관(museum.busan.go.kr/jeonggwan)
- **연계 가능 코스** 해운대블루라인파크(p.440)
- **키즈프렌들리 맛집** 솔카페(카페 | 부산 기장군 철마면 중리1길 21-11 | 유아 의자)

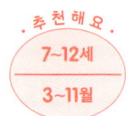

099
초량이바구길

연계교과 5~6학년 사회

초량이바구길은 6·25전쟁 이후 피란민들의 삶과 부산의 근현대사를 생생하게 느낄 수 있는 역사 탐방길이다. '이바구'는 부산 사투리로 '이야기'를 뜻하며, 골목길 곳곳에는 당시 피란민들의 삶의 흔적과 따뜻한 이야기가 담겨 있다. 168계단, 이바구공작소, 전망대 카페 등 다양한 포인트를 따라 걸으며 아이들은 과거 부산이 겪었던 시대적 아픔과 회복의 역사를 자연스럽게 체험할 수 있다. 길 곳곳에는 사진, 벽화, 조형물이 설치되어 재미있게 골목문화를 체험할 수 있고, 정상 전망대에서는 부산항과 시가지가 한눈에 내려다보인다. 계단 대신 주민들을 태워 나르는 모노레일도 인상적이다.

- 부산 동구 초량동 865-48
- #체험여행 #역사여행 #감성여행 #마을여행 #이바구길 #피란민 #168계단

함께 둘러봐도 좋아요~
- **주변 여행지** 동구 만화체험관(부산 동구 성북로 42-1)
- **연계 가능 코스** 부산시티투어 야경코스(p.272)
- **키즈프렌들리 맛집** 나베야돈까스 부산본점(돈가스) | 부산 동구 고관로 133-1 | 0507-1496-1050 | 유아 의자

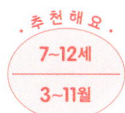

100
흰여울문화마을

연계교과 3학년 미술 | 5학년 사회

부산 영도구에 위치한 흰여울문화마을은 바다를 따라 이어지는 골목길과 아기자기한 예술작품들이 어우러진 감성 마을이다. 절영해안산책로와 연결된 이 마을은 영화 〈변호인〉의 촬영지로도 유명해 아이들이 영화 속 장면을 떠올리며 골목을 탐방하는 재미를 느낄 수 있다. 좁은 골목길과 계단을 따라 이어지는 산책로를 걷다보면 벽화, 조형물, 작은 갤러리와 북카페 등을 만날 수 있어 자연스럽게 예술과 문화를 체험할 수 있다. 무엇보다 푸른 바다를 배경으로 한 마을 풍경은 아이들에게 자연과 예술이 어우러진 특별한 감성을 심어준다.

- 부산 영도구 영선동4가 605-3
- 051-419-4067
- www.ydculture.com
- #체험여행 #감성여행 #마을여행 #해안산책로 #변호인촬영지 #그림같은풍경

함께 둘러봐도 좋아요~
- **주변 여행지** 영도자원순환센터 들락날락(부산 영도구 해양로 202)
- **연계 가능 코스** 삼진어묵체험관(p.150)
- **키즈프렌들리 맛집** 선인장식당 영도본점(햄버그스테이크 | 부산 영도구 와치로 13 | 0507-1351-6267 | 유아 의자)

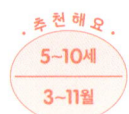

101 고창고인돌박물관

전북 고창

연계교과 5~6학년 사회

고창고인돌박물관은 유네스코 세계문화유산으로 등재된 고창 고인돌 유적지를 중심으로 선사시대 문화를 쉽게 이해할 수 있도록 조성된 교육형 박물관이다. 박물관에는 선사시대 생활 모습, 고인돌의 구조와 제작방법 등을 전시한 다양한 자료가 마련돼 있어 아이들은 고인돌의 의미와 당시 사람들의 삶을 생생하게 체험할 수 있다. 야외로 나가면 실제로 보존된 고인돌 무덤군을 걸으며 선사시대 거석문화를 직접 눈으로 보고 감상할 수 있다. 특히 고인돌 모형 만들기, 선사인 의상체험, 선사시대 농경체험 프로그램 등이 운영돼 놀이처럼 즐기며 역사를 배우게 된다.

- 전북 고창군 고창읍 고인돌공원길 74
- 하절기 09:00~18:00, 동절기 09:00~17:00 **휴무** 월요일, 1월 1일
- 어른 3,000원, 청소년 2,000원, 어린이 1,000원
- 063-560-8666
- www.gochang.go.kr/gcdolmen
- #체험여행 #역사여행 #고인돌 #세계문화유산 #선사시대 #거석문화

함께 둘러봐도 좋아요~
- **주변 여행지** 고창운곡람사르습지자연생태공원(전북 고창군 운곡서원길 362)
- **연계 가능 코스** 책마을해리(p.373)
- **키즈프렌들리 맛집** 들꽃카페수목원(카페 | 전북 고창군 고창읍 태봉로 575 | 0507-1397-5336 | 유아 의자)

102
남원다움관

전북 남원

연계교과 3학년 과학

남원다움관은 남원의 역사, 문화, 자연을 주제로 다양한 전시와 체험을 제공하는 복합문화공간이다. 남원의 과거를 기억하고 오늘을 기록하는 공간으로 남원의 문화적 가치를 자연스럽게 이해할 수 있다. 옛 다방과 사진관, 만화방이 재현되었는가 하면 다양한 체험프로그램도 마련돼 있어 아이들이 오감으로 역사를 배우고 창의력을 키울 수 있다. 실제 인력거를 타고 남원의 대표 명소들을 실감나게 체험할 수 있는 전시관도 운영돼 시간여행을 떠나는 듯 생생한 즐거움을 선사한다. 야외놀이터도 자리해 아이들이 마음껏 뛰어놀기에도 좋다.

- 전북 남원시 검멀1길 14
- 10:00~18:00 **휴무** 월요일
- 063-620-5671
- #체험여행 #역사여행 #감성여행 #남원의역사 #만화방 #오락실 #야외놀이터

함께 둘러봐도 좋아요~
- **주변 여행지** 광한루원(전북 남원시 요천로 1447)
- **연계 가능 코스** 남원시립 김병종미술관(p.156)
- **키즈프렌들리 맛집** 경방루(중식당 | 전북 남원시 광한북로 29 | 063-631-2325 | 유아 의자)

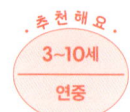

103
남원시립 김병종미술관

연계교과 3학년 미술

전북 남원

남원시립 김병종미술관은 〈바보 예수〉 시리즈로 잘 알려진 남원 출신의 화가 김병종의 작품들로 채워져 있다. 한국을 대표하는 작가임에도 그의 작품 대부분은 단순한 구조에 밝고 따스한 색감으로 채워져 아이들에게도 편안하고 친근하게 다가선다. 특히 남미와 북아프리카를 여행하며 길 위에서 만난 사람들과 풍경을 담아낸 〈화첩기행〉 시리즈는 동화책을 보는 것처럼 순진하고 사랑스럽다. 짙푸른 숲으로 둘러싸인 미술관도 머무는 내내 눈과 마음을 쉬어가게 한다. 1층에는 미술뿐 아니라 다양한 인문학 서적으로 채워진 북카페가 자리해 아이들과 느긋한 독서의 시간을 보내도 좋겠다.

- 전북 남원시 함파우길 65-14
- 10:00~18:00 휴무 월요일(공휴일인 경우 그다음 날), 1월 1일, 설날·추석
- 063-620-5660
- nkam.modoo.at
- #체험여행 #감성여행 #예술여행 #미술관 #바보예수 #화첩기행 #북카페

- **주변 여행지** 남원항공우주천문대(전북 남원시 양림길 48-63)
- **연계 가능 코스** 남원다움관 (p.155)
- **키즈프렌들리 맛집** 비스트로(피자·파스타 | 전북 남원시 요천로 1503 | 063-626-7717 | 유아 의자)

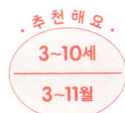

104
서도역

연계교과 5~6학년 사회

서도역은 1931년에 지어진 목조 간이역으로 오랜 세월 지역 사람들의 추억과 이야기를 간직해온 소박한 역사다. 현재는 기차가 다니지 않는 폐역이지만 옛 모습을 고스란히 간직하고 있어 아이들은 과거 철도교통의 흔적과 지역사회의 변화를 자연스럽게 체험할 수 있다. 작고 아담한 역사 건물과 오래된 선로, 주변의 자연 풍경이 어우러져 사진을 찍으며 가족과의 추억을 남기기에도 좋다. 최명희 작가의 『혼불』에도 주요 공간으로 등장했던 서도역은 인기 드라마 〈미스터 션샤인〉에서도 애틋한 이별 장면으로 등장해 눈길을 사로잡았다.

📍 전북 남원시 서도길 32
🔍 #체험여행 #역사여행 #감성여행 #기차여행 #간이역 #미스터션샤인 #혼불

- **주변 여행지** 혼불문학관(전북 남원시 사매면 노봉안길 52)
- **연계 가능 코스** 남원 백두대간트리하우스(p.279)
- **키즈프렌들리 맛집** 집밥담다(갈비찜 | 전북 남원시 하정1길 28 | 063-625-4580 | 유아 의자)

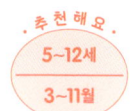

105
오성한옥마을

전북 완주

연계교과 3·5학년 사회

완주군 소양면에 위치한 오성한옥마을은 전통한옥의 멋과 자연풍경이 어우러진 고즈넉한 마을이다. 덕분에 아이들이 전통한옥의 구조와 조상들의 생활방식을 눈으로 보고 몸으로 체험할 수 있다. 마을 안에는 아름다운 기와집들이 늘어서 있는데, 일부 공간에서는 한옥스테이와 전통문화 체험프로그램도 운영돼 직접 한옥에 머물며 옛 생활을 경험해볼 수 있다. 한옥을 활용한 카페나 식당도 다양하고 이들 사이를 걷는 재미도 쏠쏠하다. 마을을 둘러싸고 있는 위봉산성을 따라 걸어보는 것도 추천한다. BTS 앨범 재킷에도 등장했을 만큼 아름다운 풍광을 자랑한다.

전북 완주군 소양면 대흥리
www.osvillage.net
#체험여행 #역사여행 #감성여행 #마을여행 #한옥마을 #위봉산성

함께 둘러봐도 좋아요~

- **주변 여행지** 위봉사 (전북 완주군 소양면 위봉길 53)
- **연계 가능 코스** 산속등대 (p.377)
- **키즈프렌들리 맛집** 두베카페 (카페 | 전북 완주군 소양면 송광수만로 472-23 | 0507-1438-5222 | 유아 의자)

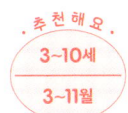

106
임실치즈테마파크

연계교과 3학년 과학

전북 임실

선교를 위해 임실을 찾았던 벨기에 신부가 농민들과 함께 산양 두 마리로 처음 시작한 치즈 만들기는 어느새 우리나라를 대표하는 치즈 브랜드이자 역사 그 자체가 되었다. 임실치즈테마파크는 아이들에게도 무척 익숙한 음식인 치즈가 어떻게 만들어지는지 직접 보고 체험할 수 있는 공간으로, 미리 홈페이지나 전화로 예약하면 온 가족이 함께 치즈와 피자를 만들어볼 수 있다. 재료를 다듬고 치즈가 굳기를 기다리는 동안 우유와 치즈에 얽힌 다양한 설명도 들을 수 있어 아이들은 물론 엄마, 아빠에게도 유익한 시간이 된다. 체험프로그램 외에도 드넓은 초원과 시원한 바람을 가르며 달리는 롤라이더 등 아이들이 마음껏 뛰어놀 수 있는 공간들이 자리해 한나절 여행지로 손색이 없다. 테마파크 내에는 레스토랑도 함께 운영된다.

- 전북 임실군 성수면 도인2길 50
- 09:00~18:00 휴무 월요일, 1월 1일, 설날·추석
- 피자체험·치즈체험 1인 16,000원
- 063-643-2300
- www.cheesepark.kr
- #체험여행 #치즈만들기 #임실치즈 #피자만들기 #롤라이더

함께 둘러봐도 좋아요~

- **주변 여행지** 전북특별자치도119안전체험관(www.sobang.kr/safe119)
- **연계 가능 코스** 서도역(p.157)
- **키즈프렌들리 맛집** 화덕쿡(피자 | 임실치즈테마파크 내 | 063-644-8287 | 유아 의자)

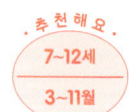

107 지산유원지

광주

연계교과 3학년 과학

무등산 자락 아래 자리한 유원지로 1978년 처음 문을 열었다. 숲속을 가로지르는 리프트는 오랜 역사만큼이나 아찔한 스릴과 함께 발아래 광주 시내 전경이 펼쳐질 만큼 뛰어난 전망을 자랑한다. 해발 350m에 설치된 모노레일은 더욱 짜릿하다. 압도적인 높이 때문에 광주 시내는 물론 무등산 경치까지 눈에 담을 수 있는데, 빠른 속도도 아니건만 탑승한 내내 짜릿한 재미를 즐길 수 있다. 팔각정 전망대에서는 광주 전체를 조망할 수 있다. 놀이공원에는 바이킹과 범퍼카, 회전목마 등 추억의 놀이기구들이 자리한다.

- 광주 동구 지호로164번길 23
- 월~금요일 10:00~18:00, 토·일요일 09:00~18:00
- 리프트+모노레일 대인 17,000원, 소인 14,000원
- 062-221-2760
- jisanpark.co.kr
- #체험여행 #유원지 #무등산 #리프트 #모노레일 #짜릿짜릿 #레트로

함께 둘러봐도 좋아요~
- **주변 여행지** 남도관광센터(광주 동구 금남로 245 전일빌딩 2층)
- **연계 가능 코스** 광주 펭귄마을(p.161)
- **키즈프렌들리 맛집** 카페마루(카페 | 광주 동구 조선대길 185 1~2층 | 0507-1429-4665 | 유아 의자)

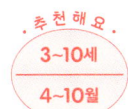

108
광주 펭귄마을

연계교과 3학년 사회 | 5학년 미술

요즘 광주에서 가장 핫한 동네인 양림동 한가운데 '펭귄마을'이란 독특한 이름을 내건 골목길이 자리하고 있다. 이곳의 주민은 자식들을 시내로 혹은 큰 도시로 떠나보낸 노인이 대부분이라 화재로 타버린 을씨년스러운 빈집도 몇 년째 방치될 만큼 허름하고 낮은 동네였다. 그런데 한 어르신이 빈집에 쌓인 쓰레기와 먼지를 털어내고 그 자리에 버려진 물건들로 작품을 만들어 전시했다. 소박하고 조금은 어설픈 솜씨였지만 낯익은 물건들이 환기시키는 빛바랜 추억들 때문에 이 보잘것없는 골목이 '거리 미술관'이란 거창한 이름으로 소문이 나기 시작했다. 무릎이 아파서 허리를 잔뜩 웅크린 채 뒤뚱뒤뚱 걷는 동네 어르신들의 뒷모습이 마치 펭귄을 닮았다 하여 펭귄마을이란 재밌는 이름도 붙었다. 아이들도 할머니, 할아버지가 사용하셨던 손때 묻은 물건들이 마냥 신기한지 흥미롭게 둘러본다.

- 광주 남구 천변좌로 446번길 7
- 양림마을이야기관 09:00~18:00
- **휴무** 월요일
- visityangnim.kr
- #체험여행 #감성여행 #예술마을 #거리미술관 #뒤뚱뒤뚱 #추억박물관

- **주변 여행지** 비움박물관 (blog.naver.com/bium16)
- **연계 가능 코스** 전일빌딩245 (p.282)
- **키즈프렌들리 맛집** 그라제1985 (피자·파스타 | 광주 남구 오기원길 20-4 | 0507-1345-7657 | 유아 의자)

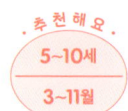

109 섬진강도깨비마을

전남 곡성

연계교과 3학년 국어 | 5학년 사회

섬진강도깨비마을은 우리 옛이야기 속 도깨비를 주제로 다양한 체험과 놀이를 즐길 수 있는 테마형 체험마을이다. 마을 전체가 도깨비를 주제로 꾸며져 있어 아이들은 전래동화 속 도깨비 이야기를 직접 보고 듣고 체험하며 상상력을 마음껏 펼칠 수 있다. 도깨비 전시관에서는 다양한 도깨비 조형물과 그림을 감상할 수 있고, 도깨비탈 만들기, 도깨비놀이 등 다양한 체험프로그램도 운영 중이다. 나무와 밧줄 등 최대한 자연스러운 소재들로 꾸민 숲속놀이터도 아이들이 한참이나 뛰어놀 수 있을 만큼 재미있다.

- 전남 곡성군 고달면 호곡도깨비길 119-97
- 10:00~17:00 **휴무** 월~수요일
- 1인 5,000원
- 061-363-2953
- dokaebimaeul.modoo.at
- #체험여행 #마을여행 #도깨비마을 #도깨비전시관 #도깨비놀이터

함께 둘러봐도 좋아요~

- **주변 여행지** 품안의숲(전남 곡성군 고달면 호곡도깨비길 119-111)
- **연계 가능 코스** 섬진강기차마을(p.382)
- **키즈프렌들리 맛집** 제일식당(정식 | 전남 곡성군 오곡면 오지리 476 | 061-363-2955 | 유아 의자)

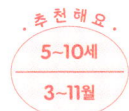

전남 구례

110 구례5일시장

연계교과 3·5학년 사회

구례5일시장은 5일마다 한 번씩 열리는 전통 재래시장으로, 지역 주민들의 삶과 문화를 생생하게 체험할 수 있는 공간이다. 매 3일과 8일에 열리는 장날이면 신선한 농산물과 지역특산물, 다양한 먹거리가 가득 펼쳐져 시장 특유의 활기찬 분위기를 느낄 수 있다. 아이들은 시골 장터의 모습을 직접 보며 우리 전통시장의 의미와 역할을 자연스럽게 배울 수 있다. 시장 한쪽에서는 아이들이 좋아하는 뻥튀기부터 국밥과 부침개, 떡볶이 같은 푸짐한 먹거리도 맛볼 수 있어 가족 모두가 즐거운 체험이 된다. 특히 할머니, 할아버지 상인들과의 따뜻한 소통을 통해 아이들은 사람과 사람 사이의 정과 공동체 문화도 배우게 된다.

- 전남 구례군 구례읍 5일시장작은길 20
- 매 3, 8일 05:00~19:00
- 061-782-8484
- #체험여행 #전통시장 #오일장 #뻥튀기 #국밥

- **주변 여행지** 화엄사(www.hwaeomsa.or.kr)
- **연계 가능 코스** 천개의향나무숲(p.165)
- **키즈프렌들리 맛집** 지리산오여사(칼국수 | 전남 구례군 구례읍 5일시장작은길 20 다동 06-1 | 0507-1414-1431 | 좌식테이블)

111
지리산치즈랜드

연계교과 3학년 과학

구례 산동면에 위치한 지리산치즈랜드는 1979년 초원목장이라는 이름으로 젖소 두 마리를 키우던 곳이었다. 지난 2012년 보다 많은 사람에게 우유와 낙농산업을 알리기 위해 지리산치즈랜드로 이름을 바꾸고 체험목장으로의 변신을 시작했다. 목장의 가장 큰 매력인 탁 트인 전망과 구만제 저수지 너머로 보이는 지리산 절경을 자원으로 삼은 것. 드넓은 잔디밭에는 노란 수선화를 심어 매년 봄이면 이국적인 풍광이 연출된다. 덕분에 구례의 새로운 핫플레이스로 떠올랐고, 지금은 양에게 먹이를 주는 체험도 운영한다. 이곳에서 생산된 요거트도 신선하고 맛이 좋아 아이들과 나눠먹기 좋다.

- 전남 구례군 산동면 산업로 1590-62
- 09:00~18:00
- 어른 5,000원, 어린이 3,000원
- 0507-1318-2587
- #체험여행 #감성여행 #초원목장 #노랑노랑 #수선화 #그림같은풍경

함께 둘러봐도 좋아요~

- **주변 여행지** 구례자연드림파크(www.naturaldreampark.co.kr)
- **연계 가능 코스** 구례5일시장(p.163)
- **키즈프렌들리 맛집** 숲과브런치(브런치) | 전남 구례군 광의면 노고단로 15 | 0507-1347-2223 | 유아 의자)

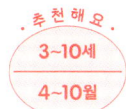

천개의향나무숲

전남 구례

연계교과 3·5학년 과학

천개의향나무숲은 이름 그대로 천 그루가 넘는 향나무가 빼곡히 심어진 자연 속 힐링 숲이다. 숲속에 들어서면 짙은 향나무 향기와 함께 맑은 공기가 가득해 아이들이 자연스럽게 숲의 소중함과 생태계의 아름다움을 느낄 수 있다. 부드럽게 이어진 산책로를 따라 걸으며 향나무의 생태를 관찰하고, 다양한 숲속 생물들을 만나는 체험은 아이들에게 오감 발달과 생태 감수성을 키워주는 특별한 시간이 된다. 곳곳에 쉼터와 작은 놀이터가 마련돼 있어 가족이 함께 여유로운 피크닉을 즐기기에도 좋다. 계절마다 색을 달리하는 숲의 풍경은 사진 찍기에도 아름다워 소중한 추억을 남길 수 있다.

- 전남 구례군 광의면 천변길 12
- 10:00~17:00
- 대인 5,000원, 소인 3,000원
- 0507-1441-1376
- jkjmtree.modoo.at
- #체험여행 #감성여행 #정원산책 #향나무 #숲속놀이터 #피크닉

함께 둘러봐도 좋아요~

- **주변 여행지** 지리산역사문화관(전남 구례군 화엄사로 377-36)
- **연계 가능 코스** 지리산치즈랜드(p.164)
- **키즈프렌들리 맛집** 고부16(다슬기수제비 | 전남 구례군 토지면 섬진강대로 5047-1 | 0507-1391-2416 | 유아 의자)

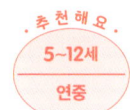

113
나주학생독립운동기념관

 전남 나주

연계교과 6학년 사회

일제강점기 조국의 독립을 향한 열망에는 나이가 따로 없었다. 1929년 나주에서 광주에 있는 학교까지 열차를 타고 오가던 통학생들은 일본인 학생들이 조선인 여학생을 괴롭히는 모습을 보고 분노해 다툼을 벌이게 된다. 그러나 이 사건으로 조선인 학생들만 억울하게 재판을 받게 되자, 식민지배의 설움이 폭발한 이들은 마침내 전국적인 규모의 11·3학생운동을 일으킨다. 이는 3·1운동, 6·10만세운동과 함께 3대 독립운동으로 꼽힐 만큼 뜨겁게 타올랐던 항일운동이었다. 역사의 현장인 옛 나주역 옆에는 이들의 정신을 기리는 학생독립운동기념관이 자리하고 있다. 아이들과 함께 어린 나이에도 조국의 독립을 위해 기꺼이 용기를 냈던 학생운동가들의 고마움을 되새기는 시간을 가져보면 어떨까?

- 전남 나주시 죽림길 26
- 하절기 09:00~18:00, 동절기 09:00~17:00 휴무 월요일, 공휴일 (삼일절, 현충일, 광복절은 개관)
- 061-334-5393
- www.najusim.or.kr
- #체험여행 #역사여행 #일제강점기 #독립운동 #학생독립운동

함께 둘러봐도 좋아요~
- **주변 여행지** 영산포역사갤러리(전남 나주시 영산3길 17)
- **연계 가능 코스** 3917마중(p.167)
- **키즈프렌들리 맛집** 온도(파스타 | 전남 나주시 남내3길 2 | 0507-1363-3536 | 유아 의자)

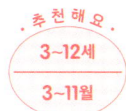

114
3917마중

전남 나주

연계교과 3·5학년 사회

호남 최고의 도시로 번성했던 나주에는 지금도 다양한 근대문화가 남아있는데, 3917마중도 그런 공간 중 하나다. 나주향교와 담벼락을 맞댄 이곳에는 1939년에 지어진 집 한 채가 남아있었는데, 서양식과 전통한옥, 일본식 가옥을 조합한 독특한 구조가 눈길을 사로잡았다. 2017년 이 공간을 복원하면서 1939년의 근대 나주가 2017년과 마주한다는 의미에서 3917마중이란 독특한 이름이 탄생했다. 이곳은 카페 외에도 전통 가옥을 활용한 고택스테이, 나주배를 활용한 다양한 체험프로그램을 운영 중이다. 나주읍성과도 가까워 하룻밤 쉬어가며 마을을 느긋하게 둘러보아도 좋겠다.

📍 전남 나주시 향교길 42-13
🕐 10:00~21:00
📞 0507-1322-3917
🏠 www.3917majung.com
🏷 #체험여행 #감성여행 #역사여행 #카페 #고택스테이 #나주배

함께 둘러봐도 좋아요~
- **주변 여행지** 나주읍성 서성문(전남 나주시 서내동 118)
- **연계 가능 코스** 나주학생독립운동기념관(p.166)
- **키즈프렌들리 맛집** 해밀보리밥(보리밥) | 전남 나주시 남고문로 13 | 061-333-6475 | 좌식테이블

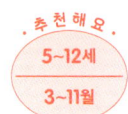

115 목포해상케이블카

 전남 목포

연계교과 3학년 과학 | 5학년 사회

자연과 도시경관을 한눈에 담을 수 있는 특별한 체험을 제공하는 목포해상케이블카. 유달산과 목포대교, 다도해의 섬들을 잇는 케이블카를 타고 하늘과 바다 사이를 이동하는 동안 아이들은 목포라는 도시를 온몸으로 즐기게 된다. 바닥이 투명한 크리스탈 캐빈을 선택하면 색다른 스릴을 느낄 수도 있다. 정상에 위치한 전망대에서는 광활한 남해와 목포 시내를 시원하게 조망할 수 있어 아이들도 좋아한다. 탑승 전후로 이어지는 유달산 둘레길이나 스카이워크 산책로도 함께 즐기면 하루 코스로 알차게 목포를 경험할 수 있다.

- 전남 목포시 해양대학로 240
- 하절기 월~목요일 09:00~20:00, 금~일요일·공휴일 09:00~21:00, 동절기 월~목요일 09:00~19:00, 금~일요일·공휴일 09:00~20:00
- 일반 캐빈 왕복 대인 24,000원, 소인 18,000원
- 061-244-2600
- www.mmcablecar.com
- #체험여행 #감성여행 #해상케이블카 #유달산 #목포대교 #다도해

- **주변 여행지** 목포근대역사관(mmhm.modoo.at)
- **연계 가능 코스** 목포근대역사관(p.445)
- **키즈프렌들리 맛집** 오거리식당(갈치조림) | 전남 목포시 해안로249번길 42 | 061-242-3333 | 유아 의자

116 선암사

전남 순천

연계교과 5학년 사회

선암사는 황동규의 시 「풍장」에도 등장할 만큼 봄날의 흐드러진 매화로 유명하다. '선암매'로도 불리는 선암사 매화는 수령이 적게는 350년에서 많게는 650년에 이르는 고매화들이라 그 향이 짙고 멀리까지 흘러 퍼진다. 아이들에게도 수백 년을 품어온 매화 향기는 조금 다르게 느껴질 것이다. 사찰로 들어서는 길목에 자리한 승선교도 놓치면 안 될 볼거리다. '신선이 건너는 다리'라는 뜻의 승선교는 크기도 모양도 제각각인 냇돌을 무지개 모양으로 쌓아올렸는데, 마치 풍경의 일부처럼 자연스럽다. 흐르는 계곡에 잠시 발을 담그면 그야말로 신선이 부럽지 않을 것 같다.

- 전남 순천시 승주읍 선암사길 450
- 09:00~18:00
- 일반 2,000원, 학생 1,500원, 어린이 1,000원 *주차료 별도
- 061-725-5108
- www.sunamsa.or.kr
- #체험여행 #사찰여행 #감성여행 #고매화 #꽃놀이 #승선교

함께 둘러봐도 좋아요~
- **주변 여행지** 순천전통야생차체험관(전남 순천시 승주읍 선암사길 450-1 | 061-749-4500)
- **연계 가능 코스** 순천 낙안읍성 (p.387)
- **키즈프렌들리 맛집** 선암식당(산채비빔밥) | 전남 순천시 승주읍 승암교길 6 | 0507-1353-5232 | 유아 의자)

· 추천해요 ·
3~10세
4~10월

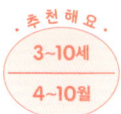

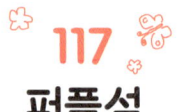

117
퍼플섬

전남 신안

연계교과 3학년 사회 | 5학년 과학

신안군 안좌면에 위치한 퍼플섬은 반월도와 박지도 두 섬이 연보랏빛으로 물든 특별한 섬으로 자연과 예술, 색채를 주제로 한 오감체험 여행지다. 다리와 지붕, 가로등, 심지어 길가의 꽃들까지 모두 보라색으로 꾸며져 있어 아이들은 마치 동화 속을 걷는 듯한 감성을 느낄 수 있다. 섬과 섬을 잇는 퍼플교를 걸으며 바다 위를 걷는 색다른 체험을 할 수 있으며, 걷는 동안 색채와 자연, 지역 문화가 어떻게 조화를 이루는지 몸으로 배울 수 있다. 곳곳에 설치된 보라색 조형물과 포토존은 아이들의 상상력을 자극하고, 자연 속에서 색을 주제로 한 감성 체험도 가능하다. 바다를 배경으로 보랏빛 꽃밭이 펼쳐지는 라벤더축제는 매년 5월에 열린다.

- 전남 신안군 안좌면 소곡두리길 257-35
- 어른 5,000원, 청소년 3,000원, 어린이 1,000원 *보라색 의복 착용 시 무료입장
- 061-271-7575
- #체험여행 #감성여행 #섬여행 #IPURPLEYOU #보라보라 #라벤더축제

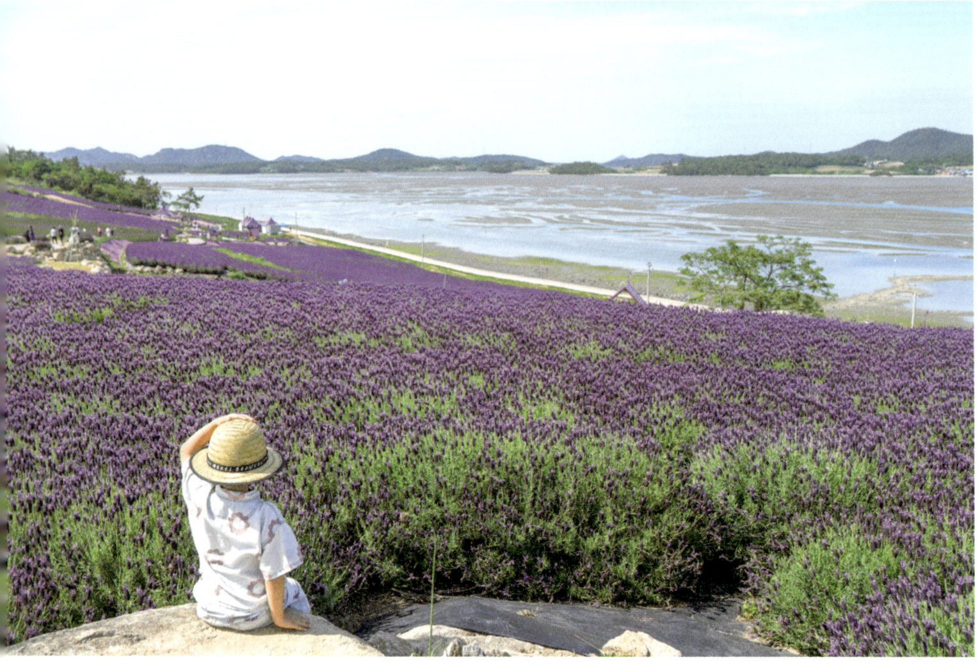

☆☆
함께
둘러봐도
좋아요~

- **주변 여행지** 퍼플박스(purpleboxmuseum.com)
- **연계 가능 코스** 증도 소금박물관(p.285)
- **키즈프렌들리 맛집** 가거도 일품식당(생선구이 | 전남 신안군 암태면 천사대교로 922 | 061-246-5482 | 유아 의자)

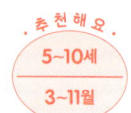

118
선도

전남 신안

연계교과 3학년 과학 | 5학년 사회

신안 지도읍에 딸린 섬으로 그 생김새가 매미를 닮았다 하여 선도로 이름 붙였다. 맑은 바다와 나지막한 숲이 어우러진 조용하고 아름다운 섬이다. 매년 봄이면 섬 전체가 노란색 수선화로 뒤덮이는데, 이는 서울 생활을 접고 남편의 고향인 선도로 귀촌한 현복순 할머니가 자신의 집 마당에서 애지중지 키워낸 수선화 덕분이다. 할머니의 사랑을 듬뿍 받고 자란 수선화가 유난히 예뻐서 이웃들도 하나둘 따라 심기 시작한 것이 어느새 선도를 수선화의 섬으로 변모시켰다. 선도 수선화축제는 4월 초순에 개최되는데, 입구 정원뿐 아니라 섬 전체를 천천히 거닐며 느긋한 여유를 즐겨 보길 추천한다.

- 전남 신안군 지도읍 선도길 74-2
- 축제기간 1인 6,000원, 노란색 의복 착용 시 3,000원
- 061-240-8975
- #체험여행 #감성여행 #섬여행 #꽃길만걸어요 #노랑노랑 #수선화

- **주변 여행지** 1004섬분재정원(www.shinan.go.kr/home/bjpark)
- **연계 가능 코스** 퍼플섬(p.170)
- **키즈프렌들리 맛집** 미락(낙지비빔밥 | 전남 신안군 압해읍 압해로 861 | 061-271-2171 | 좌식테이블)

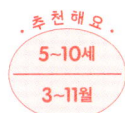

119 청산도

전남 완도

연계교과 3학년 사회 | 5학년 과학

푸른 바다와 노란 유채꽃이 강렬한 대비를 이루는 청산도의 봄날은 낭만 그 자체다. 완도에서 배를 타고 50분 남짓이면 청산도에 도착하는데, 임권택 감독의 영화 〈서편제〉 촬영지는 구불구불한 돌담길을 따라 유채꽃이 가득이다. 호랑이의 머리 모양을 닮은 범바위는 탁 트인 바다를 감상할 수 있는 전망 포인트다. 몽돌이 가득 쌓인 앞개해변은 신발을 벗고 잠시 발을 담그기에 좋다. 옛 청산면사무소를 리모델링한 향토문화역사전시관과 할머니 바리스타들이 내려주는 커피가 맛있는 느림카페도 추천하고 싶은데, 특히 카페엔 엽서를 써서 부치면 1년 후에 도착하는 느린 우체통이 자리해 가족들과 색다른 추억을 만들 수 있다.

- 전남 완도군 청산면
- 061-550-5114
- www.cheongsando.net
- #체험여행 #섬여행 #감성여행 #꽃놀이 #유채꽃 #슬로시티 #느린우체통

함께 둘러봐도 좋아요~
- **주변 여행지** 청산해양치유공원(전남 완도군 동촌길 22)
- **연계 가능 코스** 생일도(p.393)
- **키즈프렌들리 맛집** 미로식당(전복뚝배기) | 전남 완도군 청산면 청산로 1619-3 | 061-552-3055 | 좌식테이블

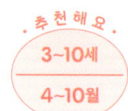

120 운림산방

전남 진도

연계교과 5학년 사회 | 6학년 미술

첨철산 깊은 골짜기에 구름처럼 내려앉은 운림산방은 추사 김정희 애제자로 알려진 허련 이후에도 굵직한 화가들을 배출했다. 허련의 셋째 아들 미산 허형과 손자 남농 허건이 남종화의 대를 이었고, 같은 양천 허씨인 의재 허백련도 이곳 운림산방에서 미산에게 그림을 배웠다고 전한다. 지금도 대를 이으며 화가를 배출하고 있어, 진도 사람들은 "양천 허씨는 빗자루만 들어도 명필이 나온다"며 존경과 부러움을 표한다. 운림산방 내에 자리한 소치기념관에선 이들 허씨 5대의 작품들을 감상할 수 있다. 드넓은 정원도 여유롭게 걷기 좋다. 산방 뒤편으로 이어지는 산책길은 울창한 대숲과 연못이 어우러져 그림 같은 풍경을 자아낸다. 특히 봄과 가을에는 고즈넉한 산방 풍경에 계절의 색이 더해져 사진 명소로도 손색이 없다. 아이와 함께 전통화에 담긴 자연의 미감을 감상하며 조용히 사색의 시간을 보내기에도 좋은 공간이다.

- 전남 진도군 의신면 운림산방로 315
- 하절기 09:00~18:00, 동절기 09:00~17:00
- 어른 1,000원, 어린이 800원
- 061-540-6262
- #체험여행 #감성여행 #섬여행 #소치허련 #남종화 #그림같은풍경

함께 둘러봐도 좋아요~

- **주변 여행지** 운림예술촌(www.gooroomsoop.kr)
- **연계 가능 코스** 진도개테마파크(p.176)
- **키즈프렌들리 맛집** 그냥경양식(돈가스) | 전남 진도군 진도읍 철마길 3-8 | 061-544-2484 | 좌식테이블

121
진도개테마파크

전남 진도

연계교과 3학년 과학 | 5학년 사회

진도개테마파크는 천연기념물 제53호로 지정된 우리나라 대표 토종견 '진돗개'를 가까이에서 보고 체험할 수 있는 특별한 공간이다. 이곳에서는 진돗개의 역사와 특징을 배울 수 있는 전시관 관람은 물론, 실제 진돗개를 직접 만나보고 교감하는 체험이 가능하다. 진돗개 운동장에서는 훈련된 진돗개의 재주 부리기, 달리기 등 다양한 퍼포먼스를 관람할 수 있어 아이들의 흥미를 끌기에 충분하다. 단, 야외공연의 경우 기상상황에 따라 취소될 수 있으니 미리 확인하기를 추천한다. 진돗개 외에도 미니동물농장이 자리해 자연스럽게 동물에 대한 사랑과 생명존중의 마음을 키울 수 있다.

📍 전남 진도군 진도읍 성죽골길 30
🕘 09:00~18:00
📞 061-540-6308
🔍 #체험여행 #섬여행 #진돗개 #동물사랑 #진돗개공연

- **주변 여행지** 진도아리랑수산시장(전남 진도군 진도읍 쌍정1길 8-6)
- **연계 가능 코스** 운림산방(p.174)
- **키즈프렌들리 맛집** 하이진도(카페 | 전남 진도군 진도읍 철마길 3 | 010-3836-9611 | 유아 의자)

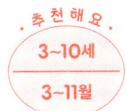

추천해요
3~10세
3~11월

122
진도타워

연계교과 3·5학년 사회

진도와 해남 사이에 자리한 울돌목은 바닷길이 유리병의 목처럼 갑자기 좁아진다. 자연스레 간조와 만조 때면 물살이 벽에 부딪히며 웅장한 울음소리를 낸다. 이순신 장군은 울돌목의 지형적 특징을 전략적으로 활용했다. 영화로도 그려졌던 명량대첩이 그 결과다. 망금산 정상에 우뚝 솟은 진도타워에 오르면 거센 물살이 뒤엉키며 하얀 포말을 일으키는 울돌목이 한눈에 들어온다. 진도타워는 7층 전망대와 2층 전시관, 그리고 4·5·6층에 카페와 레스토랑으로 이루어졌다. 전시관에선 진도의 역사와 문화는 물론, 울돌목을 배경으로 한 명량대첩의 기록들을 찬찬히 둘러볼 수 있어 진도여행의 출발점으로 삼기 좋다. 전자총통과 노 젓기 같은 조선 수군의 숨결을 느껴볼 수 있는 체험존도 흥미롭다. 야간에는 화려한 경관조명을 밝히니 진도대교 야경과 함께 감상하는 것도 좋겠다.

- 전남 진도군 군내면 만금길 112-41
- 하절기 09:00~18:00, 동절기 09:00~17:00
- 1,000원
- 061-542-0990
- #체험여행 #역사여행 #섬여행 #명량대첩 #울돌목 #야경

함께 둘러봐도 좋아요~

- **주변 여행지** 이충무공승전공원(전남 진도군 군내면 녹진리 1-78)
- **연계 가능 코스** 운림산방(p.174)
- **키즈프렌들리 맛집** 달빛마루(카페 | 진도타워 내 | 0507-1429-3053 | 유아 의자)

Part 2

여름

시원하게 즐겨요

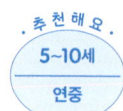

123
국립경찰박물관

 서울

연계교과 3학년 사회

서울에는 아이들과 부담 없이 들러볼 만한 무료 박물관들이 꽤 많은데, 독립문 인근에 자리한 경찰박물관도 그 대표적인 공간이다. 경찰청에서 직접 운영하는 만큼 전시 내용도 알차다. 우리나라 경찰의 역사를 살펴보고 다양한 업무를 이해하는 것은 물론, 경찰 장비를 직접 체험해보거나 경찰근무복을 입고 순찰차를 타보는 등 다양한 체험 공간이 자리해 아이들이 무척 좋아한다. 미리 홈페이지를 통해 확인하면 초등학생 또는 동반 가족을 대상으로 한 여러 체험프로그램 정보도 확인할 수 있다.

- 서울 종로구 송월길 162
- 09:30~17:30 **휴무** 월요일(공휴일인 경우 그다음 날), 1월 1일, 설날·추석 연휴
- 02-3150-3681
- www.policemuseum.go.kr
- #체험여행 #박물관여행 #경찰관 #순찰차 #직업체험 #어린이경찰학교

함께 둘러봐도 좋아요~
- **주변 여행지** 서울역사박물관(www.museum.seoul.kr | 연령별 체험프로그램 운영)
- **연계 가능 코스** 서대문형무소역사관(p.53)
- **키즈프렌들리 맛집** 독립밀방(스테이크·파스타 | 서울 종로구 통일로12길 10-18 | 0507-1470-3437 | 유아 의자)

124
서울상상나라

연계교과 1~3학년 과학

 서울

서울상상나라에 들어서면 제일 먼저 자연놀이 공간을 만난다. 일상에서 흔하게 마주치는 개와 고양이부터 박새, 반딧불이 등 다양한 동물을 이해하고 서로 조화롭게 살아가는 마음과 생각의 크기를 키우는 곳이다. 왼쪽으로는 예술놀이와 공간놀이가 이어진다. 지하 1층에는 소리를 주제로 한 감성놀이 공간이 자리한다. 이곳에선 새싹이 움트는 소리, 곤충이 허물 벗는 소리 등 일상에서 접하기 어려운 자연의 소리를 직접 들을 수 있다. 3층은 아이들이 가장 좋아하는 과학놀이 '쏴아 물놀이'가 자리한다. 이리저리 흐르고 시원하게 쏟아지고 반짝반짝 빛나고 얼음에서 다시 수증기로 자유자재로 모습을 바꾸는 변화무쌍한 물을 가지고 노는 공간이다. 따로 방수가운을 제공하지 않으니 미리 여벌 옷이나 수건 등을 준비하면 좋겠다.

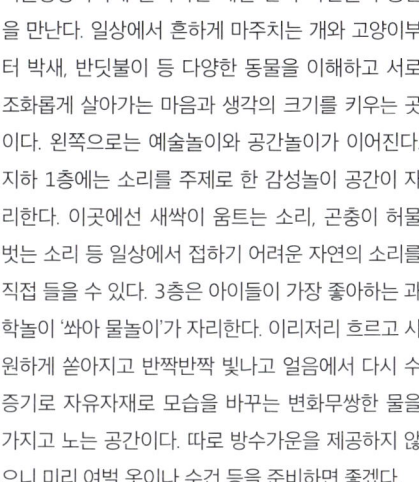

- 서울 광진구 능동로 216
- 10:00~18:00 **휴무** 월요일, 1월 1일, 설날·추석 연휴, 보수기간
- 1인 4,000원 *사전 예약제
- 02-6450-9500
- www.seoulchildrensmuseum.org
- #체험여행 #자연놀이 #예술놀이 #공간놀이 #감성놀이 #신체놀이 #과학놀이 #어린이대공원

- **주변 여행지** 어린이대공원(www.sisul.or.kr/open_content/childrenpark)
- **연계 가능 코스** 송파책박물관(p.184)
- **키즈프렌들리 맛집** 카츠헤세드 어린이대공원점(돈카츠 | 서울 광진구 능동로 246 2층 | 02-6953-5915 | 유아 의자)

125 서울약령시한의약박물관

 서울

연계교과 3학년 과학 | 5학년 사회

한의약 문화를 쉽고 재미있게 배울 수 있는 체험형 박물관이다. 우리나라 최대 규모의 한약재 시장인 서울약령시 안에 자리해, 실제 약재상 골목을 걷는 재미도 함께 느낄 수 있다. 박물관 1층에는 한의학의 역사와 전통약재, 조선시대 한의사들이 사용하던 의약기구 등이 전시되어 있어 아이들에게 한의학의 기초 개념을 자연스럽게 알려줄 수 있다. 체험프로그램도 운영 중이다. 약초족욕체험은 제철약재를 우린 물에 발을 담그면 약초 향이 퍼지면서 아이도 어른도 편안함을 느끼게 한다. 보제원 한방체험은 침을 놓는 모형이나 한방찜질 등을 간단히 경험해볼 수 있어 한의학이 멀고 어렵게 느껴지는 아이들에게 친근함을 선사한다.

- 서울 동대문구 약령중앙로 26
- 하절기 10:00~18:00, 동절기 10:00~17:00 *약초족욕체험(3~11월) 휴무 1월 1일, 설날·추석
- 어른 1,000원, 청소년 및 학생 500원 *약초족욕체험 6,000원, 보제원 한방체험 5,000원
- 02-969-9241
- museum.ddm.go.kr
- #체험여행 #박물관여행 #서울약령시 #한약재시장 #한의학 #약초족욕체험

함께 둘러봐도 좋아요~
- **주변 여행지** 경동시장(www.kyungdongmarket.co.kr)
- **연계 가능 코스** 선농단역사문화관(p.183)
- **키즈프렌들리 맛집** 다이닝원 청량리점(일식뷔페 | 서울 동대문구 고산자로32길 78 2층 | 0507-1373-5985 | 유아 의자)

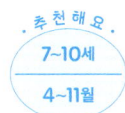

126
선농단역사문화관

 서울

연계교과 5~6학년 사회

선농단은 백성에게 농사짓는 법을 처음 가르쳤다고 전해지는 고대 중국의 제왕을 신으로 모신 곳이다. 우리 역사에서는 신라시대부터 임금들이 선농단을 설치해 풍년을 기원하는 제사를 지냈다고 하는데, 선농제를 올린 뒤에는 임금이 직접 밭을 가는 시범을 보이며 농사의 소중함을 알렸다. 선농제 후에 백성들과 나눠 먹었던 음식인 '선농탕'에서 지금의 설렁탕이 유래했다는 이야기도 있다. 이처럼 농경문화가 중심을 이루던 우리의 역사를 한눈에 살펴볼 수 있는 선농단역사문화관은 실제 선농단 유적 근처에 자리해 아이들과 함께 들러볼 만하다. 문화관 내에서 선농대제 의상체험도 가능하다.

- 서울 동대문구 무학로44길 38
- 하절기 10:00~18:00, 동절기 10:00~17:00 **휴무** 월요일, 법정공휴일
- 02-3295-5515
- www.ddmsnd.or.kr
- #역사여행 #체험여행 #박물관여행 #선농단 #선농제 #농경문화 #설렁탕의유래

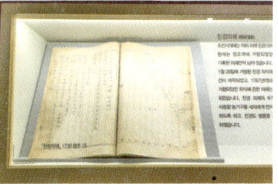

함께 둘러봐도 좋아요~
- **주변 여행지** 더가루 왕십리점(서울 성동구 청계천로 450 8층)
- **연계 가능 코스** 서울약령시한의약박물관(p.182)
- **키즈프렌들리 맛집** 뚜띠쿠치나 용두점(피자 | 서울 동대문구 무학로 140 | 0507-1431-3351 | 유아 의자)

127 송파책박물관

서울

연계교과 1~3학년 국어

송파책박물관 상설전시는 책을 읽고 소통하고 만드는 것까지, 그야말로 책을 통해 얻는 모든 즐거움을 소개한 공간이다. 조선시대 독서문화를 엿볼 수 있는 첫 번째 전시장에서는 세종과 이황 등 대표적인 독서광부터 선비의 소양을 보여주는 지표로 여겨졌던 장서문화, 한글소설의 유행과 이를 읽어주는 직업이었던 전기수 등 다채로운 정보를 얻을 수 있다. 1910년부터 100여 년의 독서문화를 한자리에서 살펴볼 수 있는 두 번째 전시장, 실제처럼 꾸민 작가의 방과 출판기획자의 방, 북디자이너의 방을 만날 수 있는 세 번째 전시장으로 구성된다. 편하게 앉아서, 때론 반쯤 누워 뒹굴며 책 읽기에 빠질 수 있는 공간이 곳곳에 마련돼 있다는 점도 큰 매력이다. 5~7세 자녀와 함께라면 『헨젤과 그레텔』,『브레멘 음악대』,『잭과 콩나무』 등을 테마로 꾸민 체험전시 공간 북키움도 추천한다. 하루 3회, 회당 70명 인원만 이용할 수 있어 사전 예약이 필수다.

- 서울 송파구 송파대로37길 77
- 10:00~18:00 **휴무** 월요일, 1월 1일, 설날·추석
- 0507-1362-2486
- www.bookmuseum.go.kr
- #체험여행 #박물관여행 #책박물관 #도서관 #전기수 #작가의방 #북키움

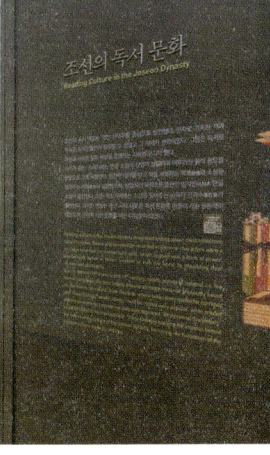

함께 둘러봐도 좋아요~	
● **주변 여행지**	한성백제박물관(baekjemuseum.seoul.go.kr) | 체험프로그램 운영
● **연계 가능 코스**	서울상상나라(p.181)
● **키즈프렌들리 맛집**	브런치빈 송파점(브런치) | 서울 송파구 가락로 70 2층 | 02-418-6999 | 유아 의자

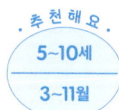

128 청계천박물관

연계교과 3·5학년 사회

여름의 청계천은 무더위와 열대야를 피하려는 이들로 늘 북적인다. 도심 한복판의 휴식 공간으로 아이들에게도 친근한 청계천은 사실 조선시대부터 근현대 서울 역사를 아우르는 상징적인 공간이기도 하다. 청계천박물관은 이 같은 청계천의 역사와 복원 과정을 한자리에서 살펴볼 수 있어 아이들과 꼭 한번 들러볼 만하다. 미리 홈페이지를 확인하면 아이들을 대상으로 한 자연생태동화 등 다양한 체험 프로그램도 참여할 수 있다. 박물관 관람 후에는 건너편 '판잣집체험관'에서 과거 청계천을 따라 즐비했던 판잣집과 7080세대의 교복 체험도 가능하다.

- 서울 성동구 청계천로 530
- 09:00~18:00 휴무 월요일, 1월 1일
- 02-2286-3410
- www.museum.seoul.kr/cgcm
- #역사여행 #체험여행 #박물관여행 #청계천 #판잣집체험

- **주변 여행지** 성동책마루도서관(서울 성동구 고산자로 270)
- **연계 가능 코스** 서울새활용플라자(p.54)
- **키즈프렌들리 맛집** 유래회관(갈비탕) | 서울 성동구 마장로 196 | 0507-1345-8866 | 유아 의자

129
청와대사랑채

서울

연계교과 3·5학년 사회

청와대 입구에 자리한 청와대사랑채는 한국의 역사와 문화를 체험할 수 있는 전시관이다. 최근 여행 도서관 콘셉트로 리모델링하면서 1층에는 한국 여행에서 만날 수 있는 다채로운 순간을 테마별로 담은 미디어 아카이브월과 청와대 주변 관광지를 아기자기한 일러스트로 소개한 인터랙티브 터치월이 설치됐다. 한국 대표 이미지를 현대미술로 감상하는 미디어아트실도 흥미롭다. 국내 아름다운 여행지를 담은 책을 소개한 트래블 라운지도 걸음을 쉬어가기에 좋다. 2층은 기획전시 공간으로 현재 조선왕실 밤잔치의 화려함을 모티브로 구성된 전시가 외국인은 물론, 내국인 관람객들에게도 좋은 반응을 얻고 있다.

- 서울 종로구 효자로13길 45
- 09:00~18:00 **휴무** 화요일(공휴일인 경우 그다음 평일), 1월 1일
- 02-723-0300
- #체험여행 #청와대 #여행도서관 #한국의미 #수유실 #카페

- **주변 여행지** 청와대(www.opencheongwadae.kr)
- **연계 가능 코스** 통인시장(p.62)
- **키즈프렌들리 맛집** 편안한집(한정식) | 서울 종로구 북촌로 133 | 02-735-0092 | 유아 의자)

130 크라운해태키즈뮤지엄

 서울

연계교과 1~2학년 통합

'죠리퐁'과 '오예스', '맛동산' 등 추억의 과자들로 익숙한 크라운해태제과에서 운영하는 어린이 놀이터다. 나무미끄럼틀과 암벽등반처럼 몸으로 뛰어놀 수 있는 공간과 커다란 블록으로 자유롭게 창작구조물을 만들어보거나 키네틱아트를 활용해 공을 굴려보며 상상력을 키워볼 수 있는 공간들이 알차게 구성돼 있다. 미리 체험권을 구입하면 『헨젤과 그레텔』을 떠올리게 하는 과자집 만들기와 콜라주 기법을 활용한 얼굴 만들기 등 과자로 색다른 예술활동 체험이 가능하다. 단, 소근육 활용이 많아 5세 이상 어린이에게 추천한다.

- 서울 용산구 한강대로72길 3 지하 1층
- 10:00~17:00 휴무 월·화요일
- 대인 입장권 4,000원, 소인 입장+체험권 평일 22,000원, 주말 24,000원
- 02-709-7403
- #체험여행 #실내놀이터 #과자집만들기 #헨젤과그레텔 #과자얼굴만들기

함께 둘러봐도 좋아요~
- **주변 여행지** 전쟁기념관(www.warmemo.or.kr) | 어린이박물관 운영)
- **연계 가능 코스** 효창공원(p.189)
- **키즈프렌들리 맛집** 비스트로미 서울역점(피자·파스타) | 서울 중구 후암로 110 지하1층 | 0507-1381-7488 | 유아 의자)

131 효창공원

 서울

연계교과 3·6학년 사회

드라마 〈옷소매 붉은 끝동〉이 정조와 의빈 성씨의 애틋한 사랑을 그려내 큰 인기를 끌었는데, 이들 사이에서 얻은 첫째 아들 문효세자의 묘가 자리했던 곳이 바로 효창공원이다. 일제강점기 골프장이 설치되는 수모를 겪기도 했지만 해방 후 일제 흔적은 모두 사라졌고, 1946년 이름만 남은 효창원에 독립운동가들의 유해를 모시면서 지금의 효창공원이 조성되었다. 특히 '민족의 스승'으로 불리는 백범 김구 묘를 비롯해 조국의 광복을 위해 기꺼이 목숨을 바친 이봉창, 윤봉길, 백정기 의사 묘와 안중근 의사 허묘 등이 자리해 더욱 의미가 깊다. 백범의 생애를 한자리에서 살펴볼 수 있는 기념관도 조성되어 있으며, 주말에는 초등학생을 동반한 가족을 대상으로 다양한 교육프로그램도 운영한다.

- 서울 용산구 임정로 26
- **백범김구기념관** 하절기 10:00~18:00, 동절기 10:00~17:00
  휴무 월요일, 1월 1일, 설날·추석 연휴
- 02-458-3315
- www.hyochangpark.com
- #역사여행 #백범김구 #대한민국임시정부 #이봉창 #윤봉길 #안중근

함께 둘러봐도 좋아요~

- **주변 여행지** 이봉창역사울림관(blog.naver.com/leebongchang0108)
- **연계 가능 코스** 크라운해태키즈뮤지엄(p.188)
- **키즈프렌들리 맛집** AUZ(브런치) | 서울 용산구 백범로 341 | 0507-1333-8685 | 유아 의자

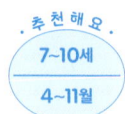

132
정약용유적지

경기 남양주

연계교과 5학년 사회

매년 '다산정약용문화제'가 열릴 만큼 정약용은 남양주를 대표하는 인물로 꼽힌다. 유적지는 그의 생가인 여유당과 묘를 중심으로 정약용의 생애와 업적을 돌아볼 수 있는 귀중한 공간으로 꾸며졌다. 유적지 내에는 실학박물관도 자리하고 있는데, 실용적이고 선진적인 학문이었던 실학의 형성과 전개과정을 한자리에서 살펴볼 수 있다. 가족 관람객들을 위한 다양한 체험프로그램도 운영하니 미리 홈페이지에서 관련 정보를 확인하길 추천한다. 전시를 둘러본 후 전시 내용을 기반으로 한 퀴즈를 맞히면 '미래실학자 증명서'를 발급해 주는데 아이들이 무척 좋아한다.

- 경기 남양주시 조안면 다산로747번길 11
- 09:00~18:00 **휴무** 월요일, 1월 1일, 설날·추석
- 031-590-4242   **실학박물관** silhak.ggcf.kr
- #역사여행 #다산정약용 #체험여행 #박물관여행 #실학박물관 #미래실학자증명서

함께 둘러봐도 좋아요~

- **주변 여행지** 얼굴박물관(www.visagej.org)
- **연계 가능 코스** 물맑음수목원(p.68)
- **키즈프렌들리 맛집** 기와집순두부 조안본점(순두부 | 경기 남양주시 조안면 북한강로 133 | 031-576-9009 | 유아 의자)

경기 부천

133
한국만화박물관

연계교과 4학년 미술

〈아기공룡 둘리〉를 보고 자란 엄마, 아빠와 〈뽀로로〉를 좋아하는 아이들이 자연스레 소통할 수 있는 곳, 부천에 자리한 한국만화박물관이다. 이곳에서는 우리나라 만화의 역사는 물론, 만화가들의 작업도구 중 하나인 '라이트박스'를 이용해 만화캐릭터를 그려보거나 크로마키 기술을 활용해 만화 속 캐릭터들과 사진도 찍을 수 있다. 매번 다양한 주제와 작품을 선보이는 기획전시도 흥미롭다. 또 애니메이션 전용관인 만화영화상영관에선 〈핑크퐁〉과 〈포켓몬스터〉 등 아이들이 좋아하는 만화영화를 상영하니 미리 상영시간표를 확인하고 예매하는 것도 좋겠다. 1층 체험마당에선 만화캐릭터로 부채와 머그컵 등을 만드는 체험프로그램도 상설 운영된다.

- 경기 부천시 길주로 1
- 10:00~18:00 **휴무** 월요일, 1월 1일, 설날·추석 연휴
- 1인 5,000원, 가족권 3인 12,000원, 4인 16,000원
- 032-310-3090
- www.komacon.kr/comicsmuseum
- #체험여행 #박물관여행 #만화 #아기공룡둘리 #뽀로로

함께 둘러봐도 좋아요~

- **주변 여행지** 부평역사박물관(portal.icbp.go.kr/bphm)
- **연계 가능 코스** 항동철길(p.63)
- **키즈프렌들리 맛집** 경복궁누룽지백숙(삼계탕ㅣ경기 부천시 원미구 신흥로 170-1 127호ㅣ032-611-8858ㅣ유아 의자)

134
송암스페이스센터

경기 양주

연계교과 4학년 사회 | 5학년 과학

장흥유원지 내에 자리한 송암스페이스센터는 수도권에서 낭만적인 별자리여행이 가능한 곳이다. 별빛패키지를 구입하면 돔 형태의 스크린을 통해 우주에 대한 다양한 정보와 함께 우주인들의 생활도 엿볼 수 있는 '플라네타리움'을 거쳐 케이블카를 타고 천문대로 올라간다. 관측에 앞서 전문가들이 아이들의 눈높이에 맞춰 이날 볼 수 있는 별자리를 설명해주고 커다란 망원경을 통해 실제 밤하늘을 살펴보게 된다. 사진과 개념으로만 알고 있던 행성과 별자리를 직접 관찰할 수 있으니 아이들은 물론, 어른들도 흥미롭게 참여할 수 있다. 일반관람객들은 토요일에만 이용 가능하며 입장권이 비싼 편이니 해설을 이해할 수 있는 아이들만 참여하기를 추천한다.

- 📍 경기 양주시 장흥면 권율로185번길 103
- 🕐 토요일 13:00~21:30 *발권마감 19:00
- 💰 별빛패키지(천문대+케이블카+플라네타리움) 어른 35,000원, 소인 30,000원
- 📞 031-894-6000
- 🌐 www.starsvalley.com
- #체험여행 #별자리여행 #천문대 #여름별자리 #플라네타리움 #천체관측

이것도 체크! 서울 근교의 천문대들
양평 중미산천문대, 과천 국립과천과학관 천체관, 화천 조경철천문대 등 서울 근교에서 별자리여행이 가능한 천문대들이 꽤 많아요. 대부분 예약제로 운영되니 참고!

함께 둘러봐도 좋아요~
- **주변 여행지** 가나아트파크(www.artpark.co.kr) | 체험프로그램 및 여름시즌 수영장 운영
- **연계 가능 코스** 양주시립 장욱진미술관(p.312)
- **키즈프렌들리 맛집** 송추가마골 본관(갈비탕) | 경기 양주시 장흥면 호국로 525 | 031-826-3311 | 유아 의자

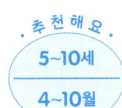

135
황순원문학촌 소나기마을

경기 양평

연계교과 4학년 사회 | 5학년 국어

한여름 소나기처럼 애틋했던 소년 소녀의 사랑 이야기를 담은 황순원의 단편 『소나기』는 학창시절 누구나 한번쯤 설레는 마음으로 읽었을 작품이다. 양평에 자리한 황순원문학촌은 엄마, 아빠에게는 아련한 첫사랑처럼 남은 소설을 재현한 공간이자 아이에겐 마음껏 뛰어놀 수 있는 이야기 놀이터가 되어준다. 동화책으로 다시 펴낸 『소나기』도 있으니 온 가족이 미리 읽어본다면 더욱 알찬 여행이 되겠다. 특히 하절기에는 주중 11~16시, 주말과 공휴일 11~17시까지 매시 정각마다 수숫단이 세워진 광장에서 인공소나기가 내린다. 아이들에겐 비밀로 해두었다가 깜짝 놀랄 추억을 만들어주는 것도 좋겠다.

- 경기 양평군 서종면 소나기마을길 24
- 하절기 09:30~18:00, 동절기 09:30~17:00 **휴무** 월요일(공휴일인 경우 그다음 날), 1월 1일, 설날·추석
- 어른 2,000원, 청소년 1,500원, 어린이 1,000원
- 031-773-2299
- #감성여행 #문학여행 #황순원 #소나기 #수숫단 #인공소나기

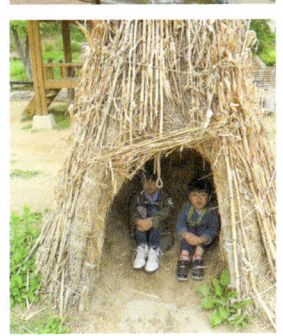

- **주변 여행지** 임실치즈마을 양평 소나기마을 체험장(www.kcheesecook.co.kr | 사전예약제)
- **연계 가능 코스** 정약용유적지(p.190)
- **키즈프렌들리 맛집** 몽키가든(볶음쌀국수 | 경기 양평군 서종면 황순원로 91-2 | 0507-1326-8012 | 유아 의자)

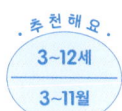

136
삼성화재 모빌리티뮤지엄

경기 용인

연계교과 5학년 과학 | 6학년 사회

자동차를 좋아하는 아이들은 물론, 아빠들도 흥미롭게 관람할 수 있는 공간이다. 세계 최초 자동차로 불리는 벤츠의 '페이턴트 모터바겐'을 비롯한 70여 대 클래식카와 '포르쉐 911 터보 카브리올레' 같은 멋진 스포츠카, 1955년에 선보인 우리나라 최초의 양산차 '시-바르'까지 전 세계 자동차 역사를 한자리에서 살펴볼 수 있다. 플라이드론, 시뮬레이터 레이서, 슬롯카 레이스 등 누구나 참여 가능한 실내체험도 다양하게 준비되어 있다. 하절기에는 RC카를 활용한 야외 체험프로그램도 운영하는데, 초등학생 이상만 참여 가능하고 현장 키오스크를 통해 예약해야 한다. 관람 후에는 기억을 떠올리며 홈페이지에서 퀴즈나 퍼즐을 맞춰볼 수도 있다.

- 경기 용인시 처인구 포곡읍 에버랜드로376번길 171
- 주중 09:00~17:00, 주말 및 공휴일 10:00~18:00 **휴무** 월요일, 1월 1일, 설날·추석 연휴
- 대인 10,000원, 소인 8,000원
- 031-320-9900
- www.stm.or.kr
- #체험여행 #박물관여행 #자동차박물관 #세계최초의자동차 #교통안전교육

- **주변 여행지** 용인자연휴양림(yonginforest.foresttrip.go.kr)
- **연계 가능 코스** 화담숲(p.310)
- **키즈프렌들리 맛집** 루트889(바비큐 | 경기 용인시 처인구 포곡읍 성산로 435 | 0507-1414-0889 | 유아 의자)

137 전곡항

경기 화성

연계교과 5학년 사회 | 6학년 과학

화성 전곡항은 '수도권 요트 천국'으로 불린다. 지난 2009년 수도권 첫 마리나로 뜨거운 관심 속에 개장해 세계 3대 요트대회인 월드매치레이싱투어(WMRT), 경기국제보트쇼, 전국해양스포츠제전 등 굵직한 대회를 성공적으로 치렀다. 평소에는 일반 관광객을 대상으로 요트체험을 진행한다. 체험이 아니라도 고급 요트 수백 척이 즐비한 이국적인 풍경을 즐기러 찾아오는 이들이 많다. 섬 둘레를 따라 깎아지른 기암괴석이 아름다운 제부도와 안산 탄도항의 그림 같은 풍력발전기, 해넘이 명소로 꼽히는 누에섬까지 요트 위에서 바라보는 서해의 풍경도 매력적이다. 마리나 내 전곡항여행스테이션과 마리나클럽하우스 1층 관광안내소에서 사설 업체가 운영하는 체험프로그램을 비교해보고 선택할 수 있다.

- 경기 화성시 전곡항로 5
- 1인 10,000원~30,000원 *업체별 상이
- 1577-4200
- #체험여행 #요트천국 #요트체험 #이국적인풍경 #제부도 #탄도항

- **주변 여행지** 서해랑 제부도해상케이블카(www.seohaerang.com)
- **연계 가능 코스** 공룡알 화석산지(p.320)
- **키즈프렌들리 맛집** 논뚜렁밭뚜렁(굴솥밥 | 경기 화성시 서신면 제부로 603 | 031-356-0761 | 유아 의자)

추천해요
5~10세
5~10월

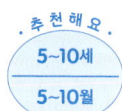

138 영종도 씨사이드파크

인천

연계교과 4학년 과학 | 5학년 사회

영종도 바다를 배경으로 다양한 체험과 휴식을 즐길 수 있는 해안공원이다. 백령도 두무진을 모티브로 조성된 바다 전망대에서는 서해의 아름다운 노을을 감상할 수 있고, 레일바이크로는 총 5.6km 구간을 달리며 해안 전경을 즐길 수 있다. 바다를 바라보고 자리한 카라반과 캠핑장은 아이들과 자연 속에서 특별한 하룻밤을 보내기에 최적의 장소다. 여름철에는 어린이 물놀이장이 운영되어 아이들이 시원하게 물놀이도 즐길 수 있다. 5월부터 10월까지 운영되는 염전체험프로그램도 인기다. 바닷물을 증발시켜 소금을 만드는 전통적인 생산과정을 배우고 직접 체험할 수 있다. 캠핑장과 레일바이크, 염전체험은 모두 사전 예약이 필수이므로 홈페이지를 통해 확인 후 방문하기를 추천한다.

- 인천 중구 하늘달빛로2번길 6
- 레일바이크 2인승 25,000원, 3인승 29,000원, 4인승 32,000원
- 032-456-2975
- www.insiseol.or.kr/park/seaside
- #체험여행 #영종도 #해안공원 #바다전망대 #레일바이크 #캠핑장 #카라반 #염전체험

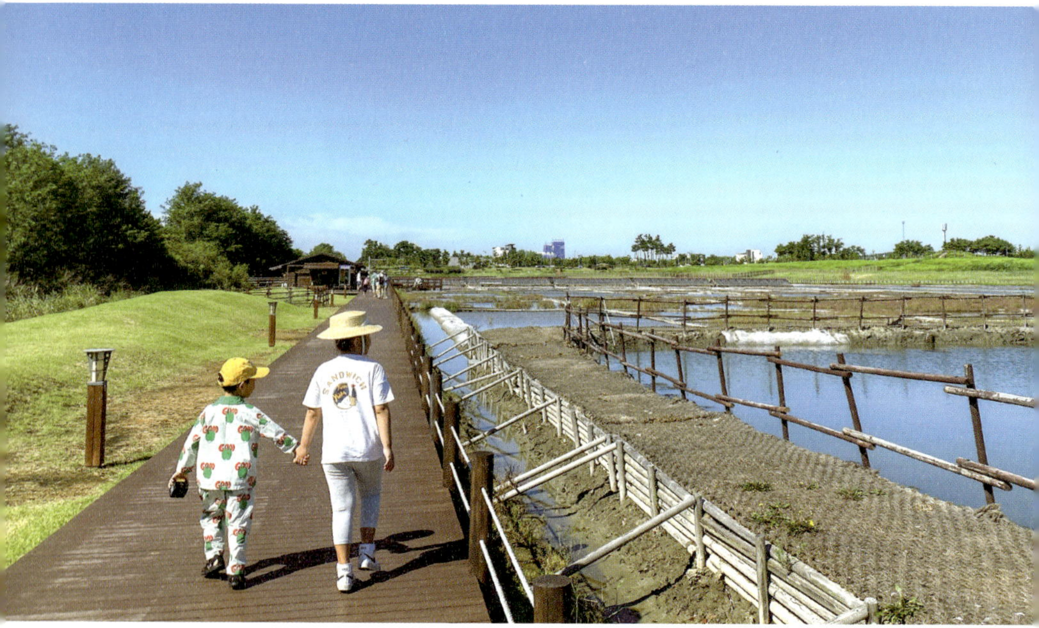

- **주변 여행지** 인스파이어 엔터테인먼트 리조트(www.inspirekorea.com/ko)
- **연계 가능 코스** 인천어린이과학관(p.198)
- **키즈프렌들리 맛집** 메이드림(브런치) | 인천 중구 용유서로479번길 42 | 0507-1351-1904 | 유아 의자)

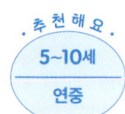

139 인천어린이과학관

연계교과 3·5학년 과학

아이들이 과학의 원리를 놀이와 체험을 통해 자연스럽게 익힐 수 있는 공간이다. 상설전시관은 무지개마을, 인체마을, 지구마을, 도시마을, 비밀마을 등 다양한 주제로 구성되어 있어 연령별로 적합한 체험을 선택할 수 있다. 예를 들어 무지개마을은 만 3~5세의 영유아를 위한 공간으로, 초등학생의 입장은 제한된다. 4D 영상관에서는 입체 영상을 통해 과학 현상을 생생하게 체험할 수 있으며, 기획전시실에서는 주기적으로 새로운 전시가 열려 방문할 때마다 색다른 경험을 한다. 방학 기간에는 현미경 탐구교실, 알쏭달쏭 실험교실 등 다양한 특별 교육프로그램이 운영되어 아이들의 과학적 탐구심을 높이는 데 도움이 된다. 과학관 입장은 사전예약제로 운영되며 회차별로 정해진 시간대에 맞춰 방문해야 한다.

- 인천 계양구 방축로 21
- 09:00~18:00 *회차당 관람시간 120분 **휴무** 월요일(공휴일인 경우 그다음 날), 1월 1일, 설날·추석
- 어른 4,000원, 청소년 및 어린이 2,000원
- 032-456-2500
- www.insiseol.or.kr/culture/icsmuseum
- #과학여행 #체험여행 #무지개마을 #인체마을 #지구마을 #도시마을 #사전예약제

- **주변 여행지** 경인아라뱃길 굴현나루 (www.kwater.or.kr/giwaterway/ara.do)
- **연계 가능 코스** 영종도 씨사이드파크 (p.196)
- **키즈프렌들리 맛집** 자반고 인천계양점 (생선구이 | 인천 계양구 장제로 1062 | 0507-1390-5302 | 유아 의자)

 강원 강릉

140
강릉솔향수목원

연계교과 5학년 과학 | 6학년 사회

이름 그대로 울창한 소나무숲을 만날 수 있는 공간으로 전통건축물을 지을 때 사용되는 금강소나무도 다수 자생한다. 시원한 나무 그늘 아래 쉴 수 있는 공간도 많아서 한여름 무더위를 피해 찾는 시민들도 많다. 6~7월에는 수국원에 탐스러운 수국이 만발해 로맨틱한 분위기까지 더한다. 매주 화~토요일 매시 정각마다 숲해설이 이루어지며, 계절에 따라 솔방울을 줍거나 단풍나무 씨앗을 날리는 등 아이들 눈높이에 맞춘 놀이도 곁들여 재미를 더한다. 유아차로 이동 가능한 나무데크 산책로도 있으며 신분증만 있으면 입구에서 유아차 대여도 가능하다.

- 강원 강릉시 구정면 수목원길 156
- 하절기 09:00~18:00, 20:00~23:00, 동절기 09:00~17:00, 18:00~22:00 **휴무** 월요일(공휴일인 경우 그다음 평일)
- 033-660-2322
- www.gn.go.kr/solhyang
- #체험여행 #소나무숲 #초록초록 #나무그늘 #수국 #유아차산책

- **주변 여행지** 대관령박물관(www.gn.go.kr/museum)
- **연계 가능 코스** 노추산 모정탑길(p.79)
- **키즈프렌들리 맛집** 테라로사 커피공장(베이커리) | 강원 강릉시 구정면 현천길 7 | 1668-2764 | 유아 의자)

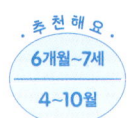

추천해요
6개월~7세
4~10월

141
정동진조각공원

강원 강릉

연계교과 5학년 미술 | 6학년 사회

CNN이 '꼭 한번 가봐야 할 신기한 호텔'로 선정했다는 정동진 썬크루즈 호텔은 산꼭대기에 배가 올라앉은 독특한 모습이 단번에 눈길을 사로잡는다. 호텔 전망대에서 바닥이 훤히 들여다보일 만큼 맑은 정동진 바다를 한눈에 감상할 수도 있고, 조각공원도 잘 관리되고 있어서 아이들과 여름 바다의 낭만을 즐기며 산책하기 좋다. 특히 바닥이 유리로 된 전망대는 아름다운 풍광에 아찔한 재미까지 더한다. 투숙객이라면 하절기에 운영되는 야외 해수풀장 이용도 가능하다. 시설은 조금 오래되었으나 수평선이 파노라마처럼 펼쳐지는 전망만큼은 훌륭하다.

- 강원 강릉시 강동면 헌화로 950-39
- 04:30~21:00 *시즌에 따라 변동 가능
- 대인 5,000원, 소인 3,000원 *투숙객 무료
- 033-652-5000
- www.esuncruise.com
- #감성여행 #조각공원 #초록초록 #푸른바다 #유리전망대

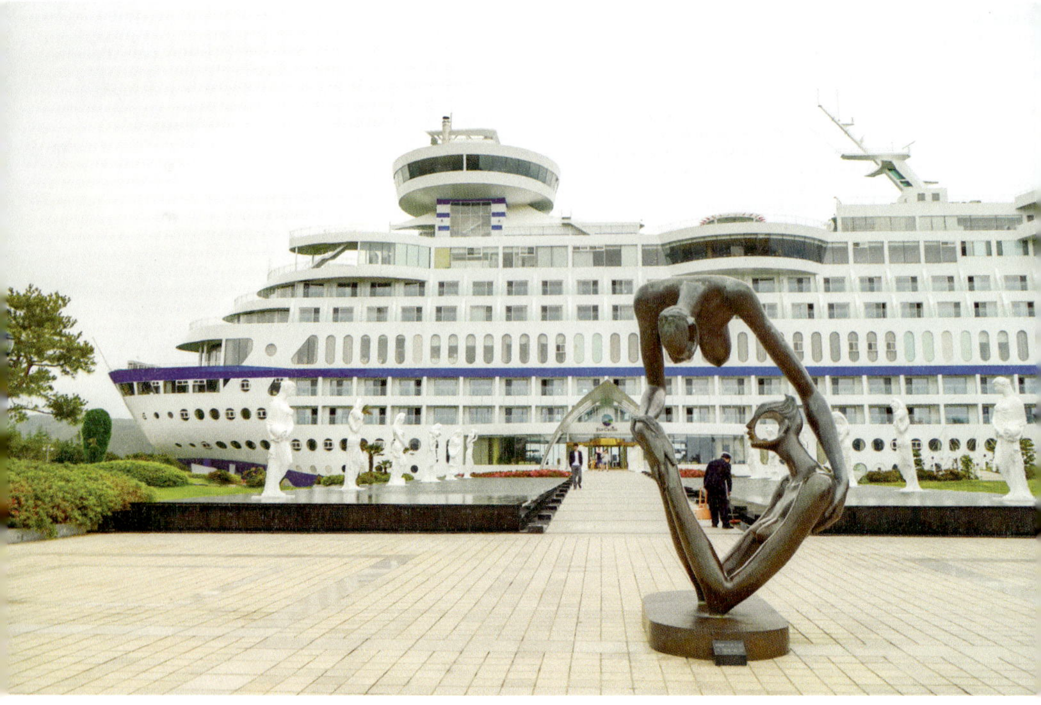

☆☆ 함께 둘러봐도 좋아요~

- **주변 여행지** 정동심곡 바다부채길(searoad.gtdc.or.kr)
- **연계 가능 코스** 하슬라아트월드(p.81)
- **키즈프렌들리 맛집** 큰기와집(순두부전골 | 강원 강릉시 강동면 정동등명길 3 | 033-644-5655 | 유아 의자)

142 바우지움조각미술관

강원 고성

연계교과 5학년 미술 | 6학년 사회

행정구역상 고성에 속하지만 속초와 더 가깝다. 한화리조트, 델피노리조트와도 가깝다. 5,000평 규모의 미술관에는 우리나라 근현대조각관과 관장인 조각가 김명숙의 조형관, 기획전시실인 아트스페이스가 자리하고 있다. 그러나 전시 공간보다 더 넓은 면적을 차지하는 것은 물과 돌, 소나무 등 다섯 가지 테마로 꾸며진 드넓은 정원이다. 덕분에 아이들도 편안한 분위기에서 미술관을 둘러볼 수 있다. 도슨트는 유치원생부터 성인까지 참여할 수 있다. 나만의 컵 만들기 체험을 비롯해, 미리 전화로 문의하면 유치원생부터 색채심리상담도 가능하다.

- 강원 고성군 토성면 원암온천3길 37
- 하절기 10:00~18:00, 동절기 10:00~17:00 입장마감 **휴무** 월요일
- 어른 13,000원(아메리카노 1잔 포함), 청소년 7,000원, 유아 5,000원
- 033-632-6632
- www.bauzium.co.kr
- #감성여행 #미술관여행 #조각미술관 #소나무정원 #물의정원

이것도 체크! 조각미술관 관람예절
호기심 많은 아이들이 작품에 손을 대는 경우가 있어요. 미리 올바른 관람예절을 알려주고 아이들과 함께 이동하여 관람하는 것이 좋아요. 간혹 '물의 정원'에 돌을 던지는 아이들도 있는데, 건축도 예술작품의 하나이므로 주의가 필요하겠죠?

함께 둘러봐도 좋아요~
- **주변 여행지** 다이나믹메이즈 속초(home-ticket.co.kr/aliveheart)
- **연계 가능 코스** 화진포(p.82)
- **키즈프렌들리 맛집** 잿놀이(시래기밥상) | 강원 고성군 토성면 잼버리동로 383 | 033-637-0118 | 유아 의자)

 강원 고성

아야진해수욕장

연계교과 4학년 사회 | 5학년 과학

아야진해수욕장은 고운 모래사장과 맑은 바닷물이 어우러져 아이들과 함께 해수욕을 즐기기에 안성맞춤이다. 크고 작은 갯바위들이 넓게 펼쳐져 있어 어린아이도 가볍게 발을 담그거나 물놀이하기에 좋다. 군데군데 파도가 만들어낸 작은 물웅덩이는 그 자체로 하나의 생태계다. 덕분에 한여름이 아니어도 가볍게 들르기 좋다. 기차바위 주변으로는 투명한 바닷물 아래 성게와 불가사리, 각종 해조류와 물고기가 많아서 낚시와 스노클링을 즐기려는 이들로 북적인다. 인접한 아야진항의 하얀 등대, 빨간 등대도 낭만적인 풍광을 빚어낸다. 근처에 신선한 해산물을 맛볼 수 있는 식당과 바다를 바라보며 휴식을 취할 수 있는 카페도 여럿 자리한다.

- 강원 고성군 토성면
- www.ayajinbeach.co.kr
- #체험여행 #해수욕장 #갯바위 #기차바위 #낚시 #스노클링 #물놀이

- **주변 여행지** 왕곡마을(www.wanggok.kr)
- **연계 가능 코스** 하늬라벤더팜(p.204)
- **키즈프렌들리 맛집** 수제비집(수제비) | 강원 고성군 토성면 교암길 47-1 | 0507-1432-7803 | 유아 의자)

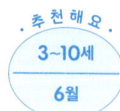

144 하늬라벤더팜

 강원 고성

연계교과 5학년 과학 | 6학년 미술

매년 6월이면 보랏빛 라벤더가 만개하여 이국적인 풍광을 즐길 수 있는 관광농원이다. 라벤더는 그 종류만 300여 가지에 이르는데, 꽃은 물론 식물 전체가 짙은 향을 풍기기 때문에 향료와 음식, 차 등 다양하게 활용된다. 농장 주인도 원래 허브숍을 운영하다 원료인 라벤더 재배를 위해 이곳 고성에 정착하게 되었다고. 라벤더축제 기간에 농장을 찾으면 흐드러진 라벤더 정원은 물론, 라벤더 향수 만들기, 향주머니 만들기, 화분 식재 등 다채로운 체험이 가능하다. 보라색 라벤더 아이스크림도 여기서 꼭 맛봐야 할 이색 먹거리다.

- 강원 고성군 간성읍 꽃대마을길 175
- 5~10월 09:30~18:00 *매년 운영 기간 변동
- 어른 6,000원, 중·고생 5,000원, 초등생 3,000원, 유아 2,000원 *라벤더시즌 기준
- 033-681-0005
- www.lavenderfarm.co.kr
- #체험여행 #감성여행 #라벤더 #라벤더축제 #보라보라 #라벤더아이스크림

함께 둘러봐도 좋아요~

- **주변 여행지** 송지호관망타워 (강원 고성군 죽왕면 동해대로 6021)
- **연계 가능 코스** 아야진해수욕장 (p.203)
- **키즈프렌들리 맛집** 베짱이 문어국밥 (문어국밥 | 강원 고성군 토성면 천학정길 12 3층 | 0507-1361-1186 | 유아 의자)

145
미인폭포

강원 삼척

연계교과 4학년 사회 | 5학년 과학

도계읍에 자리한 아름다운 자연명소로, 아이들과 함께 계곡과 숲의 생태계를 탐험하기 좋다. 폭포 높이는 약 50m로, 통리협곡 속 웅장한 절경은 물론, 신비로운 에메랄드 물빛이 어우러져 이국적인 풍광을 빚어낸다. 특히 여름철에는 폭포 주변이 시원하여 가족들이 함께 더위를 피하며 잠시 발을 담그기에도 좋다. 미인폭포까지 이어진 산책로는 아이들도 어렵지 않게 걸을 수 있는 난이도라 가족 단위 산책 코스로 안성맞춤이다. 산책로를 따라 걷다보면 다양한 야생화와 곤충을 관찰할 수 있어 아이들의 생태학습장으로도 손색이 없다. 일부 돌길이 있으니 미끄러지지 않도록 바닥이 단단한 신발도 준비하길 추천한다. 현재 출렁다리 조성 공사로 2026년 3월까지 출입이 통제될 예정이니 방문 전에 미리 확인하는 것이 좋겠다.

- 강원 삼척시 도계읍 구사1길 10
- 033-570-4062
- #체험여행 #폭포여행 #자연명소 #에메랄드물빛 #통리협곡 #이국적인풍경

- **주변 여행지** 도계나무나라(www.dogyewoodworld.kr)
- **연계 가능 코스** 하이원추추파크(p.206)
- **키즈프렌들리 맛집** 능라도(냉면·수육 | 강원 삼척시 도계읍 늑구1길 20-3 | 033-541-7492 | 유아 의자)

146 하이원추추파크

연계교과 4학년 사회 | 5학년 과학

철도체험형 기차테마리조트로 높은 산자락을 지그재그로 달리는 스위치백트레인과 짜릿한 속도를 자랑하는 레일바이크, 귀여운 미니트레인 등 아이들이 좋아할 만한 다양한 체험이 준비되어 있다. 특히 스위치백트레인은 우리나라에서 유일한 스위치백 구간을 옛 증기기관차 스타일의 관광열차를 타고 돌아볼 수 있다. 이 열차를 이용하면 영화 촬영지로 유명한 옛 심포리역도 만날 수 있다. 숙박시설 외에 오토캠핑장도 운영하고 있으며 여름엔 아이들 키 높이에 맞춘 미니풀장도 개방한다. 해발 720m 고지대에 자리해 한여름에도 열대야 걱정이 없다. 키즈카페와 유아 의자가 비치된 푸드파크 등 편의시설도 잘 갖추고 있다.

- 강원 삼척시 도계읍 심포남길 99
- **스위치백트레인** 주중 11:00·14:00, 주말 10:30·13:00·15:30 **레일바이크** 09:30~16:30(정비시간 11:30~13:00, 화·수요일 휴무) **놀이기구 3종&미니트레인** 10:00~17:00(점검시간 12:00~13:00) **슈퍼윙즈 키즈카페** 10:00~17:30 **정글대탐험** 주중 10:30~18:00, 주말 10:00~18:00(화요일 휴무)
- 스위치백트레인 1인 20,000원, 레일바이크 2인승 30,000원, 4인승 40,000원, 놀이기구 3종 패키지 9,900원, 미니트레인 1인 5,000원, 슈퍼윙즈 키즈카페 어른 5,000원, 어린이 17,000원, 정글대탐험 어른 10,000원, 어린이 12,000원
- 033-550-7788   www.choochoopark.com
- #체험여행 #기차여행 #스위치백 #레일바이크 #캠핑 #물놀이

- **주변 여행지** 삼척해양레일바이크(oceanrailbike.com)
- **연계 가능 코스** 미인폭포(p.205)
- **키즈프렌들리 맛집** 올콩밥상(백반 | 강원 태백시 통리1길 35 | 0507-1318-3399 | 좌식테이블)

147 속초시립박물관

강원 속초

연계교과 5학년 사회

산과 바다, 호수가 한데 어우러진 속초는 관광도시 이미지는 강하지만 그 역사와 문화에 대해 제대로 알아볼 기회는 많지 않다. 속초시립박물관은 속초라는 도시가 지나온 역사부터 민속문화, 아바이마을로 대표되는 실향민의 아픔까지 차근하게 돌아볼 수 있는 공간이다. 특히 야외 전시 공간인 문화촌에는 아바이마을의 옛 모습과 북한 원산역까지 기차가 달렸던 속초역, 드라마 <가을동화>에 등장했던 은서네 집 등이 재현되어 재미와 함께 아이들의 이해를 돕는다. 오전 11시와 오후 2시에는 시립풍물단의 공연이 펼쳐지고, 북청사자탈 만들기 등 다양한 체험프로그램도 운영된다. 홈페이지를 통해 미리 예약하면 북한식 가옥에서 숙박체험도 가능하다.

- 강원 속초시 신흥2길 16
- 하절기 09:00~18:00, 동절기 09:00~17:00 휴무 월요일, 1월 1일
- 어른 2,000원, 청소년 1,500원, 어린이 700원
- 033-639-2974
- www.sokcho.go.kr/ct/museum
- #역사여행 #체험여행 #박물관여행 #아바이마을 #전통공연 #숙박체험

함께 둘러봐도 좋아요~
- **주변 여행지** 국립산악박물관(komount.or.kr/nmm)
- **연계 가능 코스** 설악케이블카(p.417)
- **키즈프렌들리 맛집** 해녀전복뚝배기(해물뚝배기·전복죽) | 강원 속초시 영랑해안길 9 | 0507-1482-5157)

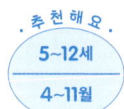

148
외옹치바다향기로

연계교과 3학년 과학 | 5학년 사회

강원 속초

속초 앞바다를 가장 가까이에서 느낄 수 있는 걷기 길로 푸른 바다와 소나무숲, 다양한 형태의 바위를 모두 품고 있어 아이들과 함께 걷기에 더없이 좋다. 바다 위를 걷는 듯한 해안데크는 짜릿함까지 선사한다. 산책로 중간에 접어들면 난간 대신 길게 늘어선 해안철책선이 눈길을 사로잡는다. 과거 이 지역은 무려 65년 동안 일반인이 접근할 수 없었다. 1968년 울진·삼척 무장공비 침투사건이 발생하면서 동해안 경비는 더욱 삼엄해졌고, 이곳 또한 군인들이 철책선을 두르고 방어하는 군사지역이었다. 조금 더 걸어가면 당시 사용했던 초소도 그대로 남아있다. 산책로 곳곳엔 바위 이름을 소개한 안내판이 자리한다. 주민들이 배를 타고 나가 소풍을 즐겼다는 마당바위, 물개들이 쉬어 간다는 해구바위 같은 재미있는 이름들이다. 산책로가 끝나는 지점에 외옹치해수욕장이 펼쳐진다. 아담한 규모지만 묵묵히 자리를 지키는 검은 바위와 쉴 새 없이 부서지는 하얀 파도, 맑고 투명한 물빛이 어우러져 그만의 매력을 즐기기 좋다.

- 강원 속초시 대포동 656-14
- 033-639-2362
- #역사여행 #체험여행 #걷기여행 #바닷길 #6·25전쟁 #분단

함께 둘러봐도 좋아요~
- **주변 여행지** 피노디아(www.pinodia.com | 미술관)
- **연계 가능 코스** 휴휴암(p.209)
- **키즈프렌들리 맛집** 우동당(우동 | 강원 속초시 새마을길 60 | 010-5185-5082 | 유아 의자)

추천해요
5~7세
4~11월

149
휴휴암

연계교과 3학년 사회

강원 양양

'쉬고 또 쉰다'는 의미를 담은 이름처럼 암자의 역사보다는 바닷가를 끼고 자리한 고즈넉한 풍경이 매력적인 곳이다. 일부 계단으로 연결된 구간이 있어 유아차로는 접근이 어렵지만 암자 규모가 크지 않아서 아이들과 가볍게 산책을 즐기기 좋다. 특히 바닷가 바위에 자리한 연화법당 주변에는 늘 큼직한 황어 떼가 가득해 아이들의 호기심을 자극한다. 물고기밥을 구입해 직접 먹이를 주는 체험도 가능하고 불교신자들은 이곳에서 물고기를 방생하며 기도를 올리기도 한다. 입구에 카페도 자리해 잠시 시원한 실내에서 걸음을 쉬어 갈 수도 있다.

📍 강원 양양군 현남면 광진2길 3-16
📞 033-671-0093
🔖 #감성여행 #사찰여행 #바닷가사찰
#황어떼 #방생

함께 둘러봐도 좋아요~

- **주변 여행지** 서피비치(강원 양양군 현북면 하조대해안길 119)
- **연계 가능 코스** 외옹치바다향기로(p.208)
- **키즈프렌들리 맛집** 버거월드(햄버거 | 강원 양양군 현남면 인구길 56-1 | 0507-1351-7320 | 유아 의자)

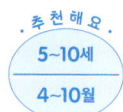

150
별마로천문대

연계교과 3·5학년 과학

강원 영월

한밤중에도 휘황찬란한 불빛들로 가득한 도시와 달리 영월의 밤하늘은 빛 오염이 적어 유난히 별자리가 선명하다. 특히 봉래산 정상에 자리한 별마로천문대는 최상의 천체관측 조건을 갖추고 있어 한여름 별자리여행의 낭만을 즐기기에 제격이다. 단, 사전 예약제로 운영되고 있어 홈페이지를 통해 원하는 회차를 미리 예매해야 한다. 오후에는 태양관측, 일몰 후에는 천체관측이 가능하니 원하는 프로그램을 선택하면 된다. 별자리 외에 영월 시내 야경도 조망할 수 있다. 천문대로 올라가는 길이 좁고 경사가 매우 심하기 때문에 셔틀버스를 이용해야 한다.

- 강원 영월군 영월읍 천문대길 397
- 하절기 15:00~23:00, 동절기 14:00~22:00 *사전 예약제 **휴무** 월요일, 공휴일 다음 날, 1월 1일, 설날·추석
- 어른 7,000원, 청소년 6,000원, 어린이 5,000원
- 033-372-8445
- www.yao.or.kr
- #체험여행 #별자리여행 #천문대 #여름별자리 #사전예약제

함께 둘러봐도 좋아요~

- **주변 여행지** 영월곤충박물관(www.insectarium.co.kr)
- **연계 가능 코스** 라디오스타박물관(p.418)
- **키즈프렌들리 맛집** 원짬뽕(중식당 | 강원 영월군 영월읍 하송로 93 | 033-374-7733 | 유아 의자)

151 한반도뗏목마을

강원 영월

연계교과 4학년 사회 | 5학년 과학

원래 선암마을로 불리던 이곳은 한반도지형을 똑 닮은 모양새로 유명해지면서 아예 행정구역명도 한반도면으로 바꾸었다. 전망대에서 바라보면 마치 하늘 위에서 우리나라를 내려다보는 것 같은데, 그 신기한 풍경을 먼저 감상한 후 마을로 이동하길 추천한다. 한반도뗏목마을에선 전통 운송수단인 뗏목을 직접 체험해볼 수 있고, 여름에는 시원한 강물에 발을 담글 수도 있다. 백두대간을 연상시키는 울창한 소나무숲과 포항 호미곶을 오묘하게 빼닮은 절벽은 가까이에서 보면 더욱 신비롭다. 여름에는 햇볕이 뜨거운 한낮보다는 이른 아침이나 늦은 오후를 선택하는 게 좋다. 또 나루터에는 음료와 아이스크림, 감자전 등을 판매하는 주막이 있어 잠시 더위를 피하기 좋다.

- 강원 영월군 한반도면 선암길 70
- 09:00~17:30 *기상 상황에 따라 이용 불가
- 어른 8,000원, 어린이 6,000원
- 010-9399-5060   www.뗏목마을.com
- #체험여행 #감성여행 #한반도지형 #뗏목체험 #주막

- **주변 여행지** 한반도지형전망대 (강원 영월군 한반도면 한반도로 555)
- **연계 가능 코스** 영월 청령포 (p.87)
- **키즈프렌들리 맛집** 주천묵집 (도토리묵밥·생감자옹심이 | 강원 영월군 주천면 송학주천로 1282-11 | 좌식테이블)

211

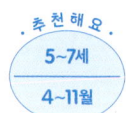

152
나전역

강원 정선

연계교과 2학년 국어 | 3학년 사회

오래된 흑백사진 속에서 갓 튀어나온 듯 감성적인 풍경을 간직한 기차역으로, 아이들과 함께 시골 마을의 한적한 정취를 느끼기에 좋은 장소다. 삼각 목조지붕을 얹은 대합실과 낡은 간판, 과거 TV 광고에도 등장했던 플랫폼 모두 지나온 시간을 오롯이 품고 있다. 지금도 기차가 지나는 간이역으로 대합실 내부는 카페로 운영 중이다. 다양한 철도 관련 소품들이 정답게 자리한 카페에서는 지역에서 생산되는 농산물을 이용한 곤드레크림커피, 더덕라테 등을 맛볼 수 있다. 기차역에 얽힌 추억을 소재로 한 포토존도 곳곳에 자리해 아이들과 특별한 추억을 남길 수 있다.

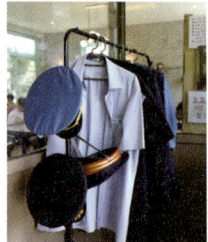

- 강원 정선군 북평면 북평8길 38
- 10:00~19:00
- 0507-1367-3646
- www.나전역카페.kr
- #감성여행 #기차여행 #체험여행 #간이역 #레트로

함께 둘러봐도 좋아요~
- **주변 여행지** 항골계곡(강원 정선군 북평면 탑골길 270-14)
- **연계 가능 코스** 덕산기계곡(p.213)
- **키즈프렌들리 맛집** 번영수퍼(보리밥) | 강원 정선군 북평면 북평3길 58-6 | 033-562-3188 | 좌식테이블)

153
덕산기계곡

강원 정선

연계교과 3학년 과학 | 5학년 사회

깊은 산골에 자리한 총 길이 12km의 계곡으로 거대한 폭포와 곳곳에 맑고 아름다운 소를 품고 있어 물놀이를 즐기기에 더없이 좋다. 특히 수억 년 동안 지각변동과 풍화작용을 반복하며 형성된 층암절벽이 계곡을 따라 병풍처럼 늘어서 수려한 절경을 빚어낸다. 이처럼 때 묻지 않은 풍경을 간직하고자 주민들 스스로 자연휴식년제를 운영, 성수기인 여름에는 마을 주민들이 운영하는 민박 투숙객들만 입장이 가능하다. 덕분에 오붓하게 물놀이를 즐기기에 더없이 좋은 공간이니 미리 숙박을 정하고 찾아가길 추천한다. 걷는 걸 좋아하는 아이라면 물길 따라 상류까지 걷는 계곡트레킹도 즐길 수 있다.

- 강원 정선군 정선읍 덕우리 산17-6
- 1544-9053
- #감성여행 #체험여행 #그림같은풍경 #물놀이 #계곡트레킹 #자연휴식년제

함께 둘러봐도 좋아요~
- **주변 여행지** 정선아라리촌(강원 정선군 정선읍 애산로 37)
- **연계 가능 코스** 나전역(p.212)
- **키즈프렌들리 맛집** 정선회관(메밀막국수 | 강원 정선군 정선읍 5일장길 58 | 0507-1384-2860)

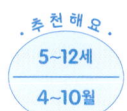

강원 정선

154
동강전망자연휴양림

연계교과 3학년 과학 | 4학년 사회

짙푸른 자연 속에서 낭만적인 하룻밤을 보낼 수 있는 캠핑장이다. 동강 절벽 위에 위치한 휴양림은 이름 그대로 웅장한 산세와 구불구불 강줄기가 어우러진 비경이 한눈에 들어온다. 덕분에 이 같은 전망을 오롯이 즐길 수 있는 일부 데크는 예약이 시작되자마자 마감될 만큼 인기가 뜨겁다. 밤이면 깜깜한 하늘을 배경으로 은빛 별들이 쏟아지고, 이른 아침 산자락 위로 떠오르는 태양과 발아래 가득한 구름도 감상할 수 있다. 데크 주변으로 아이들과 걷기 좋은 산책로도 잘 다듬어져 있어 정선의 아름다운 자연을 느긋하게 즐길 수 있다.

- 강원 정선군 신동읍 동강로 916-212
- 비수기 평일 30,000원, 주말 40,000원, 성수기(7~8월) 40,000원 *매월 1일 11:00부터 다음 달 예약
- 033-560-3464
- www.jsimc.or.kr/layout/basic/page/page1/page09.html
- #감성여행 #체험여행 #캠핑 #자연휴양림 #그림같은풍경 #구름위하룻밤

함께 둘러봐도 좋아요~

- **주변 여행지** 정선507미술관(www.museum507.org)
- **연계 가능 코스** 병방치스카이워크(p.215)
- **키즈프렌들리 맛집** 정선반점(중식당 | 강원 정선군 정선읍 정선로 1220 | 033-562-2080 | 좌식테이블)

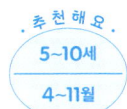

155
병방치스카이워크

강원 정선

연계교과 3학년 과학 | 6학년 사회

영월 선암마을을 시작으로 한반도 모양의 지형을 조망할 수 있는 전망대들이 곳곳에 등장했다. 동강이 섬 둘레를 따라 느긋하게 흐르는 정선의 밤섬도 그중 하나다. 한반도를 닮았다는 밤섬 전경을 제대로 감상하려면 병방치에 자리한 스카이워크에 올라야 하는데, 밑바닥이 훤히 내려다보이는 투명한 유리 바닥으로 만들어져 아찔한 스릴까지 덤으로 즐길 수 있다. 공중을 향해 U자 형태로 설계된 병방치스카이워크는 올라서는 순간 마치 하늘을 걷는 것처럼 아득해진다. 바닥이 미끄러울 수 있으니 아이들은 안전바를 꼭 잡고 이동하도록 하고, 유리 바닥의 특성상 기상 상황에 따라 전망대 출입이 제한되기도 하니 미리 운영 여부를 확인하자.

- 강원 정선군 정선읍 병방치길 225
- 하절기 09:00~18:00, 동절기 09:00~17:00 *기상 상황에 따라 관람제한
- 어른 2,000원, 어린이 1,000원
- 033-563-4100
- www.ariihills.co.kr
- #감성여행 #체험여행 #한반도지형 #밤섬 #유리전망대 #그림같은풍경

함께 둘러봐도 좋아요

- **주변 여행지** 정선목재문화체험장(강원 정선군 정선읍 광하리 16-6 | 033-560-3492)
- **연계 가능 코스** 동강전망자연휴양림(p.214)
- **키즈프렌들리 맛집** 산마실(곤드레비빔밥 | 강원 정선군 정선로 1368-3 | 033-562-5799 | 좌식테이블)

156 고석정

강원 철원

연계교과 4학년 사회 | 5학년 과학

한탄강 절벽 위에 우뚝 솟은 기암괴석 고석은 자연이 빚은 조각품 같은 풍경을 자랑한다. 신라 진평왕 때 여기에 누각을 짓고 고석정이라 칭했으며, 조선 명종 때 의적 임꺽정이 건너편 동굴에 숨어 지냈다는 전설도 이어진다. 한탄강 물줄기가 깎아낸 절벽과 고석은 침식과 풍화작용의 결과로, 아이들이 교과서로만 배웠던 지형의 형성과 변화를 생생하게 보여준다. 여름에는 유람선을 타고 고석 주변을 도는 물길 체험이, 겨울에는 꽁꽁 언 물길 위를 걷는 체험이 가능해 1년 내내 자연의 다양의 풍경을 즐길 수 있다. 1977년 국민관광지로 지정돼 고석정으로 향하는 숲길과 주변 공원도 잘 가꿔져 있으며 온 가족 함께 나들이를 즐기기에 제격이다.

- 강원 철원군 동송읍 태봉로 1825
- 033-450-5558
- #감성여행 #체험여행 #한탄강 #그림같은풍경 #지질탐험

함께 둘러봐도 좋아요~

- **주변 여행지** 고석정꽃밭(강원 철원군 동송읍 장흥리 25-203)
- **연계 가능 코스** 한탄강지질공원(p.218)
- **키즈프렌들리 맛집** 기와집(쌈밥 | 강원 철원군 갈말읍 갈말로 369 | 033-455-2566 | 유아 의자)

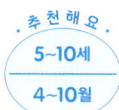

추천해요
5~10세
4~10월

157
철원역사문화공원

연계교과 4·6학년 사회

강원 철원

철원역사문화공원은 분단 이전 옛 철원읍 시가지 일대를 복원한 공간으로, 근현대사의 흔적과 DMZ 접경 지역의 특수한 역사성을 함께 체험할 수 있는 교육형 공원이다. 공원 중심에는 1937년 역무원 80여 명에 승하차 인원만 약 28만 명에 이르렀다는 철원역이 복원되어 있고, 여기서 소이산 정상까지 올라가는 모노레일 탑승이 가능하다. 소이산 정상에서는 드넓은 철원평야를 한눈에 담을 수 있다. 철원역 주변으로는 당대 최고 무용가였던 최승희가 데뷔했다는 철원극장과 광복 당시 2,600여 명의 학생들이 등교했다는 철원공립보통학교, 1년에 25,000여 명의 환자들을 돌봤다는 강원도립철원의원, 금강산 관광을 위해 많은 사람이 쉬어 갔다는 관동여관과 일출여관 등이 복원돼 마치 시간여행을 떠나온 기분마저 든다.

- 강원 철원군 철원읍 금강산로 262
- 하절기 09:00~18:00, 동절기 09:00~17:00 **휴무** 화요일, 1월 1일, 설날·추석
- 소이산 모노레일 어른 7,000원, 청소년 및 어린이 4,000원
- 0507-1376-6401
- #체험여행 #역사여행 #시간여행 #6·25전쟁 #금강산 #철원역 #모노레일

함께 둘러봐도 좋아요~

- **주변 여행지** 노동당사(강원 철원군 철원읍 금강산로 265)
- **연계 가능 코스** 고석정(p.216)
- **키즈프렌들리 맛집** 드르니국수 철원 본점(국밥·국수 | 강원 철원군 갈말읍 드르니길 119-31 | 033-452-2223 | 유아 의자)

158
한탄강지질공원

강원 철원

연계교과 3·5학년 과학

한탄강지질공원은 약 50만 년 전 화산활동으로 형성된 주상절리와 용암대지를 직접 눈으로 볼 수 있는 유네스코 선정 세계지질공원이다. 화산이 흘러내리며 굳어진 현무암 절벽과 기암괴석은 교과서에서 보던 지질 개념을 현장에서 실감나게 체험할 수 있게 해준다. 고석정 인근에 한탄강지질공원 방문자센터가 자리하는데, 이곳에서 한탄강의 역사는 물론 다양한 지질학적 가치를 지닌 명소들에 대한 정보를 얻을 수 있다. 해설사도 상주하고 있어 화산지형이 어떻게 만들어졌는지 보다 전문적인 설명도 들을 수 있다. 규모는 크지 않으나 아이들을 위한 놀이공간도 마련돼 있다. 여기서 얻은 정보를 바탕으로 철원과 포천, 연천 일대에 펼쳐진 다양한 지질명소들을 차례로 찾아보는 것도 좋겠다.

- 강원 철원군 동송읍 태봉로 1823
- 10:00~17:00 *한탄강지질공원 방문자센터 휴무 화요일
- 033-450-4810
- www.hantangeopark.kr
- #체험여행 #시간여행 #지질탐험 #한탄강 #세계지질공원

- **주변 여행지** 철원한탄강주상절리길 (강원 철원군 갈말읍 군탄리 산78-2)
- **연계 가능 코스** 고석정 (p.216)
- **키즈프렌들리 맛집** 한탄강빵명장 (베이커리) | 강원 철원군 동송읍 한탄강길 28 | 033-455-6500 | 유아 의자

159 구와우마을

 강원 태백

연계교과 3학년 사회 | 5학년 과학

여름을 대표하는 꽃인 황금빛 해바라기를 원 없이 만날 수 있는 곳이다. 매년 7~8월 해바라기축제가 열리는 구와우마을은 무려 100만 송이 해바라기가 펼쳐진 정원으로 여행자들의 눈과 마음을 사로잡는다. 끝없이 펼쳐진 샛노란 꽃물결도 아름답지만, 해발 800m의 백두대간 자락에 위치해 한여름에도 시원한 산그늘과 청량한 공기를 즐길 수 있다는 것도 큰 매력이다. 축제 동안에는 해바라기를 그려 넣은 손수건이나 티셔츠 만들기 등 다양한 체험도 운영하고 마을주민들이 직접 국밥과 감자전, 해바라기차도 판매한다.

- 강원 태백시 구와우길 38-20
- 7월 하순~8월 중순경 *홈페이지 확인
- 어른 5,000원, 학생 3,000원
- 033-553-9707
- www.sunflowerfestival.co.kr
- #감성여행 #체험여행 #그림같은풍경 #해바라기 #꽃길만걸어요

함께 둘러봐도 좋아요~
- **주변 여행지** 바람의언덕(강원 태백시 창죽동 9-440)
- **연계 가능 코스** 365세이프타운(p.220)
- **키즈프렌들리 맛집** 구와우순두부식당(순두부) | 강원 태백시 구와우길 49-1 | 033-554-7223 | 좌식테이블

160 365세이프타운

강원 태백

연계교과 2학년 통합 | 5학년 과학

아이들을 키우면서 가장 큰 걱정이 있다면 바로 '안전' 아닐까? 일상에서 다양한 위험에 노출된 아이들이 위기상황에 현명하게 대처할 수 있도록 가르치는 가장 좋은 방법은 역시 체험이다. 365세이프타운은 산불과 지진, 풍수해 등 각종 재난과 재해를 실감나게 체험함으로써 자연스럽게 안전교육이 이뤄질 수 있도록 꾸민 에듀테인먼트 시설이다. 각 체험마다 운영시간이 다르므로 주말이나 대기인원이 많을 때는 미리 시간표를 확인해 동선을 정하는 것이 효율적이다. 특히 위기탈출체험은 예약 후 인솔자 안내에 따라 진행되므로 먼저 신청해두는 것이 좋다. 비는 시간에는 안전벨트체험이나 미로탈출처럼 수시로 운영되는 자율체험을 이용하거나 별관 1층에 마련된 키즈랜드와 곤충관을 둘러보기를 추천한다.

- 강원 태백시 평화길 15
- 09:00~18:00 **휴무** 월요일
- 1인 22,000원
- 033-550-3101
- www.taebaek.go.kr/365safetown
- #체험여행 #안전체험 #위기탈출 #안전벨트체험 #지진체험

이것도 체크! 체험하기 전 알아두세요
일부 체험은 입체영상이나 움직이는 시뮬레이터 때문에 아이들이 어지럼증을 호소할 수도 있어요. 또 임산부인 보호자는 체험이 제한되니 유의하세요!

- **주변 여행지** 비와야폭포(강원 태백시 양지길 28)
- **연계 가능 코스** 추전역(p.422)
- **키즈프렌들리 맛집** 한서방칼국수(칼국수 | 강원 태백시 강원남부로 468 | 033-554-3300 | 유아 의자)

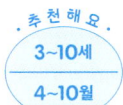

161
청옥산 육백마지기

연계교과 3학년 과학

강원 평창

평창군 미탄면에 위치한 청옥산 육백마지기는 드넓은 초지와 탁 트인 하늘이 어우러진 고원지대로, 아이들이 광활한 자연을 온몸으로 느낄 수 있는 특별한 장소다. 육백마지기는 '볍씨 육백 말을 뿌릴 수 있을 정도로 넓은 평원'이라 하여 붙은 이름으로, 현재는 초지와 야생화 군락지로 변모해 아름다운 경관을 자랑한다. 봄과 여름에는 야생화가 만발하고, 가을에는 억새가 장관을 이루어 자연의 변화를 생생하게 체험할 수 있다. 특히 6~7월 샤스타데이지가 만개하여 환상적인 분위기를 자아낸다. 주변 전망대에서는 산맥이 이어지는 웅장한 풍경을 한눈에 담을 수 있다.

📍 강원 평창군 미탄면 회동리 1-14
#체험여행 #감성여행 #육백마지기 #그림같은풍경 #꽃길만걸어요 #샤스타데이지

- **주변 여행지** 강원특별자치도 탄광문화촌(강원 영월군 북면 밤재로 351)
- **연계 가능 코스** 대관령양떼목장(p.92)
- **키즈프렌들리 맛집** 육백마지기식당(곤드레밥 | 강원 평창군 미탄면 청옥산길 583-70 | 033-334-5911 | 유아 의자)

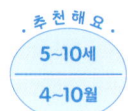

162
이외수문학관

연계교과 3학년 국어

강원 화천

화천 감성마을 언덕에 자리한 이외수문학관은 작가 이외수의 삶과 작품 세계를 기념하는 공간으로, 문학을 감성적으로 체험할 수 있는 특별한 장소다. 전시관 내부에는 작가의 집필실을 재현한 공간과 원고, 드로잉, 육필 노트 등이 전시되어 있어 문학이 만들어지는 과정을 아이들의 눈높이에서 흥미롭게 전달한다. 문학관 주변에는 작가의 문장을 새긴 산책길이 조성돼 있어 아름다운 산골 풍경을 눈에 담으며 걷는 감성 산책도 즐길 수 있다. 이왕이면 아이와 작가의 글귀를 함께 읽으며 짧은 감상을 나눠보는 것도 좋겠다.

- 강원 화천군 감성마을길 157-18
- 하절기 09:00~17:30, 동절기 09:00~17:00 **휴무** 월·화요일
- 033-441-1253
- #감성여행 #체험여행 #문학여행 #작가이외수 #감성마을

함께 둘러봐도 좋아요~
- **주변 여행지** 산타클로스우체국 대한민국 본점(hwacheonsanta.modoo.at)
- **연계 가능 코스** 애니메이션박물관(p.421)
- **키즈프렌들리 맛집** 삼호가든(삼계탕) | 강원 화천군 사내면 문화마을1길 14 | 033-441-8292 | 좌식테이블

163
고라데이마을

강원 횡성

연계교과 3학년 사회 | 5학년 과학

'고라데이'는 강원도 사투리로 골짜기를 뜻한다. 실제로 고라데이마을은 산자락이 병풍처럼 둘러싸고 있는 작고 오붓한 산골이다. 과거 화전민들의 삶터이기도 했던 이곳에선 맑고 깨끗한 자연과 화전민의 특별한 역사, 우리 땅에서 자란 신선한 먹거리를 내세운 체험마을을 운영 중이다. 움막 안에 모닥불을 피우고 감자를 구워먹거나 표고버섯을 직접 채취해보는 버섯농장체험, 봄부터 가을까지 이뤄지는 심마니체험 등 흥미로운 프로그램들이 가득하다. 대부분 단체를 대상으로 한 프로그램이지만 마을에서 숙박을 하거나 캠핑을 하면 다른 팀이 체험을 진행할 때 적절히 배정해주기도 한다. 물론 조용한 산골에서 하룻밤 쉬어가는 것만으로도 충분한 휴식이 된다.

- 강원 횡성군 청일면 봉명로 375-1
- 033-344-1004
- blog.naver.com/psypsy0053
- #체험여행 #산골체험 #화전민움막 #심마니체험 #캠핑

- **주변 여행지** 횡성호수길(강원 횡성군 갑천면 태기로구방5길 40)
- **연계 가능 코스** 소금산그랜드밸리(p.325)
- **키즈프렌들리 맛집** 구리뜰막국수(막국수 | 강원 횡성군 갑천면 청정로 227 | 033-342-7200 | 유아 의자)

164 도담삼봉

충북 단양

연계교과 3학년 사회

단양의 아름다운 풍광을 일컫는 '단양팔경' 중 제1경으로 꼽히는 곳이다. 강 한가운데 섬처럼 자리한 바위 3개가 언뜻 보기에도 신비롭다. 전해지는 이야기로는 원래 강원도 정선의 삼봉산이 홍수 때 떠내려와 지금의 도담삼봉이 되었다고 한다. 그래서 정선 사람들이 단양 사람들에게 삼봉에 대한 세금을 요구하자 한 소년이 "삼봉이 물길을 막아 오히려 피해가 되니 정선에서 도로 가져가시오"라고 재치 있게 받아쳤다고 한다. 이 소년이 훗날 이성계를 도와서 조선을 건국한 정도전이고, 그의 호가 바로 도담삼봉에서 따온 '삼봉'이다. 여름에는 도담삼봉 사이로 아찔하게 달리는 모터보트도 재미있다.

- 충북 단양군 매포읍 삼봉로 644-13
- 043-421-3796
- #역사여행 #감성여행 #그림같은풍경 #단양팔경 #정도전 #모터보트

- **주변 여행지** 다누리아쿠아리움(www.danyang.go.kr/aquarium)
- **연계 가능 코스** 수양개빛터널(p.225)
- **키즈프렌들리 맛집** 도담삼봉가마솥손두부(순두부 | 충북 단양군 매포읍 삼봉로 644-17 | 043-421-5999 | 유아 의자)

165 수양개빛터널

연계교과 3학년 과학

충북 단양

옛 기차 터널을 활용해 만든 수양개빛터널은 빛과 미디어아트가 어우러진 환상적인 체험 공간으로, 아이들의 감각을 자극하는 색다른 실내 여행지다. 200m가 넘는 긴 터널 속을 따라 LED 조명과 인터랙티브 영상이 연출되는데, 마치 시간과 공간을 넘나드는 듯한 특별한 경험을 선사한다. 빛의 파장과 반사를 주제로 한 전시는 과학 원리를 놀이처럼 접할 수 있어 교육 효과도 크다. 터널 내부는 주제별로 빛의 강, 우주 공간, 고대 동굴 벽화 등 다양한 테마로 구성돼 있으며, 걷는 내내 아이들의 호기심을 자극한다. 특히 중간중간 나오는 음악과 함께 연출되는 미디어 쇼는 몰입감을 높여 가족 단위 관람객들에게 인기가 많다. 여름철에는 시원한 실내에서 쾌적하게 관람할 수 있어 피서지로도 적합하며, 비 오는 날에도 부담 없이 방문할 수 있다.

- 충북 단양군 적성면 수양개유적로 390
- 하절기 14:00~22:50, 동절기 14:00~21:50 **휴무** 화요일
- 어른 9,000원, 청소년 및 어린이 6,000원
- 043-421-5454
- www.ledtunnel.co.kr
- #감성여행 #체험여행 #야간관광 #실내여행 #미디어쇼 #기차터널

함께 둘러봐도 좋아요~

- **주변 여행지** 아기동물마을(충북 단양군 적성면 수양개유적로 250-35)
- **연계 가능 코스** 도담샘봉(p.224)
- **키즈프렌들리 맛집** 점점(돈가스·오므라이스 | 충북 단양군 단양읍 삼봉로 328 2층 | 0507-1314-2126 | 유아 의자)

166 의림지

충북 제천

연계교과 4학년 사회 | 5학년 과학

의림지는 삼한시대에 축조된 것으로 알려진 저수지다. 우리나라에서 가장 오래된 농업용 저수지 중 하나로 꼽히는데, 지금도 물이 흘러들고 나가는 수리시설이 작동하고 있어 아이들이 직접 보고 느끼며 저수지의 기능과 역할을 이해할 수 있다. 저수지에서 오리배를 탈 수도 있고 둑 위를 따라 산책로가 잘 조성돼 있어 아이들과 여유롭게 거닐기 좋다. 봄에는 벚꽃, 여름에는 연꽃, 가을에는 단풍으로 둘러싸여 계절마다 또 다른 풍경을 연출한다. 웅장한 절경을 자랑하는 용추폭포와 밤이면 색색깔 조명을 반짝이는 전망대까지 더해 볼거리가 풍성하다. 입구에 의림지역사박물관과 아이들이 뛰어놀기 좋은 놀이공간도 마련돼 있다.

- 충북 제천시 모산동 241
- 043-651-7101
- #체험여행 #감성여행 #저수지 #그림같은풍경 #야간관광

함께 둘러봐도 좋아요~
- **주변 여행지** 의림지파크랜드(충북 제천시 의림지로 30)
- **연계 가능 코스** 제천기차마을(p.227)
- **키즈프렌들리 맛집** 의림지막국수(막국수 | 충북 제천시 의림대로 564 | 0507-1491-5513 | 유아 의자)

167 제천기차마을

충북 제천

연계교과 3학년 사회

제천역이 자리한 영천동 일대는 과거 철도 직원들의 관사를 비롯해 대규모 시장과 식당, 여관이 즐비했던 동네다. 그러나 제천역이 철도교통 중심지에서 점차 밀려나면서 인력이 축소되었고, 직원들이 관사를 떠나자 북적이던 동네는 금세 썰렁해졌다. 이에 주민들이 나서 옛 추억을 고스란히 담아낸 기차마을을 조성했다. 과거 사진자료를 전시한 작은 전시관을 비롯해 아이들이 미니기차를 탈 수 있는 공원, 창밖으로 제천역을 오가는 기차를 감상할 수 있는 게스트하우스 칙칙폭폭999도 만들어졌다. 숙소 루프탑에서는 기차역을 배경으로 바비큐도 즐길 수 있다. 기차를 좋아하는 아이들이라면 하룻밤 여유롭게 쉬어가길 추천한다.

- 충북 제천시 청풍호로2가길 10
- 043-644-3355
- blog.naver.com/ccpp999
- #체험여행 #감성여행 #기차여행 #미니기차 #기찻길옆숙소 #게스트하우스

함께 둘러봐도 좋아요~
- **주변 여행지** 국제발효박물관 (충북 제천시 한방엑스포로 19)
- **연계 가능 코스** 의림지 (p.226)
- **키즈프렌들리 맛집** 편백상회 제천점 (샤브샤브) | 충북 제천시 명륜로 146 | 0507-1466-0454 | 유아 의자)

추천해요
7~12세
연중

168
국립현대미술관 청주

충북 청주

연계교과 3학년 미술 | 5학년 사회

국립현대미술관 청주관은 국내 최초의 수장형 미술관으로, 미술품을 보관하는 수장고 그 자체가 전시 공간이 되는 독특한 구조다. 특히 수장고 개방존에서는 예술작품이 어떻게 보존되고 관리되는지를 직접 관찰할 수 있어, 아이들이 평소 접하기 어려웠던 미술관의 뒷모습을 엿보는 색다른 경험을 선사한다. 상설·기획 전시 외에도 아이들을 위한 워크숍, 만들기 체험, 전시 연계 교육프로그램이 연중 운영되며 관람 후 미술관 내 도서관이나 카페에서 여유롭게 휴식도 가능하다. 아이와 함께 작품을 감상하고, 직접 표현하고 질문하며 예술적 상상력을 키워볼 수 있는 열린 미술놀이터 같은 공간이다.

- 충북 청주시 청원구 상당로 314
- 10:00~18:00 휴무 월요일, 1월 1일
- 기획전시실 2,000원
- 043-261-1400
- mmca.go.kr
- #체험여행 #감성여행 #미술관 #수장고 #예술놀이터

함께 둘러봐도 좋아요~
- **주변 여행지** 국립청주박물관 어린이박물관(cheongju.museum.go.kr/child/index.do)
- **연계 가능 코스** 청주 운보의 집 (p.96)
- **키즈프렌들리 맛집** 잇투데이 청주원더아리아점(피자·파스타 | 충북 청주시 청원구 상당로 314 | 043-904-1427 | 유아 의자)

169 아미미술관

충남 당진

연계교과 3학년 미술

폐교된 초등학교를 리모델링해 만든 문화예술공간으로, 아이들과 함께 감성적인 예술체험을 즐기기에 안성맞춤이다. 미술관 내부는 옛 교실 구조를 그대로 살려 만든 전시실로 구성돼 아이들이 친근하게 예술을 접할 수 있다. 회화와 설치미술, 사진, 영상 등 다양한 장르의 현대미술 작품이 계절마다 바뀌며 전시되고, 일부 공간은 직접 만져보거나 참여할 수 있는 체험형 전시로 구성돼 더욱 흥미롭다. 특히 미술관 뒤편에 마련된 야외정원과 조각 작품은 자연과 예술이 어우러진 산책 코스로도 인기다. 여름이면 이 길을 따라 커다란 수국이 만개해 또 다른 볼거리를 자아낸다. 때때로 아이들을 위한 만들기 워크숍이나 가족 대상 교육프로그램도 운영되니 미리 정보를 확인해두길 추천한다.

- 충남 당진시 순성면 남부로 753-4
- 10:00~18:00 휴무 설날·추석
- 어른 7,000원, 청소년 및 어린이 5,000원
- 0507-1412-1556
- amiart.co.kr
- #체험여행 #감성여행 #미술관 #폐교 #수국 #꽃길만걸어요

함께 둘러봐도 좋아요~
- **주변 여행지** 한국도량형박물관(kwmuseum.modoo.at)
- **연계 가능 코스** 신리성지(p.105)
- **키즈프렌들리 맛집** 동백카츠(돈가스) | 충남 당진시 수청1로 7 | 0507-1415-0139 | 유아 의자

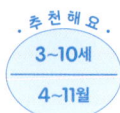

170
죽도 상화원

충남 보령

연계교과 3학년 과학 | 5학년 사회

상화원이 자리한 죽도는 원래 섬이었으나 방조제 건설과 함께 육지와 연결됐다. 자동차로 들어갈 수 있는 섬이니 아이들과의 여행도 부담이 없다. 이 섬에 조성된 전통정원 상화원은 '조화를 숭상한다'는 의미를 담고 있다. 섬 면적의 80% 이상을 차지하니 섬 전체를 하나의 정원이라 불러도 되겠다. 산책로 내내 이어지는 소나무 그늘과 햇빛을 막아주는 회랑, 섬을 지나는 서늘한 바람에 한여름에도 걷기 좋다. 어디서든 걸음을 쉬어갈 수 있는 나무벤치가 100여 개에 이르고, 또 저마다 눈에 들어오는 풍경이 달라지니 절로 마음을 열고 섬을 즐기게 된다. 회랑이 끝날 무렵엔 전국에서 옮겨왔다는 아름다운 한옥들이 반겨준다. 이곳 대청마루에 누워 마음껏 풍광을 즐겨도 좋겠다.

- 충남 보령시 남포면 남포방조제로 408-52
- 4~11월 금·토·일요일과 법정공휴일 09:00~18:00
- 어른 7,000원, 미취학 아동 5,000원
- 041-933-4750
- www.sanghwawon.com
- #체험여행 #감성여행 #섬여행 #전통정원 #회랑 #한옥

- **주변 여행지** 무창포어촌체험휴양마을(충남 보령시 웅천읍 열린바다1길 28)
- **연계 가능 코스** 학성리공룡발자국화석산지(p.231)
- **키즈프렌들리 맛집** 조양칼국수(칼국수 | 충남 보령시 보령남로 125-7 | 041-934-5556 | 유아 의자)

171
학성리공룡발자국화석산지

충남 보령

연계교과 3학년 과학 | 5학년 사회

'맨삽지'라고도 불리는 천북면 학성리공룡발자국화석산지는 내비게이션에도 잘 검색되지 않을 만큼 한적하고 오붓한 풍경을 간직하고 있다. 그러나 이 마을이 품은 시간은 결코 짧지 않다. 일대에서 중생대 백악기 지층이 다수 발견되었기 때문인데, 특히 물을 마시기 위해 이동했던 공룡의 발자국 화석이 발견되어 자연사적 가치도 높다. 흥미로운 건 이 발자국의 주인공으로 추정되는 루양고사우르스와 프로박트로사우루스를 해변 한쪽에 재현해뒀다는 것. 덕분에 아이들은 발을 내딛는 순간 거대한 공룡에 눈과 마음을 뺏기고 만다. 썰물 때는 공룡섬 안쪽까지 돌아볼 수 있으나 밀물 시간대를 잘 확인해 이동하길 추천한다.

- 충남 보령시 천북면 학성리 산45
- #체험여행 #공룡탐험 #시간여행 #백악기 #공룡섬

- **주변 여행지** 보령충청수영성(충남 보령시 오천면 소성리 661-1)
- **연계 가능 코스** 죽도 상화원(p.230)
- **키즈프렌들리 맛집** 우유창고(카페) | 충남 보령시 천북면 홍보로 573 | 070-4221-5638 | 유아 의자

추천해요
3~10세
3~11월

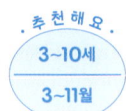

172
안면도쥬라기박물관

충남 태안

연계교과 3·5학년 과학

중생대의 다양한 공룡과 파충류, 그리고 인류의 진화과정을 한자리에서 살펴볼 수 있는 공간이다. 특히 미국에서 발견된 진품 아파토사우르스의 골격과 세계 최초로 발견된 티라노사우루스의 알, 그리고 진품 스피노사우루스 골격 등 국내에서는 한 번도 선보인 적 없는 진품 공룡화석들을 만나볼 수 있어 더욱 그 의미가 크다. 야외공원에는 직접 안으로 들어가 볼 수 있는 실물모형의 공룡들이 자리해 아이들이 보다 친근하고 재미있게 관람할 수 있다. 공룡모형 만들기와 고생대·중생대의 표준화석 만들기 등 아이들을 위한 체험프로그램도 다양하게 운영된다. 체험 후에는 공룡박사증과 학년별 워크북도 받을 수 있으니 관람에 앞서 먼저 들러보길 추천한다.

- 충남 태안군 남면 곰섬로 37-20
- 09:30~17:30, 여름 성수기 09:30~18:00 **휴무** 월요일(공휴일인 경우 다음 날 휴관), 설날·추석
- 어른 13,000원, 청소년 11,000원, 어린이 10,000원
- 041-674-5660
- www.anmyondojurassic.com
- #체험여행 #박물관여행 #공룡박물관 #진품공룡뼈 #공룡박사증

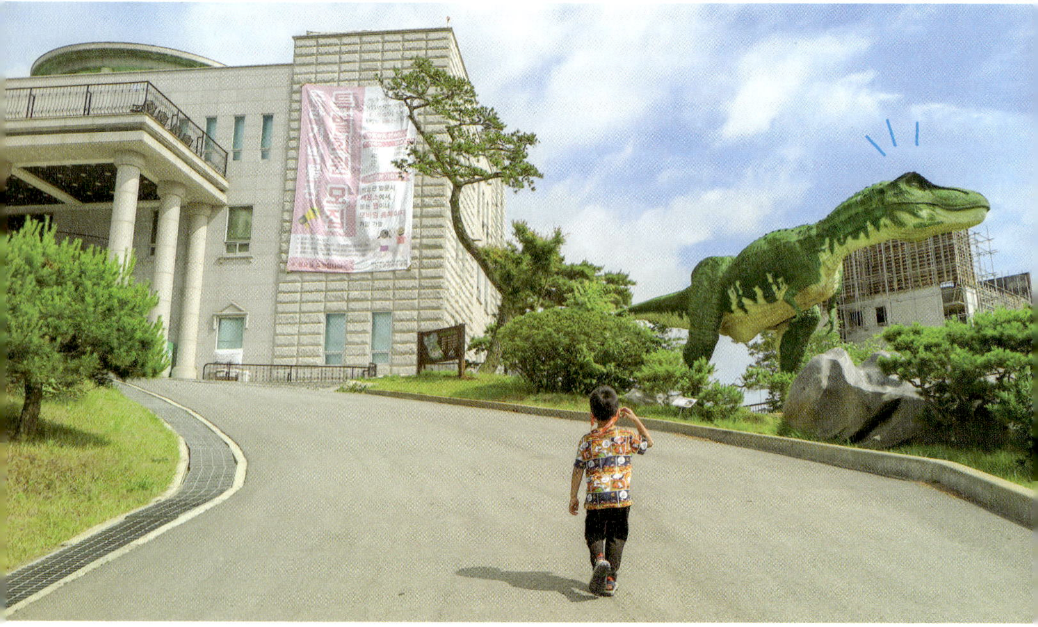

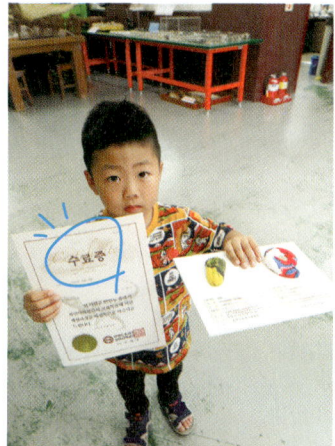

☆☆☆
함께
둘러봐도
좋아요~

- **주변 여행지** 해바라기올래정원(충남 태안군 남면 당암리 694 | 해바라기 시즌에만 운영)
- **연계 가능 코스** 천리포수목원(p.234)
- **키즈프렌들리 맛집** 안면가(게국지·꼬막비빔밥 | 충남 태안군 안면읍 안면대로 3253 | 041-672-6725 | 유아 의자)

173
천리포수목원

충남 태안

연계교과 3·5학년 과학

우리나라 최초의 민간수목원으로 '푸른 눈의 한국인' 민병갈(Carl Ferris Miller)이 오랜 세월 홀로 나무를 심고 가꾼 특별한 공간이다. 우리나라에서 가장 많은 식물종을 보유하고 있어 오랜 기간 연구 목적으로만 개방되었지만, 자연과 환경의 중요성을 일깨우기 위해 지난 2009년, 40년 동안 닫혀 있었던 비밀의 정원이 공개되었다. 아시아 최초로 '세계의 아름다운 수목원'으로 선정되었을 만큼 빼어난 풍광을 자랑해 아이들과 쉬어가기 좋다. 특히 여름에는 곳곳에 수국이 만발해 로맨틱한 정취까지 더한다. 수목원 내에 숙박시설도 갖추고 있어 색다른 가든스테이를 즐겨볼 수도 있다.

- 충남 태안군 소원면 천리포1길 187
- 하절기 09:00~18:00, 7월 19일~8월 17일 매일·4월 20일~5월 25일 매주 토요일 09:00~19:00, 동절기 09:00~17:00
- 어른 12,000원, 청소년 9,000원, 어린이 6,000원 *4~5월 어른 15,000원, 청소년 11,000원
- 041-672-9982
- www.chollipo.org
- #체험여행 #감성여행 #세계의아름다운수목원 #수국 #초록초록 #가든스테이

함께 둘러봐도 좋아요~
- **주변 여행지** 신두리사구센터 (충남 태안군 원북면 신두해변길 201-54)
- **연계 가능 코스** 안면도쥬라기박물관 (p.232)
- **키즈프렌들리 맛집** 인생버거 (햄버거 | 충남 태안군 소원면 파도길 63-6 | 0507-1423-4493 | 유아 의자)

추천해요
5~10세
3~11월

174
옥산서원

연계교과 4·6학년 사회

경북 경주

서원은 선비들의 고결한 정신문화와 청빈한 삶을 고스란히 담아낸 건축물이자 귀중한 문화유산이지만 아이들에겐 조금 지루하고 따분하게 느껴지기도 한다. 그러나 유네스코세계유산으로도 지정된 경주 옥산서원은 우리나라 최고의 명필들을 한자리에서 만날 뿐 아니라, 시원한 계곡과 다양한 역사유적을 함께 돌아볼 수 있어 한여름 가족여행지로도 손색이 없다. 유생들의 휴식 공간인 무변루의 편액은 석봉 한호, 옥산서원 현판은 추사 김정희, 계곡 너럭바위에 적은 세심대는 퇴계 이황의 글씨다. 근처에 양동마을 출신의 유학자 회재 이언적이 은거했던 독락당과 국보 정혜사지 13층 석탑이 자리하니 함께 둘러보길 추천한다.

📍 경북 경주시 안강읍 옥산서원길 216-27
📞 054-762-6567
🏷 #역사여행 #체험여행 #유네스코세계유산 #한석봉 #추사김정희 #퇴계이황 #계곡

이것도 체크! 서원
조선을 대표하는 사설 교육기관인 서원은 지금의 사립지방학교와 같은 역할을 수행했던 곳이에요. 그중 역사적·건축적 가치가 뛰어난 곳을 '조선 5대 서원'으로 꼽는데, 옥산서원을 비롯해 안동의 도산서원과 병산서원, 영주의 소수서원, 대구의 도동서원이 여기에 속한답니다.

함께 둘러봐도 좋아요~
- **주변 여행지** 독락당(경북 경주시 안강읍 옥산서원길 300-3)
- **연계 가능 코스** 경주 양동마을(p.114)
- **키즈프렌들리 맛집** 파라안 안강(베이커리) | 경북 경주 안강읍 안강중앙로 32 1~2층 | 054-763-7063 | 유아 의자)

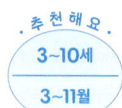

경북 고령

175
대가야역사테마관광지

연계교과 5~6학년 사회

남아있는 역사 기록이 빈약한 탓에 아이들에게 조금은 낯설게 느껴지는 고대국가 대가야를 보다 친근하게 경험할 수 있는 공간이다. 대가야인들의 의식주를 살펴볼 수 있는 고대가옥촌과 뛰어난 철기문화를 엿볼 수 있는 철기방, 지산동 고분군이 한눈에 들어오는 대가야 탐방숲길 등 풍성한 볼거리와 즐길거리가 자리하고 있다. 무엇보다 수유실을 비롯해 대부분의 산책로에 유아차 접근이 가능해 영유아 동반 가족들이 편리하게 여행할 수 있다. 또 여름에는 야외 물놀이장을 운영하며, 치킨 등 배달음식도 이용할 수 있다. 관광지 내에 숙박시설과 캠핑장도 갖추고 있어 하룻밤 느긋한 여행을 계획해봐도 좋겠다.

- 경북 고령군 대가야읍 대가야로 1216
- 하절기 09:00~18:00, 동절기 09:00~17:00 **휴무** 월요일
- 054-950-7005
- #역사여행 #체험여행 #대가야 #지산동고분군 #물놀이 #캠핑

함께 둘러봐도 좋아요~
- **주변 여행지** 대가야박물관(www.goryeong.go.kr/daegaya)
- **연계 가능 코스** 마비정 벽화마을(p.363)
- **키즈프렌들리 맛집** 가야반점(중식당) | 경북 고령군 대가야읍 대가야로 1325 | 0507-1410-6901 | 유아 의자

176
구미에코랜드

경북 구미

연계교과 3·5학년 과학

도심 속에서 숲체험을 즐길 수 있도록 꾸며진 구미에코랜드는 아름다운 산동생태숲을 중심으로 계절마다 갖가지 꽃이 피고 지는 자생식물단지, 숲 생태계를 이해하고 체험할 수 있는 산림문화관 등 다양한 볼거리를 제공한다. 특히 누구나 푸른 숲을 편리하게 즐길 수 있도록 친환경 모노레일과 짚코스터를 운영, 우거진 녹음 사이를 여유롭게 둘러보는 것은 물론, 정상에 자리한 전망대에선 구미 5공단 일대를 한눈에 감상할 수 있다. 주말에는 모노레일 탑승권이 일찍 매진되는 경우가 있으므로 미리 홈페이지에서 예약해두길 추천한다. 가족 단위 여행객들을 위해 아이들과 함께 각종 목공예품을 직접 만들어볼 수 있는 체험프로그램도 운영한다.

- 경북 구미시 산동면 인덕1길 195
- 산림문화관 09:00~18:00, 모노레일 하절기 09:00~17:00, 동절기 09:00~16:00, 짚코스터 하절기 10:00~17:30, 동절기 10:00~16:30 *기상 상황에 따라 변동 **휴무** 월요일(공휴일인 경우 그다음 날), 1월 1일, 설날·추석
- 모노레일 어른 6,000원, 청소년·어린이 4,000원, *짚코스터는 신장 140cm, 몸무게 45kg 이상 이용 가능
- 054-480-5898
- www.gumi.go.kr/tour/ecomain.do?mid=0103000000
- #체험여행 #숲체험 #초록초록 #모노레일 #목공예체험

- **주변 여행지** 금오랜드(www.gumoland.com)
- **연계 가능 코스** 칠곡호국평화기념관(p.254)
- **키즈프렌들리 맛집** 히포히포 구미산동(쌀국수 | 경북 구미시 산동읍 신당인덕2로2길 3-10 | 0507-1414-9377 | 유아 의자)

177
김천녹색미래과학관

경북 김천

연계교과 3·5학년 과학

지구온난화로 인한 생태계의 변화와 환경문제를 다양한 체험을 통해 이해할 수 있는 공간이다. 자원남용과 환경오염으로 황폐해진 도시를 직접 경험하는 것은 물론, 지구 온도가 1도 상승할 때마다 일어나는 갖가지 변화를 실감나는 영상으로 만나볼 수 있어 아이들이 보다 쉽게 환경문제를 인식할 수 있도록 돕는다. 특히 해수면 상승과 사막화 등을 직접 경험해보는 '이상기후체험실'에선 서늘한 얼음바람이 쉴 새 없이 쏟아지는 혹한기후를 체험할 수 있어 한낮의 더위를 피하는 효과까지 누릴 수 있다. 마지막 전시관인 '녹색미래관'에서는 그동안 살펴본 내용들을 토대로 재미있는 시뮬레이션 게임과 OX퀴즈 대결도 펼칠 수 있어 아이들이 무척 좋아한다. 유아부터 어린이들을 대상으로 하는 체험프로그램도 다양하게 운영된다.

- 경북 김천시 혁신6로 31
- 09:30~18:00 **휴무** 월요일, 1월 1일, 설날·추석
- 어른 3,000원, 청소년 2,000원, 초등학생 1,500원 *4D 풀돔영상관 및 기획전시실 관람료 별도
- 054-429-1600   gcsm.gc.go.kr
- #체험여행 #과학체험 #지구온난화 #이상기후체험실 #OX퀴즈

- **주변 여행지** 김천청소년테마파크(gcpark.co.kr)
- **연계 가능 코스** 사명대사공원(p.348)
- **키즈프렌들리 맛집** 마타아시타 혁신점(일식당 | 경북 김천시 혁신3로 5 114호 | 0507-1404-0870 | 유아 의자)

178 짚라인문경

경북 문경

연계교과 3학년 과학 | 6학년 체육

백두대간 등줄기에 속하는 불정산에 자리한 짚라인문경은 대자연의 아름다움을 오롯이 느낄 수 있는 액티비티로, 특히 국내에서 가장 많은 9개 코스를 한꺼번에 즐길 수 있어 더욱 알차다. 난이도와 풍광에 따라 9개 코스가 오밀조밀하게 짜여 있어 초보자들도 중간쯤부터는 스릴을 제대로 만끽할 수 있다. 무려 360m에 달하는 최장코스인 9코스는 발아래 웅장한 산자락을 조망하며 느긋하게 짚라인의 매력을 느낄 수 있어 특별한 추억으로 남는다. 예약 시 미리 이야기하면 몸무게 30kg 이하의 어린이는 가이드와 함께 탑승 가능하다. 치마나 샌들, 하이힐을 착용했을 경우 탑승이 불가하며 긴 머리는 반드시 묶어야 한다.

- 경북 문경시 불정길 174
- 하절기 09:00~18:00, 동절기 09:00~17:00
- 1인 59,000원
- 1588-5219
- zipline.co.kr
- #체험여행 #액티비티 #짚라인 #짜릿짜릿 #가이드동반탑승

함께 둘러봐도 좋아요~

- **주변 여행지** 문경오미자테마터널(www.omijatt.com)
- **연계 가능 코스** 문경에코월드(p.240)
- **키즈프렌들리 맛집** 금룡(중식당 | 경북 문경시 유곡불정로 50 | 054-553-8170 | 유아 의자)

추천해요
3~10세
3~11월

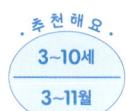

179 문경에코월드

경북 문경

연계교과 3·5학년 과학

문경에코월드에는 일제강점기에 개발되었다가 1994년 폐광된 은성탄광을 리모델링한 석탄박물관이 있다. 이를 시작으로 사극 촬영을 위해 조성된 가은 오픈세트장, 녹색문화체험관인 에코타운, 야외 놀이체험 시설인 자이언트 포레스트 등 다양한 볼거리와 즐길거리가 자리한다. 과거 석탄을 실어 나르던 갱도를 활용한 거미열차와 오픈세트장으로 오르는 모노레일 등 체험시설도 다채롭다. 에코타운에선 백두대간의 생태를 주제로 한 다양한 미디어체험이 가능해 한여름 더위를 피하기에 좋다. 특히 자이언트 포레스트는 여름 시즌 야외 물놀이장을 운영해 한나절 피서를 즐기기에도 그만이다.

- 경북 문경시 가은읍 왕능길 114
- 09:00~18:00
- 어른 10,000원, 청소년 및 어린이 9,000원
- 054-572-6854
- www.mgtpcr.or.kr/new/eco
- #체험여행 #석탄박물관 #드라마촬영장 #자이언트포레스트 #물놀이

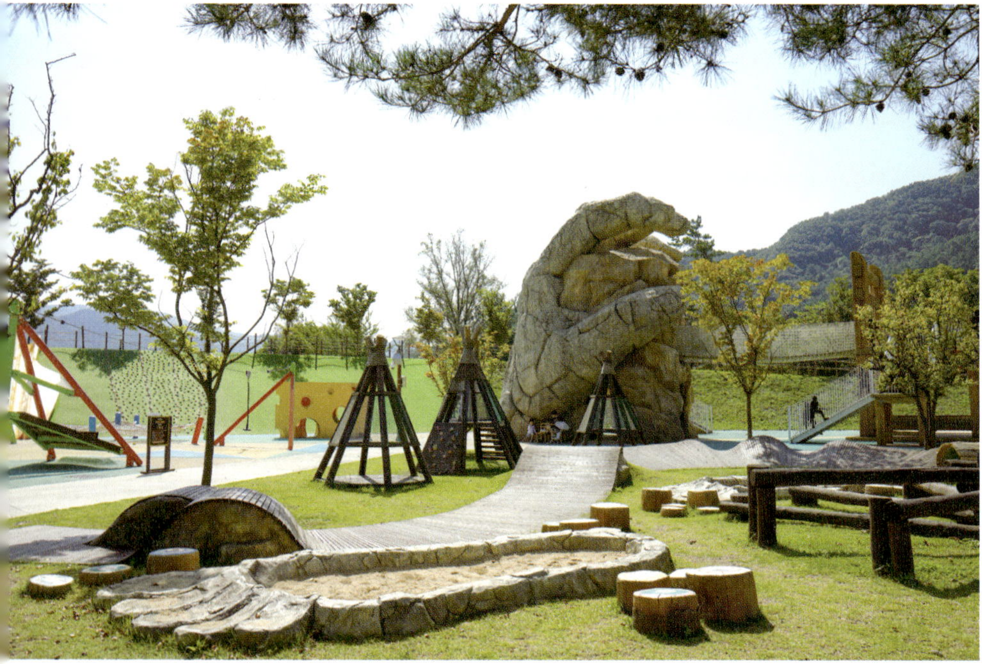

> 함께 둘러봐도 좋아요~

- **주변 여행지** 퍼머컬쳐 치유의정원(경북 문경시 가은읍 작약로 755-17)
- **연계 가능 코스** 문경새재도립공원(p.118)
- **키즈프렌들리 맛집** 가은왕돈가스(돈가스 | 경북 문경시 가은읍 대야로 2420-1 | 054-572-6606 | 유아 의자)

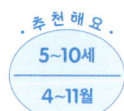

180 백두대간협곡열차

경북 봉화

연계교과 3학년 사회 | 5학년 과학

이름 그대로 백두대간의 아찔한 협곡과 평화로운 산골풍경을 즐길 수 있는 색다른 관광열차다. '아기백호'란 귀여운 별명이 붙은 기관차는 백두대간의 이미지와도 잘 어울리는 백호무늬로 꾸며져 있고, 우리나라에서 유일한 오픈형 객차라 창문을 열고 깊은 산골의 깨끗한 공기도 마음껏 들이마실 수 있다. 열차의 출발역인 분천역은 산타마을로 꾸며져 한여름에도 크리스마스 분위기를 즐길 수 있다. 레츠코레일 홈페이지나 코레일톡 앱을 통해 미리 승차권을 예약해야 하며, 수도권에서 출발할 경우 해당 열차편이 포함된 여행사 상품을 선택하는 것이 이동시간을 절약하는 데 도움이 된다.

- **분천역** 경북 봉화군 소천면 분천길 49
- 목~월요일 09:59·14:25 *분천역 출발 기준, 계절에 따라 변동
- 어른 8,400원, 어린이 6,000원
- 054-1600-7788
- #체험여행 #감성여행 #기차여행 #아기백호 #백두대간 #오픈형객차 #산타마을

함께 둘러봐도 좋아요~
- **주변 여행지** 분천역 산타마을(경북 봉화군 소천면 분천길 49)
- **연계 가능 코스** 국립백두대간수목원(p.350)
- **키즈프렌들리 맛집** 봉덕식당(수육 | 경북 봉화군 소천면 분천2길 4-10 | 054-673-6152 | 유아 의자)

경북 안동

181
안동문화관광단지 유교랜드

연계교과 5학년 사회

안동문화관광단지 내에 위치한 유교랜드는 아이들이 어렵게 느껴질 수 있는 유교사상을 쉽고 재미있게 배우도록 만든 체험형 테마 전시관이다. 총 3개 층으로 구성된 전시 공간은 조선시대 선비들의 생활과 유교의 기본 가치를 다양한 미디어와 체험콘텐츠로 풀어내, 놀이처럼 자연스럽게 익힐 수 있도록 한다. 선비촌에서는 인(仁), 의(義), 예(禮), 지(智), 신(信) 다섯 덕목을 주제로 한 미션을 수행하며 윤리적 사고력을 기를 수 있고, 과거시험장과 서원 등을 재현한 공간은 관람객들의 생생한 체험을 돕는다. 영유아들을 위한 놀이 공간도 마련돼 한여름 무더위를 피해 시간을 보내기에 더없이 좋다.

- 경북 안동시 관광단지로 346-30
- 10:00~18:00 휴무 월요일
- 어른 9,000원, 청소년 8,000원, 어린이 7,000원
- 054-820-8800 www.confucianland.com
- #체험여행 #전통체험 #유교체험 #선비촌 #실내체험 #유아놀이터

- **주변 여행지** 주토피움(경북 안동시 관광단지로 346-95)
- **연계 가능 코스** 경상북도독립운동기념관(p.432)
- **키즈프렌들리 맛집** 몽뜨레셰프 안동문화관광단지점(피자·파스타 | 경북 안동시 관광단지로 346-124 | 054-823-5454 | 유아 의자)

추천해요
3~10세
4~10월

182

경북 영덕

영덕 고래불국민야영장

연계교과 3학년 과학 | 5학년 사회

고래불해변은 부드러운 해안선을 따라 아름다운 백사장이 펼쳐져 해마다 여름이면 피서객들로 북적이는 인기 해수욕장이다. 이 해변을 끼고 자리한 고래불국민야영장은 울창한 소나무숲 사이에 마련된 야영데크와 편백나무로 마감한 카라반, 아이들이 좋아하는 물놀이시설까지 갖추고 있어 영덕의 새로운 휴양명소로 주목받고 있다. 다양한 편의시설과 합리적인 가격 때문에 여름 성수기에는 예약전쟁이 치열한데, 카라반에 비해 야영데크는 비교적 수가 많아서 조금 여유롭다. 물놀이장을 편리하게 이용하려면 숲속야영장 A존을 추천한다.

- 경북 영덕군 병곡면 고래불로 68
- 성수기(7~8월) 카라반(4인용) 100,000원, 텐트사이트 35,000원, 비수기 주중 카라반 50,000원, 텐트사이트 20,000원, 비수기 주말 카라반 70,000원, 텐트사이트 30,000원
- 054-734-6220
- stay.yd.go.kr
- #체험여행 #카라반 #캠핑 #고래불해변 #물놀이 #국민야영장

함께 둘러봐도 좋아요~

- **주변 여행지** 괴시리전통마을(경북 영덕군 영해면 호지마을1길 11-2)
- **연계 가능 코스** 영덕풍력발전단지(p.246)
- **키즈프렌들리 맛집** 슈가랜핑크(파스타 | 경북 영덕군 영해면 예주목은길 300 | 0507-1433-1303 | 유아 의자)

183 영덕풍력발전단지

 경북 영덕

연계교과 3·5학년 과학

푸른 동해를 바라보고 자리한 영덕에서도 특히 창포리 지역은 1년 내내 바람이 많기로 유명하다. 지난 1997년 이곳의 낮은 야산 하나가 산불로 인해 훼손되었는데, 이 지역을 풍력발전단지로 활용해 풍부한 에너지를 확보하는 것은 물론, 색다른 여행지로도 각광받고 있다. 풍력발전단지에 서 있으면 탁 트인 바다를 한눈에 담을 수 있을 뿐 아니라 시원한 바람도 쉴 새 없이 불어와 무더위로 지친 몸과 마음을 쉬어가기에 그만이다. 하얀 풍차가 돌아가는 그림 같은 풍경을 배경으로 온 가족 함께 사진을 남겨도 좋겠다. 관람시설인 영덕신재생에너지전시관도 알차게 꾸며져 있다.

- 경북 영덕군 영덕읍 해맞이길 247
- **영덕신재생에너지전시관** 09:00~18:00 **휴무** 월요일, 설날·추석
- **영덕신재생에너지전시관** 어른 1,500원, 청소년 및 어린이 800원
- 054-730-7025
- #체험여행 #감성여행 #풍차 #그림같은풍경 #바닷바람

- **주변 여행지** 정크&트릭아트전시관(경북 영덕군 영덕읍 해맞이길 254-70)
- **연계 가능 코스** 영덕 고래불국민야영장(p.244)
- **키즈프렌들리 맛집** 다람쥐 키친(돈가스 | 경북 영덕군 영덕읍 영덕로 236-6 | 054-733-1889 | 유아 의자)

184
영천전투메모리얼파크

경북 영천

연계교과 6학년 사회

영천은 6·25전쟁 당시 우리 군과 미군이 전세 역전의 기회를 마련했던 중요한 지역으로, 이 같은 영천 전투의 다양한 스토리를 기반으로 체험 공간이 조성돼 있다. 직접 군용 차량에 올라타 실감나는 영상으로 고지전을 체험하거나 게임으로 재현된 시가전에 참여해보는 등 아이들의 흥미를 자극할 만한 요소들이 가득하다. 또 소총 장전과 군장 메기 등 아빠들에게 군대에서의 추억을 떠올릴 수 있는 체험들도 마련돼 자녀와 함께 경험과 공감을 나눌 수 있는 기회도 마련된다. 야외에는 시가전체험장과 국군훈련장 등 서바이벌 체험장, 사격장도 자리해 홈페이지를 통해 사전 예약할 경우 참여 가능하다.

- 경북 영천시 호국영웅길 15
- **서바이벌체험장** 하절기 09:00~18:00, 동절기 10:00~17:00 **휴무** 월요일, 1월 1일, 설날·추석
- **시가전체험장** 어른 15,000원, 어린이 11,000원 **고지전체험장** 어른 20,000원, 어린이 15,000원
- 054-339-8625
- www.yc.go.kr/memorial
- #역사여행 #체험여행 #박물관여행 #6·25전쟁 #서바이벌체험

- **주변 여행지** 영천전통문화체험관(경북 영천시 운동장로 54)
- **연계 가능 코스** 별별미술마을(p.122)
- **키즈프렌들리 맛집** 오후엔(돈가스·파스타) | 경북 영천시 중앙동2길 114-9 | 054-338-7800 | 유아 의자

185
천부 해중전망대

경북 울릉

연계교과 3학년 과학 | 5학년 사회

울릉도 북단 천부항에 자리한 천부 해중전망대는 바닷속 세상을 직접 내려다볼 수 있는 특별한 해양체험시설이다. 해수면 아래 약 6m 깊이에 설치된 전망대 내부로 들어가면, 창을 통해 실제 바닷속을 관찰할 수 있어 마치 작은 잠수함에 탄 듯한 기분을 느낄 수 있다. 창 너머로는 맑은 바다를 유영하는 물고기 떼, 해조류, 불가사리와 군소, 암반 지형이 펼쳐지며 아이들에게는 자연 그대로의 해양 생태계가 살아있는 교과서가 된다. 전망대 내부에는 바다 생물에 대한 간단한 해설판과 해양환경 영상도 마련돼 있어 학습 효과를 높여준다. 이곳은 날씨와 조류에 따라 시야가 달라지므로 맑은 날 방문하면 더욱 선명하게 바닷속을 감상할 수 있다. 전망대를 나와 천부항 방파제길을 따라 산책을 즐기거나, 옆에 위치한 코끼리바위 포토존에서 기념사진을 찍는 것도 추천한다.

- 경북 울릉군 북면 울릉순환로 3137
- 하절기 09:00~18:00, 동절기 09:00~17:00
- 어른 4,000원, 청소년 3,000원, 어린이 2,000원
- 054-791-6983
- #감성여행 #바닷속전망대 #자리돔 #복어 #불가사리 #군소 #물놀이

함께 둘러봐도 좋아요~
- **주변 여행지** 나리전망대(경북 울릉군 북면 나리 산2-1)
- **연계 가능 코스** 나리분지(p.123)
- **키즈프렌들리 맛집** 대가야(중식당 | 경북 울릉군 북면 천부3길 8 | 054-791-4821 | 좌식테이블)

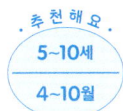

186
행남해안산책로

경북 울릉

연계교과 3학년 과학 | 5학년 사회

도동항에서 출발해 저동 촛대바위까지 이어지는 해안산책로로, 울릉도의 신비로운 해안절벽과 에메랄드빛 투명한 바다를 가장 가까이에서 감상할 수 있는 대표적인 코스다. 총 길이가 2.6km에 이르기 때문에 아이들의 컨디션에 따라 적당히 중간지점에서 되돌아오는 것도 괜찮다. 싱싱한 해산물을 맛볼 수 있는 간이횟집 '용궁'까지만 걸어도 해안산책로의 매력을 충분히 즐길 수 있기 때문. 한여름에도 바닷바람이 거셀 수 있으니 가벼운 외투와 미끄러지지 않도록 밑창이 단단한 신발도 미리 챙기길 추천한다. 기상 상황에 따라 출입이 통제될 수 있으니 미리 확인하자.

- 경북 울릉군 울릉읍 행남길 291-1
- 054-791-2191
- #체험여행 #감성여행 #걷기여행 #해안산책로 #바닷길

함께 둘러봐도 좋아요~
- **주변 여행지** 독도전망대케이블카 (경북 울릉군 울릉읍 약수터길 99 | 054-790-6427)
- **연계 가능 코스** 울릉역사문화체험센터 (p.124)
- **키즈프렌들리 맛집** 향우촌(약소구이) | 경북 울릉군 울릉읍 도동길 186 | 054-791-0686 | 좌식테이블

187
국립해양과학관

연계교과 3·5학년 과학

경북 울진

울진에 자리한 국립해양과학관은 바다를 주제로 한 과학관으로, 아이들이 해양의 신비와 과학 원리를 쉽고 재미있게 배울 수 있는 체험형 학습 공간이다. 내부는 해양생물, 해양과학기술, 해양환경, 해양산업 등 다양한 주제가 구역별로 구성되어 있으며, 대형 스크린과 인터랙티브 전시가 풍부해 어린이들의 흥미를 끌기에 충분하다. 실제 심해 탐사선, 잠수정 모형, 수중 드론 등을 직접 보고 체험할 수 있어 바닷속 탐험의 세계를 생생하게 느낄 수 있다. '바다놀이터'와 '어린이 해양탐험존'은 저학년 아이들도 쉽게 이해하고 즐길 수 있도록 꾸며져 있으며, AR·VR을 활용한 체험관에서는 해양 기후 변화와 해저 지질 등을 실감나게 배울 수 있다. 특히 과학관 바로 앞에 탁 트인 바다가 펼쳐져 있어 실내체험을 마친 후 해안 산책도 가능하다.

- 경북 울진군 죽변면 해양과학길 8
- 하절기 09:30~17:30, 동절기 09:30~17:00 휴무 월요일(공휴일인 경우 그다음 날), 1월 1일, 설날·추석
- 054-780-5000
- www.kosm.or.kr
- #체험여행 #해양체험 #과학관 #바닷속전망대 #해안산책

함께 둘러봐도 좋아요~

- **주변 여행지** 죽변등대공원(경북 울진군 죽변면 등대길 52)
- **연계 가능 코스** 죽변해안스카이레일(p.127)
- **키즈프렌들리 맛집** 왕비천이게대게 왕비천점(게살돌솥비빔밥 | 경북 울진군 근남면 불영계곡로 3630 | 054-787-8383 | 유아 의자)

188
빙계계곡

경북 의성

연계교과 3학년 과학

한여름에 오히려 얼음이 얼고 바위 구석마다 에어컨 못지않은 시원한 바람을 뿜어내는 의성 빙계계곡은 마치 계절이 거꾸로 흘러가는 듯 신비로운 공간이다. 웅장한 골짜기와 짙푸른 수목, 시원스레 쏟아지는 물살이 한 폭의 그림처럼 아름다워 최치원과 김삿갓도 속세를 잊고 걸음을 쉬어 갔다고 전한다. 계곡 안쪽에는 보물로 지정된 의성 빙산사지 오층석탑도 자리하고 있다. 여행자들보다는 지역 주민들이 즐겨 찾는 피서지로, 바람이 나오는 풍혈 앞에 자리 잡으면 한여름 뜨거운 폭염도 두렵지 않다. 입구에 오토캠핑장이 자리하고 있으니 아이들과 호젓하게 쉬어가기 좋다.

- 경북 의성군 춘산면 빙계리 896
- 054-830-6952
- #역사여행 #체험여행 #초록초록 #피서지 #빙혈 #풍혈 #캠핑

- **주변 여행지** 산운마을(경북 의성군 금성면 산운마을길 40-9)
- **연계 가능 코스** 의성조문국박물관(p.252)
- **키즈프렌들리 맛집** 인사동(한정식 | 경북 의성군 의성읍 중앙길 79-1 | 0507-1466-7930 | 좌식테이블)

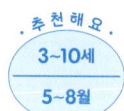

189 의성조문국박물관

경북 의성

연계교과 4~6학년 사회

『삼국사기』에 따르면 지금의 의성 지역에 '조문국'이라는 삼한시대 초기 국가가 있었다고 한다. 결국 신라에 정벌되어 쓸쓸히 역사 속으로 사라졌지만, 그 도읍지인 금성면 일대에서 다량의 고분이 발견되면서 역사서에 겨우 몇 줄로 남은 고대 부족국가의 흔적이 마침내 되살아나게 되었다. 아이들은 물론 엄마, 아빠에게도 낯선 조문국의 흔적을 찾아 떠나는 여행이라 함께 공부하는 마음으로 박물관을 둘러보면 좋겠다. 박물관 내에는 어린이 고고발굴체험관도 마련돼 있고 야외에서는 컬링체험과 함께 7~8월엔 물놀이장도 운영된다. 박물관에서 1km 정도 떨어진 경덕왕릉 주변에는 5월 중순부터 초여름인 6월까지 붉은 작약이 만발해 색다른 볼거리가 된다.

- 경북 의성군 금성면 초전1길 83
- 09:00~18:00 휴무 월요일(공휴일인 경우 그다음 평일), 1월 1일, 설날·추석
- 054-830-6915   jmgmuseum.usc.go.kr
- #역사여행 #박물관여행 #고대국가 #조문국 #물놀이 #감성여행 #작약

함께 둘러봐도 좋아요~
- **주변 여행지** 제오리 공룡 발자국 화석(경북 의성군 금성면 제오리 111)
- **연계 가능 코스** 빙계계곡(p.251)
- **키즈프렌들리 맛집** 의성마늘소 덕향(소고기구이 | 경북 의성군 봉양면 도리원3길 41 | 054-834-6800 | 유아 의자)

190 한국코미디타운

경북 청도

연계교과 3학년 국어 | 6학년 사회

한국 코미디의 역사를 한자리에서 살펴볼 수 있는 것은 물론, 주말에는 한바탕 신나게 웃을 수 있는 코미디 공연까지 펼쳐지는 우리나라 유일의 코미디 체험관이다. 5개 테마로 나뉜 코미디체험관에선 실제 DJ로 변신해 시대별로 인기를 끌었던 코믹음원들을 믹싱하거나 재미있는 코믹 CF의 주인공이 되어볼 수 있는 영상체험, 코미디언들처럼 우스꽝스러운 분장을 경험해볼 수 있는 시뮬레이션 분장실 등 다양한 체험 공간들이 마련돼 있다. 또 한국 코미디 역사 100년을 돌아볼 수 있는 풍성한 영상자료들을 감상하거나 인기 희극의 실제 대본을 읽어볼 수 있는 아이디어 회의실도 재현돼 볼거리를 더한다.

- 경북 청도군 이서면 이서로 565
- 09:30~18:00, 코미디공연 토·일요일 14:00·16:00
  휴무 월요일, 1월 1일, 설날·추석
- 코미디체험관 어른 5,000원, 청소년 및 어린이 4,000원
- 054-372-8700 www.kcomedytown.co.kr
- #체험여행 #박물관여행 #코미디역사 #나도코미디언 #코미디공연

- **주변 여행지** 청도박물관(www.cheongdo.go.kr/museum)
- **연계 가능 코스** 청도소싸움미디어체험관(p.433)
- **키즈프렌들리 맛집** 니가쏘다쩨(피자 | 경북 청도군 이서면 칠곡길 2 | 054-373-9889 | 유아 의자)

추천해요
5~12세
연중

191
칠곡호국평화기념관

연계교과 6학년 사회

경북 칠곡

칠곡호국평화기념관은 6·25전쟁 당시 가장 치열했던 낙동강 방어선 전투를 중심으로, 우리나라를 지켜준 사람들의 용기와 희생을 기념하는 평화교육 공간이다. 기념관 내부는 전쟁의 전개 과정, 칠곡 지역의 주요 전투, 참전 군인과 민간인의 이야기를 다양한 영상, 디오라마, 체험 전시로 구성해 아이들이 전쟁사를 쉽게 이해할 수 있도록 돕는다. 전투기, 전차, 야전포 등이 실제 크기로 전시돼 있어 아이들의 시선을 사로잡는다, 태극기 접기, 전쟁 퀴즈, VR 전투 체험 등 참여형 콘텐츠도 마련돼 있다. 특히 평화를 주제로 한 어린이체험관에서는 전쟁의 아픔과 더불어 평화의 가치에 대해 생각해볼 수 있는 기회를 제공한다.

- 경북 칠곡군 석적읍 강변대로 1580
- 하절기 09:00~18:00, 동절기 09:00~17:00 **휴무** 월요일(공휴일인 경우 그다음 평일), 1월 1일, 설날·추석
- 054-979-5512
- www.chilgok.go.kr/chppm
- #체험여행 #역사여행 #박물관여행 #6·25전쟁 #낙동강전투

함께 둘러봐도 좋아요~

- **주변 여행지** 꿀벌나라테마공원(www.chilgok.go.kr/honeybee)
- **연계 가능 코스** 칠곡 가산산성야영장(p.128)
- **키즈프렌들리 맛집** 한미식당 왜관본점(돈가스·햄버거 | 경북 칠곡군 왜관읍 석전로 159 | 0507-1419-0390 | 유아 의자)

192 포항운하

경북 포항

연계교과 3학년 사회 | 5학년 과학

우리나라 최초의 운하로 관심을 모았던 포항운하는 도시개발 과정에서 사라진 작은 물길을 복원해 바닷길까지 이어지는 낭만적인 물길여행을 즐길 수 있는 곳이다. '포항크루즈'라 이름 붙은 유람선을 타면 죽도시장과 송도해수욕장, 멀리 포스코의 전경까지 눈에 담을 수 있고 운하 양쪽으로는 다양한 예술작품도 전시돼 볼거리가 풍성하다. 상쾌한 바닷바람을 즐긴 후에는 홍보관에서 각종 오염으로 얼룩졌던 동빈내항의 과거와 오늘, 그리고 미래를 살펴보고 탁 트인 전망의 카페에서 여유롭게 쉬어갈 수도 있다. 7~8월에는 야외 물놀이체험장도 운영하고 주말 저녁에는 다채로운 공연도 펼쳐진다.

- 경북 포항시 남구 희망대로 1040
- 포항운하관 09:00~18:00, 포항크루즈 10:20~18:00 *평일 매시 정각, 주말 수시운항
- 포항크루즈 대인 15,000원, 소인 12,000원
- 054-270-5177
- innerharbor.pohang.go.kr
- #체험여행 #감성여행 #운하 #포항크루즈 #유람선 #물놀이

함께 둘러봐도 좋아요~
- **주변 여행지** 죽도시장(경북 포항시 북구 죽도시장13길 13-1)
- **연계 가능 코스** 구룡포과메기문화관(p.434)
- **키즈프렌들리 맛집** 연일개미집(대구뿔불고기 | 경북 포항시 남구 연일읍 동문로53번길 10 | 0507-1491-2363 | 유아 의자)

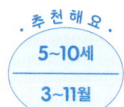

193
호미곶해맞이광장

경북 포항

연계교과 4학년 사회 | 5학년 과학

전국 해변 곳곳에 세워진 인공적인 구조물 중 푸른 바다와 가장 잘 어울리는 작품을 고르라면 단연 포항 호미곶의 〈상생의 손〉이 아닐까 싶다. 손바닥 위로 붉은 태양이 떠오르는 일출도 장관일 뿐 아니라 손가락 끝에 앉아 잠시 쉬어가는 갈매기도 그림처럼 아름답다. 호미곶은 한반도를 한 마리 호랑이에 비유했을 때 그 꼬리에 해당하는 지역이라고 해서 붙은 이름이다. 아이들과 지도를 보며 직접 그 모양을 비교해보는 것도 흥미롭겠다. 호미곶 바로 옆에는 각양각색의 등대들을 한자리에서 살펴볼 수 있는 국립등대박물관도 자리해 풍성한 볼거리를 챙길 수 있다.

- 경북 포항시 남구 호미곶면 해맞이로 136
- 054-270-5855
- #체험여행 #감성여행 #상생의손 #호랑이꼬리 #일출명소

- **주변 여행지** 국립등대박물관(www.lighthouse-museum.or.kr)
- **연계 가능 코스** 호미반도 해안둘레길(p.361)
- **키즈프렌들리 맛집** 해일향(전복솥밥) | 경북 포항시 남구 구룡포읍 호미로 413 | 0507-1382-5563 | 유아 의자)

194 대구미술관

연계교과 3학년 미술

대구

지자체에서 운영하는 미술관 중 단연 수준 높은 전시와 탁월한 기획력을 자랑하는 곳이다. 간송특별전과 김환기전으로 큰 인기를 끌었는가 하면, 남춘모와 최민화 등 대구와 경북을 중심으로 활동하는 중견작가들을 꾸준히 소개하며 지역 미술계의 흐름을 이끌고 있다. 또 독일 창작그룹 칼립소의 설치미술이나 미국을 대표하는 알렉스 카츠의 작품 등 국적과 장르에 구애받지 않는 다양한 전시로 관람객들의 호응을 얻고 있다. 매일 오후 2시와 4시에 도슨트 프로그램이 운영되며 전시에 따라 아이들을 위한 체험프로그램도 진행되니 미리 홈페이지에서 관련 정보를 확인해 두면 좋겠다.

- 대구 수성구 미술관로 40
- 하절기 10:00~19:00, 동절기 10:00~18:00 월요일(공휴일인 경우 그다음 평일), 1월 1일, 설날·추석
- 어른 1,000원, 청소년 및 어린이 700원 *특별전 어른 5,000원, 청소년 및 어린이 3,000원
- 053-430-7500
- daeguartmuseum.or.kr
- #체험여행 #감성여행 #미술관여행 #도슨트 #체험프로그램 #이색피서지

함께 둘러봐도 좋아요~

- **주변 여행지** 대구간송미술관(www.kansong.org/daegu)
- **연계 가능 코스** 신전뮤지엄(p.258)
- **키즈프렌들리 맛집** 빌라그린(파스타 | 대구 수성구 달구벌대로492길 19 | 0507-1307-5237 | 유아 의자)

195 신전뮤지엄

 대구

연계교과 5학년 사회

신전뮤지엄은 인기 분식 브랜드 '신전떡볶이'에서 만든 국내 최초의 떡볶이 체험 박물관으로, 아이들이 좋아하는 음식인 떡볶이를 주제로 다양한 문화·요리 체험을 할 수 있는 공간이다. 전시관에는 떡볶이의 역사와 진화 과정을 소개하는 자료가 마련돼 있어, 단순한 먹거리를 넘어 한국 대중 음식문화에 대해 자연스럽게 배울 수 있다. 특히 가장 인기 있는 프로그램은 직접 떡볶이를 만들어보는 쿠킹체험으로, 신전떡볶이 소스를 활용해 나만의 레시피로 조리해보는 활동은 아이들의 오감과 창의력을 자극한다. 체험 후에는 전시된 레트로 감성의 굿즈나 옛날 분식집 풍경 속에서 사진을 찍는 재미도 쏠쏠하다. 전체 공간이 깔끔하고 안전하게 운영되며, 유아차 입장이 가능한 것은 물론, 수유실도 잘 갖춰져 있다.

- 대구 북구 관음로 43
- 10:00~17:30 **휴무** 월~화요일 *공휴일인 경우 정상 영업
- 대인 10,000원, 소인 8,000원
- 053-321-6339
- www.sinjeon-museum.com
- #체험여행 #신전떡볶이 #떡볶이박물관 #떡볶이만들기 #쿠킹체험

함께 둘러봐도 좋아요~
- **주변 여행지** 리틀비틀 칠곡점(대구 북구 팔거천동로 221 3층)
- **연계 가능 코스** 대구미술관(p.257)
- **키즈프렌들리 맛집** 소바카츠 칠곡3지구점(돈가스 | 대구 북구 동천로 125-15 2층 201호 | 0507-1369-4788 | 유아 의자)

추천해요
3~10세
4~10월

196
앞산공원전망대

대구

연계교과 3학년 과학 | 5학년 사회

이름도 정겨운 대구 앞산은 케이블카를 이용해 정상까지 편리하게 오를 수 있을 뿐 아니라, 파노라마처럼 펼쳐진 도심을 한눈에 조망할 수 있어 여행자들도 즐겨 찾는다. 특히 5월부터 8월까지는 금·토·일요일과 공휴일에 케이블카가 밤 10시까지 연장 운행되기 때문에 해 질 무렵에 느긋하게 올라 화려한 야경까지 챙겨볼 수 있다. 공원 입구에서 케이블카 탑승장까지 오르막길을 10여 분 정도 걸어 올라가야 하지만, 영유아를 동반한 경우 경비소에 이야기하면 차량 진입도 가능하다. 탑승장 1층엔 대구를 대표하는 프랜차이즈 카페인 '커피명가'가 자리하고 있어 잠시 쉬어가기에도 좋다.

- 대구 남구 앞산순환로 574-116
- **케이블카 첫 출발** 10:30 **정상에서 마지막 출발** 평일 11~1월 18:30, 2·10월 19:00, 3~9월 19:30, 금·토·일·공휴일 1·12월 20:00, 2·11월 20:30, 3·10월 21:00, 4·9월 21:30, 5~8월 22:00
- 케이블카 왕복 대인 14,000원, 소인 10,000원
- 053-656-2994
- www.apsan-cablecar.co.kr
- #체험여행 #감성여행 #앞산 #케이블카 #노을맛집 #야경

함께 둘러봐도 좋아요~

- **주변 여행지** 달서디지털별빛관(대구 달서구 앞산순환로 248)
- **연계 가능 코스** 향촌문화관(p.260)
- **키즈프렌들리 맛집** 노이식탁(스테이크·파스타 | 대구 남구 대명남로 188 | 0507-1486-5252 | 유아 의자)

197 향촌문화관

연계교과 3학년 국어 | 6학년 사회

대구

1912년 대구 최초의 일반은행이었던 선남상업은행 건물을 리모델링한 향촌문화관은 대구의 역사와 문화, 예술 등 다양한 면모를 살펴볼 수 있는 전시공간이다. 1층에는 근대 대구 최고의 상업지였던 중앙로와 대구 제조업의 근간으로 평가되는 북성로 공구골목 등이 재현돼 있고, 2층에는 6·25전쟁 당시 대구로 피난 온 예술가들의 아지트였던 다방과 주점이 옛 모습 그대로 자리하고 있다. 딱딱한 글과 사진 대신 실제처럼 재현된 공간에서 사진도 찍으며 보다 친근하고 재미있게 대구로의 시간여행이 가능하다. 지하 1층엔 대구 사람들의 오랜 추억이 고스란히 담긴 음악감상실 '녹향'이 자리해 아이들에게 색다른 경험을 선물한다.

- 대구 중구 중앙대로 449
- 하절기 09:00~19:00, 동절기 11~3월 09:00~18:00 휴무 월요일(공휴일인 경우 그다음 날), 1월 1일
- 어른 1,000원, 청소년 500원, 어린이 무료
- 053-219-4555
- www.hyangchon.or.kr
- #역사여행 #체험여행 #박물관여행 #중앙로 #북성로공구골목 #녹향

- **주변 여행지** 대구근대역사관(daeguartscenter.or.kr/dmhm)
- **연계 가능 코스** 청라언덕(p.129)
- **키즈프렌들리 맛집** 대화장(파스타 | 대구 중구 북성로 104-15 | 053-291-2569 | 유아 의자)

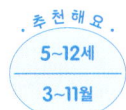

198
거제 맹종죽테마파크

경남 거제

연계교과 3학년 과학

대나무숲은 주변보다 기온이 4~7도까지 낮고 산소배출량도 많아 여름에는 피서와 산림욕의 효과를 동시에 즐기는 '죽림욕'이 가능하다. 맹종죽테마파크는 단단한 맹종죽의 특성을 활용한 썰매장과 그네, 터널, 악기 등이 이어지며 아이들의 마음을 사로잡는다. 특히 '모험의 숲'에선 나무와 나무 사이를 타잔처럼 외줄을 타고 날기도 하고 공중에 매달린 나무발판을 아슬아슬하게 건널 수도 있다. 네트 코스는 유치원생만 이용 가능하며, 어드벤처, 짚라인 코스는 몸무게 30kg 이상이 되어야 한다. 근처 공예체험장에서는 부채와 필통 등 맹종죽을 활용한 공예품도 만들 수 있다.

- 경남 거제시 하청면 거제북로 700
- 하절기 09:00~18:00, 동절기 09:00~17:30
- 어른 4,000원, 청소년 3,000원, 어린이 2,000원 *모험의 숲 요금 별도
- 055-637-0067
- www.maengjongjuk.co.kr
- #체험여행 #죽림욕 #초록초록 #이색피서지 #모험의숲 #타잔놀이 #공예체험

- **주변 여행지** 올담농원(경남 거제시 하청면 하청리 795-4)
- **연계 가능 코스** 저도 (p.136)
- **키즈프렌들리 맛집** 부엉이돈가스 거제하청점(돈가스 | 경남 거제시 하청면 실전해안길 5-2 | 0507-1341-6053 | 유아 의자)

추천해요
5~10세
4~10월

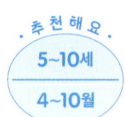

199
외도 보타니아

경남 거제

연계교과 3학년 과학 | 6학년 사회

찾는 이 없는 외딴 섬에서 마치 지중해의 어느 섬에 온 것처럼 이국적인 풍광을 자랑하는 인기 여행지로 거듭난 외도 이야기는 꽤 유명하다. 시원한 바닷바람을 가르며 섬에 도착하면 푸른 바다와 초록빛 숲, 계절마다 피고 지는 다채로운 색깔의 꽃이 아이들은 물론 엄마, 아빠에게도 특별한 휴식을 선사한다. 곳곳에 걸음을 쉬어갈 수 있는 의자나 아이스크림, 음료수 등을 판매하는 카페도 자리하고 있다. 유람선 이용객들에겐 외도를 둘러보는 데 1시간 30분 정도 주어진다. 그리 넉넉한 시간이 아니므로 미리 보고 싶은 정원을 중심으로 동선을 정해두는 것이 좋다. 계단과 오르막길이 많아서 유아차 이동은 제한적이다.

- 경남 거제시 일운면 외도길 17
- 하절기 08:00~19:00, 동절기 08:30~17:00
- 어른 11,000원, 청소년 8,000원, 어린이 5,000원 *유람선 왕복 요금 별도
- 055-681-4541
- www.oedobotania.com
- #감성여행 #그림같은풍경 #섬여행 #유람선 #수국 #해금강

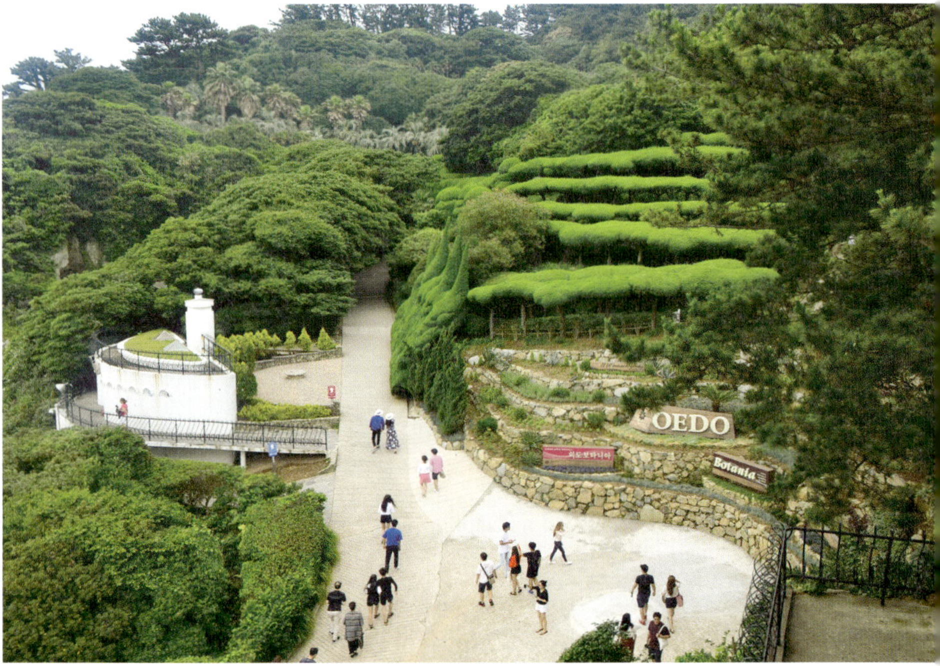

이것도 체크!
외도행 유람선 정보
외도행 유람선은 장승포와 지세포, 와현, 구조라, 도장포, 해금강, 다대선착장에서 운항하며 대부분 해금강 선상관광이 포함된 패키지로 판매해요! 승선권은 홈페이지에서 미리 예약하면 좋고, 승선 시 신분증도 꼭 챙겨요.

✿☆✿
함께
둘러봐도
좋아요~

- **주변 여행지** 해금강(경남 거제시 남부면 갈곶리 산1)
- **연계 가능 코스** 거제파노라마케이블카(p.132)
- **키즈프렌들리 맛집** 바룻(라면 | 경남 거제시 일운면 와현로 73 | 0507-1370-7139 | 유아 의자)

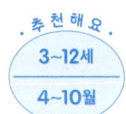

200 고성공룡박물관

경남 고성

연계교과 3·5학년 과학

경남 고성은 우리나라 대표 공룡화석 산지로, 공룡박물관은 그 중심에서 아이들이 공룡의 세계를 직접 보고 배우고 체험할 수 있는 공간으로 꾸며졌다. 실제 공룡뼈와 알, 발자국 화석이 전시돼 있으며, 트리케라톱스와 티라노사우루스 등 대형 공룡모형이 생생하게 재현돼 아이들의 호기심을 단번에 사로잡는다. 전시관은 지질시대, 공룡의 멸종, 화석 발굴 과정 등으로 구성되어 있어 교과 내용과의 연결도 쉽고, 어린이체험실에서는 퍼즐, 모래 속 화석 찾기, 공룡 그리기 등 놀이형 프로그램도 운영된다. 박물관 뒤편에 위치한 공룡탐험 숲길에서는 공룡 모양 놀이터에서 신나게 뛰어놀 수도 있고, 해안 공룡화석지와 연결되는 위치 덕분에 관람 후 실제 공룡 발자국 화석지를 탐방할 수도 있다.

- 경남 고성군 하이면 자란만로 618
- 하절기 09:00~18:00, 동절기 09:00~17:00 **휴무** 월요일(공휴일인 경우 그다음 평일), 1월 1일, 설날·추석
- 어른 3,000원, 청소년 2,000원, 어린이 1,500원
- 055-670-4451
- www.goseong.go.kr/tour
- #체험여행 #시간여행 #박물관여행 #공룡화석 #공룡놀이터 #해안절벽

함께 둘러봐도 좋아요~

- **주변 여행지** 고성다이노플레이센터(경남 고성군 하이면 월흥7길 76-7)
- **연계 가능 코스** 고성독수리(p.436)
- **키즈프렌들리 맛집** 다이노스808(베이커리 | 경남 고성군 하이면 자란만로 719-6 | 055-834-8088 | 유아 의자)

201 남해보물섬전망대

경남 남해

연계교과 5학년 과학

이름 그대로 탁 트인 남해와 그림처럼 떠 있는 섬들이 한눈에 내려다보이는 최고의 경관 명소다. '보물섬'이라는 별명을 지닌 남해의 지형과 해양 환경을 직관적으로 감상할 수 있어 관광객들의 발길이 끊이지 않는다. 특히 이곳 전망대에서는 특별한 체험이 가능한데, 건물 외벽에 설치된 스카이워크를 따라 걷기도 하고 멀리 바다를 향해 날아보기도 하는 클리프워크가 그것이다. 안전요원의 동행하에 안전하게 진행되는 프로그램인 만큼, 주의사항만 잘 지킨다면 아이들도 함께 체험 가능하다. 전망대 내에는 남해의 다양한 기념품을 만나볼 수 있는 공간은 물론, 유자아이스크림을 판매하는 카페도 자리해 여유롭게 쉬어갈 수 있다.

- 경남 남해군 삼동면 동부대로 720
- 09:00~19:00
- 클리프워크 1인 13,000원
- 0507-1377-0047
- namhaeskywalk.modoo.at
- #체험여행 #감성여행 #전망대 #스카이워크 #클리프워크 #유자아이스크림

- **주변 여행지** 남해양떼목장 양마르뜨언덕(경남 남해군 삼동면 금암로 179-45)
- **연계 가능 코스** 다랭이마을(p.139)
- **키즈프렌들리 맛집** 램스하우스 남해(플래터 | 경남 남해군 삼동면 동부대로 1078 | 0507-1337-8708 | 유아 의자)

265

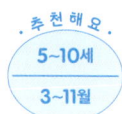

추천해요
5~10세
3~11월

202
동의보감촌

경남 산청

연계교과 2학년 통합 | 5학년 과학

조선 최고의 의학서적으로 꼽히는 허준의 『동의보감』을 다양한 공간으로 풀어낸 한방테마파크다. 주제관에서는 한의학에 대한 이해는 물론 어의와 의녀복을 입어보는 체험도 가능해 아이들과 색다른 추억을 남길 수 있다. 지리산에서 자라는 약용식물로 꾸며진 한방약초체험테마공원은 산책 코스로 제격이고, 한방기체험장에서는 땅의 기운을 느껴보는 이색체험과 함께 몸에 좋은 약선요리도 맛볼 수 있다. 여름에는 야외 물놀이장도 운영하고, 한방호텔과 숲속야영장 등 다양한 숙박시설도 자리해 하룻밤 느긋하게 쉬어가기를 추천한다. 특히 동의본가 한옥스테이는 '황제의 명약'으로 알려진 공진단을 직접 만들어보는 체험과 함께 미리 예약하면 가족탕에서 약초스파도 즐길 수 있다.

- 경남 산청군 금서면 동의보감로555번길 61
- 10:00~18:00 **휴무** 월요일, 1월 1일, 설날·추석
- 어른 2,000원, 청소년 1,500원, 어린이 1,000원
- 055-970-7216
- donguibogam-village.sancheong.go.kr
- #체험여행 #동의보감 #허준 #약선요리 #물놀이장 #공진단만들기 #약초스파

함께 둘러봐도 좋아요~

- **주변 여행지** 별이당(경남 산청군 금서면 친환경로2605번길 11, A동 3호)
- **연계 가능 코스** 남사예담촌(p.366)
- **키즈프렌들리 맛집** 풍차카페수제버거(햄버거 | 경남 산청군 금서면 동의보감로555번길 104-9 | 0507-1337-1914 | 유아 의자)

203
나폴리농원

 경남 통영

연계교과 2학년 통합 | 3학년 과학

편백나무숲에서 맨발로 걷는 힐링형 자연체험 공간이다. 숲길을 따라 이어진 황톳길과 나무데크 위를 맨발로 걸으면, 발바닥 자극을 통해 몸이 이완되고 오감이 열리며 아이들도 자연스럽게 '숲이 주는 건강함'을 느끼게 된다. 숲속에는 나무로 만든 징검다리와 통나무 오르기, 편백잎 쌓인 휴식의자 등 아이들이 탐색하며 뛰어놀 수 있는 요소들이 곳곳에 배치돼 있어 놀이와 쉼이 자연스럽게 연결된다. 숲 한가운데에는 물길 체험과 족욕 공간도 있으며 계절별로 맨발치유 방식이 달라지는 점도 매력적이다.

- 📍 경남 통영시 산양읍 미륵산길 152
- 🕙 10:00~16:00 **휴무** 화요일
- 💰 어른 15,000원, 어린이 12,000원
- 📞 055-641-7005
- 🏠 blog.naver.com/nongbuga1
- 🔍 #체험여행 #감성여행 #편백나무 #숲길 #맨발걷기 #피톤치드

함께 둘러봐도 좋아요~
- **주변 여행지** 한려수도조망케이블카(cablecar.ttdc.kr)
- **연계 가능 코스** 사량도(p.144)
- **키즈프렌들리 맛집** 코카모메 통영점(텐동) | 경남 통영시 데메4길 63 | 0507-1351-0376 | 유아 의자

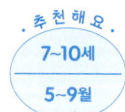

204 전혁림미술관

연계교과 1~2학년 통합

경남 통영

통영 출신으로 평생 고향 바다를 바라보며 그림을 그렸던 화가 전혁림의 작품을 만날 수 있는 공간이다. 추상 요소가 강한 작품들이지만 아이들에게 상상력을 자극하는 색감과 도형을 사용해 가족이 함께 관람하기에 부담이 없다. 작가가 직접 디자인하고 설계한 미술관도 그 자체가 하나의 작품이라고 해도 과언이 아니다. 생전 '색채의 마술사', '바다의 화가'로 불릴 만큼 흰색과 파란색, 빨간색 등 강렬한 색을 주로 사용했던 그는 미술관 역시 알록달록한 타일을 이용해 독특한 개성과 아름다운 색채의 공간으로 만들었다. 전시 공간 외에도 커피 한 잔의 여유를 선사하는 카페를 함께 운영한다.

- 경남 통영시 봉수1길 10
- 10:00~17:00 **휴무** 월·화요일, 1월 1일, 설날
- 055-645-7349
- #감성여행 #미술관여행 #전혁림 #색채의마술사 #바다의화가 #미술관카페

함께 둘러봐도 좋아요~
- **주변 여행지** 봄날의책방(경남 통영시 봉수1길 6-1)
- **연계 가능 코스** 통영 삼도수군통제영(p.146)
- **키즈프렌들리 맛집** 심가네해물짬뽕(중식당) | 경남 통영시 새터길 74-4 | 055-649-8215 | 유아 의자

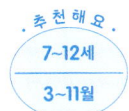

추천해요
7~12세
3~11월

205
삼성궁

연계교과 5학년 사회

경남 하동

지리산 자락 깊숙이 하동 청학동에 자리한 삼성궁은 신선사상과 우리 민족의 전통 정신문화가 살아 숨 쉬는 독특한 문화 공간이다. 단군·부루·이위공 삼신을 모신다는 뜻에서 이름 붙은 삼성궁은 전통신앙과 유교·불교·도교가 조화를 이룬 색다른 풍경으로, 아이들에게 고대 세계관과 철학적 상상력을 전해준다. 돌담과 기와, 석탑과 비석들이 빽빽하게 어우러져 마치 전설 속으로 들어온 듯한 분위기를 풍긴다. 시원한 계곡과 숲길을 따라 걸으며 아이들이 평소 접하기 어려운 민족 고유의 사유 방식을 체험할 수 있는 철학적 여행지라 하겠다.

- 경남 하동군 청암면 삼성궁길 13
- 08:30~16:40 *입장 가능 시간 기준
- 어른 8,000원, 청소년 5,000원, 어린이 4,000원
- 055-884-1279
- #역사여행 #체험여행 #청학동 #단군 #그림같은풍경

함께 둘러봐도 좋아요~

- **주변 여행지** 쌍계사(ssanggyesa.net)
- **연계 가능 코스** 하동레일바이크(p.368)
- **키즈프렌들리 맛집** 쉬어가기좋은날식당(재첩더덕정식 | 경남 하동군 화개면 쌍계사길 6 | 0507-1403-4375 | 유아 의자)

여름 269

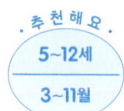

206
합천영상테마파크

경남 합천

연계교과 3학년 국어 | 5학년 사회

〈미스터 션샤인〉, 〈태극기 휘날리며〉, 〈택시운전사〉 등 다양한 드라마와 영화의 배경이 되었던 곳으로 1920년대부터 1980년대까지 옛 거리 풍경을 실감나게 재현했다. 덕분에 입구에 들어서면 마치 시간여행을 떠나온 것처럼 낯선 느낌이다. 세트장 일부는 실제 식당과 카페 등으로 활용되고 있어 아이들도 무척 흥미로워한다. 추억의 교복을 빌려 입고 테마파크 곳곳에서 사진 찍는 재미도 특별하다. 한여름인 7~8월에는 으스스한 고스트파크로 변신해 색다른 체험이 가능하다. 입장권 하나로 근처 청와대세트장까지 돌아볼 수 있는데, 실제 청와대를 고스란히 재현한 공간에서 기념사진도 촬영할 수 있어 아이들이 좋아한다.

- 경남 합천군 용주면 합천호수로 757
- 하절기 09:00~18:00, 동절기 09:00~17:00 휴무 월요일(공휴일인 경우 그다음 날)
- 어른 5,000원, 청소년 및 어린이 3,000원 *모노레일 별도
- 055-930-8633
- hcmoviethemepark.com
- #역사여행 #체험여행 #영화촬영지 #추억의교복체험 #고스트파크 #청와대세트장

함께 둘러봐도 좋아요~
- **주변 여행지** 합천목재문화체험장(경남 합천군 용주면 합천호수로 757 | 055-930-3518)
- **연계 가능 코스** 거창 항노화힐링랜드(p.137)
- **키즈프렌들리 맛집** 쎄니(돈가스·쫄면 | 합천영상테마파크 내 | 010-7112-2631 | 유아 의자)

207
국립부산과학관

연계교과 3~6학년 과학

부산

과학을 놀이처럼 재미있게 즐기고 체험할 수 있는 공간이다. 자동차와 항공우주, 선박, 에너지를 주제로 한 상설전시관과 13개월부터 7세 이하의 영유아들을 위한 과학 놀이터인 새싹누리관, 대형 돔스크린으로 쏟아지는 별자리를 감상할 수 있는 천체투영관, 다양한 체험프로그램을 운영하는 꿈나래동산 등 흥미로운 전시 공간들이 자리하고 있다. 야외에선 마음껏 뛰어놀 수 있는 사이언스 에코 파크와 귀여운 꼬마기차도 운영되고 여름엔 워터플레이 그라운드에서 신나는 물놀이도 즐길 수 있다. 아이가 7세 이상이면 주말마다 운영되는 가족과학캠프도 참여 가능하다. 워낙 규모도 크고 체험프로그램도 다양하기 때문에 미리 홈페이지에서 필요한 정보를 확인하길 추천한다. 유아 의자를 갖춘 대규모 푸드코트도 자리해 한나절 부담 없이 머물 수 있다.

- 부산 기장군 기장읍 동부산관광6로 59
- 09:30~17:30 **휴무** 월요일(공휴일인 경우 그 다음 날), 1월 1일, 설날·추석
- 상설통합권 어른 4,000원, 청소년 3,000원, 영유아 2,000원 *어린이과학관 2,000원, 새싹누리관 1,000원, 천체관측소 3,000원, 천체투영관 1,500원 별도
- 1422-23
- www.sciport.or.kr
- #체험여행 #박물관여행 #과학체험 #과학놀이터 #물놀이 #꼬마기차

- **주변 여행지** 국립수산과학원수산과학관(www.fsm.go.kr)
- **연계 가능 코스** 아홉산숲(p.151)
- **키즈프렌들리 맛집** 용궁해물야채쟁반짜장(중식당) | 부산 기장군 기장읍 기장해안로 208 | 051-723-0944 | 유아 의자)

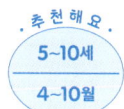

208
부산시티투어 야경코스

연계교과 3학년 사회

 부산

부산 하면 아름다운 야경을 빼놓을 수 없다. 알록달록 조명을 밝힌 광안대교가 한눈에 들어오는 광안리 밤바다와 해운대 마린시티의 환상적인 마천루는 부산 여행에 매력을 더하는 풍경들이다. 이층버스를 타고 이들을 한눈에 감상할 수 있는 야경시티투어는 아이들과 함께 여행하는 부모들에겐 더없이 반가운 여행 상품이다. 예약제로 운영되는 야경시티투어는 부산역을 출발해 부산대교와 광안리, 해운대, 금련산을 거쳐 약 2시간 30분 후 부산역으로 되돌아온다. 광안리와 금련산에선 잠시 버스에서 내려 포토타임도 갖는다. 예약은 탑승일 열흘 전부터 홈페이지나 전화로 가능하며, 좌석제가 아니므로 가능한 한 일찍 버스에 탑승해 시야가 탁 트인 2층 좌석을 선점해야 한다. 또 오픈탑은 한여름에도 바람이 서늘하니 바람막이나 얇은 외투를 꼭 챙기길 추천한다.

- 4~10월 19:30, 11~3월 19:00 *부산역 시티투어승강장 출발 휴무 월·화요일
- 대인 20,000원, 소인 10,000원
- 051-464-9898
- www.citytourbusan.com
- #체험여행 #감성여행 #시티투어 #부산밤바다 #야경

함께 둘러봐도 좋아요~
- **주변 여행지** 역사의디오라마(부산 중구 영주로 93)
- **연계 가능 코스** 초량이바구길(p.152)
- **키즈프렌들리 맛집** 사해방(중식당 | 부산 동구 중앙대로195번길 14 | 051-463-9883 | 유아 의자)

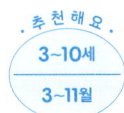

 부산

송도해상케이블카

연계교과 3학년 과학 | 5학년 사회

우리나라 최초의 공설해수욕장이었던 부산 송도는 60~80년대 누구나 꼭 한번 가보고 싶은 해변이었다고 한다. 지난 2013년은 송도해수욕장이 개장한 지 100년이 되는 해였는데, 이를 기점으로 송도의 오랜 역사를 돌아보고 옛 영광을 되찾으려는 시도가 이어졌다. 해상케이블카도 그 중 하나다. 최고 86m 높이에서 바다 위를 가로지르며 탁 트인 전망을 즐길 수 있는데, 바닥이 투명한 유리인 '크리스탈크루즈'를 선택하면 발아래 푸른 바다가 펼쳐지는 아찔한 스릴까지 선사한다. 케이블카 상부 광장에선 송도의 드라마틱한 뷰를 감상할 수 있는 전망대와 함께 용의 비늘에 소원을 적으면 이뤄준다는 '소원의 용', 아름다운 기억을 캡슐에 담아 보관할 수 있는 '모멘트캡슐', 아이들이 좋아하는 공룡까지 특별한 볼거리들이 자리하고 있다.

- 부산 서구 송도해변로 171
- 1~2월·12월 09:00~20:00, 3~6월·9~11월 09:00~21:00, 7~8월 09:00~22:00 *기상 상황이나 시설 점검 등으로 변동 가능
- 크리스탈크루즈 왕복 대인 22,000원, 소인 16,000원
- 051-247-9900
- www.busanaircruise.co.kr
- #체험여행 #케이블카 #투명케이블카 #감성여행 #그림같은풍경

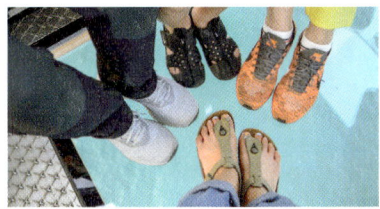

함께 둘러봐도 좋아요~

- 주변 여행지 송도구름산책로(부산 서구 암남동 129-4)
- 연계 가능 코스 태종대(p.274)
- 키즈프렌들리 맛집 송도키친(스테이크·파스타 | 부산 서구 송도해변로 113 22층 | 051-260-0050 | 유아 의자)

210
태종대

부산

연계교과 3학년 과학 | 5학년 사회

부산을 대표하는 여행지인 태종대는 짙푸른 바다와 절로 감탄을 자아내는 기암절벽이 그림처럼 어우러진다. 전체 면적이 수십 만 평에 이르다 보니 산책로가 잘 다듬어져 있다 해도 아이들과 함께 모두 걸어 돌아보기엔 부담스럽다. 유원지 입구에서 출발하는 다누비열차를 이용하면 자갈마당과 영도등대 등 태종대의 주요 볼거리를 편안하게 둘러볼 수 있다. 단 주말에는 이용자가 많으니 가능한 한 이른 시간에 도착하길 추천한다. 여름에는 태종대 내에 자리한 사찰인 태종사에서 수국축제도 열린다. 색깔과 모양이 조금씩 다른 3천여 그루의 수국이 경내를 뒤덮고 있어 한여름의 낭만을 즐기기에 더없이 좋다.

- 부산 영도구 전망로 24
- 하절기 04:00~24:00, 동절기 05:00~24:00
- 다누비열차(순환) 어른 4,000원, 청소년 2,000원, 어린이 1,500원
- 051-405-8745
- www.bisco.or.kr/taejongdae
- #체험여행 #다누비열차 #자갈마당 #영도등대 #태종사 #수국

함께 둘러봐도 좋아요~

- **주변 여행지** 국립해양박물관(www.mmk.or.kr)
- **연계 가능 코스** 송도해상케이블카(p.273)
- **키즈프렌들리 맛집** 사생활 영도점(피자·파스타 | 부산 영도구 동삼오선로 30 201~203호 | 0507-1363-2960 | 유아 의자)

211
간절곶

울산

연계교과 4학년 사회 | 5학년 과학

매년 1월 1일이면 대규모 해맞이축제로 시끌벅적한 울산 간절곶은 동해안에서 가장 먼저 해가 떠오르는 곳으로 유명하다. 하지만 간절곶의 진짜 매력은 푸른 바다에 발을 담그고 언덕 위로 불어오는 시원한 바람을 마음껏 느낄 수 있는 여름이다. 잘 다듬어진 해안산책로를 따라 유아차 산책도 가능하고 드넓은 잔디밭에서 신나게 뛰어놀 수도 있다. 커다란 소망우체통과 그림처럼 자리한 하얀 등대도 여름엔 더욱 낭만적으로 느껴진다. 언덕 아래에는 이국적인 풍차와 다채로운 빛깔의 정원도 꾸며져 여유롭게 쉬어가기 좋다.

● 울산 울주군 서생면 대송리
● 052-204-1000
● #감성여행 #일출명소 #해안산책로 #소망우체통 #하얀등대 #풍차 #물놀이

함께 둘러봐도 좋아요~
- **주변 여행지** 울산해양박물관 (blog.naver.com/coralno1)
- **연계 가능 코스** 외고산옹기마을 (p.372)
- **키즈프렌들리 맛집** 피자삼촌(피자) | 울산 울주군 서생면 간절곶1길 11 | 052-239-9707 | 유아 의자)

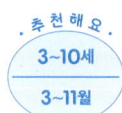

212
장생포 고래문화특구

연계교과 3학년 사회 | 5학년 과학

울산

울산 장생포는 과거 러시아와 일본 자본에 의해 대규모 고래잡이가 성행했던 지역이다. 1986년 국제적으로 고래잡이가 금지되면서 마을은 점차 쇠퇴했지만, 여전히 이곳 장생포에서는 실제 고래골격이 전시된 고래박물관을 비롯해 고래와 관련한 풍성한 볼거리와 체험이 가능하다. 고래박물관에서는 다양한 재료를 이용해 직접 고래를 만들어보는 체험을 운영 중이며, 고래생태체험관에서는 해설사로부터 고래의 생태에 대한 자세한 설명을 들을 수 있다. 장생포 옛 마을 풍경을 고스란히 재현한 고래문화마을도 천천히 둘러보기 좋다. 4월부터 10월까지는 직접 바다로 고래를 만나러 떠나는 고래바다여행선도 운항한다. 한여름인 7~8월에는 고래축제와 야외 물놀이장도 운영돼 미리 관련 정보를 확인하면 보다 알찬 여행을 즐길 수 있다.

- 울산 남구 장생포고래로 244
- 09:00~18:00 *장생포웰리키즈랜드·장생포모노레일 10:00~18:00 **휴무** 월요일(공휴일인 경우 별도 공지), 설날·추석
- 고래박물관 어른 2,000원, 청소년 1,500원, 어린이 1,000원, 고래생태체험관 어른 5,000원, 청소년 4,000원, 어린이 3,000원, 울산함 1인 1,000원, 고래문화마을 1인 3,000원
- 052-256-6301 www.whalecity.kr
- #체험여행 #고래여행 #고래박물관 #고래만들기 #감성여행

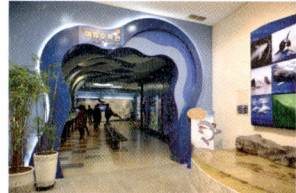

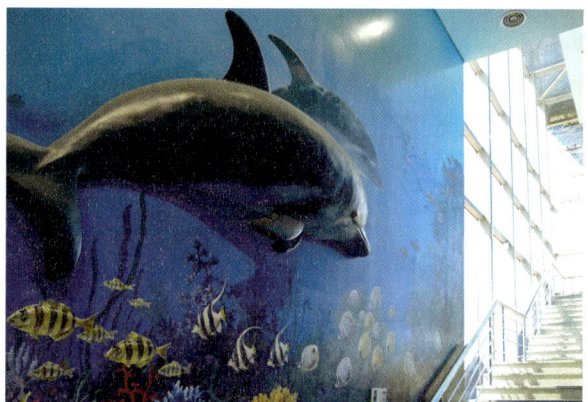

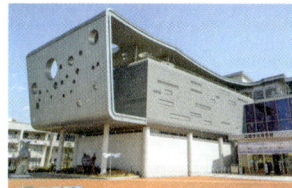

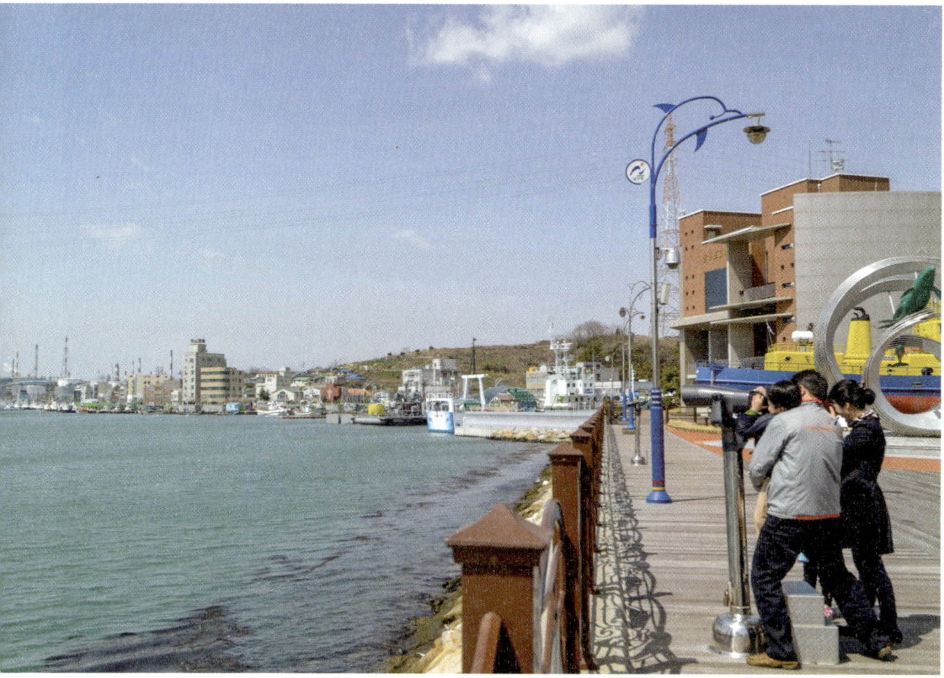

함께 둘러봐도 좋아요~

- **주변 여행지** 소금포역사관(울산 북구 새장터6길 8)
- **연계 가능 코스** 간절곶(p.275)
- **키즈프렌들리 맛집** 일성관(중식당 | 울산 남구 장생포고래로 177-1 | 0507-1394-1930 | 유아 의자)

213
선유도

전북 군산

연계교과 3학년 사회 | 5학년 과학

군산 앞바다에 떠 있는 선유도는 다리로 연결되어 차로 접근 가능한 섬으로, 아이들과 함께 부담 없이 들러볼 만한 곳이다. 고운 모래가 펼쳐진 선유도해수욕장은 아이들이 자유롭게 뛰어놀기 좋고, 썰물 때 드러나는 갯벌에서는 조개잡이와 갯벌 생물 관찰도 가능하다. 해변 옆으로 조성된 산책로와 자전거길은 가족 단위로 여유롭게 섬을 둘러보기 좋으며, 선유도 전설을 주제로 한 재미있는 이야깃거리도 곳곳에 숨어 있어 아이들의 상상력을 자극한다. 웅장하면서도 기이한 형태의 선유봉도 아이들 눈길을 사로잡기에 충분하다.

전북 군산시 옥도면 선유남길 37-12
#체험여행 #감성여행 #섬여행 #선유봉 #그림같은풍경

- **주변 여행지** 장자교스카이워크(전북 군산시 옥도면 장자도리)
- **연계 가능 코스** 경암동 철길마을 (p.375)
- **키즈프렌들리 맛집** 선유도밤바다(조개구이 | 전북 군산시 옥도면 선유도3길 33-4 2동 1호 | 0507-1358-3524 | 유아 의자)

278

214
남원 백두대간트리하우스

전북 남원

연계교과 3·5학년 과학

이름 그대로 백두대간 자락에 위치한 숙소로 숲 위에 지어진 나무집에서 하룻밤을 보내며 자연과 하나 되는 특별한 체험을 할 수 있는 장소다. 나무 위에 지어진 트리하우스는 숲속 동화처럼 독립된 공간을 제공하며, 창밖으로는 수목이 가득한 풍경과 새소리가 들려 아이들에게 진정한 '자연 속 하룻밤'을 경험하게 해준다. 낮에는 숲속 체험로를 따라 곤충과 식물을 관찰하고, 숲해설가와 함께 하는 생태프로그램에 참여하면 백두대간 생태계에 대해 보다 깊이 있게 배울 수 있다. 밤이 되면 트리하우스 옆 데크에서 별을 관찰하거나, 반딧불이를 찾아 숲속을 걷는 프로그램도 운영돼 오감이 깨어나는 밤을 선물한다.

- 전북 남원시 운봉읍 행정공안길 299
- 트리하우스 주중 70,000원, 주말 100,000원, 캠핑장 20,000원
- 063-620-5590
- #체험여행 #감성여행 #백두대간 #트리하우스 #숲속하룻밤

함께 둘러봐도 좋아요~

- **주변 여행지** 서어숲마을(전북 남원시 운봉읍 운봉행정길 8-9)
- **연계 가능 코스** 서도역(p.157)
- **키즈프렌들리 맛집** 아티나(카페 | 전북 남원시 운봉읍 바래봉길 191 | 063-626-6266 | 유아 의자)

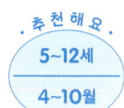

215
익산 교도소세트장

전북 익산

연계교과 3학년 국어 | 6학년 사회

실제 교도소를 그대로 재현해 〈7번방의 선물〉, 〈내부자들〉 등 다양한 영화와 드라마 촬영지로 활용된 곳이다. 겉모습은 무섭게 느껴질 수 있지만 내부를 둘러보면 수용동, 운동장, 취사장 등 교도소의 구조와 일상을 알기 쉽게 체험할 수 있어 아이들과 함께 법과 질서, 인간 존엄성에 대해 생각해볼 수 있는 독특한 체험형 역사 공간이다. 현장에서 제공하는 해설프로그램에 참여하면 교도소의 역할, 법의 필요성, 자유와 책임의 의미까지 배울 수 있어 초등 고학년에게 특히 유익하다. '이상한 교도소'라는 부제와 함께 명절에는 전통놀이, 여름에는 호러홀로그램페스티벌 등 다양한 행사도 마련된다.

- 전북 익산시 성당면 함낭로 207
- 09:00~18:00 휴무 월요일
- 063-859-3836
- #체험여행 #교도소 #영화촬영장 #7번방의선물 #죄수복체험

함께 둘러봐도 좋아요~

- **주변 여행지** 익산산림조합산림문화체험관(전북 익산시 웅포면 녹차마을길 83-36)
- **연계 가능 코스** 달빛소리수목원(p.281)
- **키즈프렌들리 맛집** 고스락(카페 | 전북 익산시 함열읍 익산대로 1424-14 | 0507-1367-2288 | 유아 의자)

추천해요
3~10세
4~10월

216
달빛소리수목원

전북 익산

연계교과 3·5학년 과학

식물과 물, 소리가 어우러진 특별한 생태정원으로, 아이들이 자연을 오감으로 체험할 수 있는 힐링형 학습 공간이다. 약 10만 평에 달하는 부지에는 다양한 테마정원이 조성돼 있으며, 특히 연못과 물길을 따라 걸으며 들려오는 바람 소리, 물소리, 새소리가 자연스럽게 감각을 깨운다. 수목원 곳곳에는 관찰 노트와 스탬프 투어를 연계한 체험활동이 마련돼 있어 놀이처럼 배우는 자연학습이 가능하고, 계절마다 꽃과 나무가 달라져 방문할 때마다 새로운 생태를 관찰할 수 있다. 숲속놀이터, 작은 동물원도 함께 운영되며 저녁에는 조명이 들어온 정원을 따라 산책하며 자연과 예술이 어우러진 특별한 하루를 완성할 수 있다.

- 전북 익산시 춘포면 천서길 149
- 10:30~19:00 **휴무** 월요일
- 어른 4,000원, 어린이 3,000원
- 063-834-9065
- blog.naver.com/dal90651
- #체험여행 #감성여행 #생태정원 #숲속놀이터 #작은동물원 #그림같은풍경

함께 둘러봐도 좋아요~

- **주변 여행지** 백제왕궁박물관(www.iksan.go.kr/wg)
- **연계 가능 코스** 왕궁리 유적(p.379)
- **키즈프렌들리 맛집** 자금성(중식당) | 전북 익산시 춘포면 석암로 319 | 063-831-3888 | 좌식테이블

217
전일빌딩245

연계교과 6학년 사회

광주

5·18민주화운동의 상징적 장소를 복합문화공간으로 재탄생시킨 곳으로, 아이들과 함께 현대사의 소중함과 민주주의 가치를 체험할 수 있는 교육 명소다. 과거 신문사와 방송국이 입주했던 건물로, 1980년 5월 당시의 총탄 흔적을 고스란히 간직하고 있어 역사의 생생한 증거를 직접 눈으로 확인할 수 있다. 5·18전시관에서는 민주화운동의 전개 과정과 시민들의 이야기를 다양한 사진, 영상, 체험형 전시로 배울 수 있으며, 초등학생 눈높이에 맞춘 해설 프로그램도 운영돼 이해를 돕는다. 옥상 전망대에서는 광주 도심을 한눈에 내려다볼 수 있고, 곳곳에 조성된 미디어아트 작품과 북라운지, 시민갤러리는 자유와 창의의 가치를 자연스럽게 전달해준다. 단순한 전시 공간을 넘어 아이들이 '기억하고 행동하는 시민'으로 성장하는 데 중요한 메시지를 전하는 살아있는 민주주의 교실이라 하겠다.

- 광주 동구 금남로 245
- 하절기 09:00~22:00, 동절기 09:00~21:00 **휴무** 1월 1일, 설날·추석
- 062-225-0245
- #체험여행 #역사여행 #5·18민주화운동 #민주주의 #총탄흔적

- **주변 여행지** 국립아시아문화전당 어린이체험관 (광주 동구 문화전당로 38)
- **연계 가능 코스** 광주 펭귄마을 (p.161)
- **키즈프렌들리 맛집** 무등산호랑이 (피자·파스타) | 광주 동구 서석로 49 | 0507-1332-0348 | 유아 의자)

218 고려청자박물관

전남 강진

연계교과 3학년 미술 | 5학년 사회

세계적으로도 유명한 고려청자의 탄생과 발전과정을 한눈에 배울 수 있는 전통문화 체험형 박물관이다. 실제로 고려시대 청자 가마터가 남아있는 곳에 자리해 있어 단순한 관람을 넘어 역사적 현장감을 느끼며 체험할 수 있다. 상설전시관에는 청자 생산과정, 다양한 청자 유물, 청자의 아름다움을 주제로 한 영상과 체험프로그램이 마련돼 있으며, 아이들은 '비색(翡色)'이라 불리는 청자의 특별한 색깔과 고려시대 장인의 기술에 대해 자연스럽게 배울 수 있다. 도자기 만들기 체험교실에서는 직접 흙을 만지고 작은 청자 작품을 빚어볼 수 있어 놀이와 학습을 연결해준다. 이웃한 디지털박물관에서는 청자를 소재로 한 다양한 인터랙티브 체험과 놀이공간이 아이들을 기다린다.

- 전남 강진군 대구면 청자촌길 33
- 하절기 09:00~18:00 **휴무** 월요일 (공휴일인 경우 그다음 평일) *체험장은 운영
- 어른 2,000원, 청소년 1,500원, 어린이 1,000원
- 061-430-3755
- www.celadon.go.kr
- #체험여행 #역사여행 #감성여행 #고려청자 #비색 #도자기만들기 #놀이방

- **주변 여행지** 한국민화뮤지엄(minhwamuseum.com)
- **연계 가능 코스** 백운동정원(p.381)
- **키즈프렌들리 맛집** 가우도국밥(소머리국밥) | 전남 강진군 칠량면 청자로2길 90 | 0507-1384-9244 | 유아 의자)

219 국립나주박물관

전남 나주

연계교과 5~6학년 사회

고대 영산강 유역 문화를 중심으로 우리나라 고대사의 흐름을 배우는 데 최적화된 박물관이다. 특별히 나주 일대에서 발굴된 옛 무덤과 출토 유물을 중심으로 전시가 구성되어 있어 삼국시대와 백제문화를 보다 구체적이고 생생하게 이해할 수 있다. 상설전시실에는 토기, 금동관, 청동기 유물 등이 체계적으로 전시되어 있으며, 이를 소재로 한 실감콘텐츠체험관에서는 미디어아트로 표현된 고대 역사와 고분의 비밀, 금동신발 속 다양한 문양을 인터랙션 체험으로 즐길 수 있다. 어린이박물관에서는 박물관을 지키는 다양한 직업들을 흥미로운 체험과 놀이로 경험하도록 꾸며져 아이들의 흥미를 자극한다. 단, 어린이박물관 입장은 사전 예약제로 운영된다.

- 전남 나주시 반남면 고분로 747
- 09:00~18:00, 실감콘텐츠체험관 10:00~18:00 **휴무** 월요일(대체공휴일에 따라 변동 가능), 1월 1일, 설날·추석
- 061-330-7800
- naju.museum.go.kr
- #체험여행 #역사여행 #고대문화 #백제유물 #어린이박물관

함께 둘러봐도 좋아요~

- **주변 여행지** 반남고분전시관(전남 나주시 반남면 고분로 756-7)
- **연계 가능 코스** 나주학생독립운동기념관(p.166)
- **키즈프렌들리 맛집** 자미로(카페 | 전남 나주시 반남면 고분로 596 | 061-332-6410 | 유아 의자)

220 증도 소금박물관

연계교과 3학년 과학 | 5학년 사회

전남 신안

우리나라 최대 염전으로 알려진 태평염전에 자리한 소금박물관은 인류 역사에서 빼놓을 수 없는 소금의 가치를 흥미롭게 설명하고 있다. 글과 그림뿐 아니라 영상과 체험을 통해 아이들의 눈높이에서도 쉽게 이해할 수 있도록 돕는다. 또 염전에서 소금이 생산되는 3월 말부터 10월 중순까지 소금밭체험도 운영하는데, 직접 염부가 되어 천일염을 생산하고 귀한 물수레도 체험해볼 수 있다. 체험 후에는 천일염과 달콤짭짤한 소금아이스크림, 정겨운 밀짚모자도 선물로 주어진다. 하루 두 번, 예약제로 운영되는 만큼 미리 전화로 체험을 신청해두면 보다 알찬 여행을 즐길 수 있다.

- 전남 신안군 증도면 지도증도로 1058
- 09:00~18:00 *점심시간 12:00~13:00, 소금밭체험 3월 중~10월 중순 11:00·15:00, 하루 2회(최소 3일 전 전화 예약)
- 어른 3,000원, 청소년 및 어린이 1,500원 *소금밭체험 어른 18,000원, 청소년 및 어린이 16,500원, 유치원생 15,000원
- 061-275-0829
- www.saltmuseum.org
- #체험여행 #소금의역사 #소금밭체험 #천일염 #물수레

함께 둘러봐도 좋아요~
- **주변 여행지** 해양힐링센터(전남 신안군 증도면 지도증도로 1053-11)
- **연계 가능 코스** 퍼플섬(p.170)
- **키즈프렌들리 맛집** 소금향카페(베이커리 | 전남 신안군 증도면 지도증도로 1053-11 | 061-261-2277 | 유아 의자)

추천해요
3~10세
4~10월

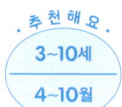

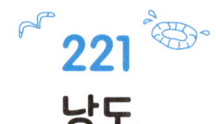

221
낭도

전남 여수

연계교과 3학년 사회 | 5학년 과학

여수 앞바다에 자리한 낭도는 다리로 연결된 여수의 작은 섬 중 하나로, 고즈넉한 어촌 풍경과 다양한 자연체험을 동시에 즐길 수 있는 숨은 보석 같은 여행지다. 낭도해수욕장은 물이 맑고 수심이 완만해 아이들과 안전하게 물놀이를 즐기기에 좋고, 섬을 둘러싼 해안산책로를 걸으면 바다와 숲이 어우러진 경치를 보다 가까이서 느낄 수 있다. 웅장한 바위에 부딪히는 파도 소리와 바닷바람을 맞으며 걷는 경험도 특별하다. 바다 바로 앞에 마을 주민들이 운영하는 캠핑장도 있고, 섬의 역사를 아기자기하게 전시한 골목미술관도 산책하듯 둘러보기 좋다.

전남 여수시 화정면 낭도리
#체험여행 #감성여행 #섬여행 #물놀이 #해안산책로 #오션뷰캠핑장

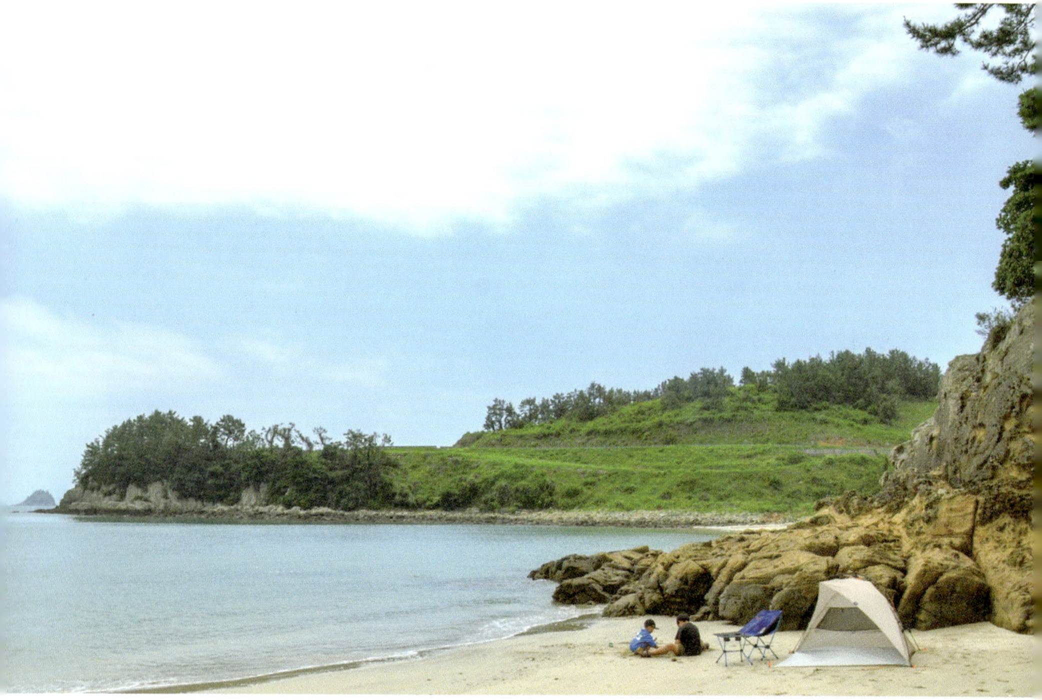

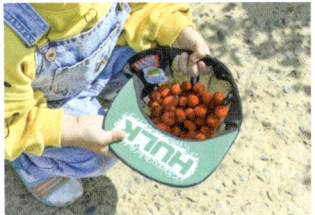

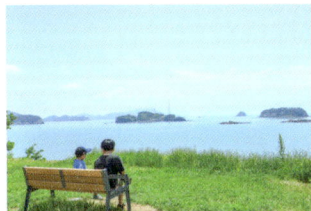

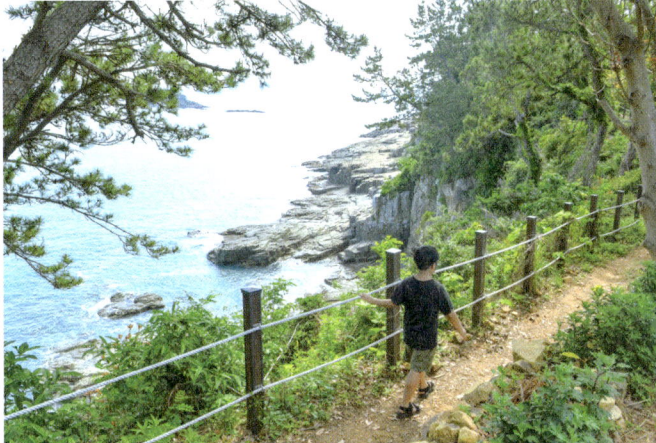

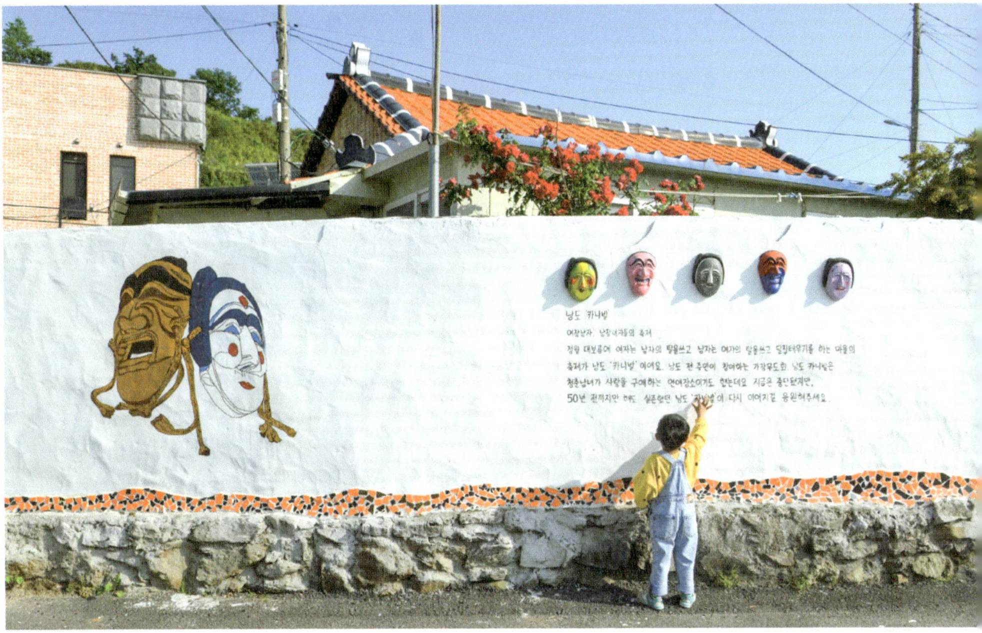

함께 둘러봐도 좋아요~

- **주변 여행지** 사도(전남 여수시 화정면 사도길)
- **연계 가능 코스** 예술랜드(p.288)
- **키즈프렌들리 맛집** 카페 공정(카페 | 전남 여수시 화양면 장수로 634 | 0507-1333-9713 | 유아 의자)

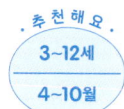

222 예술랜드

전남 여수

연계교과 3학년 미술 | 5학년 사회

바다와 예술이 어우러진 대형 복합문화공간으로, 아이들이 상상력과 창의력을 마음껏 펼칠 수 있는 체험형 테마파크다. 대표 공간인 트릭아트관에서는 착시효과를 이용한 다양한 3D 벽화와 설치미술을 만나볼 수 있어 그림 속에 들어간 듯한 사진을 찍으며 미술의 재미를 자연스럽게 체험할 수 있다. 야외로 나가면 탁 트인 바다를 배경으로 한 스카이워크, 공중그네, 전망대 등 다양한 즐길거리가 이어진다. 바람과 햇살을 맞으며 바다 위 예술작품을 감상하는 독특한 경험도 할 수 있다. 최근에는 남해가 한눈에 펼쳐지는 대관람차 타워링과 아이들이 신나게 속도감을 즐길 수 있는 카트체험장도 추가되어 즐길거리가 더욱 다양해졌다. 오션뷰 숙소도 운영 중인데, 투숙객의 경우 다양한 할인혜택을 챙길 수 있다.

- 전남 여수시 돌산읍 무술목길 142-1
- 09:00~18:00 *성수기 연장 가능
- 패키지1(트릭아트+미디어아트) 대인 25,000원, 소인 15,000원
- 061-665-0000
- www.alr.co.kr
- #체험여행 #감성여행 #복합문화공간 #트릭아트관 #스카이워크 #마이다스의손

- **주변 여행지** 전라남도해양수산과학관(www.jmfsm.or.kr)
- **연계 가능 코스** 장도(p.289)
- **키즈프렌들리 맛집** 카페 라피끄(카페 | 예술랜드 내 | 0507-1303-1018 | 유아 의자)

223
장도

전남 여수

연계교과 3학년 사회 | 5학년 과학

'예술의 섬'이라 이름 붙은 장도는 예술과 자연이 조화를 이루는 특별한 문화예술공간이다. 걸어서 접근할 수 있는 해상보도교를 통해 바다 위를 건너는 짧은 트레킹을 즐길 수 있어, 아이들에게 바다와 섬의 지리적 특성을 체험할 수 있는 좋은 기회를 제공한다. 섬 안에는 다양한 야외 조각 작품과 설치미술이 자연 풍경과 어우러져 전시돼 있으며, 바람과 파도, 햇살이 함께하는 '자연 속 미술관'을 걸으며 아이들의 감수성과 창의력이 자연스럽게 자란다. 곳곳에 포토존과 탐방로가 마련돼 있어 낮에는 푸른 바다와 예술품이 어우러진 풍경을, 저녁 무렵에는 붉게 물든 하늘과 함께하는 감성 산책을 즐길 수 있다. 섬과 육지를 연결하는 진섬다리는 물때에 따라 물에 잠기는 시간대가 있으니 미리 확인하길 추천한다.

- 전남 여수시 웅천동
- 하절기 06:00~22:00, 동절기 07:00~22:00 *장도전시실 10:00~17:00 휴무 장도전시실 월요일
- 1899-2012
- #체험여행 #감성여행 #섬여행 #예술의섬 #자연속미술관 #산책

함께 둘러봐도 좋아요~

- **주변 여행지** 유월드쥬라기어드벤처(home-ticket.co.kr/uworldnew)
- **연계 가능 코스** 예술랜드(p.288)
- **키즈프렌들리 맛집** 소코아 여수웅천점(일식당 | 전남 여수시 웅남5길 3 | 0507-1323-3017 | 유아 의자)

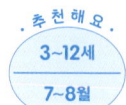

224
정남진 장흥물축제

전남 장흥

연계교과 3학년 과학 | 5학년 사회

정남진 장흥물축제는 '물'을 주제로 삼아 한여름 무더위를 시원하게 날려주는 체험형 축제다. 탐진강과 장흥댐의 깨끗한 물을 배경으로 펼쳐지는 이 축제는 아이들이 물의 소중함과 생태 환경의 중요성을 몸으로 느끼며 즐길 수 있는 특별한 여름 학습장이 된다. 워터파크 못지않은 대형 물놀이장, 물대포, 물총싸움, 수륙양용 체험 등 다양한 물놀이 프로그램이 마련되어 있어 신나게 뛰어놀면서 자연스럽게 물의 순환과 물 자원의 소중함을 체험하게 된다. 어린이 전용 물놀이 구역과 안전요원이 철저히 관리하는 공간이 있어 가족 단위 방문객도 안심하고 즐길 수 있다. 축제 기간 중 열리는 물환경 교육 부스에서는 물 정화 과정이나 수질 오염 방지에 관한 간단한 체험도 운영돼 교과 연계 학습 효과를 높여준다. 신나게 놀고 배우며 여름방학 추억을 만들기에 딱 좋은 축제다.

- 전남 장흥군 장흥읍 건산리 741-6
- 매년 7월 하순~8월 초순경 *홈페이지 확인
- 061-863-7071
- festival.jangheung.go.kr/festival
- #체험여행 #물축제 #탐진강 #물놀이 #물총싸움 #물대포 #여름방학

함께 둘러봐도 좋아요~

- **주변 여행지** 정남진물과학관 (www.jangheung.go.kr/water)
- **연계 가능 코스** 정남진 편백숲 우드랜드 (p.394)
- **키즈프렌들리 맛집** 만나숯불갈비(장흥삼합) | 전남 장흥군 장흥읍 물레방앗간길 4 | 061-864-1818 | 좌식 테이블, 놀이방

225 포레스트수목원

전남 해남

연계교과 3·5학년 사회

다양한 식물과 숲을 주제로 한 자연친화형 수목원으로, 아이들이 숲속에서 자유롭게 놀고 배우며 생태감수성을 키울 수 있는 공간이다. 산책로를 따라 침엽수원과 활엽수원, 허브가든 등 테마별 정원이 이어져 계절마다 다른 숲의 색깔과 향기를 오감으로 체험할 수 있다. 곳곳에 마련된 숲속놀이터, 나무데크길, 잔디광장은 아이들이 자연 속에서 마음껏 뛰어놀 수 있도록 설계되어 있으며, 숲해설 프로그램에 참여하면 식물의 생태와 숲의 역할, 탄소순환 같은 과학 개념을 쉽고 재미있게 배울 수 있다. 특히 편백나무숲 길을 맨발로 걷는 체험은 아이들에게 숲의 치유력을 온몸으로 느끼게 해주며, 자연과 친해지는 특별한 기회를 제공한다. 여름에는 아이들 얼굴만 한 수국이 만발해 눈길을 사로잡는다.

- 전남 해남군 현산면 봉동길 232-118
- 하절기 09:00~19:00, 동절기 09:00~17:00
- 하절기 대인 7,000원, 소인 6,000원, 동절기 대인 6,000원, 소인 5,000원
- 061-533-7220 www.4est수목원.com
- #체험여행 #감성여행 #수목원 #숲속놀이터 #산책 #생태감수성 #수국수국

함께 둘러봐도 좋아요~
- **주변 여행지** 대흥사(www.daeheungsa.co.kr)
- **연계 가능 코스** 미황사(p.449)
- **키즈프렌들리 맛집** 카페유선(카페 | 전남 해남군 삼산면 대흥사길 376 | 유아 의자)

Part
3

가을

알록달록 단풍 구경

226
국립한글박물관

연계교과 1~3·5학년 국어

서울

소중한 문화유산인 한글의 역사와 가치를 돌아볼 수 있는 공간으로, 아이들이 글자에 관심을 보이는 시기에 함께 가면 더욱 좋을 만한 공간이다. 한글이 걸어온 길을 되짚어보는 상설전시뿐 아니라 한글과 전 세계 다양한 문자를 특별한 시각으로 바라볼 수 있는 기획전시, 아이들이 한글이 만들어진 원리를 자연스럽게 이해하고 체험할 수 있는 '한글놀이터'가 자리한다. 한글놀이터의 권장연령은 5~9세로, 영유아의 경우 입장제한은 없으나 체험에 참여하고 이해하는 데는 한계가 있다. 주말과 공휴일 오후 2시엔 초등학교 1~3학년을 대상으로 하는 어린이 해설이 이뤄지며 현장에서 미리 신청해야 참여 가능하다. 2025년 10월까지 증축공사가 예정돼 있어 이후 개관 여부를 홈페이지에서 미리 확인하길 추천한다.

- 서울 용산구 서빙고로 139
- 월~금·일요일 10:00~1800, 토요일 10:00~21:00 *한글놀이터 10:10~17:40 **휴무** 1월 1일, 설날·추석
- 02-2124-6200
- www.hangeul.go.kr
- #체험여행 #박물관여행 #한글 #세종대왕 #한글놀이터 #어린이해설

함께 둘러봐도 좋아요~
- **주변 여행지** 국립중앙박물관(www.museum.go.kr)
- **연계 가능 코스** 국립서울현충원(p.50)
- **키즈프렌들리 맛집** 갯마을 한강로점(만둣국 | 서울 용산구 서빙고로 56 | 02-795-2277 | 유아 의자)

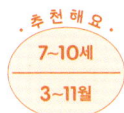

227
단군성전

연계교과 3~6학년 사회

서울

10월 3일 개천절은 단군이 우리 민족 최초의 국가인 고조선을 건국한 뜻깊은 날이다. 우리나라 역사가 시작된 중요한 국경일이지만 의외로 단군이나 고조선과 관련된 유적이 많지 않아 아이들에게 그 의미를 알려주기가 쉽지 않다. 사직공원 내에 자리한 단군성전은 단군 영정을 모신 공간으로, 매년 개천절은 물론 단군이 하늘로 돌아간 날을 뜻하는 어천절에도 대규모 제례가 이뤄진다. 아이들과 이 같은 행사를 함께 하며 개천절의 의미를 돌아보면 좋겠다. 공원 내에는 조선 태조 이성계가 설치한 사직단도 자리해 풍부한 역사 공부가 가능하다.

📍 서울 종로구 인왕산로 22
📞 02-736-6375
🔍 #체험여행 #역사여행 #개천절 #단군신화 #단군할아버지 #고조선 #홍익인간

함께 둘러봐도 좋아요~

- **주변 여행지** 황학정국궁전시관(서울 종로구 사직로9길 15-32 | 체험프로그램 운영)
- **연계 가능 코스** 종로구립 박노수미술관(p.60)
- **키즈프렌들리 맛집** 레이지버거클럽 부암점(햄버거 | 서울 종로구 창의문로 137 2층 | 0507-1329-2547 | 유아 의자)

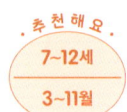

228 돈의문박물관마을

 서울

연계교과 3~4·6학년 사회

돈의문박물관마을은 한양도성 서쪽 동네에 쌓인 100년의 세월을 그대로 재현한 공간으로, 아이들이 옛 서울생활을 직접 체험하며 자연스럽게 가까운 역사와 생활을 배울 수 있는 곳이다. '생활사전시관'에서는 1960~80년대 서울 가정집을 그대로 재현해 그 시절 부엌, 거실, 학생방을 둘러볼 수 있다. '서대문여관'은 과거 서울 여관문화를 보여주며, '돈의문 콤퓨타게임장'과 '새문안 만화방'에서는 부모 세대가 즐겼던 게임과 만화를 직접 체험할 수 있어 세대 간 공감의 시간을 누릴 수 있다. 곳곳에서 진행되는 역사해설과 체험프로그램을 통해 서울의 변화과정을 배울 수 있는 만큼, 방문 전 홈페이지를 통해 관련 정보를 확인하길 추천한다.

- 서울 종로구 송월길 14-3
- 10:00~19:00 **휴무** 월요일
- 02-739-6994
- dmvillage.info
- #체험여행 #근대역사 #생활사박물관 #돈의문 #시간여행 #레트로여행

<table>
<tr><td>함께
둘러봐도
좋아요~</td><td>
• **주변 여행지** 서울역사박물관(museum.seoul.go.kr)
• **연계 가능 코스** 경교장(p.51)
• **키즈프렌들리 맛집** 고가빈커리하우스(커리 | 서울 종로구 경희궁2길 7 3층 | 0507-1466-2273 | 유아 의자)
</td></tr>
</table>

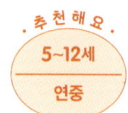

229
문화역서울284

 서울

연계교과 3~6학년 사회 | 6학년 미술

돔 형태 지붕과 르네상스식 건축기법이 돋보이는 옛 서울역은 우리 근현대사에서 빼놓을 수 없는 공간이다. 문화역서울284란 이름의 복합문화공간으로 다시 태어난 이곳엔 귀빈실과 일본인들이 드나들던 1·2등 대합실, 조선인들이 주로 사용했던 3등 대합실, 여성들이 머물렀던 부인대합실 등 100년 전 모습이 그대로 복원돼 색다른 분위기를 풍긴다. 미리 홈페이지에서 예약하면 오전 11시와 오후 2시에 이뤄지는 공간투어에 참여할 수 있다. 앞서 소개한 복원 공간들을 해설사의 설명을 들으며 돌아볼 수 있어 아이들에게도 특별한 시간여행이 된다. 이왕이면 아이들이 좋아할 만한 전시를 골라서 방문하면 더욱 알찬 여행이 되겠다.

- 서울 중구 통일로 1
- 11:00~19:00 **휴무** 월요일 *전시나 행사가 없는 경우
- 전시에 따라 변동
- 02-3407-3500
- www.seoul284.org
- #역사여행 #체험여행 #미술관여행 #감성여행 #옛서울역 #경성역 #공간투어

함께 둘러봐도 좋아요~
- **주변 여행지** 숭례문(서울 중구 세종대로 40)
- **연계 가능 코스** 서소문성지역사박물관(p.399)
- **키즈프렌들리 맛집** 토끼정 KTX서울역사점(우동·덮밥 | 서울 중구 한강대로 405 | 02-362-9401 | 유아의자)

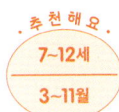

추천해요
7~12세
3~11월

230
북한산둘레길 우이령길

 서울

연계교과 3~6학년 과학·사회

도봉산과 북한산 경계에 자리한 우이령길은 오랫동안 사람의 발길이 닿지 않아 빼어난 풍광을 자랑한다. 아이가 걷기에도 부담이 없는 야트막한 산길인 데다, 특히 가을이면 알록달록 단풍이 화려하게 물들어 아름다운 우리나라 가을 풍경을 만끽하기에 그만이다. 북한산둘레길 중 유일하게 사전 예약제로 운영되는 우이령길은 홈페이지에서 미리 탐방일과 탐방 인원, 출발지점을 지정하고 센터에서 신분증 확인을 거친 후에야 입장 가능하다. 총 길이 약 4.5km로 아이와 함께라면 넉넉잡아 3시간 정도 소요된다. 안전상의 이유로 오전 9시부터 하절기에는 오후 4시, 동절기에는 3시까지만 입장 가능하다. 편도 코스이기 때문에 대중교통을 이용하는 것이 훨씬 편리하고, 등산로 내에 편의시설이 없으니 간식이나 물 등은 미리 챙겨야 한다.

- **우이탐방지원센터** 서울 강북구 삼양로 181길 349 **교현탐방지원센터** 경기 양주 장흥면 석굴암길 93
- 09:00~18:00 *하절기 ~16:00 동절기 ~15:00까지 입장
- **우이탐방지원센터** 02-998-8365 **교현탐방지원센터** 031-855-6559
- reservation.knps.or.kr
- #체험여행 #감성여행 #북한산둘레길 #단풍 #알록달록 #사전예약제

이것도 체크! 둘레길 준비물
우이령길을 비롯한 둘레길이나 등산로에는 편의시설이 거의 없기 때문에 식수와 간단한 도시락, 초콜릿 등의 에너지 음식과 작은 돗자리를 준비하면 좋습니다. 또 아이가 흙, 나뭇잎 등을 자유롭게 만질 수 있도록 휴대용 물수건이나 소독제도 챙겨요!

함께 둘러봐도 좋아요~
- **주변 여행지** 청자가마터 체험(www.kguide.kr/celadon | 사전예약)
- **연계 가능 코스** 북서울꿈의숲(p.52)
- **키즈프렌들리 맛집** 시골길 본점(오리구이 | 서울 강북구 삼양로179길 172 | 02-994-8989 | 유아 의자)

가을

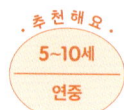

231
서울교육박물관

연계교과 3~6학년 사회

우리나라 교육의 역사를 시대별로 살펴볼 수 있는 이곳은 단순한 기록자료 대신 옛 모습 그대로 재현된 교실과 실제 학생들이 사용했던 교과서와 교복 등 체험 가능한 자료들로 채워져 있어 아이들의 눈높이에서 이해하기 쉽다. 특히 대나무필통을 사용했던 조선시대부터 '철수와 영희'로 대표되는 옛 국어교과서, 낡은 공책, 가난한 시절 아끼고 또 아껴 사용했던 몽당연필 등 아이들이 경험해볼 수 없는 과거의 교실 풍경을 만날 수 있다는 점도 특별하다. 옛 선비가 입던 옷이나 70~80년대 교복을 직접 입어보는 체험도 가능하다.

- 서울 종로구 북촌로5길 48
- 월~금요일 09:00~18:00, 토·일요일 09:00~17:00 **휴무** 공휴일, 첫째·셋째 수요일
- 02-2011-5780
- edumuseum.sen.go.kr
- #체험여행 #박물관여행 #옛날교실 #철수와영희 #교복체험 #선비옷체험

- **주변 여행지** 북촌한옥마을(서울 종로구 계동길 37)
- **연계 가능 코스** 윤동주문학관(p.304)
- **키즈프렌들리 맛집** 신라제면 안국점(칼국수 | 서울 종로구 계동길 19-6 | 0507-1474-7402 | 유아 의자)

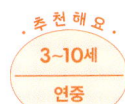

232
서울시립 북서울미술관

 서울

연계교과 1~3·5학년 국어 | 3~6학년 미술

서울시립 미술관 중 하나로 공원 산책로가 자연스레 미술관 출입구와 연결되는 개방형 구조 때문에 아이들을 동반한 가족 관람객들이 즐겨 찾는다. 전시에 따라 아이들 눈높이에 맞춘 도슨트와 교육프로그램을 운영하는 것은 물론, 소규모 어린이 놀이 공간과 체험형 전시가 흥미로운 어린이갤러리도 갖추고 있다. 수유실과 유아차 대여도 가능해 영유아 동반 관람객들도 편안하게 둘러볼 수 있다. 미술관 주변으로 다양한 메뉴의 식당과 쇼핑몰이 자리하고, 언제든 밖으로 나서면 드넓은 공원과 놀이터가 기다리고 있어 한나절 나들이 코스로 제격이다.

- 서울 노원구 동일로 1238
- 화~목요일 10:00~20:00, 금요일 10:00~21:00, 토·일요일 하절기 10:00~19:00, 동절기 10:00~18:00 **휴무** 월요일(공휴일인 경우 정상 개관), 1월 1일
- 02-2124-5201
- sema.seoul.go.kr
- #체험여행 #미술관여행 #감성여행 #어린이도슨트 #키즈존 #유아차대여

함께 둘러봐도 좋아요~
- **주변 여행지** 노원천문우주과학관(www.nowoncosmos.or.kr) | 체험프로그램 운영)
- **연계 가능 코스** 북서울꿈의숲(p.52)
- **키즈프렌들리 맛집** 강경불고기 노원하계점(불고기 | 서울 노원구 한글비석로 127 | 02-976-8292 | 유아 의자)

233
석파정 서울미술관

연계교과 3~4학년 사회 | 5~6학년 미술

다양한 장르와 주제를 선보이는 미술관으로 방학시즌이나 전시에 따라 아이들 눈높이에 맞춘 감상프로그램과 창작활동을 선보인다. 소규모 그룹으로 이뤄지는 프로그램이라 미리 홈페이지에서 관련 정보를 확인해 두면 더욱 알찬 관람을 즐길 수 있다. 미술관 뒤편으로는 흥선대원군의 별서인 석파정이 자리하고 있어 볼거리를 더한다. 부암동 언덕이 한눈에 들어오는 아름다운 정원과 한 폭의 동양화를 떠올리게 하는 너럭바위와 계곡, 서양식 건축기법이 인상적인 정자 등 고즈넉한 풍경들이 이어진다. 기상 상황에 따라 석파정 관람이 제한될 수 있으니 가능한 맑은 날을 골라 들러보기를 추천한다.

- 📍 서울 종로구 창의문로11길 4-1
- 🕐 미술관 10:00~18:00, 석파정 11:00~18:00 **휴무** 월·화요일
- 💰 통합 입장권 성인 20,000원, 청소년 15,000원, 어린이 13,000원
- 📞 02-395-0100
- 🌐 seoulmuseum.org
- #감성여행 #미술관여행 #체험프로그램 #샘키즈 #석파정 #흥선대원군 #그림같은풍경

함께 둘러봐도 좋아요~
- **주변 여행지** 환기미술관(whankimuseum.org)
- **연계 가능 코스** 윤동주문학관(p.304)
- **키즈프렌들리 맛집** 자하손만두(만둣국 | 서울 종로구 백석동길 12 | 02-379-2648 | 유아 의자)

234 선유도공원

 서울

연계교과 3~4·6학년 과학 | 5학년 사회

한강 위 작은 섬이었던 선유도는 과거 정수장이 있던 곳을 생태공원으로 재탄생시킨 국내 최초 환경재생 공원이다. 자연과 인공 구조물이 조화를 이루며, 도시 속에서 생태와 예술을 동시에 경험할 수 있는 공간이다. 공원 내에는 수질정화원이 조성되어 아이들이 물이 정화되는 과정을 직접 관찰할 수 있고, 수생식물원에서는 다양한 수생식물을 가까이서 살펴보며 자연의 다양성을 배울 수 있다. 이야기관에서는 한강과 선유도의 변천사를 전시해 환경과 도시의 관계를 이해하는 데 도움이 된다. 가을이면 공원 전체가 황금빛으로 물들어 도심 속에서 계절의 정취를 즐기기에 그만이다.

- 서울 영등포구 선유로 343
- 공원 06:00~24:00, 이야기관 하절기 09:00~18:00 동절기 09:00~17:00 **휴무** 월요일 *전시관
- 02-2631-9367
- parks.seoul.go.kr/seonyudo
- #체험여행 #감성여행 #생태공원 #환경재생 #정수장재활용 #단풍 #포토존

 **함께 둘러봐도 좋아요~**

- **주변 여행지** 서울함공원(www.seoulbattleshippark.com)
- **연계 가능 코스** 서울에너지드림센터(p.55)
- **키즈프렌들리 맛집** 강강술래 당산점(갈비탕) | 서울 영등포구 선유로 251 | 02-2677-9233 | 유아 의자

235 윤동주문학관

 서울

연계교과 3~5학년 국어 | 6학년 사회

한국인이 가장 사랑하는 시인 윤동주는 식민지의 암울한 현실 속에서도 「서시」, 「별 헤는 밤」과 같은 아름다운 시를 남겼다. 그는 연희전문학교 재학 시절 종로 누상동에서 하숙생활을 했는데, 종종 인왕산까지 산책을 즐겼다고 한다. 그가 거닐던 산자락에 마련된 윤동주문학관은 버려진 수도가압장과 물탱크를 활용해 윤동주의 시 「자화상」에 등장하는 우물을 연상시킨다. 대한민국 공공건축상을 받은 작품인 만큼 다양한 방향에서 문학관을 살펴보며 아이들이 공간과 의미에 대해 생각해볼 수 있는 기회를 주면 좋겠다.

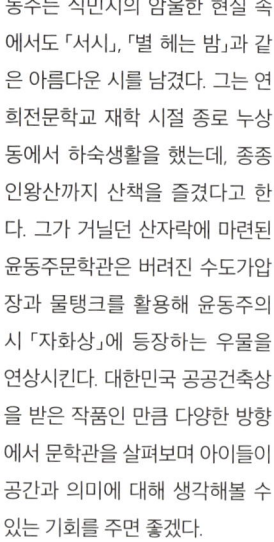

- 서울 종로구 창의문로 119
- 10:00~18:00 *휴게시간 13:30~14:00 **휴무** 월요일, 1월 1일, 설날·추석
- 02-2148-4175
- www.jfac.or.kr/site/main/content/yoondj01
- #역사여행 #감성여행 #문학기행 #윤동주 #서시 #별헤는밤 #시인의언덕

함께 둘러봐도 좋아요~
- **주변 여행지** 백사실계곡 (서울 종로구 부암동 115)
- **연계 가능 코스** 석파정 서울미술관 (p.302)
- **키즈프렌들리 맛집** 맘스키친(소바 | 서울 종로구 창의문로 146 | 02-395-7022 | 유아 의자)

236
이화동 벽화마을

연계교과 3~6학년 미술 | 3~4학년 사회

서울

수많은 드라마와 예능프로그램에 등장해 외국인 관광객들도 일부러 찾아올 만큼 인기 여행지다. 좁은 골목과 계단, 낮은 담벼락과 전봇대까지 예술의 일부가 된 풍경이 마치 보물찾기 같은 재미를 선사한다. 벽화 외에도 주민들이 직접 사용하던 물건을 기증받아 전시한 '마을박물관', 옛 대장간을 현대적으로 재해석한 '최가철물점', 1950년대 이화동 일대에 지어졌던 국민주택을 그대로 재현한 카페 '개뿔' 등 소소하지만 의미 있는 볼거리도 많다. 한때 관광객들의 무분별한 사진촬영과 쓰레기 무단투기 때문에 갈등을 빚었던 만큼 아이들에게 관람예절을 가르칠 수 있는 교육의 공간이기도 하다.

📍 **이화동 마을박물관** 서울 종로구 낙산성곽서1길 12

🔖 #감성여행 #벽화마을 #마을박물관 #드라마촬영지 #관람예절

- **주변 여행지** 낙산공원(서울 종로구 낙산길 41 | 02-743-7985)
- **연계 가능 코스** 한양도성박물관(p.308)
- **키즈프렌들리 맛집** 칸다소바(소바 | 서울 종로구 대학로 131-1 | 0507-1364-1662 | 유아 의자)

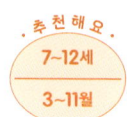
추천해요
7~12세
3~11월

237
정동길

연계교과 3~6학년 사회

서울

덕수궁 돌담길에서 이어지는 정동길은 가을이면 노란 은행잎과 고즈넉한 옛 건물들이 그림처럼 어우러지는 공간이다. 대한제국 정궁이었던 덕수궁과 을사늑약의 가슴 아픈 현장인 중명전, 우리나라 최초 근대식 사립학교였던 배재학당 등 아이들과 함께 둘러보기 좋은 유적지도 풍성하다. 특히 덕수궁 내에 자리한 석조전은 캐노피가 달린 황제의 침실과 와인잔이 가득한 대식당 등 마치 유럽의 어느 황실을 보는 듯 이채롭다. 현재 사전 예약제로만 내부 관람이 가능하므로 미리 덕수궁 홈페이지에서 관람시간을 정해두는 것이 좋겠다. 서울시청 서소문별관 13층에 자리한 정동전망대에선 가을에 물든 정동길 주변을 한눈에 담을 수 있다. 시민들을 위해 무료로 개방되는 공간이니 놓치지 말고 들러보길 추천한다.

- 서울 중구 세종대로 99
- 덕수궁 09:00~21:00, 석조전·중명전 09:30~17:30, 정동전망대 주중 13:30~17:30, 주말 09:00~17:30, 배재학당역사박물관 10:00~17:00 **휴무** 덕수궁·석조전·중명전 월요일, 배재학당역사박물관 월·일요일 및 공휴일
- 덕수궁 일반(만 25세~64세) 1,000원
- 덕수궁 02-771-9951
- royal.khs.go.kr/dsg
- #역사여행 #대한제국 #덕수궁돌담길 #석조전 #중명전 #배재학당 #정동전망대

함께 둘러봐도 좋아요~

- **주변 여행지** 서울시청사 통통투어(visitseoul.net | 서울도보관광예약 홈페이지에서 사전예약)
- **연계 가능 코스** 창덕궁(p.61)
- **키즈프렌들리 맛집** 만족오향족발 시청점(족발 | 서울 중구 서소문로 134-7 | 02-753-4755 | 유아 의자)

추천해요
5~10세
연중

238
한양도성박물관

연계교과 3~6학년 사회

서울

서울 도심을 지나다 보면 600여 년 동안 수도를 지켜온 한양도성의 흔적을 쉽게 만날 수 있다. 인구 1,000만 대도시에 이처럼 옛 성곽이 온전히 남아있는 경우는 흔치 않은데, 낙산에서 동대문으로 이어지는 성곽길 한편에 자리한 한양도성박물관은 문화유산으로서 한양도성의 가치를 돌아볼 수 있는 의미 있는 공간이다. 한양도성의 건설과 관리, 성곽을 중심으로 이뤄졌던 서울시민들의 일상은 물론, 근대화와 일제강점기를 지나며 허물어지고 훼손된 상처까지 시대별로 살펴볼 수 있다. 박물관을 둘러본 후에는 한양도성 홈페이지(seoulcitywall.seoul.go.kr)에서 해설프로그램을 신청하거나 온 가족이 함께 스탬프투어에 도전해봐도 좋겠다.

- 서울 종로구 율곡로 283
- 09:00~18:00 **휴무** 월요일, 1월 1일
- 02-724-0243
- museum.seoul.go.kr/scwm
- #체험여행 #역사여행 #박물관여행 #한양도성 #성곽길 #스탬프투어

함께 둘러봐도 좋아요~

- **주변 여행지** 동대문디자인플라자(ddp.or.kr)
- **연계 가능 코스** 이화동 벽화마을(p.305)
- **키즈프렌들리 맛집** 우물집(전골·솥밥) | 서울 종로구 창신길 200 | 0507-1318-7500 | 유아 의자)

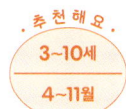

239 안성맞춤랜드

경기 안성

연계교과 3~4학년 과학 | 5~6학년 사회

안성을 대표하는 시민공원으로 남사당공연장을 비롯해 천문과학관, 사계절썰매장 등 다양한 시설이 자리해 가족 여행지로 제격이다. 영화 <왕의 남자>로 인지도를 높인 바우덕이풍물단이 중심이 된 공연은 한국적인 흥과 해학, 아찔한 묘기가 어우러져 아이들에게도 특별한 경험이 된다. 3~11월까지 주말에 상설공연이 이뤄지니 미리 예매하기를 추천한다. 10월에는 바우덕이축제도 열린다. 천문과학관에서는 온 가족이 함께 밤하늘의 별과 한낮의 뜨거운 태양을 관측할 수 있고, 사계절썰매장에서는 신나는 썰매를 즐길 수 있다. 이 외에도 공예문화센터와 박두진문학관, 대규모 캠핑장도 자리해 하룻밤 여유롭게 쉬어가면 좋다.

- 📍 경기 안성시 보개면 남사당로 198
- 🕐 **남사당공연장**(봄~가을 시즌에만 운영) 주말 14:00 **천문과학관** 14:00~22:00 *회차당 50분 소요 **사계절썰매장** 10:00~16:40 *매 시간 45분 이용 15분 휴식, 13:00~14:00 점심시간 및 시설 점검 **휴무** 월요일(공휴일인 경우 그다음 날), 1월 1일, 설날·추석 연휴 *사계절썰매장 화요일 및 우천 시 휴무
- 💰 **남사당공연장** 어른 12,000원, 청소년 6,000원, 어린이 3,000원 **천문과학관** 어른 4,000원, 청소년 및 어린이 2,000원 **사계절썰매장** 어른 10,000원, 청소년 8,000원, 어린이 6,000원
- 📞 031-678-2672
- 🏠 www.anseong.go.kr/tour/contents.do?mId=0103010100
- #️⃣ #체험여행 #바우덕이 #남사당공연 #왕의남자 #천문과학관 #사계절썰매장 #캠핑

함께 둘러봐도 좋아요~

- **주변 여행지** 안성맞춤박물관(경기 안성시 대덕면 서동대로 4726-15 | 031-676-4352)
- **연계 가능 코스** 안성팜랜드(p.69)
- **키즈프렌들리 맛집** 안일옥(곰탕 | 경기 안성시 중앙로411번길 20 | 031-675-2486 | 유아 의자)

추천해요
5~10세
4~11월

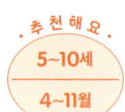

240 화담숲

경기 광주

연계교과 3학년 과학 | 4학년 사회

경기 광주에 위치한 화담숲은 사계절 내내 아름다운 자연을 감상할 수 있는 숲속 정원이다. 봄에는 벚꽃과 철쭉, 여름에는 초록빛 나무가 우거지고, 가을이면 단풍이 절경을 이룬다. 특히 다채로운 빛깔의 단풍이 유난히 아름다워 매년 가을이면 예약 전쟁이 벌어질 정도다. 국내 최대 규모 이끼원과 1,000여 그루의 자작나무가 펼쳐진 자작나무숲 등 다양한 테마정원이 산책로를 따라 이어진다. 산책로 대부분이 완만하고 아이들과 함께 걷기 좋은 나무데크길이 조성되어 있어 유아차도 이용 가능하다. 숲을 걸으며 식물의 변화와 계절의 흐름을 직접 체험할 수 있어 교육적인 가치도 높다. 정원을 새롭게 바라볼 수 있는 모노레일도 인기다.

- 경기도 광주시 도척면 도척윗로 278-1
- 09:00~18:00 **휴무** 월요일 *겨울 시즌 휴원
- 어른 11,000원, 청소년 9,000원, 어린이 7,000원 *온라인 사전 예약 필수, 모노레일 탑승권 별도 구매
- 031-8026-6666
- www.hwadamsup.com
- #체험여행 #감성여행 #식물원 #테마정원 #모노레일 #단풍 #사전예약

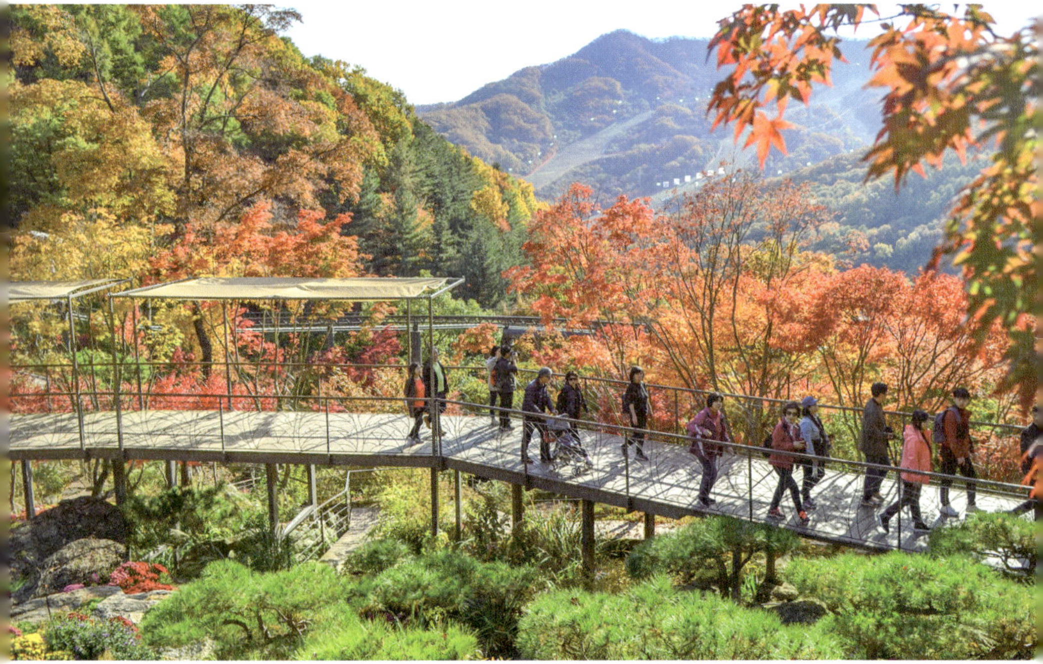

함께 둘러봐도 좋아요~

- **주변 여행지** 경기도자박물관(kocef.org/html/?menuid=kcf010201) | 체험프로그램 운영 | 031-799-1500)
- **연계 가능 코스** 삼성화재 모빌리티뮤지엄(p.194)
- **키즈프렌들리 맛집** 씨드그린(베이커리 | 화담숲 내 | 031-8026-6000 | 유아 의자)

241
양주시립 장욱진미술관

경기 양주

연계교과 3~6학년 미술

박수근과 이중섭, 김환기 등과 함께 우리나라 근현대미술을 이끌었던 화가 장욱진은 가족이나 아이, 나무, 새 등 소박하고 친근한 소재들을 주로 그렸다. 때문에 누구나 가볍고 편안한 마음으로 접근할 수 있는 작가이자 아이들과 함께라면 더욱 추천할 만한 화가다. 그의 호랑이 그림인 〈호작도〉에서 아이디어를 얻었다는 미술관은 2014년 영국 BBC가 선정한 '세계의 위대한 8대 신설미술관'에 꼽히기도 했다. 아이를 좋아했던 작가의 영향 때문인지 유아를 동반한 가족들을 대상으로 한 체험프로그램도 자주 운영한다. 여행 전에 미리 홈페이지에서 관련 정보를 확인해보면 좋겠다.

- 경기 양주시 장흥면 권율로 193
- 10:00~18:00 **휴무** 월요일, 1월 1일, 설날·추석
- 어른 5,000원, 청소년 및 어린이 1,000원
- 031-8082-4245
- #감성여행 #미술관여행 #그림같은풍경 #체험프로그램 #장욱진

- **주변 여행지** 두리랜드(경기 양주시 장흥면 권율로 120)
- **연계 가능 코스** 송암스페이스센터(p.192)
- **키즈프렌들리 맛집** 피자성효인방(피자 | 경기 양주시 장흥면 권율로 83-5 | 031-855-5220 | 유아 의자)

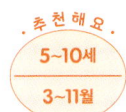

242
목아박물관

경기 여주

연계교과 3~4·6학년 사회 | 5~6학년 미술

무형문화재로 지정된 목조각장이 운영하는 사립미술관으로 전통 목조각의 화려하면서도 기품 있는 매력을 느껴볼 수 있는 공간이다. 상설전시관에는 목아 박찬수 목조각장의 대표작을 비롯해, 보물을 포함한 수백여 점의 불교문화재와 민속문화재들로 채워져 있다. 고즈넉한 정원이 아름다운 야외전시장은 가을이면 알록달록한 단풍으로 물들어 관람객들의 눈길을 사로잡는다. 민화가 그려진 에코백이나 개성 넘치는 탈, 자연재료를 활용한 나무문패 만들기 등 체험 프로그램도 다양하게 운영된다.

- 경기 여주시 강천면 이문안길 21
- 09:30~18:00 **휴무** 월요일 *기타 휴관 일정은 블로그 및 인스타그램 공지
- 어른 6,000원, 청소년 및 어린이 5,000원
- 031-885-9952
- blog.naver.com/mokamuseum
- #체험여행 #박물관여행 #전통목조각 #목조각장 #가을정취 #체험프로그램

- **주변 여행지** 명성황후생가기념관(경기 여주시 명성로 71 | 031-881-9730)
- **연계 가능 코스** 세종대왕릉(p.72)
- **키즈프렌들리 맛집** 감성식탁(제육볶음 | 경기 여주시 칠산길 39 | 031-882-1115 | 유아 의자)

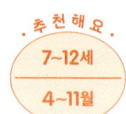

243
옥녀봉 그리팅맨

 경기 연천

연계교과 5~6학년 사회

연천군 군남면에 위치한 옥녀봉 정상에는 '그리팅맨(Greeting Man)'이 세워져 있다. 조각가 유영호가 제작한 이 작품은 높이 10m의 푸른색 조각상으로, 북쪽을 향해 15도 각도로 고개를 숙이며 인사하는 모습을 하고 있다. 이는 분단된 한반도의 현실 속에서도 서로를 존중하고 평화를 염원하는 메시지를 담았다. 옥녀봉 정상에 오르면 임진강과 연천 일대가 한눈에 들어오고, 맑은 날에는 북한 지역까지 조망할 수 있다. 6·25전쟁 당시 전략적 요충지였던 이곳은 역사적으로도 의미가 깊다. 지금도 인근에 군 관련 시설이 자리해 아이들이 역사와 자연을 함께 체험할 수 있는 장소다. 정상 입구까지 차량 진입이 가능하지만, 가을 산책을 제대로 즐기려면 연천로하스파크에 차량을 세우고 걷는 것도 추천한다.

📍 경기 연천군 군남면 옥계리 832
📞 031-839-2061
🏷 #체험여행 #역사여행 #가을산책 #그리팅맨 #노을명소

함께 둘러봐도 좋아요~

- **주변 여행지** 군남홍수조절지 두루미테마파크(경기 연천군 군남면 선곡리 614-5)
- **연계 가능 코스** 연천전곡리유적(p.73)
- **키즈프렌들리 맛집** 세라비 한옥카페(베이커리) | 경기 연천군 군남면 군중로 134 | 010-8832-0646

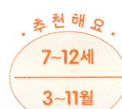

244 캠프그리브스역사공원

경기 파주

연계교과 5~6학년 사회

파주 캠프그리브스는 1953년 정전협정 체결 이후 미군이 주둔했던 군 사기지로, 2004년 우리나라로 반환되었다. 현재는 민간인출입통제구역(DMZ) 내 유일한 숙박형 문화예술체험공간으로, 6·25전쟁과 분단의 역사를 생생하게 체험할 수 있는 장소다. 캠프 내에는 당시 미군이 사용하던 병영시설과 장비들이 보존되어 있어 전쟁 당시의 분위기를 느낄 수 있다. 분단과 평화를 주제로 한 전시관이 운영되며 방문객들은 군사적 갈등과 평화의 의미를 함께 떠올릴 수 있다. 드라마 〈태양의 후예〉 촬영지로도 유명해 드라마 속 장면을 직접 체험하는 즐거움도 있다. 공원 내로 입장하려면 임진각 평화곤돌라를 이용해야 매표소 접근이 가능하다.

- 경기 파주시 적십자로 137
- 09:30~16:50 *1일 5회 100명에 한하여 입장 가능 **휴무** 월요일, 1월 1일, 설날·추석
- 대인 3,000원, 소인 2,000원
- 031-953-6970
- #역사여행 #체험여행 #6·25전쟁 #분단의현실 #미군기지 #드라마촬영지

함께 둘러봐도 좋아요~

- **주변 여행지** 파주임진각평화곤돌라(www.dmzgondola.com)
- **연계 가능 코스** 임진각 관광지(p.76)
- **키즈프렌들리 맛집** 임진각샘뜰두부집(두부보쌈 | 경기 파주시 문산읍 사목로 227 | 0507-1421-8010 | 유아 의자)

245
파주 이이 유적

추천해요 7~12세 / 4~11월
경기 파주

연계교과 3~4·6학년 사회

율곡 이이 하면 강릉의 오죽헌을 먼저 떠올리지만 그의 본가는 파주 파평면 율곡리다. 이곳에서 유년시절의 일부를 보낸 그는 율곡촌에서 '율곡'이란 호를 따기도 했으며 관직을 그만두고 여가를 보내기도 했다. 때문에 강릉 못지않게 파주는 그의 생에서 중요한 공간적 배경이다. 파주 이이 유적에는 율곡과 어머니 신사임당의 묘, 선생의 위패를 모신 자운서원과 유품을 전시한 율곡기념관이 있다. 아이들에게도 익숙한 인물이라 함께 이야기를 나누기에도 좋다. 널찍한 잔디밭 너머로는 호젓한 산책로를 따라 은행나무가 즐비해 가을이면 황금빛 햇살을 즐길 수 있다. 인근에 율곡 이이가 시를 짓던 화석정이 있으니 함께 둘러보길 추천한다.

- **율곡기념관** 경기 파주시 법원읍 자운서원로 204
- 하절기 09:00~18:00, 동절기 09:00~17:00
- 대인 1,000원, 소인 500원
- 031-958-1749
- #역사여행 #율곡이이 #신사임당 #자운서원 #율곡기념관 #가을정취

함께 둘러봐도 좋아요~
- **주변 여행지** 화석정(경기 파주시 파평면 화석정로 152-72)
- **연계 가능 코스** 임진각 관광지(p.76)
- **키즈프렌들리 맛집** 초리골초계탕(초계탕) | 경기 파주시 법원읍 초리골길 110 | 0507-1410-5250 | 유아 의자

 경기 평택

246
아르카북스 책방

연계교과 1~6학년 국어

아르카북스는 자연 속에서 독서를 즐길 수 있는 북카페이자 북스테이 공간이다. '아르카(ARCA)'는 이탈리아어로 '방주'를 의미하며, 책을 통해 치유와 성장을 경험할 수 있도록 조성됐다. 이름처럼 서점 내부는 원목으로 꾸며져 따뜻한 분위기를 자아내며, 소수 예약제로 운영되어 조용한 환경에서 독서를 즐길 수 있다. 창밖으로는 넓은 정원과 나무들이 펼쳐져 있어 책을 읽으며 자연을 오롯이 느낄 수 있다. 계절마다 독서토론, 작가와의 만남, 필사 프로그램 등 다양한 문화 프로그램이 열린다. 책방 바로 옆에 독채 정원과 수영장이 마련된 북스테이 시설도 운영되어 책과 함께 느긋한 하룻밤을 즐기기에도 좋다.

- 경기 평택시 현덕면 덕목5길 122-11
- 12:00~18:00 *네이버 예약 필수 **휴무** 월요일, 설날·추석
- 1인 9,900원 *음료 1잔 포함
- 0507-1342-8695 blog.naver.com/changjak
- #감성여행 #책방여행 #독서의즐거움 #예약제 #북스테이

함께 둘러봐도 좋아요~
- **주변 여행지** 내리문화공원(경기 평택시 팽성읍 내리1길 16-6)
- **연계 가능 코스** 신장쇼핑몰(p.75)
- **키즈프렌들리 맛집** 스모크타운(플래터 | 경기 평택시 팽성읍 신흥북로49번길 28-3 | 0507-1491-9312 | 유아 의자)

추천해요
6개월~7세
4~11월

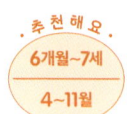

247

국립수목원

경기 포천

연계교과 3~6학년 과학·사회

국내외 다양한 산림자원을 연구하고 보존하는 국립수목원으로, 아이들이 마음껏 뛰어놀 수 있는 어린이정원과 짙푸른 숲길을 걸어볼 수 있는 숲생태관찰로, 산림 종류와 용도를 이해할 수 있는 산림박물관 등이 자리하고 있다. 계절에 따라 '광릉숲 산새탐험', '광릉숲의 생태', '수목원에서 만나는 풀과 나무' 등 해설프로그램도 상설 운영한다. 유아차를 이용할 수 있는 데크 구간과 수유실 등 편의시설도 잘 갖춰져 있어 영유아 동반 가족들도 편리하게 산책을 즐길 수 있다. 하루 탐방객을 4,500명으로 제한하니 미리 홈페이지를 통해 예약만 하면 하루 종일 여유롭게 쉬어갈 수 있다. 서울보다 단풍 시기가 조금 늦은 편이라 늦가을의 정취를 즐기기에도 좋다.

- 경기 포천시 소흘읍 광릉수목원로 509
- 하절기 09:00~18:00, 동절기 09:00~17:00 **휴무** 월요일, 1월 1일, 설날·추석 연휴, 1·2·12월 매주 일요일
- 어른 1,000원, 청소년 700원, 어린이 500원
- 031-540-2000
- www.kna.go.kr
- #체험여행 #수목원 #어린이정원 #그림같은풍경 #가을정취 #알록달록 #유아차산책

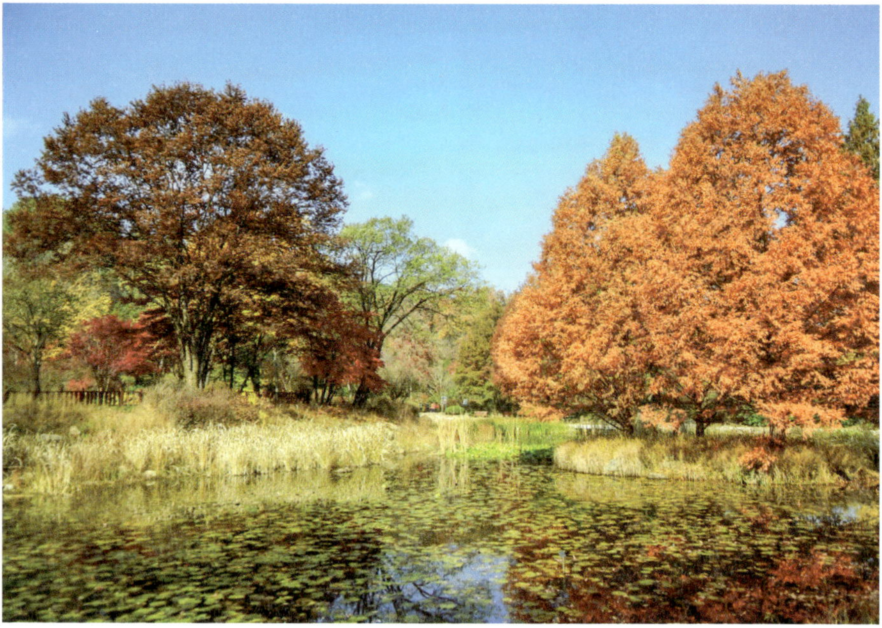

함께 둘러봐도 좋아요~

- **주변 여행지** 주파크(경기 포천시 소흘읍 죽엽산로 645 | 031-543-0068)
- **연계 가능 코스** 산정호수 썰매축제(p.411)
- **키즈프렌들리 맛집** 광릉불고기(돼지숯불고기 | 경기 남양주시 진접읍 광릉내로82번길 40-1 | 031-527-6631 | 유아 의자)

경기 화성

248
공룡알 화석산지

연계교과 3~6학년 과학

우리나라에서 흔치 않은 공룡알 화석지로 현재 천연기념물로 지정돼 관리되고 있다. 약 1억 년 전 중생대 백악기 공룡들이 서식했을 것으로 추정되는 이곳에서는 20여 개의 둥지에서 무려 130여 개의 공룡알 화석이 발견됐다. 또 우리나라 최초로 뼛조각이 아닌 원형 그대로의 공룡화석으로 발견돼 '코리아케라톱스 화성엔시스'라 이름 붙은 뿔공룡의 흔적도 만날 수 있다. 관람 일주일 전에 방문자센터(031-5189-3805)에 미리 전화로 신청하면 해설사와 함께 이 같은 공룡알 화석산지를 돌아보며 자세한 설명도 들을 수 있다.

- 경기 화성시 송산면 공룡로 659
- 하절기 09:00~17:00, 동절기 10:00~17:00 **휴무** 월요일, 1월 1일, 설날·추석 연휴
- 031-357-3951
- dinopia.hscity.go.kr
- #역사여행 #체험여행 #공룡박물관 #천연기념물 #공룡알 #뿔공룡 #해설사신청

함께 둘러봐도 좋아요~
- **주변 여행지** 누에섬등대전망대 (경기 안산시 단원구 대부황금로 17-156 | 물때 확인)
- **연계 가능 코스** 전곡항 (p.195)
- **키즈프렌들리 맛집** 복사꽃피는집 송산점 (주꾸미볶음·등갈비 | 경기 화성시 송산면 화성로 320 | 0507-1354-9077 | 유아 의자)

249
배다리헌책방골목

연계교과 5학년 국어 | 3~4·6학년 사회

1950년대를 전후로 40여 개가 넘는 헌책방들로 북적였다는 이곳은 현재 대여섯 개 서점만 남아 겨우 명맥을 유지하고 있다. 대부분 반세기가 넘는 오랜 역사에 대를 이어 책방을 지키는 곳들로 동화책과 초등학생용 문제집도 많아서 아이들 책을 골라보는 재미가 있다. 골목 맞은편에는 문구도매점들이 있는데, 간단한 문구류는 물론 크고 작은 장난감까지 저렴하게 판매한다. 골목의 오랜 터줏대감인 '나비날다책방'에선 수시로 책을 주제로 한 행사가 마련되고, 드라마 〈도깨비〉 촬영지로 유명한 '한미책방'은 포토존으로 인기다. 옛 인천양조장 건물을 그대로 활용한 '스페이스빔'은 입구를 지키고 선 커다란 깡통로봇 때문에 아이들이 무척 좋아한다.

📍 **나비날다책방** 인천 동구 서해대로 513번길 9

#감성여행 #헌책방골목 #나비날다책방 #스페이스빔 #깡통로봇 #문구점

함께 둘러봐도 좋아요~
- **주변 여행지** 배다리성냥마을박물관 (인천 동구 금곡로 19)
- **연계 가능 코스** 차이나타운 (p.322)
- **키즈프렌들리 맛집** 경인면옥(냉면) | 인천 중구 신포로46번길 38 | 0507-1404-5770 | 유아 의자

250 차이나타운

연계교과 3~6학년 사회

1883년 인천항 개항과 함께 형성된 차이나타운은 '우리나라 속 작은 중국'으로 불릴 만큼 수많은 중국음식점과 상점들로 채워져 있다. 일상에서 흔하게 먹는 짜장면의 역사를 살펴볼 수 있는 '짜장면박물관'부터 우리나라 최초의 서양식 호텔인 '대불호텔', 중국의 역사와 문화를 이해할 수 있는 '한중문화관'까지 볼거리도 풍성하다. 특히 한중문화관에서는 중국전통의상체험을 비롯해 다양한 공연과 체험프로그램을 운영하고 있으니 미리 관련 정보를 확인해두면 좋겠다. 가을이면 차이나타운과 인접한 '아트플랫폼'에서 인천생활문화축제도 마련된다.

짜장면박물관 인천 중구 차이나타운로 56-14

#역사여행 #체험여행 #박물관여행 #작은중국 #이국적인풍경 #짜장면박물관

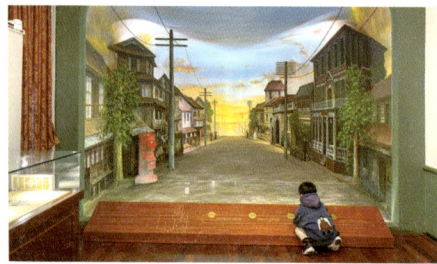 

함께 둘러봐도 좋아요~
- **주변 여행지** 송월동동화마을(인천 중구 송월동3가 17-1)
- **연계 가능 코스** 배다리헌책방골목(p.321)
- **키즈프렌들리 맛집** 만다복(중화요리 | 인천 중구 차이나타운로 36 | 032-773-3838)

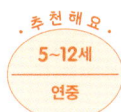

251
DMZ박물관

강원 고성

연계교과 5학년 국어 | 4~6학년 과학·사회

세계 유일 분단국가이기에 존재하는 DMZ이지만, 그 안에서는 여전히 수많은 생명들이 자유롭게 어우러지며 살아가는 모습을 통해 평화와 통일의 의미를 되새겨볼 수 있는 공간이다. 6·25전쟁 과정과 이후 남북갈등 상황을 아이들이 이해하기 쉽도록 전시하고 있으며, 마지막 전시기획실에서는 소원지에 평화통일의 염원을 적어 매달 수 있다. 야외전시장에는 1960년대 동부전선에 설치됐다가 철거된 실제 철책과 대북선전장비 등이 자리하고 있으며, 통일을 기원하는 강원도 지역 학생들 그림도 함께 전시하고 있다. 군번줄 만들기 등 색다른 체험프로그램도 운영한다.

- 강원 고성군 현내면 통일전망대로 369
- 하절기 09:00~18:00, 동절기 09:00~17:00 *통일안보공원(3월 1일~7월 14일·8월 21일~10월 31일 09:00~16:50, 7월 15일~8월 20일 09:00~17:50, 11월 1일~2월 28일 09:00~15:50) 마지막 출발시간 엄수, 신분증 지참 **휴무** 월요일(공휴일인 경우 다음 날 평일), 1월 1일
- 무료 *통일전망대 입장료(어른 3,000원, 청소년 및 어린이 1,500원) 납부 후 관람 가능
- 033-681-0625   www.dmzmuseum.com
- #역사여행 #체험여행 #박물관여행 #DMZ #평화교육 #생태학습 #군번줄만들기

이것도 체크!
DMZ박물관 관람 시 주의할 점
민통선 내에서는 임의로 주정차하거나 군사시설을 사진으로 촬영하는 것이 금지되어 있어요.

함께 둘러봐도 좋아요~
- **주변 여행지** 통일전망대(www.tongiltour.co.kr)
- **연계 가능 코스** 화진포(p.82)
- **키즈프렌들리 맛집** 산북막국수(막국수) | 강원 고성군 거진읍 산북길 16 | 033-682-1733 | 유아 의자

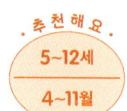

252
도째비골 스카이밸리·해랑전망대

강원 동해

연계교과 3~6학년 과학

묵호항에서 묵호등대로 올라가는 좁은 골목을 논골담길로 부르는데, 한적한 바닷가 마을에 활기를 불어넣으려 알록달록한 벽화를 그려 넣었다. 대학생들이 밑그림을 그리고 마을 어르신들이 색깔을 채워 넣은 벽화는 평생을 바다에 기대어 살았던 삶과 풍경들을 따스하게 어루만진다. 등대 아래 조성된 도째비골 스카이밸리는 약 59m 높이에서 바다를 내려다볼 수 있는 투명한 유리 바닥 전망대다. 약 27m 길이의 '자이언트 슬라이드'와 공중에 설치된 레일을 따라 자전거를 타고 이동하는 '스카이사이클' 등 아찔한 체험시설이 함께 자리해 색다른 즐거움을 더한다. 바다 위로 조성된 도깨비 방망이 모양 해랑전망대도 놓쳐선 안 될 볼거리다.

- 강원 동해시 묵호진동 2-109
- 10:00~18:00 *해랑전망대 10:00~21:00 **휴무** 월요일(공휴일인 경우 그 다음 평일), 설날·추석
- 어른 3,000원, 청소년 및 어린이 2,000원 *자이언트 슬라이드(신장 130cm 이상) 3,000원, 스카이사이클(신장 140cm 이상) 15,000원
- 070-7799-6955
- #감성여행 #벽화마을 #바닷가마을 #묵호등대 #스카이밸리 #해랑전망대

함께 둘러봐도 좋아요~

- **주변 여행지** 천곡황금박쥐동굴(강원 동해시 동굴로 50 | 033-539-3630)
- **연계 가능 코스** 감추해수욕장(p.83)
- **키즈프렌들리 맛집** 문어양(문어숙회 | 강원 동해시 천곡로 68 2층 | 0507-1408-9741 | 유아 의자)

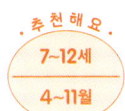

253
소금산그랜드밸리

강원 원주

연계교과 3~6학년 과학

남한강 지류인 섬강과 삼산천이 합쳐지는 간현 일대는 과거 대학생 MT 명소로 꼽히던 관광지다. 세월의 부침에 따라 사람들의 발길이 뜸해진 이곳 유원지에 조성된 소금산그랜드밸리는 해발 200m 높이에 떠 있는 출렁다리가 마치 하늘을 걷는 듯한 기분을 선사한다. 아래가 훤히 내려다보이는 다리를 건너는 순간, 온몸이 짜릿한 전율로 가득 찬다. 스카이타워에서는 소금산 자락과 강줄기가 한눈에 펼쳐진다. 일부 경사나 계단이 있기는 하지만 아이들과 함께 정상까지 이어진 잔도길을 천천히 걸으며 자연의 웅장함을 느끼는 것도 좋다.

- 강원 원주시 지정면 지정도 317
- 하절기 09:00~18:00, 동절기 09:00~17:00 **휴무 월요일**
- 통합권 대인 18,000원, 소인 10,000원
- 033-749-4860
- #체험여행 #감성여행 #자연탐험 #스릴체험 #출렁다리

- **주변 여행지** 원주한지테마파크(www.hanjipark.com) | 체험프로그램 운영
- **연계 가능 코스** 뮤지엄 산(p.88)
- **키즈프렌들리 맛집** 간현돈까스 본점(돈가스 | 강원 원주시 지정면 간현로 155 | 033-732-3111 | 유아 의자)

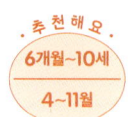

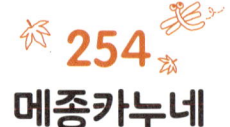

추천해요
6개월~10세
4~11월

254
메종카누네

강원 인제

연계교과 3~6학년 과학

인제 깊은 숲속에 자리한 메종카누네는 아이들은 물론, 반려견과도 함께 머물 수 있는 프라이빗 독채 숙소다. 창문 너머로 숲이 펼쳐져 있어 사계절 내내 자연을 가까이에서 느낄 수 있을 뿐 아니라, 넓은 마당에서 아이들이 자유롭게 뛰어놀기 좋다. 실내는 북유럽 감성의 인테리어로 따뜻하고 아늑한 분위기를 제공한다. 여주인의 감각을 오롯이 느낄 수 있는 주방과 빔프로젝터로 우리 가족만의 영화관으로 변신하는 거실, 비밀스러운 다락방과 정원을 그림처럼 담아내는 포토존까지 아이들 생일 같은 특별한 이벤트에 딱 어울리는 숙소다.

- 강원 인제군 북면 어두원길 122
- blog.naver.com/seochonyangpoom
- #감성여행 #체험여행 #자연속힐링 #단풍 #그림같은풍경 #프라이빗독채숙소

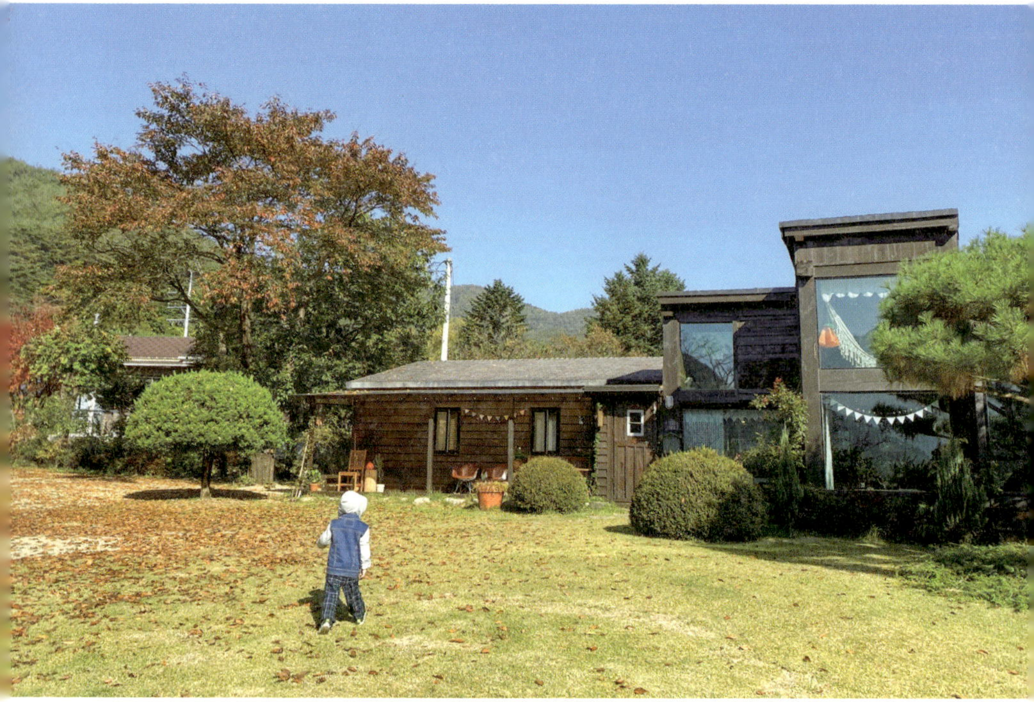

함께 둘러봐도 좋아요~

- **주변 여행지** 원통시장(강원 인제군 북면 원통리 647-6)
- **연계 가능 코스** 속삭이는자작나무숲(p.328)
- **키즈프렌들리 맛집** 백담순두부(순두부 | 강원 인제군 북면 백담로 19 | 0507-1380-9395 | 유아 의자)

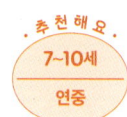

255
속삭이는자작나무숲

강원 인제

연계교과 3~6학년 과학

하얀 껍질에 불을 붙이면 '자작자작' 소리를 내며 탄다고 해서 이름 붙여진 자작나무. 이 같은 자작나무가 군락을 이룬 속삭이는자작나무숲은 계절마다 다른 풍경으로 보는 이들의 감탄을 자아낸다. 하얀 나무줄기 때문에 봄에는 연둣빛, 여름엔 초록빛, 가을엔 황금빛, 눈 내린 겨울엔 온통 은빛으로 옷을 갈아입기 때문. 왕복 5~6km 정도의 산책로를 걸어 올라가야 하는 수고로움이 있긴 하지만, 아름다운 숲에서 마음껏 뛰어노는 아이들을 보면 오길 잘했다는 생각이 절로 든다. 산책로에 접어들면 편의시설이 없으므로 마실 물과 간단한 간식을 꼭 챙기자.

- 강원 인제군 기린면 상하답로 130
- 하절기 09:00~18:00(15:00까지 입산), 동절기 09:00~17:00(14:00까지 입산) 휴무 월·화요일(공휴일 제외)
- 033-463-0044
- #감성여행 #체험여행 #생태탐험 #자작나무 #단풍 #그림같은풍경

함께 둘러봐도 좋아요~
- **주변 여행지** 인제군기적의도서관(강원 인제군 인제읍 인제로140번길 52-7)
- **연계 가능 코스** 인제스피디움(p.329)
- **키즈프렌들리 맛집** 옛날원대막국수(막국수) | 강원 인제군 인제읍 자작나무숲길 1113 | 033-462-1515 | 유아 의자

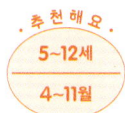

256 인제스피디움

연계교과 3~6학년 과학

강원 인제

인제에 위치한 스피디움은 국내 최초 자동차 테마 복합리조트다. 3.9km 길이 국제 규격 서킷을 갖춘 이곳에서는 수시로 레이싱대회가 열리며, 직접 주행 체험도 가능하다. '서킷 체험 주행'에서는 전문 드라이버와 함께 고속주행을 경험할 수 있으며, 카트체험장에서는 아이들도 속도감을 느끼며 레이싱을 즐길 수 있다. 자동차의 역사와 기술을 배울 수 있는 클래식카 박물관도 운영된다. 박물관에서는 다양한 시대의 자동차 전시를 통해 기술 변화를 이해할 수 있다. 창밖으로 서킷이 보이는 숙소도 이색적이다.

📍 강원 인제군 기린면 상하답로 130
📞 1644-3366
🏠 www.speedium.co.kr
🔖 #체험여행 #자동차박물관 #모터스포츠 #카트레이싱 #서킷체험 #서킷이보이는숙소

- **주변 여행지** 내린천(강원 인제군 기린면 북리)
- **연계 가능 코스** 속삭이는자작나무숲(p.328)
- **키즈프렌들리 맛집** 버치포레스트(뷔페 | 인제스피디움 내 | 0507-1462-0749 | 유아 의자)

257
로미지안가든

연계교과 4~6학년 과학

강원 정선

로미지안이란 독특한 이름은 정원 주인의 호 '지안'과 연애 시절부터 아내를 부르던 애칭인 '로미'를 합한 것이다. 첫사랑이자 평생의 동반자인 부부는 정선을 여행하다 맑고 깨끗한 자연에 마음을 빼앗겨 자리를 잡게 되었단다. 가리왕산 자락에 꾸며진 로미지안가든은 곳곳에 마련된 23개 테마 정원과 계절의 정취를 오롯이 즐길 수 있는 산책로를 따라 걸으며 몸과 마음을 쉬어가기 좋다. 문화체육관광부가 선정한 웰니스 관광지인 만큼 숲을 활용한 다양한 프로그램도 운영 중인데, 특히 어린이를 위한 '숲밧줄놀이'는 트리클라이밍, 짚라인 등 밧줄놀이를 통해 협력과 도전을 배우게 된다. 백패킹과 글램핑, 마운틴하우스 등 다양한 종류의 숙소도 갖추고 있어 아이들과 자연 속에서 특별한 하룻밤을 즐길 수 있다.

- 강원 정선군 북평면 어래길 20
- 하절기 09:00~18:00, 동절기 09:00~17:00 **휴무** 화요일(공휴일인 경우 정상 운영)
- 비수기(12~4월) 평일 10,000원, 주말 12,000원, 성수기(5~11월) 평일 12,000원, 주말 15,000원 *청소년 및 어린이는 연중 7,000원
- 02-3288-3377
- www.romyziangarden.com
- #체험여행 #감성여행 #산책 #그림같은풍경 #웰니스관광지 #숲밧줄놀이 #백패킹

함께 둘러봐도 좋아요~

- **주변 여행지** 아리랑센터(강원 정선군 애산로 51 | 033-560-3000)
- **연계 가능 코스** 만항재 (p.331)
- **키즈프렌들리 맛집** 정선당(샤브샤브 | 강원 정선군 북평면 남평강변로 114 | 0507-1331-3523 | 유아 의자)

258 만항재

강원 정선

연계교과 4~6학년 과학·사회

태백과 정선, 영월의 경계를 이루는 함백산은 남한 기준에서 여섯 번째로 높은 산이다. 이 산자락이 백두대간 줄기를 따라 태백산으로 이어지는 고개 중 하나인 만항재도 해발 1,330m로 지리산 정령치(1,172m)나 계방산 운두령(1,089m)보다 높다. 게다가 포장도로가 놓여 있어 자동차로 갈 수 있는 가장 높은 고갯길이기도 하다. 덕분에 겨울이면 차를 타고 손쉽게 눈부신 설경을 감상하려는 이들로 북적인다. 그러나 만항재엔 눈꽃만 아름다운 게 아니다. 봄부터 가을까지 다채로운 야생화가 피고 지며 천상의 화원을 선보인다. 산책로를 따라 아이들과 함께 희귀한 야생화를 관찰하며 자연의 소중함을 느끼기에 더없이 좋은 장소다.

📍 강원 정선군 고한읍 함백산로 865
🔍 #체험여행 #함백산 #생태탐방 #천상의화원 #야생화천국

함께 둘러봐도 좋아요~
- **주변 여행지** 정암사(강원 정선군 고한읍 함백산로 1410)
- **연계 가능 코스** 로미지안가든(p.330)
- **키즈프렌들리 맛집** 한우명가21(소고기구이·주물럭 | 강원 정선군 사북읍 사북중앙로 76 | 0507-1396-9975 | 유아 의자, 좌식테이블)

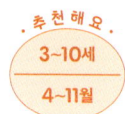

259
정선아리랑열차

강원 정선

연계교과 4~6학년 과학·사회

정선아리랑열차는 강원도의 맑고 푸른 자연과 함께 정선5일장의 넉넉한 인심까지 만나볼 수 있는 알짜배기 코스를 자랑한다. 서울 청량리역을 출발한 열차는 원주역과 제천역, 영월역을 거쳐 정선의 예미역, 민둥산역, 별어곡역, 선평역, 정선역, 나전역을 지나 아우라지역까지 운행한다. 그 중에서도 가을이면 황금빛 억새로 뒤덮이는 민둥산역과 정선5일장이 열리는 정선역, 정선레일바이크의 종착역인 아우라지역은 승객들이 주로 하차하는 역들이다. 정선아리랑열차는 동강할미꽃에서 영감을 얻은 보라색 바탕에「정선 아리랑」의 선율을 유려한 곡선으로 담아냈다. 객실은 하늘과 땅, 사람을 상징하는 푸른색과 붉은색, 노란색을 활용해 꾸몄다. 무엇보다 넓은 전망 창 덕분에 아름다운 차창 밖 풍경을 보다 시원하게 조망할 수 있다.

- 매 2·7일 및 주말 청량리역 출발 08:30
- 민둥산역 기준 어른 27,600원, 청소년 22,100원, 어린이 13,800원
- 1544-7788
- #체험여행 #감성여행 #기차여행 #정선오일장 #민둥산역 #아우라지역

- **주변 여행지** 정선아리랑시장(강원 정선군 정선읍 5일장길 40 | 매 2·7일 및 주말 장날)
- **연계 가능 코스 나전역**(p.212)
- **키즈프렌들리 맛집** 회동집(곤드레밥 | 정선아리랑시장 내 | 033-562-2634 | 유아 의자)

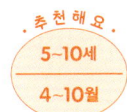

260 몽토랑산양목장

강원 태백

연계교과 4~6학년 과학

강원도 태백 해발 800m 고지대에 위치한 유산양 목장으로, 청정 자연 속에서 다양한 동물과 교감할 수 있는 체험 공간이다. 이곳에서는 약 130여 마리의 유산양이 자유롭게 방목되어 있어, 아이들과 함께 산양에게 먹이를 주며 친근하게 교감할 수 있다. 또한 신선한 산양유를 활용한 치즈 만들기, 피자 만들기, 산양유 비누 만들기 등 다양한 체험프로그램이 마련되어 아이들의 오감 발달과 학습에 도움이 된다. 목장 내 카페에서는 산양유로 만든 베이커리와 아이스크림을 맛볼 수 있으며, 넓은 초원에서 피크닉을 즐기거나 사진 촬영을 할 수 있는 공간도 제공된다. 가족과 함께 자연 속에서 특별한 추억을 쌓을 수 있는 장소로 추천한다.

- 📍 강원 태백시 효자1길 27-2
- 🕐 목장 카페 09:30~20:00, 산양 야외 방목시간 10:00~17:00(이후 실내 관람 가능)
- ₩ 1인 5,000원 *양먹이주기 체험 5,000원, 피크닉캠핑세트 30,000원
- 📞 033-553-0102
- 🔍 #체험여행 #감성여행 #산양목장 #동물교감 #그림같은풍경

함께 둘러봐도 좋아요~

- **주변 여행지** 태백고생대자연사박물관(tour.taebaek.go.kr/tpmuseum) | 체험프로그램 운영
- **연계 가능 코스** 추전역(p.422)
- **키즈프렌들리 맛집** 태백닭갈비(물닭갈비) | 강원 태백시 중앙남1길 10 | 033-553-8119 | 유아 의자

강원 평창

261
효석달빛언덕

연계교과 4~6학년 국어·사회

'소금을 흩뿌린 듯' 흐드러지게 핀 하얀 메밀꽃은 가을을 대표하는 풍경 중 하나다. 소설 『메밀꽃 필 무렵』의 작가 이효석이 태어난 평창 봉평면은 아름다운 메밀꽃밭과 문학의 정취가 한데 어우러져 가을에 찾기 더없이 좋은 여행지다. 작가의 생가와 문학관은 물론 정겨운 시골길과 개울, 물레방앗간 등 도시에서 접하기 어려운 풍경들이 가득하다. 작품 속에서 중요한 상징으로 등장하는 나귀는 전망대로 꾸며져 아이들의 호기심을 자극한다. 매년 9월에 열리는 효석문화제 기간에는 북적이는 시골장터와 뗏목체험, 다양한 문학프로그램과 풍등 날리기 등 풍성한 볼거리와 체험도 이뤄진다.

- 강원 평창군 봉평면 효석문학길 54
- 성수기(5~9월) 09:00~18:30, 비수기(10~4월) 09:00~17:30 **휴무** 월요일(공휴일인 경우 그다음 날), 1월 1일, 설날·추석
- 1인 3,000원 *이효석문학관 통합권 4,500원
- 033-336-8841
- www.hyoseok.net
- #체험여행 #감성여행 #메밀꽃필무렵 #문학기행 #이효석 #효석문화제

- **주변 여행지** 평창무이예술관(강원 평창군 봉평면 사리평길 233 | 033-335-4118)
- **연계 가능 코스** 대관령양떼목장(p.92)
- **키즈프렌들리 맛집** 메밀마당(막국수 | 강원 평창군 봉평면 창동리 547-10 | 0507-1442-3383 | 유아 의자)

함께 둘러봐도 좋아요~

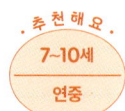
추천해요
7~10세
연중

충북 영동

262
난계국악박물관

연계교과 3~4학년 사회 | 5학년 음악

영동 출신의 천재적인 음악가 난계 박연은 고구려 왕산악, 신라 우륵과 함께 우리나라 3대 악성으로 꼽힌다. 조선 초 궁중음악의 개혁과 음악이론의 정립, 다양한 악기 제작 등 빼어난 업적을 남겼던 그는 세종대왕의 절대적인 애정과 신뢰를 받기도 했다. 난계박물관은 어렵게만 느껴졌던 우리의 전통음악을 보다 체계적으로 이해할 수 있도록 돕는다. 근처 영동국악체험촌에서는 박물관에서 보았던 다양한 전통악기를 직접 연주해볼 수 있어 함께 들르기 좋다. 토요일에는 상설공연도 마련된다. 매년 10월에는 난계국악축제도 볼거리를 더한다.

- 충북 영동군 심천면 국악로 9
- 09:00~18:00 휴무 월요일, 1월 1일, 설날·추석 연휴, 법정 공휴일 다음 날
- 어른 2,000원, 청소년 및 어린이 1,500원
- 043-740-3886
- #체험여행 #박물관여행 #난계박연 #3대악성 #국악체험 #난계국악축제

함께 둘러봐도 좋아요~

- **주변 여행지** 영동와인터널(ht.yd21.go.kr/tunnel)
- **연계 가능 코스** 태권도원(p.442)
- **키즈프렌들리 맛집** 나들샤브(샤브샤브 | 충북 영동군 심천면 난계로 536 | 0507-1359-7341 | 유아 의자)

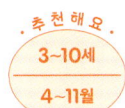

263 천상의정원 수생식물학습원

충북 옥천

연계교과 3~6학년 과학 | 6학년 사회

옥천 수생식물학습원은 대청호 인근에 위치한 생태체험 공간으로, 다양한 수생식물을 관찰하고 자연과 교감할 수 있다. 수련, 부레옥잠, 창포 등 다양한 수생식물이 자라는 연못과 습지 생태계를 가까이에서 관찰할 수 있으며, 아이들은 물속 식물들의 역할과 특징을 자연스럽게 배울 수 있다. 곳곳에 마련된 산책로를 따라 걸으며 대청호 풍경을 감상하는 것도 즐겁다. 학습원에서는 식물 탐방뿐만 아니라 자연놀이 체험도 가능하다. 전망대에 올라 탁 트인 호수 풍경을 감상하고, '세상에서 가장 작은 교회당'으로 알려진 예배당을 방문하는 것도 색다른 경험이다. 자연 속에서 생태학적 감수성을 키울 수 있는 공간으로, 가족과 함께 조용한 시간을 보내기 좋다. 사전 예약제로 운영되며, 하루 방문 인원이 제한되어 있어 여유로운 관람이 가능하다.

- 📍 충북 옥천군 군북면 방아실길 255
- 🕐 하절기 10:00~18:00, 동절기 10:00~17:00 **휴무** 일요일, 1~2월
- ₩ 어른 8,000원, 청소년 및 어린이 5,000원, 유아 4,000원 *홈페이지 사전 예약제
- 📞 010-9536-8956
- 🏠 www.waterplant.or.kr
- \# #체험여행 #감성여행 #생태체험 #호숫가산책 #대청호 #그림같은풍경

함께 둘러봐도 좋아요~
- **주변 여행지** 추소정(충북 옥천군 군북면 환산로 518)
- **연계 가능 코스** 대전근현대사전시관(p.338)
- **키즈프렌들리 맛집** 경성만두요리전문점(만두전골) | 충북 옥천군 옥천읍 옥천로 1644 | 043-732-7942 | 유아의자

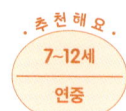

추천해요
7~12세
연중

264
대전근현대사전시관

연계교과 4~6학년 사회

대전

옛 충남도청을 활용한 전시관으로 일제강점기였던 1932년에 지어져 해방 후에는 미군정청으로, 6·25전쟁 중에는 임시 중앙청으로, 이후엔 다시 도청사로 공간의 주인도 여러 번 바뀌었다. 이름 그대로 대전의 근현대사를 일목요연하게 정리해놓았는데, 오전 10시부터 오후 5시까지 입구에서 해설을 요청하면 자세한 설명을 들을 수 있다. 2층으로 올라가면 접견실과 집무실, 개인 집무실 등 도지사실 내부가 옛 모습 그대로다. 도지사 집무실에선 기념사진도 찍을 수 있고, 테라스에선 멀리 대전역이 한눈에 들어온다. 영화 〈변호인〉, 〈서울의 봄〉, 드라마 〈미스터 션샤인〉 촬영지로도 유명하다.

- 대전 중구 중앙로 101
- 10:00~18:00 휴무 월요일, 1월 1일, 설날·추석 및 명절 전후일
- 042-270-4537
- #역사여행 #체험여행 #옛충남도청 #일제강점기 #집무실 #테라스

함께 둘러봐도 좋아요~

- **주변 여행지** 대전창작센터(대전 중구 대종로 470)
- **연계 가능 코스** 한국조폐공사 화폐박물관(p.428)
- **키즈프렌들리 맛집** 해마의방(스테이키동) | 대전 중구 대종로529번길 39 | 070-4403-0117 | 유아 의자)

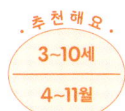

265
부소산성

충남 부여

연계교과 4~6학년 사회

가을 단풍이 아름답기로 유명한 부소산성은 사비시기 백제 왕궁이 있었던 자리로 알려져 있다. 백제 마지막 도읍지이자 찬란했던 문화적 역량을 엿볼 수 있는 유적으로 유네스코 세계문화유산에도 등재됐다. 일부 계단으로만 연결된 구간이 있긴 하지만 경사가 완만한 편이라 아이들과 함께 걷기에도 부담이 없으며 입구에서 유아차 대여도 가능하다. 산성 내에 다채로운 전설이 깃든 낙화암과 고란사도 함께 자리해 여유롭게 둘러보길 추천한다. 산성에서 내려다보이는 백마강도 아름답지만 유람선을 이용해 산성의 전경과 절벽 위에 아슬아슬하게 자리한 낙화암을 감상하는 것도 멋스럽다.

- 충남 부여군 부여읍 부소로 31
- 하절기 09:00~18:00, 동절기 09:00~17:00
- 어른 2,000원, 청소년 1,100원, 어린이 1,000원
- 041-830-2884
- www.buyeo.go.kr/html/heritage
- #역사여행 #체험여행 #백제왕궁 #사비성 #단풍 #알록달록 #유아차산책 #낙화암

함께 둘러봐도 좋아요~

- **주변 여행지** 정림사지오층석탑 (충남 부여군 부여읍 동남리 254)
- **연계 가능 코스** 부여왕릉원 (p.340)
- **키즈프렌들리 맛집** 장원막국수 (막국수 | 충남 부여군 부여읍 나루터로62번길 20 | 041-835-6561 | 좌식테이블)

266
부여왕릉원

연계교과 4~6학년 사회

충남 부여

사비시기에 재위했던 왕과 왕족들의 무덤으로, 백제 마지막 임금으로 잘 알려진 의자왕의 무덤도 이곳에 자리하고 있다. 능산리 동하총에서는 백제와 고구려의 교류를 증명해주는 '사신도'가 발견됐으며, 백제 금속공예의 진수로 평가되는 '백제금동대향로'도 묘역 근처에서 발견돼 찬란했던 백제문화를 고스란히 증명하고 있다. 묘역의 규모도 크고 산책로도 잘 조성돼 있어 아이들과 함께 둘러보기 좋다. 특히 가을이면 고분 주변으로 주홍빛 단풍이 절경을 이뤄 계절의 정취를 즐기기에도 제격이다.

- 충남 부여군 부여읍 왕릉로 61
- 하절기 09:00~18:00, 동절기 09:00~17:00
- 어른 1,000원, 청소년 600원, 어린이 400원
- 041-830-2890
- #역사여행 #백제 #의자왕 #사신도 #금동대향로 #가을 #단풍 #알록달록

함께 둘러봐도 좋아요~

- **주변 여행지** 국립부여박물관(buyeo.museum.go.kr) | 어린이박물관·체험프로그램 운영)
- **연계 가능 코스** 부소산성 (p.339)
- **키즈프렌들리 맛집** 솔내음레스토랑(떡갈비 | 충남 부여군 부여읍 나루터로 39 | 0507-1487-0344 | 유아의자)

267 한산모시관

충남 서천

연계교과 3~4·6학년 사회

한산모시는 무려 1,500년의 역사를 자랑하는 우리의 전통 천연섬유로, 현재 그 기술을 보유한 어르신들이 점점 줄어들고 있어 아이들의 관심이 특히 필요하다. 한산모시전시관에서는 모시의 제조 과정은 물론 실제 동네 어르신들이 모시매기와 모시짜기 시연도 선보인다. 처음부터 끝까지 모두 수작업으로 이뤄지는 만큼 한 필의 모시가 완성되기까지 얼마나 오랜 시간과 정성이 필요한지 실감할 수 있다. 모시관 건너편에는 서천 지역 예술가들의 공방이 자리해 다양한 체험프로그램도 참여할 수 있다.

- 충남 서천군 한산면 충절로 1089
- 하절기 10:00~18:00, 동절기 10:00~17:00 휴무 설날·추석
- 어른 1,000원, 청소년 500원, 어린이 300원
- 041-951-4100
- www.seocheon.go.kr/mosi.do
- #체험여행 #박물관여행 #한산모시 #모시매기 #모시짜기 #예술공방

함께 둘러봐도 좋아요~

- **주변 여행지** 신성리갈대밭(충남 서천군 한산면 신성리 125-1)
- **연계 가능 코스** 국립생태원(p.429)
- **키즈프렌들리 맛집** 육비가 서천본점(육회비빔밥·소고기뭇국 | 충남 서천군 서천읍 군사길 1-2 | 0507-1324-7055 | 유아 의자)

268 웅도

충남 서산

추천해요
5~10세
4~11월

연계교과 4~6학년 과학·사회

이름에서 짐작하듯 웅도는 곰을 닮은 섬이다. 하늘에서 내려다보면 곰이 웅크리고 앉은 모양이라는데, 지도로 찾아보니 강아지 꼬리처럼 조도를 달고 있어 꽤 앙증맞다. 웅도 주변으로 거대한 갯벌이 펼쳐져 있는데, 서해에서도 생태계의 보고로 평가되는 가로림만이다. 덕분에 예부터 바지락과 굴, 낙지가 마를 날이 없었다고. 웅도 여행 중심지는 웅도어촌체험마을이다. 전국 1위 어업 공동체답게 마을 주민이 주도적으로 체험프로그램을 운영한다. 웅도 특산물인 바지락 캐기를 비롯해 낙지잡이와 망둑어 낚시, 족대 체험이 가능하다. 가족 단위 여행객도 전화로 예약하면 체험을 즐길 수 있다. 깡통열차를 타고 섬을 한 바퀴 돌아볼 수도 있다.

- 충남 서산시 대산읍 웅도리 13-8
- 바지락체험 10,000원, 망둑어낚시 5,000원
- 041-666-0997
- #체험여행 #섬여행 #곰을닮은섬 #생태탐방 #어촌체험 #바지락캐기 #낙지잡이

함께 둘러봐도 좋아요~

- **주변 여행지** 안견기념관(충남 서산시 안견관길 15-17)
- **연계 가능 코스** 유기방가옥 (p.106)
- **키즈프렌들리 맛집** 명지해물찜칼국수(칼국수 | 충남 서산시 대산읍 물안2길 6 | 041-662-3938 | 유아 의자)

추천해요
3~10세
4~11월

269
외암민속마을

충남 아산

연계교과 4~6학년 사회

500년 오랜 역사를 간직한 전통마을로 지금도 주소 대신 '참판댁'과 '종손댁', '영암댁' 등 택호를 사용할 만큼 옛 삶의 방식을 그대로 지켜가고 있다. 덕분에 할머니 할아버지도 대부분 도시생활을 하는 요즘 아이들에겐 정겨운 시골 풍경을 체험할 수 있는 귀중한 공간이자 엄마, 아빠에게는 어린 시절 추억을 되새겨볼 수 있는 여행지가 된다. 특히 가을이면 마을 전체가 알록달록한 단풍에 물들고 고목마다 풍성한 열매를 맺어 더없이 아름다운 풍경을 연출한다. 일부 가옥에서는 민박도 운영하니 고즈넉한 가을 풍광 속에서 아이들과 함께 하룻밤 머물다 가는 것도 좋겠다.

- 충남 아산시 송악면 외암민속길 5
- 하절기 09:00~18:00, 동절기 09:00~17:00
- 어른 2,000원, 청소년 및 어린이 1,000원 *민박 이용 시 무료
- 041-540-2110
- www.oeam.co.kr
- #체험여행 #전통마을 #시골풍경 #단풍 #가을 #그림같은풍경 #한옥체험

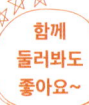
함께 둘러봐도 좋아요~

- **주변 여행지** 현충사(hcs.cha.go.kr)
- **연계 가능 코스** 당림미술관(p.107)
- **키즈프렌들리 맛집** 외암파전 상전(파전 | 충남 아산시 송악면 외암로 1030-14 | 041-541-2545 | 유아의자)

270
은성농원

충남 예산

연계교과 4~6학년 과학

예산의 대표 특산물 중 하나가 사과인데 당도가 높고 식감이 아삭하기로 유명하다. 예산 사과가 처음 재배되었던 지역인 고덕면에 자리한 은성농원은 매년 9월부터 11월 중순까지 맛있는 제철사과를 직접 수확할 수 있는 것은 물론, 1년 내내 사과를 활용한 체험프로그램을 선보인다. 달콤하게 절인 사과를 개성 넘치는 도우에 담아 오븐에 구워내는 사과파이와 으깬 사과를 직접 끓이는 사과잼 만들기는 아이들이 무척 좋아한다. 엄마, 아빠는 사과를 이용해 와인을 만드는 와이너리 투어도 가능하다.

- 충남 예산군 고덕면 대몽로 107-25
- 10:00~17:00 *휴게시간 12:00~13:00, 사과따기 체험은 홈페이지를 통해 일정 공개
- 사과따기 10,000원(사과 4개), 애플파이·사과잼 만들기 개당 8,000원
- 041-337-9584
- www.chusawine.com
- #체험여행 #예산사과 #사과따기 #사과파이 #사과잼 #와이너리투어

함께 둘러봐도 좋아요~
- **주변 여행지** 예당관광지(충남 예산군 응봉면 등촌리)
- **연계 가능 코스** 충의사(p.110)
- **키즈프렌들리 맛집** 수덕사 약선공양간(약선정식 | 충남 예산군 덕산면 수덕사안길 33-13 | 0507-1318-7172)

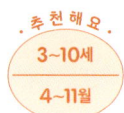

경북 경산

271
삼성현역사문화공원

연계교과 3~4·6학년 사회

경산 출신의 역사적 인물인 원효대사와 그의 아들이자 문장가인 설총, 『삼국유사』를 저술한 일연을 주제로 꾸민 공원이다. 전시관인 삼성현역사문화관 외에도 널찍한 잔디밭과 유아숲체험원, 어린이 놀이터 등이 자리해 아이들이 마음껏 뛰어놀 수 있다. 문화관 내에도 온가족실이란 이름으로 휴식과 놀이가 가능한 공간이 마련돼 날씨에 상관없이 실내놀이가 가능하다. 3세 이상 아이들은 신나는 레일썰매를 즐길 수 있고, 초등학생은 미리 홈페이지를 통해 예약하면 우리나라 전통무술인 국궁을 직접 체험해 볼 수 있다. 아이들이 좋아하는 VR, AR 체험존도 자리해 다양한 문화콘텐츠도 즐길 수 있다.

- 경북 경산시 남산면 삼성현공원로 59
- 09:00~18:00 **휴무** 월요일, 1월 1일, 설날·추석
- 053-804-7329
- samseonghyeon.gbgs.go.kr
- #체험여행 #원효 # 설총 #일연 #유아숲체험원 #레일썰매 #국궁체험

함께 둘러봐도 좋아요~
- **주변 여행지** 반곡지(경북 경산시 남산면 반곡리 246)
- **연계 가능 코스** 대구미술관(p.257)
- **키즈프렌들리 맛집** 수페부엌 사동본점(파스타 | 경북 경산시 백양로33길 4 | 053-811-7339 | 유아 의자)

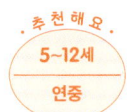

272
경주 솔거미술관

경북 경주

연계교과 3~6학년 미술 | 3~4학년 사회

신라를 대표하는 화가 솔거의 이름을 딴 이곳 미술관은 평생 솔거를 능가하는 소나무 그림 한 점을 남기는 것이 꿈이라는 한국화 대가 박대성의 작품들을 전시하고 있다. 6·25전쟁으로 부모와 한쪽 팔까지 잃은 그는 미술교육은 물론, 정규교육도 제대로 받은 적이 없지만 한국의 아름다움을 묵직한 수묵으로 표현해낸 천재 화가로 불린다. 특히 웅장한 소나무와 다양한 유적을 즐겨 그려, 경주의 자연과 천년 역사를 오롯이 담아낸 예술작품이 깊은 여운을 남긴다. 아름다운 호수 곁에 자리한 그림 같은 미술관은 우리나라를 대표하는 건축가 승효상의 작품이다.

- 경북 경주시 경감로 614
- 1~4월·10~12월 10:00~18:00, 5~7월·9월 10:00~19:00, 8월 10:00~20:00
- 대인 12,000원, 소인 10,000원
- 054-740-3990
- www.gjsam.or.kr
- #감성여행 #미술관여행 #솔거 #박대성 #한국화 #그림같은풍경 #승효상

함께 둘러봐도 좋아요~
- **주변 여행지** 경주세계문화엑스포공원(www.cultureexpo.or.kr)
- **연계 가능 코스** 경주 버드파크(p.430)
- **키즈프렌들리 맛집** 함양집(비빔밥) | 경북 경주시 북군1길 10-1 | 054-777-6947 | 유아 의자

273
사명대사공원

연계교과 5학년 사회

경북 김천

사명대사공원은 임진왜란 당시 승병을 이끌고 나라를 지킨 사명대사를 기리기 위해 조성된 역사 문화공원이다. 공원 중심에는 5층 목탑인 '평화의 탑'이 자리하며, 사명대사의 생애와 업적을 알 수 있는 전시관이 함께 조성되어 있다. 다양한 전통문화 체험도 가능하다. 한복체험관에서는 전통의상을 입어보고, 건강문화원에서는 아이들과 함께 족욕 등 다양한 건강 관련 체험을 해볼 수 있다. 공원 내부 산책로는 완만한 경사로 이루어져 유아차 이동이 가능하며, 주변의 울창한 숲이 사계절 내내 아름다운 풍경을 선사한다. 특히 매년 10월 김밥축제가 열려 색다른 즐길거리를 더한다.

- 경북 김천시 대항면 운수리 94-3
- 054-421-1500
- www.gc.go.kr/Sa-myeong/main.tc
- #체험여행 #역사여행 #공원산책 #사명대사 #직지사

함께 둘러봐도 좋아요~

- **주변 여행지** 김천시립박물관(www.gc.go.kr/museum | 체험프로그램 운영)
- **연계 가능 코스** 김천녹색미래과학관(p.238)
- **키즈프렌들리 맛집** 한성식당(한정식 | 경북 김천시 대항면 황학동길 35-7 | 054-436-6179 | 유아 의자)

274
문경단산 관광모노레일

경북 문경

연계교과 5학년 사회 | 6학년 과학

국내를 대표하는 산악 모노레일로 왕복 거리만 3.6km에 이른다. 최대 42도의 가파른 경사를 오르내리며 단산 정상까지 올라가는데, 중간중간 탁 트인 백두대간의 경관을 감상할 수 있다. 정상에 도착하면 발 아래로 문경 시내가 한눈에 들어오고, 멀리 펼쳐진 산맥들이 장관을 이룬다. 특히 가을이면 단풍이 절경을 이루고 사계절마다 색다른 매력을 느낄 수 있다. 상부 승강장 주변에는 패러글라이딩 활공장이 있어 하늘을 나는 모습을 가까이에서 볼 수 있다. 어린왕자, 초승달 포토존 등 인기 있는 사진촬영 장소도 마련되어 있어 가족과 함께 특별한 추억을 남기기 좋다. 2025년 여름까지 시설보수 예정이므로 운영 여부 확인 후 이용하길 추천한다.

- 경북 문경시 문경읍 활공장길 106
- 하절기 09:00~18:00, 동절기 09:30~17:00
- 왕복 기준 어른 14,000원, 청소년 12,000원, 어린이 10,000원
- 054-572-7273
- www.mgtpcr.or.kr/new/index
- #체험여행 #단산 #산악모노레일 #백두대간 #패러글라이딩 #포토존

- **주변 여행지** 문경오미자테마터널(www.omijatt.com)
- **연계 가능 코스** 문경새재도립공원(p.118)
- **키즈프렌들리 맛집** 문경새재목련가든(산채비빔밥 | 경북 문경시 문경읍 새재2길 31 | 054-572-1940 | 유아의자)

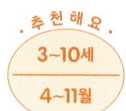

추천해요
3~10세
4~11월

경북 봉화

275
국립백두대간수목원

연계교과 5학년 과학 | 6학년 사회

국립백두대간수목원은 이름 그대로 한반도 허리에 해당하는 백두대간의 다양한 식물과 생태계를 보존하고 있다. 이곳에서는 희귀한 식물종과 함께 백두산 호랑이 등 다양한 동물을 관찰할 수 있어 아이들의 자연학습에도 최적의 장소다. 수목원 내에는 다양한 테마의 전시원이 조성되어 있는데 봄에는 튤립과 철쭉이 만개하고, 여름에는 시원한 그늘 아래에서 산책을 즐길 수 있다. 가을에는 단풍이 물들어 아름다운 경관을 자랑하며, 겨울에는 눈 덮인 수목원의 고요한 분위기를 만끽할 수 있다. 규모가 워낙 커서 계절별로 가장 아름다운 정원을 골라 걷거나 트램을 이용하길 추천한다. 관람은 불가하지만 세계 최초 야생 식물종자 영구 저장시설인 시드볼트도 자리하고 있어 아이들과 함께 생태계 다양성에 대한 이야기를 나눠봐도 좋겠다.

- 경북 봉화군 춘양면 춘양로 1501
- 하절기 09:00~18:00, 동절기 09:00~17:00 **휴무** 월요일(공휴일인 경우 그다음 평일), 1월 1일, 설날·추석
- 어른 5,000원, 청소년 4,000원, 어린이 3,000원 *트램 어른 2,000원, 청소년 1,500원, 어린이 1,000원
- 054-679-1000
- www.bdna.or.kr
- #체험여행 #수목원여행 #정원산책 #백두산호랑이 #트램 #시드볼트

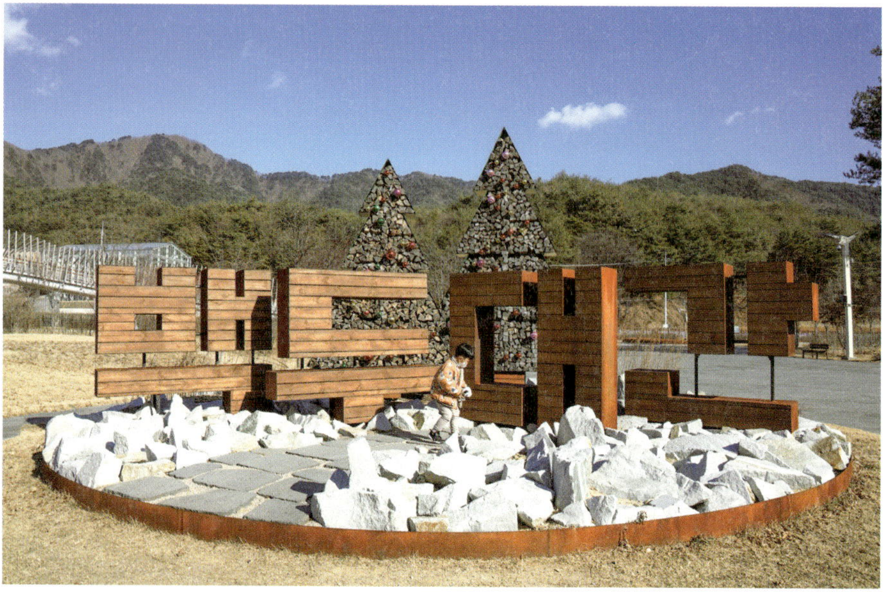

함께 둘러봐도 좋아요~

- **주변 여행지** 잔디마당열린책방(경북 봉화군 춘양면 춘양로 785-80 | 010-4237-0875)
- **연계 가능 코스** 백두대간협곡열차(p.242)
- **키즈프렌들리 맛집** 솔봉숯불구이(돼지구이 | 경북 봉화군 봉성면 미륵골길 2 | 054-674-3989 | 유아 의자, 좌식테이블)

경북 봉화

276
맨션애플트리

연계교과 5학년 과학 | 6학년 사회

맨션애플트리는 경북 봉화군의 아름다운 사과 과수원 한가운데 위치한 독채 숙소다. 2m가 훌쩍 넘는 사과나무들이 빼곡히 늘어선 과수원 속에 자리한 이곳은, 도시의 번잡함을 벗어나 자연 속에서의 휴식을 원하는 가족에게 안성맞춤이다. 숙소 내부는 현대적인 감각으로 꾸며져 있으며, 큰 창문을 통해 사계절 변하는 과수원의 풍경을 감상할 수 있다. 아이들은 숙소 주변을 산책하며 사과나무를 직접 관찰하고, 8월 중순부터 10월까지는 투숙객에 한하여 사과 따기 체험도 가능하다. 신선한 사과와 주스, 지역 유명 빵집에서 공수해 온 건강빵이 푸짐하게 차려진 조식도 아이들과 함께 먹기 좋다.

- 경북 봉화군 춘양면 달구벌길 85
- www.airbnb.co.kr/rooms/3371 1098 *에어비앤비 예약
- #체험여행 #감성여행 #과수원 #사과따기체험 #사과밭속하룻밤

함께 둘러봐도 좋아요~

- **주변 여행지** 봉화목재문화체험장(경북 봉화군 봉성면 구절로 151 | 054-674-3363 | 체험프로그램 운영)
- **연계 가능 코스** 국립백두대간수목원(p.350)
- **키즈프렌들리 맛집** 소풍(샤브샤브 | 경북 봉화군 춘양면 춘양로 1532-14 | 054-673-3001 | 유아 의자)

277
도산서원

경북 안동

연계교과 5학년 사회

아이들에게는 천 원짜리 지폐에 그려진 인물로도 익숙한 퇴계 이황은 조선을 대표하는 유학자이자 수많은 제자들을 배출한 '시대의 스승'이었다. 건물 하나하나 직접 이름을 붙일 만큼 선생이 특별히 아꼈던 안동 도산서원은 가을이면 낙동강 물빛이 더욱 깊어지고 단풍이 알차게 여문다. 덕분에 아이들과 함께 한가로운 계절의 정취를 즐기기에 더없이 좋은 여행지다. 선생이 제자들을 가르치던 공간인 전교당에서는 주말이나 공휴일에 옛 선비처럼 하얀 도포 차림의 해설사가 서원이 지닌 유교적 의미에 대해 쉽고 재미있는 설명을 덧붙인다.

- 경북 안동시 도산면 도산서원길 154
- 하절기 09:00~18:00, 동절기 09:00~17:00
- 어른 2,000원, 청소년 및 어린이 1,000원
- 054-856-1073
- www.andong.go.kr/dosanseowon
- #역사여행 #체험여행 #퇴계이황 #가을 #단풍 #낙동강 #전교당

- **주변 여행지** 예끼마을(경북 안동시 도산면 선성길 14)
- **연계 가능 코스** 맹개마을(p.354)
- **키즈프렌들리 맛집** 메밀꽃피면(막국수 | 경북 안동시 도산면 선성4길 22 | 054-843-1253 | 유아 의자)

278
맹개마을

경북 안동

연계교과 3~6학년 사회

맹개마을은 찾아가는 길부터 색다른 경험을 선사한다. 미리 예약한 사람들에 한하여 트랙터 체험이 가능하고, 햇살에 잘 여문 낙동강 물길을 헤치고 건너면 그림 같은 마을이 선물처럼 등장한다. 당일여행은 팜크닉과 양조장투어로 나뉘는데, 맛있는 다과와 함께 마을을 둘러보거나 이곳에서 직접 빚은 진맥소주를 시음해볼 수 있다. 마을 앞으로 낙동강이 흘러 때때로 발을 담그며 물놀이도 즐길 수 있다. 봄부터 초여름까지는 초록빛 밀밭이, 가을이면 소금을 흩뿌린 듯 새하얀 메밀꽃이 흐드러져 아이들과 한나절 머물기에 더할 나위 없다. 숙소도 운영하고 있어 아예 하룻밤 쉬어가도 좋겠다.

- 경북 안동시 도산면 가송길 162-129
- 팜크닉 금~월요일 11:00·14:00, 양조장투어 토·일요일 11:30·14:00
- 팜크닉 1인 22,000원, 양조장투어 성인 30,000원, 미성년자 30,000원, 당일숙박객 20,000원
- 010-9153-0226
- #체험여행 #농촌여행 #팜크닉 #트랙터체험 #낙동강 #메밀꽃

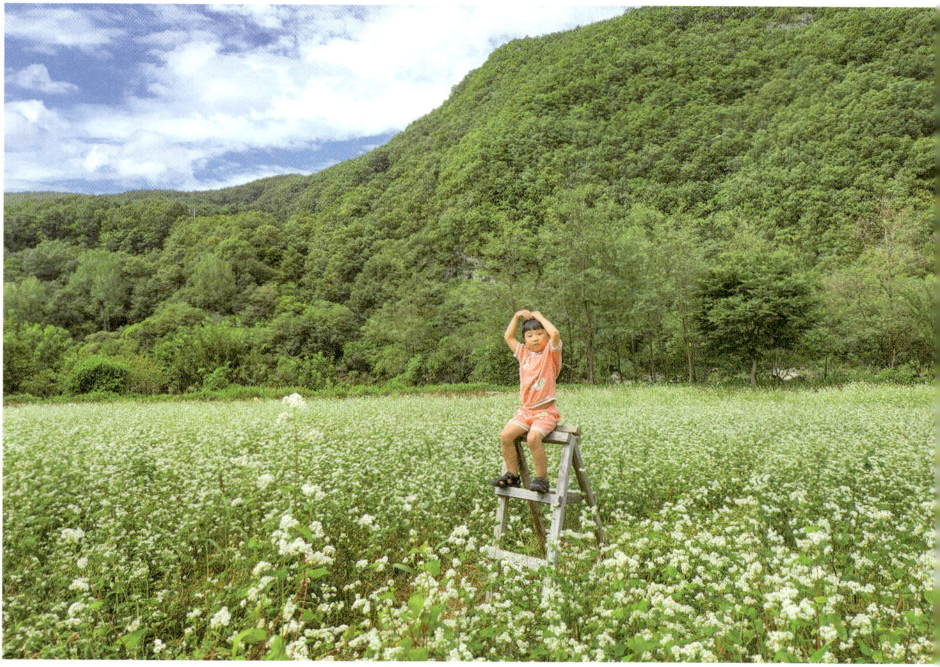

함께 둘러봐도 좋아요~

- **주변 여행지** 이육사문학관(www.264.or.kr)
- **연계 가능 코스** 도산서원(p.353)
- **키즈프렌들리 맛집** 민속식당(간고등어 | 경북 안동시 도산면 선성4길 12-1 | 054-856-0102 | 유아 의자)

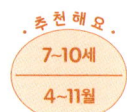

279
봉정사

경북 안동

연계교과 5~6학년 사회

우리나라에서 가장 오래된 목조건축물인 극락전이 자리한 봉정사는 각 시대를 대표하는 건축물이 한데 어울려 그야말로 살아있는 목조건물 박물관이나 다름없다. 그중에서도 동쪽 능선 위쪽 암자인 영산암은 봉정사 건축의 백미로 꼽힐 만큼 절묘한 아름다움을 뽐낸다. 덕분에 봉정사는 2018년 유네스코 세계문화유산에도 등재됐다. 매년 10월 말이면 사찰을 중심으로 국화축제가 열리는데, 이 무렵 영산암 단풍도 절경이다. 산자락을 따라 펼쳐진 국화를 직접 따는 체험도 가능하고, 축제에 다양한 찻집이 참여해 집집마다 다른 국화차를 시음해보는 재미도 쏠쏠하다.

- 경북 안동시 서후면 봉정사길 222
- 054-853-4181
- bongjeongsa.org
- #역사여행 #체험여행 #사찰여행 #극락전 #유네스코세계유산 #국화축제

함께 둘러봐도 좋아요~

- **주변 여행지** 명옥대(경북 안동시 서후면 태장리 산76)
- **연계 가능 코스** 권정생동화나라(p.120)
- **키즈프렌들리 맛집** 맘모스베이커리(베이커리 | 경북 안동시 문화광장길 34 | 0507-1438-6019 | 유아 의자)

280 선비촌

경북 영주

연계교과 3학년 사회 | 5학년 과학

우리나라 최초의 서원인 소수서원과 이웃한 선비촌은 옛 선현들의 사상과 생활을 직접 체험할 수 있는 공간으로 꾸며져 있다. 오랜 세월을 품은 고택에서 하룻밤 묵어갈 수도 있고, 미리 전화로 예약하면 『사자소학』과 『명심보감』을 함께 공부하며 선비로서 갖춰야 할 덕목을 배워보는 서당체험도 가능하다. 짚풀공예와 도자기공예 등 전통문화체험과 인절미 만들기 같은 전통음식 체험도 운영한다. 절기에 따라 다양한 전통행사도 마련되니 미리 홈페이지에서 관련 정보를 확인하자. 소수서원과 통합관람권으로 둘러볼 수 있다.

- 경북 영주시 순흥면 소백로 2796
- 3~5월·9~10월 09:00~18:00, 6~8월 09:00~19:00, 11~2월 09:00~17:00
- 어른 3,000원, 청소년 2,000원, 어린이 1,000원 *공사 완료시까지 할인 적용
- 054-630-9712
- www.sunbichon.net
- #역사여행 #체험여행 #소수서원 #서당체험 #명심보감 #짚풀공예 #고택숙박

함께 둘러봐도 좋아요~
- **주변 여행지** 콩세계과학관(www.yeongju.go.kr/soyworld/index.do | 체험프로그램 운영)
- **연계 가능 코스** 무섬마을(p.121)
- **키즈프렌들리 맛집** 영주전통묵집식당(묵밥 | 경북 영주시 원당로163번길 24 | 054-633-9284 | 좌식테이블)

357

281
예천곤충생태원

 경북 예천

연계교과 3~4학년 과학

예천곤충생태원은 실내 곤충생태체험관과 야외 곤충생태원으로 나뉜다. 먼저 곤충생태체험관에 들어서면 말하는 나무 할아버지가 반갑게 맞아주고, 2층 곤충학습관에서는 곤충의 탄생부터 '곤충의 몸은 어떻게 나뉠까?', '애벌레는 어떻게 숨을 쉴까?' 같은 물음을 화석이나 표본, 미디어 등을 통해 이해할 수 있다. 3층 곤충자원관에서는 애완곤충, 바이오곤충, 식용곤충, 천적곤충 등 다채로운 곤충의 세계를 소개한다. 귀여운 모노레일을 타고 곤충생태원으로 나가면 널찍한 모래놀이터와 트램펄린, 미끄럼틀은 물론, 초등학생도 좋아하는 대형 놀이시설이 있다. 산책로를 따라 걸으면 벌집테마원과 곤충체험원, 나비관찰원 등도 만난다.

- 📍 경북 예천군 효자면 은풍로 1045
- 🕐 하절기 09:00~18:00, 동절기 09:00~17:00 **휴무** 월요일(공휴일인 경우 그다음 날), 1월 1일, 설날·추석
- 💰 어른 5,000원, 청소년 및 어린이 4,000원 *모노레일 어른 5,000원, 청소년 및 어린이 4,000원
- 📞 054-652-5876
- 🌐 www.ycg.kr/open.content/insect
- #체험여행 #곤충 #말벌집 #비단벌레 #장수풍뎅이 #곤충놀이터 #식용곤충

함께 둘러봐도 좋아요~
- **주변 여행지** 금당실마을(www.ycgds.kr/shop) | 체험프로그램 운영
- **연계 가능 코스** 활기찬예천활체험센터(p.359)
- **키즈프렌들리 맛집** 카페인더숲(샌드위치 | 경북 영주시 봉현면 테라피로 209-1 | 054-638-1386 | 유아 의자)

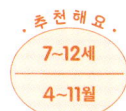

282
활기찬예천활체험센터

경북 예천

연계교과 5~6학년 체육

예천 진호국제양궁장 내에 마련된 체험시설로 올림픽 중계로만 보았던 리커브 활쏘기(양궁)는 물론 전통무예인 국궁, 이동식 타깃과 스크린을 보며 활을 쏘는 AR무빙타깃 활쏘기, 5:5 팀플레이로 즐기는 활 서바이벌 등 이색 체험프로그램들이 가득하다. 아이들은 조준기가 달린 리커브 활쏘기를 추천하는데, 전문 강사가 아이들 몸에 맞는 무게의 활을 이용해 자세 잡는 법부터 차근차근 알려주기 때문에 금세 혼자 활쏘기도 가능해진다. 체험은 홈페이지를 통해 예약 가능하다.

- 경북 예천군 양궁장길 38
- 09:30~17:30 *점심시간 12:00~13:00
- 양궁 활쏘기 체험 6,000원, 호버볼 체험 5,000원, 국궁 활쏘기 체험 6,000원 *20발 기준
- 054-653-2434
- www.ycarchery.com
- #체험여행 #리커브활쏘기 #국궁 #활서바이벌 #이색체험 #활전시관

함께 둘러봐도 좋아요~
- **주변 여행지** 용궁역테마공원(경북 예천군 용궁면 용궁로 80)
- **연계 가능 코스** 예천곤충생태원(p.358)
- **키즈프렌들리 맛집** 숲속이야기(오리수육쌈밥 | 경북 예천군 예천읍 대심1길 115 | 054-654-9289 | 유아의자)

283
주왕산

경북 청송

연계교과 4학년 과학 | 5학년 사회

가을 단풍이 아름답기로 손에 꼽히는 주왕산은 유네스코가 지정한 세계지질공원이기도 하다. 한 폭의 동양화처럼 고즈넉한 풍경을 자랑하는 주산지와 하늘을 받쳐 든 손 모양의 응회암 절벽, 신비로운 모양의 주상절리 등 독특한 지질환경들을 간직했기 때문이다. 여기에 주왕산의 절경으로 꼽히는 용추폭포와 절구폭포까지는 탐방로도 완만하고 곳곳에 나무 데크도 놓여 있어 아이들과 걷기에 부담이 적다. 주왕산 입구에 자리한 사과자판기에서 달고 아삭한 청송 사과를 맛보는 재미도 쏠쏠하다.

- 경북 청송군 주왕산면 공원길 169-7
- 054-870-5300
- #걷기여행 #가을 #단풍 #유네스코세계지질공원 #주산지 #용추폭포 #사과자판기

함께 둘러봐도 좋아요~

- **주변 여행지** 청송군 수석꽃돌박물관(경북 청송군 주왕산면 주왕산로 494 | 054-873-2400)
- **연계 가능 코스** 의성조문국박물관(p.252)
- **키즈프렌들리 맛집** 서울여관식당(닭백숙·떡갈비 | 경북 청송군 청송읍 약수길 18-1 | 0507-1349-2177 | 좌식 테이블)

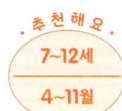

284
호미반도 해안둘레길

 경북 포항

연계교과 4학년 사회 | 5학년 과학

포항의 아름다운 바닷길을 연결한 코스로, 특히 연오랑세오녀테마공원에서 출발해 흥환해수욕장까지 이어지는 2코스 '선바우길'은 신비로운 해안절벽과 맑고 푸른 바다를 곁에 끼고 자리해 걷는 이들의 감탄을 자아낸다. 코스 전체구간은 6km로 아이들 컨디션에 따라 거리를 조절하길 추천하는데, 선바우에서 하선대까지 1km 정도만 걸어도 이 같은 비경을 즐기기에 충분하다. 이 구간은 대부분 나무데크로 연결되는데, 일부 바다 위를 지나는 길이 있기 때문에 아이들 안전에 유의해야 한다. 마을을 지나긴 하나 편의시설이 부족하므로 물과 간식은 넉넉하게 챙기는 게 좋다.

📍 **연오랑세오녀테마공원** 경북 포항시 남구 동해면 호미로 3012
🔍 #걷기여행 #바닷길 #선바우길 #그림같은풍경 #선바우 #하선대

- **주변 여행지** 해군항공사령부 항공역사관(경북 포항시 남구 동해안로 5947 | 054-290-6227)
- **연계 가능 코스** 호미곶해맞이광장(p.256)
- **키즈프렌들리 맛집** 구룡포돌짜장·짬뽕(중식 | 경북 포항시 구룡포읍 호미로 16 | 054-277-0077 | 유아 의자)

285
군위 한밤마을

연계교과 3·5학년 사회

오랜 세월을 품은 돌담길이 아름다워 '내륙의 제주'로도 비유되는 한밤마을은 사계절 언제든 고즈넉한 정취를 즐기기에 그만이다. 크기도 모양도 제각각인 갯돌을 솜씨대로 쌓은 투박한 돌담 위로는 담쟁이넝쿨과 호박넝쿨이 가지를 뻗어 한밤마을만의 서정적인 분위기를 연출한다. 한때 마을 아이들을 위한 서당으로 사용했다는 대청은 사방이 탁 트여 풍광을 감상하기에 더없이 좋은 전망대이자 발걸음을 쉬어갈 수 있는 휴식처가 되어준다. 대청 옆에 자리한 남천고택에서는 한옥숙박은 물론 미리 예약하면 다도와 한식, 국악과 농사체험도 가능하다.

- 📍 대구 군위군 부계면 한티로 2137-3
- 📞 **남천고택** 054-382-2748
- 🏷 #체험여행 #돌담길 #시골 #그림같은풍경 #한옥체험 #국악체험 #농사체험

- **주변 여행지** 제2석굴암 삼신각 (대구 군위군 남산4길 24)
- **연계 가능 코스** 화본마을 (p.130)
- **키즈프렌들리 맛집** 동백흑돼지난축맛돈전문점 (돼지구이 | 대구 군위군 산성면 산성가음로 711-6 | 0507-1384-0991 | 유아 의자)

286
마비정 벽화마을

대구

연계교과 3학년 사회

60~70년대를 떠올리게 하는 정겨운 시골 풍경과 익살스러운 벽화가 한데 어우러진 마을로 아이들과 느긋하게 돌아보기 좋다. 오랜 세월을 품은 흙담마다 누렁이와 지게, 난로 위 도시락, 장독대와 메주처럼 아이들이 경험하지 못한 옛 풍경이 펼쳐진다. 줄기와 가지가 하나로 붙은 돌배나무와 느티나무, 우리나라에서 가장 오래된 옻나무 등의 나무들도 눈길을 끈다. 마을 내 손맛 가득한 촌두부를 파는 무인판매대와 추억의 점방, 구수한 술빵과 도토리묵을 맛보는 식당과 오붓한 카페도 있다.

📍 대구 달성군 마비정길 262-5
#체험여행 #시골풍경 #벽화마을 #연리목 #연리지 #촌두부 #점방 #맷돌커피

- **주변 여행지** 남평문씨본리세거지(대구 달성군 화원읍 인흥3길 16 | 053-631-8686)
- **연계 가능 코스** 신전뮤지엄(p.258)
- **키즈프렌들리 맛집** 김태희옛날손칼국수 대구옥포본점(국수 | 대구 달성군 옥포읍 옥포로 597 | 0507-1342-0765 | 유아 의자)

추천해요
3~10세
4~11월

287
클레이아크 김해미술관

연계교과 3·5학년 미술

경남 김해

클레이아크 김해미술관은 세계 최초 건축도자 전문 미술관이다. 클레이아크는 흙(Clay)과 건축(Architecture)을 합친 용어로, 건축과 도자가 만난 독특한 예술 세계를 경험할 수 있다. 미술관 내 돔하우스와 큐빅하우스에서 열리는 기획전시를 관람하며 건축과 도자 작품의 아름다움을 쉽게 이해할 수 있다. 전시에 따라 어린이를 위한 도슨트나 해설과 음악이 어우러진 색다른 프로그램도 선보이니 방문 전 홈페이지를 꼭 확인하자. 도자체험관에서는 흙을 직접 만지며 컵, 접시 등 자신만의 도자기를 만들어보는 창작활동도 이뤄진다. 미술관 주변으로 산책로도 잘 가꿔져 있는데, 가을이면 단풍이 유난히 붉어 계절의 정취를 즐기기에도 그만이다. 10월에는 이웃한 분청도자박물관과 함께 분청도자기축제도 열린다.

- 경남 김해시 진례면 분청로 25
- 10:00~18:00 **휴무** 월요일(공휴일인 경우 그다음 날), 1월 1일, 설날·추석
- 전시에 따라 변동 *컬러링세라믹·타일액자 체험 10,000원
- 055-340-7000
- clayarch.ghct.or.kr
- #감성여행 #미술관여행 #클레이아크 #건축도자 #도자체험 #산책로 #단풍길

함께 둘러봐도 좋아요~

- **주변 여행지** 김해분청도자박물관(doja.gimhae.go.kr | 체험프로그램 운영)
- **연계 가능 코스** 진영역철도박물관(p.138)
- **키즈프렌들리 맛집** 착한물고기(생선구이 | 경남 김해시 가야로181번길 18 | 0507-1407-3009 | 유아의자)

288
남해 독일마을

연계교과 5~6학년 사회

경남 남해

1960년대 국가 차원에서 외화획득을 위해 독일로 파견했던 간호사들이 은퇴 후 정착한 마을이다. 이들의 눈물겨웠던 삶은 파독전시관에서 만나볼 수 있는데, 아이들에게는 지금의 경제적 풍요가 수많은 사람들의 희생 위에 가능했다는 사실을 깨닫는 소중한 기회가 된다. 전시관 주변에서는 독일식 수제소시지 등 이색 먹거리도 판매하고, 마을 대부분은 독일식 주택과 정원으로 꾸며져 이국적인 분위기를 더한다. 일부 주택은 펜션으로 활용돼 아름다운 마을을 배경으로 하룻밤 쉬어가는 것도 가능하다. 10월에는 독일 유명 축제인 옥토버페스트를 흉내 낸 맥주축제도 열려 색다른 볼거리를 만날 수 있다.

📍 경남 남해군 삼동면 독일로 89-7
🏠 남해독일마을.com
🔍 #체험여행 #파독간호사 #파독전시관 #독일식소시지 #독일식주택 #옥토버페스트

- **주변 여행지** 원예예술촌(housengarden.net | 체험프로그램 운영)
- **연계 가능 코스** 섬이정원(p.140)
- **키즈프렌들리 맛집** 완벽한인생(석탄치킨·하우스소시지 | 경남 남해군 삼동면 독일로 30 | 055-867-0108 | 유아 의자)

289
남사예담촌

경남 산청

연계교과 3·5학년 사회

'한국에서 가장 아름다운 마을 1호'로 선정될 만큼 고즈넉한 전통미를 간직한 곳이다. 좁은 골목을 따라 정겨운 토담과 돌담이 이어지고, 화려한 규모에 한옥의 기품이 느껴지는 이씨고가 등 마을 역사를 대변하는 고택들이 눈과 마음을 사로잡는다. 남사예담촌 최고 포토존으로 꼽히는 부부 회화나무는 서로에게 빛이 더 잘 들도록 줄기를 구부리며 자랐다고 하여, 그 아래를 부부가 함께 통과하면 백년해로한다는 이야기가 전해진다. 엄마, 아빠는 물론 아이들과도 함께 이 나무 아래를 지나며 온 가족의 화목을 빌어 봐도 좋겠다.

📍 경남 산청군 단성면 지리산대로2897번길 10
📞 070-8199-7107
🏠 www.sancheong.go.kr/tour/contents.do?key=1397
🏷 #체험여행 #전통마을 #한국에서가장아름다운마을 #돌담길 #부부회화나무

함께 들러봐도 좋아요~
- **주변 여행지** 백운동계곡(경남 산청군 단성면 백운로51번길 228)
- **연계 가능 코스** 동의보감촌(p.266)
- **키즈프렌들리 맛집** 돌담(흑돼지소라찜·오리떡갈비 | 경남 산청군 단성면 호암로 806-5 | 055-973-5478 | 유아 의자)

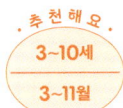

290
드라마 최참판댁 촬영지

경남 하동

연계교과 5학년 국어 | 6학년 사회

하동 악양면에 자리한 평사리는 박경리 작가의 대하소설 『토지』 배경으로도 유명하다. 지리산과 섬진강, 끝도 없이 펼쳐진 악양들판이 한눈에 들어오는 이곳은 가을이면 온통 황금빛으로 일렁이는 그림 같은 절경을 뽐낸다. 특히 소설 속 최참판의 집을 재현한 드라마 촬영지는 지금도 이야기 속 장면을 상상하는 즐거움을 선사한다. 뿐만 아니라 한옥 구조의 아름다움을 감상하며 우리 전통 건축 양식을 배우는 데 도움이 된다. 일부 가옥은 한옥스테이로도 활용돼 아름다운 하동의 가을을 배경으로 하룻밤 쉬어갈 수도 있다.

- 경남 하동군 악양면 평사리길 66-7
- 09:00~18:00
- 어른 2,000원, 청소년 1,500원, 어린이 1,000원
- 055-880-2960
- #체험여행 #문학여행 #박경리 #토지 #드라마촬영지 #한옥스테이

함께 둘러봐도 좋아요~
- **주변 여행지** 매암제다원(경남 하동군 악양면 악양서로 346-1 | 055-883-3500)
- **연계 가능 코스** 하동 차마실(p.147)
- **키즈프렌들리 맛집** 찻잎마술(고운비빔밥 | 경남 하동군 화개면 화개로 519 | 055-883-3316 | 유아 의자)

291 하동레일바이크

연계교과 4학년 과학

경남 하동

옛 북천역과 양보역 사이 폐철로를 활용한 레일바이크로, 아이들과 함께 총 5.3km 구간을 달리면서 계절에 따라 아름답게 변하는 하동의 자연을 한눈에 담을 수 있다. 1.2km 길이의 이명터널을 지날 때면 화려한 경관 조명 덕분에 마치 환상의 세계로 들어온 듯 신비로운 경험을 하게 된다. 가을이면 철로 옆으로 색깔별 코스모스가 만발해 가을 정취를 더한다. 레일바이크는 2인승과 4인승으로 나뉘며, 경사가 완만해 누구나 쉽게 이용 가능하다. 30개월 미만, 신장 90cm 미만 유아는 보호자 동승 하에 무료 이용이 가능하며, 안전을 위해 아기띠가 필수다.

- 경남 하동군 북천면 경서대로 2446-6
- 하절기 09:30~17:30, 동절기 09:30~16:00
- 2인승 30,000원, 4인승 44,000원
- 055-882-2244
- hdrailbike.co.kr
- #체험여행 #간이역 #기차여행 #레일바이크 #코스모스 #그림같은풍경

함께 둘러봐도 좋아요~

- **주변 여행지** 옥종불소유황천 워터파크 (경남 하동군 옥종면 세종태실로 573)
- **연계 가능 코스** 삼성궁 (p.269)
- **키즈프렌들리 맛집** 라라북천(피자 | 경남 하동군 북천면 세이리길 4 | 0507-1431-5811 | 유아 의자)

292
함안 말이산 고분군

경남 함안

연계교과 5~6학년 사회

함안군에 자리한 가야시대 유적으로 아라가야 왕과 귀족들의 무덤이 모여 있다. 약 100여 기가 넘는 크고 작은 고분들이 구릉지대를 따라 펼쳐져 있으며, 당시 아라가야의 번성했던 역사를 생생하게 느낄 수 있다. 아이들과 함께 탐방로를 따라 걷다보면 자연스럽게 무덤 형태와 규모를 관찰하며 옛 왕과 귀족의 권위, 당시 생활상 등을 상상해볼 수 있다. 고분군 입구에 함안박물관이 자리해 고분에서 발굴된 유물들을 관람하며 가야시대 사람들의 생활과 문화를 더욱 쉽게 이해할 수 있다. 박물관에서는 다양한 체험프로그램도 운영 중이며 아이들이 고대 유물을 직접 보고 만지며 역사를 체험할 수도 있다.

📍 경남 함안군 가야읍 고분길 153-31
📞 055-580-2561
🏷 #체험여행 #역사여행 #가야유적 #아라가야

함께 둘러봐도 좋아요~
- **주변 여행지** 함안박물관(www.haman.go.kr/museum.web) | 체험프로그램 운영
- **연계 가능 코스** 합천영상테마파크(p.270)
- **키즈프렌들리 맛집** 토담골(돈가스 | 경남 함안군 산인면 함마대로 2291 | 0507-1351-8225 | 좌식테이블)

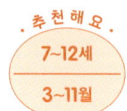

293 임시수도기념관

연계교과 5~6학년 사회

부산은 6·25전쟁 당시 대한민국의 임시수도로서 주요한 역할을 담당했는데, 당시 대통령의 관저로 사용됐던 건물을 임시수도기념관으로 꾸며 생생한 역사의 현장을 만나볼 수 있다. 이승만 초대 대통령이 실제로 거처하기도 했던 이곳은 소박한 야외정원과 붉은 벽돌 건물이 어우러져 고즈넉한 분위기를 풍긴다. 응접실과 서재 등 임시수도기 관저의 내부를 그대로 재현해두었으며, 전시관에선 피란수도 부산의 정치와 경제는 물론, 피란민들의 척박한 생활상을 다양한 자료를 통해 살펴볼 수 있다. 전쟁으로 삶의 터전을 잃고 떠나야 했던 피란민들을 통해 아이들이 평화의 소중함을 다시 한 번 떠올려보는 계기가 될 것이다.

 부산

- 부산 서구 임시수도기념로 45
- 09:00~18:00 **휴무** 월요일(공휴일인 경우 그 다음 날), 1월 1일
- 051-244-6345
- museum.busan.go.kr/monument
- #역사여행 #박물관여행 #6·25전쟁 #임시수도 #피란민 #이승만초대대통령

함께 들러봐도 좋아요~
- 주변 여행지 비석마을 피란생활박물관(부산 서구 아미로 36-1)
- 연계 가능 코스 감천문화마을(p.149)
- 키즈프렌들리 맛집 딘타이펑 롯데백화점 광복점(딤섬 | 부산 중구 중앙대로 2 지하 1층 | 0507-1394-3066 | 유아 의자)

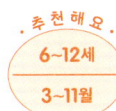

추천해요
6~12세
3~11월

부산

294
을숙도생태공원 낙동강하구에코센터

연계교과 3·5학년 과학

이것도 체크! 버드 세이버(Bird Saver)
2층 전망대 유리창에는 독수리나 매 등의 새 모양 스티커가 붙어 있습니다. 이는 새들이 유리를 인식하지 못해서 건물 외벽에 부딪히는 사고를 방지하기 위해 천적인 맹금류 스티커를 활용한 것입니다.

낙동강 하구는 넓은 갯벌과 우거진 갈대밭 덕분에 철새의 보금자리이자 삵과 고니 같은 야생동물의 낙원으로 불린다. 낙동강하구에코센터에서는 이 같은 생태환경을 관찰하고 자연의 소중함을 배우는 생태체험프로그램을 운영한다. '갯벌에는 어떤 생물이 살까?', '가을 메뚜기 이야기' 등 동식물 종류와 연령에 따라 다채로운 프로그램이 있으니 홈페이지에서 관련 정보를 확인하고 미리 예약해두면 좋겠다. 대부분 프로그램은 6세부터 참여 가능하며 초등학생은 수의사와 함께 야생동물 진료체험도 가능하다. 을숙도 철새공원도 같이 둘러보기 좋다.

- 부산 사하구 낙동남로 1240
- 09:00~18:00 휴무 월요일(공휴일인 경우 그다음 날), 1월 1일
- 051-209-2000
- www.busan.go.kr/wetland
- #체험여행 #낙동강 #철새 #야생동물 #생태체험 #야생동물진료체험 #을숙도

함께 둘러봐도 좋아요~

- **주변 여행지** 부산현대미술관(www.busan.go.kr/moca) | 어린이예술도서관·아트투어프로그램 운영)
- **연계 가능 코스** 클레이아크 김해미술관(p.364)
- **키즈프렌들리 맛집** 정짓간 돼지국밥&막국수(돼지국밥·수육 | 부산 사하구 비봉로 6 | 0507-1411-2900 | 유아 의자)

295 외고산옹기마을

 울산

연계교과 3·5학년 사회

우리 민족의 독특한 음식 저장용기인 옹기는 일정한 온도와 습도를 유지하며 음식의 맛과 깊이를 더하는 것으로 알려져 있다. 이 같은 전통옹기를 옛 방식 그대로 재현하고 있는 외고산옹기마을은 '남창옹기'란 이름으로 그 우수성을 인정받으며 전국 옹기 절반을 생산하고 있다. 무형문화재로 지정된 장인들이 전통흙가마에서 직접 옹기를 빚어내는 이곳 마을에는 옹기박물관과 옹기아카데미도 자리해 풍성한 볼거리는 물론, '옹기상상놀이터', '나만의 옹기만들기' 등 다채로운 체험도 가능하다.

- 울산 울주군 온양읍 외고산3길 36
- 09:00~18:00 **휴무** 월요일, 1월 1일, 설날·추석
- 무료 *흙놀이 및 도예체험 1인 7,000원
- 052-237-7894
- onggi.ulju.ulsan.kr
- #체험여행 #박물관여행 #옹기 #남창옹기 #장인 #전통흙가마 #도예체험

함께 둘러봐도 좋아요~
- **주변 여행지** 울주민속박물관(www.uljufolk.or.kr | 체험프로그램 운영)
- **연계 가능 코스** 간절곶(p.275)
- **키즈프렌들리 맛집** 피아모르 캠핑바베큐(바비큐 | 울산 울주군 서생면 윗굴마길 18-12 | 0507-1385-3665 | 유아 의자, 놀이방)

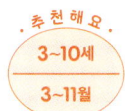

296 책마을해리

 전북 고창

연계교과 3~5학년 국어

책마을해리는 폐교된 해리초등학교 나성분교를 활용하여 만든 특별한 책 문화 공간이다. 입장권 대신 입구 책방에서 마음에 드는 책 한 권을 골라 입장하면, 도서관으로 변신한 교실에서 독서의 즐거움에 빠져들 수 있다. 시즌에 따라 지역주민이나 예술가 작품이 전시되고, 직접 글을 쓰고 그림을 그려 나만의 책을 만들거나 책과 관련된 영화를 감상하는 등 다양한 체험프로그램도 운영된다. 오롯이 책과 함께 시간을 보낼 수 있는 책감옥도 이채로운 공간. 어린아이들은 넓은 운동장에서 마음껏 뛰어놀아도 좋겠다. 운동장 한편에 자리한 나무 위 오두막도 아이들의 호기심을 자극하기에 충분하다. 가을이면 책마을 전체가 울긋불긋 단풍에 물들어 더욱 아름답다.

- 📍 전북 고창군 해리면 월봉성산길 88
- 🕐 금~월요일 및 공휴일 10:30~18:00
  휴무 화~목요일
- Ⓦ 책방에서 책 구입 후 입장 가능
- 📞 063-563-9173
- 🏠 blog.naver.com/pbvillage
- #체험여행 #감성여행 #책방여행 #도서관 #폐교 #책감옥 #운동장 #단풍

함께 둘러봐도 좋아요~

- **주변 여행지** 상하농원(www.sanghafarm.co.kr | 체험프로그램 운영)
- **연계 가능 코스** 고창고인돌박물관(p.154)
- **키즈프렌들리 맛집** 금단양만(장어구이 | 전북 고창군 심원면 검당길 51-10 | 063-563-5125 | 유아 의자)

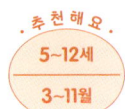

297 군산시간여행마을

전북 군산

연계교과 5~6학년 사회

우리나라 최대 곡창지대인 호남평야에서 생산된 쌀이 모이는 길목이었던 군산은 일제강점기 식민지 수탈의 중심지로 왜곡된 성장을 겪게 된다. 지금도 근대역사박물관을 중심으로 당시 사용된 건축물들이 곳곳에 남아있어 마치 시간여행을 떠나온 것 같은 기분을 느낄 수 있다. 박물관 오른쪽에는 대한제국 시기에 건설된 옛 군산세관 본관이, 왼쪽에는 근대미술관과 근대건축관으로 각각 사용되고 있는 옛 일본18은행과 조선은행 군산지점이 이어진다. 영화 〈장군의 아들〉, 〈타짜〉 등을 통해 우리에게 익숙한 히로쓰가옥과 우리나라에서 유일하게 남은 일본식 사찰인 동국사도 근처에 자리하고 있다.

- 📍 **군산근대역사박물관** 전북 군산시 해망로 240
- 🕘 09:00~18:00 **휴무** 1월 1일, 첫째·셋째 주 월요일
- 💰 통합권(박물관·진포해양공원·조선은행·18은행) 성인 3,000원, 청소년 2,000원, 어린이 1,000원
- 📞 063-446-5114
- 🌐 www.gunsan.go.kr/tour/m2078
- 🏷 #역사여행 #일제강점기 #시간여행 #체험여행 #박물관여행 #히로쓰가옥 #동국사

- **주변 여행지** 우체통거리(전북 군산시 우체통거리2길 19)
- **연계 가능 코스** 경암동 철길마을(p.375)
- **키즈프렌들리 맛집** 카페196(베이커리) | 전북 군산시 해망로 196 1층, 3층 | 063-442-0196 | 유아 의자

298
경암동 철길마을

연계교과 3~5학년 사회

전북 군산

진포사거리에서 연안사거리까지 이어지는 약 400m의 철길을 따라 낮은 이층집들이 다닥다닥 붙어 있는 풍경이 정겹다. 지금은 기차가 다니지 않지만 2008년까지만 해도 하루에 두 번 건물과 건물 사이로 열차가 지나며 아슬아슬한 장면을 연출했다. 사진가와 여행자들 사이에서 그 특별한 풍경이 입소문 나면서 '추억의 거리'란 이름으로 새롭게 태어났다. 철길을 따라 어린 시절 즐겨 먹었던 불량식품부터 아기자기한 소품들을 판매하는 가게들이 줄지어 있고, 7080세대의 교복을 빌려주는 대여점들도 많다. 아이들 사이즈의 교복도 있어서 온 가족이 색다른 추억을 사진으로 남겨도 좋겠다.

📍 전북 군산시 경촌4길 14
#체험여행 #감성여행 #철길 #아슬아슬 #추억의거리 #불량식품 #교복체험

함께 둘러봐도 좋아요~

- **주변 여행지** 은파호수공원(전북 군산시 은파순환길 9 | 063-454-4896)
- **연계 가능 코스** 군산시간여행마을(p.374)
- **키즈프렌들리 맛집** 장미칼국수(국수 | 전북 군산시 큰샘길 26 | 063-443-2816 | 유아 의자)

299
대둔산

전북 완주

연계교과 5학년 과학

대둔산은 '호남의 금강산'이라 불릴 만큼 빼어난 경관으로 유명하다. 기암괴석과 깎아지른 듯한 절벽이 어우러진 웅장한 풍경은 아이들에게도 깊은 인상을 남긴다. 특히 가을이면 단풍이 산 전체를 물들여 더욱 아름답다. 아이들과 함께라면 케이블카를 이용해 손쉽게 산을 오를 수 있다. 케이블카에서 내려 조금만 걸으면 대둔산 명물인 구름다리와 삼선계단을 만날 수 있는데, 해발 300m 높이에 설치된 구름다리는 길이가 약 50m로 아찔한 스릴은 물론, 주변 절경을 한눈에 담을 수 있다. 마실 물과 간식은 미리 챙기고, 아이들도 걷기 편한 옷과 바닥이 단단한 운동화를 추천한다. 또 구름다리와 삼선계단에서는 안전에 유의해야 한다.

📍 **대둔산케이블카** 전북 완주군 운주면 대둔산공원길 55
📞 063-290-2743
🔍 #체험여행 #호남의금강산 #케이블카 #구름다리 #삼선계단 #가을 #단풍

함께 둘러봐도 좋아요~

- **주변 여행지** 안심사(전북 완주군 운주면 안심길 372)
- **연계 가능 코스** 삼례문화예술촌(p.378)
- **키즈프렌들리 맛집** BHC치킨 연꽃메밀막국수(치킨·막국수 | 전북 완주군 운주면 대둔산공원길 11 2층 | 0507-1407-9311 | 유아 의자)

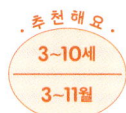

300 산속등대

전북 완주

연계교과 3학년 미술 | 5학년 사회

오래된 폐공장을 재활용하여 문화예술을 채워 넣은 특별한 복합문화공간이다. 버려진 공간이 아름답고 창의적인 장소로 다시 태어난 이야기는 아이들에게도 흥미로운 경험이 된다. 특히 라이프스타일, 아트, 사이언스 등 다양한 테마관에서 창의력과 상상력을 마음껏 펼칠 수 있는 체험시설 '어뮤즈월드'는 아이들이 무척 좋아한다. 참여형 미술관도 자리해 다양한 전시를 보고 체험하며 예술적 감성을 키울 수 있다. 산속등대에는 로마식 원형 극장을 본뜬 야외공연장도 있어 주말이면 가족과 함께 버스킹 공연이나 인형극 등 다양한 공연을 즐길 수 있다. 또한 공간 곳곳에 감각적인 조형물과 예술작품들이 전시되어 있어 사진을 찍으며 추억을 남기기에도 좋다.

- 전북 완주군 소양면 원암로 82
- 10:00~19:00 **휴무** 월·화요일
- 어른 및 청소년 12,000원, 어린이 10,000원 *음료 포함
- 063-245-2456
- blog.naver.com/thewon100
- #감성여행 #복합문화공간 #폐공장 #어뮤즈월드 #체험형미술관

함께 둘러봐도 좋아요~
- **주변 여행지** 그림책미술관(전북 완주군 삼례읍 삼례역로 48)
- **연계 가능 코스** 오성한옥마을 (p.158)
- **키즈프렌들리 맛집** 화심순두부 본점(순두부·두부돈가스 | 전북 완주군 소양면 전진로 1051 | 063-243-8268 | 유아 의자)

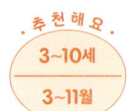

301
삼례문화예술촌

전북 완주

연계교과 3학년 미술 | 5학년 사회

과거 "호남은 삼례로 통한다"고 했을 만큼 상업과 문화 중심지로 번성했던 곳이 지금의 완주 삼례읍이다. 일제강점기 삼례역 주변에는 농민들에게 빼앗은 쌀을 저장하기 위한 양곡창고들이 대거 세워졌는데, 삼례문화예술촌은 이들 양곡창고에 쌀 대신 책과 그림 등 색다른 볼거리로 채워 넣은 예술 공간이다. 다양한 공연이 이뤄지는 삼례농협창고와 활판인쇄기, 제본기 등 책을 만드는 데 사용되는 기계를 전시한 책공방 북아트센터 등 전시 공간과 주제도 다양하다. 모든 입구에 경사로가 설치되어 유아차로도 편리하게 돌아볼 수 있으며 관광안내소에서 유아차 대여도 가능하다.

- 전북 완주군 삼례읍 삼례역로 81-13
- 10:00~18:00 *방역시간 12:00~13:00 **휴무** 월요일, 설날·추석
- 성인 3,000원, 청소년 2,000원, 어린이(만 3세 이상) 1,000원
- 063-290-3862
- www.samnyecav.kr
- #감성여행 #삼례역 #일제강점기 #양곡창고 #삼례농협창고 #책공방 #유아차산책

함께 둘러봐도 좋아요~
- **주변 여행지** 삼례책마을(www.koreabookcity.com)
- **연계 가능 코스** 산속등대(p.377)
- **키즈프렌들리 맛집** 새참수레(한식뷔페) | 전북 완주군 삼례읍 삼례역로 73 | 063-261-4279 | 유아 의자

302
왕궁리 유적

연계교과 5~6학년 사회

전북 익산

미륵사지와 함께 백제유적을 대표하는 곳으로 유네스코 세계문화유산에도 등재되었다. 국보로 지정된 왕궁리 5층석탑을 중심으로 절터와 성터 등 주변 유적이 잘 보존되어 있으며, 여기서 발굴된 유물들은 백제왕궁박물관에서 만날 수 있다. 특히 백제시대 화장실로 추정되는 유적은 아이들의 호기심과 상상력을 자극한다. 백제시대 전통의복을 입고 백제왕궁을 둘러보거나 이곳에서 출토된 수막새를 직접 만드는 등 체험프로그램도 꽤 다양하게 운영된다. 대부분 현장접수가 가능하나 일부 홈페이지를 통해 미리 예약해야 하는 프로그램도 있으니 관련 정보를 확인해두면 좋겠다.

- 전북 익산시 왕궁면 궁성로 666
- 09:00~18:00 **휴무** 월요일(공휴일인 경우 그다음 날), 1월 1일
- 063-859-5875
- www.iksan.go.kr/wg
- #역사여행 #체험여행 #박물관여행 #백제유적 #세계문화유산 #백제화장실 #수막새체험

- **주변 여행지** 익산보석박물관(www.jewelmuseum.go.kr | 체험프로그램 운영)
- **연계 가능 코스** 달빛소리수목원(p.281)
- **키즈프렌들리 맛집** 모퉁이부엌(돈가스·오므라이스 | 전북 익산시 금마면 미륵사지로3길 25-6 | 0507-1374-9394 | 유아 의자)

303
강진만생태공원

전남 강진

연계교과 4~5학년 과학

강진만과 탐진강이 만나는 지점에 조성된 공원은 아름다운 갈대밭과 무려 1,131종에 이르는 다양한 생물들이 서식하는 생태환경이 잘 보존되어 있다. 데크로 조성된 탐방로가 있어 아이들과 함께 걸으며 습지 생태계를 돌아볼 수 있다. 갈대숲 사이에 숨은 다양한 새들을 만나거나, 갯벌에 서식하는 게와 짱뚱어 같은 생물들을 가까이에서 관찰하며 자연스레 습지의 중요성과 생태계의 신비를 배울 수 있다. 특히 은빛 갈대가 우거지고 철새가 찾아오는 가을부터 더욱 다양한 조류를 만날 수 있어 아이들에게 소중한 자연학습 기회가 된다. 공원 입구에 생태전시관도 자리해 습지에 서식하는 생물들을 모형과 설명판으로 쉽게 배울 수 있다.

- 전남 강진군 강진읍 생태공원길 47
- 061-434-7795
- www.gangjin.go.kr/gangjinbay
- #체험여행 #힐링여행 #강진만 #갯벌 #생태탐방 #짱뚱어 #갈대밭 #습지

함께 둘러봐도 좋아요~

- **주변 여행지** 사의재저잣거리(전남 강진군 강진읍 사의재길 31-8)
- **연계 가능 코스** 백운동정원(p.381)
- **키즈프렌들리 맛집** 동문매반가(아욱된장국 | 전남 강진군 강진읍 사의재길 27 | 061-433-3223 | 좌식테이블)

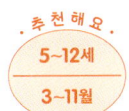

304
백운동정원

연계교과 4~5학년 사회

전남 강진

호남의 유서 깊은 전통 별서로 조선 중기 학자인 이담로가 조성했다고 전한다. '월출산에서 흘러내린 물이 구름이 되어 올라가는 마을'이란 의미의 백운동은 다산 정약용과 초의선사가 각각 시문을 짓고 그림을 그린 〈백운동도〉를 통해 그 빼어난 아름다움이 전해지고 있다. 주변 산자락과 계곡의 흐름을 해치지 않고 자연스레 배치한 건물이 멋스러우며, 옛 선비들의 은거문화를 엿볼 수 있을 만큼 우거진 숲 한가운데 비밀스럽게 자리해 신비로움도 자아낸다. 창하벽 위 정자에 올라앉아 신선이 머물렀다는 월출산의 옥판봉을 바라보는 운치 또한 빼어나 아이들에게 우리 전통 정원의 아름다움을 알려주기에 제격이다.

- 전남 강진군 성전면 월하안운길 100-63
- 061-434-9942
- #체험여행 #감성여행 #전통정원 #백운동 #다산정약용 #초의선사 #월출산

함께 둘러봐도 좋아요~

- **주변 여행지** 설록다원강진(전남 강진군 성전면 월남리 1209-1)
- **연계 가능 코스** 고려청자박물관(p.283)
- **키즈프렌들리 맛집** 다강한정식(한정식) | 전남 강진군 강진읍 중앙로 193 | 061-433-3737 | 유아 의자)

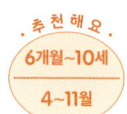

· 추천해요 ·
6개월~10세
4~11월

전남 곡성

305
섬진강기차마을

연계교과 3학년 사회 | 4학년 과학

인기 애니메이션 〈토마스와 친구들〉에 등장하는 증기기관차를 타고 섬진강 넉넉한 물길을 품어볼 수 있는 이곳은 아이들과 함께 깊어가는 가을 정취를 느끼기에 더없이 좋은 여행지다. 증기기관차는 곡성역에서 가정역까지 운행하는데, 창밖으로 보이는 섬진강과 계절마다 달라지는 강변 풍경이 아이들 눈과 마음을 즐겁게 한다. 또한 마을 내 레일바이크를 타고 철길 따라 가족끼리 힘을 모아 달리며 재미와 체력도 함께 키울 수 있다. 기차마을에는 장미공원과 동물농장, 놀이터 등 다양한 놀이시설과 체험시설이 마련되어 있다. 특히 장미공원에서는 봄부터 가을까지 화려한 장미꽃이 피고 진다.

- 전남 곡성군 오곡면 기차마을로 232
- 09:00~18:00
- 대인 5,000원, 소인 4,500원 *증기기관차 왕복 대인 9,000원 소인 8,000원
- 061-362-7461
- www.railtrip.co.kr/homepage/gokseong
- #체험여행 #감성여행 #기차마을 #증기기관차 #토마스와친구들 #레일바이크

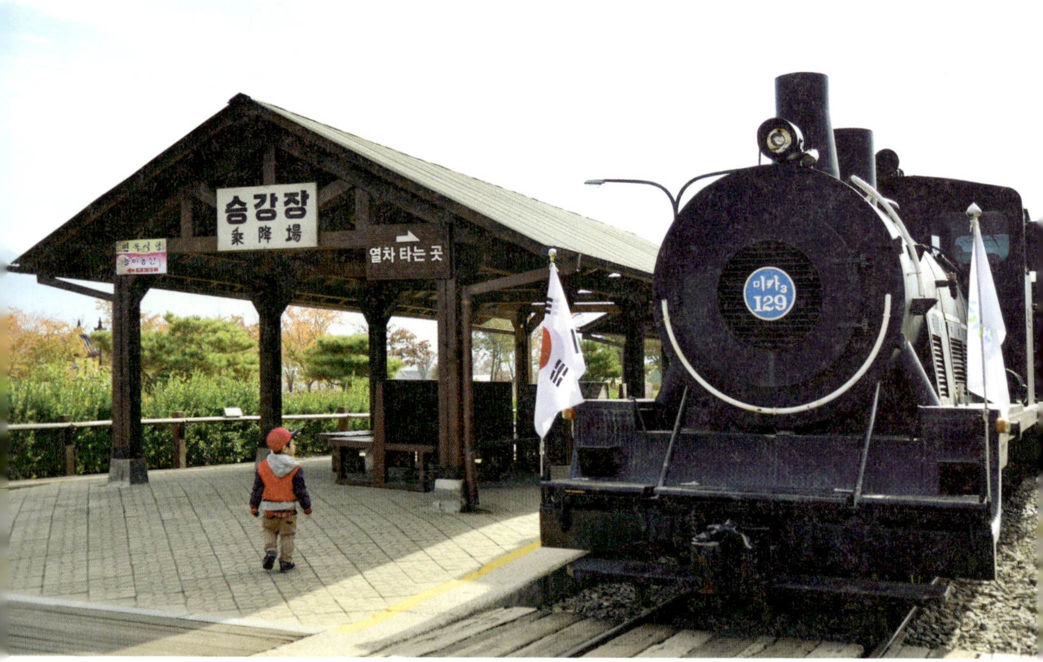

- **주변 여행지** 한국초콜릿연구소뮤지엄 곡성지점(www.koreachocolate.org) | 체험프로그램 운영)
- **연계 가능 코스** 섬진강도깨비마을(p.162)
- **키즈프렌들리 맛집** 지리산가는길(돈가스) | 전남 곡성군 죽곡면 대황강로 1334 | 0507-1438-5842 | 유아 의자)

함께 둘러봐도 좋아요~

추천해요
6개월~10세
4~11월

전남 순천

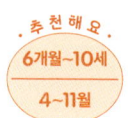

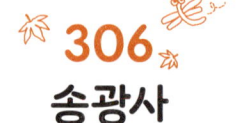

306
송광사

연계교과 5~6학년 사회

순천 송광사는 양산 통도사, 합천 해인사와 함께 우리나라 3대 승보사찰로 꼽힌다. 통도사에는 부처를 상징하는 진신사리가 모셔져 있고, 해인사에는 부처의 가르침이 담긴 『팔만대장경』이 있다면 이곳 송광사는 무려 16명의 국사를 배출한 사찰이기 때문이다. 외국에서도 스님들이 수양을 위해 찾아올 만큼 유명한 사찰이다 보니 사뭇 단정하고 고요한 분위기가 인상적이다. 뿐만 아니라 깊은 산속 맑은 계곡 옆에 자리하고 있어 아이들이 자연과 한데 어우러진 천년 고찰의 아름다움을 느끼기에도 좋다. 법정스님이 머물던 불일암도 함께 들러보길 추천한다. 템플스테이도 운영 중인데, 특히 계곡 옆에 자리한 신관은 시설과 전망이 모두 빼어나 주말이면 늘 가득 찰 만큼 인기다.

전남 순천시 송광사안길 100
061-755-0107
www.songgwangsa.org
#체험여행 #사찰여행 #승보사찰 #템플스테이 #그림같은풍경

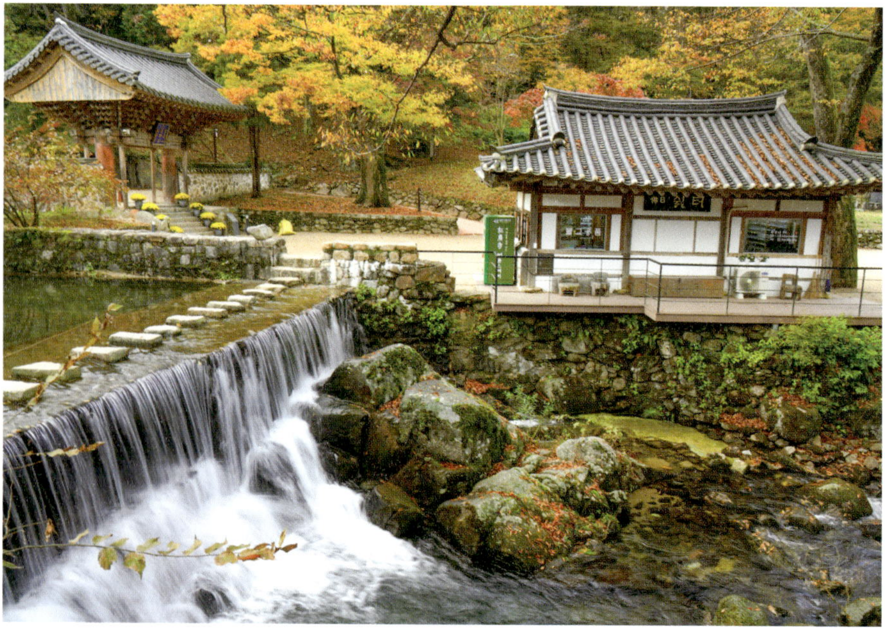

※ **함께 둘러봐도 좋아요~**

- **주변 여행지** 불일암(전남 순천시 송광면 외송길 53)
- **연계 가능 코스** 순천만국가정원(p.388)
- **키즈프렌들리 맛집** 송광사길상식당(산채비빔밥) | 전남 순천시 송광면 송광사안길 123 | 061-755-2173 | 유아 의자

307 무안황토갯벌랜드

전남 무안

연계교과 3·5학년 과학

우리나라 최초의 갯벌습지보호구역으로 람사르습지, 갯벌도립공원으로도 지정돼 있다. 이처럼 천혜의 아름다운 자연경관을 배경으로 갯벌체험과 캠핑을 즐길 수 있어 가족여행지로 제격이다. 갯벌체험은 별도의 비용 없이 홈페이지에서 물때를 확인한 후 이용 가능하며 장화 등은 개별적으로 준비해야 한다. 보호구역이라 채취행위는 금지된다. 캠핑장에는 놀이터 등 편의시설도 잘 갖춰져 있다. 갯벌이 지닌 생태적 가치를 살펴볼 수 있는 생태갯벌과학관도 자리해 볼거리를 더한다. 전시관 해설은 물론, 주말에는 갯벌 탐방을 겸한 체험프로그램도 운영하고 있으니 미리 홈페이지에서 관련 정보를 확인하길 추천한다.

- 전남 무안군 해제면 황토갯벌길 88
- 생태갯벌과학관 09:00~18:00 **휴무** 월요일(공휴일인 경우 그다음 날), 1월 1일, 설날·추석
- 어른 4,000원, 청소년 3,000원, 어린이 2,000원
- 061-450-5636
- www.muan.go.kr/getbol
- #체험여행 #갯벌습지보호구역 #갯벌체험 #캠핑 #생태갯벌과학관

함께 둘러봐도 좋아요~
- **주변 여행지** 해상안전체험관(www.muan.go.kr/getbol/experience | 체험프로그램 사전예약)
- **연계 가능 코스** 증도 소금박물관(p.285)
- **키즈프렌들리 맛집** 그랜드가든(냉면·만두 | 전북 무안군 현경면 현해로 419 | 061-453-6821 | 유아 의자)

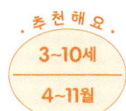

308 순천 낙안읍성

 전남 순천

연계교과 3·5학년 사회

다른 성곽들과 달리 널찍한 평야지대에 세워진 석성을 따라 수십 채 초가가 고스란히 보존되어 있는 민속마을로, 여전히 주민들이 실제 거주하며 편리함과는 거리가 먼 옛 삶의 방식을 지켜가고 있다. 대장간과 옥사체험, 두부와 메주 만들기, 우물가에서 빨래하기, 어르신과 함께 길쌈하기 등 일상에서 쉽게 접하기 어려운 체험들도 다양하게 즐길 수 있다. 주말에는 이 마을 출신인 오태석 명창을 기리는 가야금병창 공연과 전통혼례 재현도 이뤄진다. 초가가 옹기종기 들어선 성안과 현대적인 건물이 즐비한 성 밖이 교묘한 단절을 이루는 풍경을 감상하려면 성곽을 따라 걸어보길 추천한다.

- 전남 순천시 낙안면 충민길 30
- 1월·11~12월 09:00~17:30, 2~4월·10월 09:00~18:00, 5~9월 08:30~18:30
- 어른 4,000원, 청소년 2,500원, 어린이 1,500원
- 061-749-8831
- www.suncheon.go.kr/nagan
- #역사여행 #체험여행 #민속마을 #초가 #옥사체험 #주말공연 #전통혼례

- **주변 여행지** 순천시립뿌리깊은나무박물관(전남 순천시 낙안면 평촌3길 45 | 061-749-8855)
- **연계 가능 코스** 선암사(p.169)
- **키즈프렌들리 맛집** 순천건봉국밥(순대국밥·곰탕 | 전남 순천시 장평로 65 | 0507-1431-0902 | 유아 의자)

추천해요
6개월~10세
3~11월

309
순천만국가정원

전남 순천

연계교과 4~5학년 과학

세계 5대 연안습지의 하나인 순천만은 160만 평에 이르는 갈대밭과 그 끝을 알 수 없는 광활한 갯벌로 이루어져 있다. 도시에서는 좀처럼 만나기 어려운 탁 트인 자연 그대로의 풍광은 그 어떤 생태박물관이나 자연과학적 지식에 비교할 수 없는 감동과 아름다움으로 보는 이를 압도한다. 걷기 좋은 산책로와 천문대를 비롯한 다양한 체험관도 들어서 있어 아이들과 함께 느긋하게 둘러보기 좋다. 갯벌을 이리저리 기어 다니는 짱뚱어와 농게, 칠게를 만나는 경험도 특별하다. 일몰 무렵에는 용산전망대에 올라 S자 형태로 굽어진 갯골 너머로 지는 붉은 노을을 감상해보는 것도 좋겠다.

- 전남 순천시 국가정원1호길 47
- 09:00~20:00 **휴무** 매월 마지막 주 월요일
- 어른 10,000원, 청소년 7,000원, 어린이 5,000원
- 061-749-3114
- scbay.suncheon.go.kr
- #체험여행 #세계5대연안습지 #갈대밭 #갯벌 #짱뚱어 #용산전망대

 **함께 둘러봐도 좋아요~**
- **주변 여행지** 순천드라마촬영장(전남 순천시 비례골길 24 | 061-749-4003)
- **연계 가능 코스** 송광사(p.384)
- **키즈프렌들리 맛집** 대숲골농원(닭숯불구이 | 전남 순천시 학동길 54 | 061-741-1804 | 유아 의자)

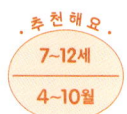

추천해요
7~12세
4~10월

전남 신안

310
기점·소악도

연계교과 5~6학년 사회

기점·소악도는 스페인 산티아고를 본뜬 '섬티아고'로 다시 태어났다. 우리나라와 프랑스, 스페인의 건축·미술가들이 섬에 머물며 열두제자를 모티브로 작은 예배당을 지었다. 대기점도와 소기점도, 소악도, 진섬, 딴섬까지 이어지는 순례자의 길은 이렇게 완성된 예배당 열두 곳을 따라 총 12km를 걷는다. 어른 걸음으로 3시간 이상 걸리는 코스다. 아이들과 함께라면 대기점도선착장에 내려 전기자전거를 빌려도 좋다. 예배당 열두 곳을 차례로 둘러본 뒤 소악도에서 자전거를 반납하고 여객선에 바로 오를 수 있다. 섬 내 마을에서 운영하는 게스트하우스와 민박이 있으니 이왕이면 하룻밤 머물며 천천히 섬의 매력을 느껴보길 추천한다.

- 전남 신안군 증도면
- shinan.go.kr/home/tour *홈페이지에서 섬관광→증도면→가볼만한 곳→기점·소악도
- #체험여행 #섬여행 #섬티아고 #순례자의길 #힐링 #걷기여행

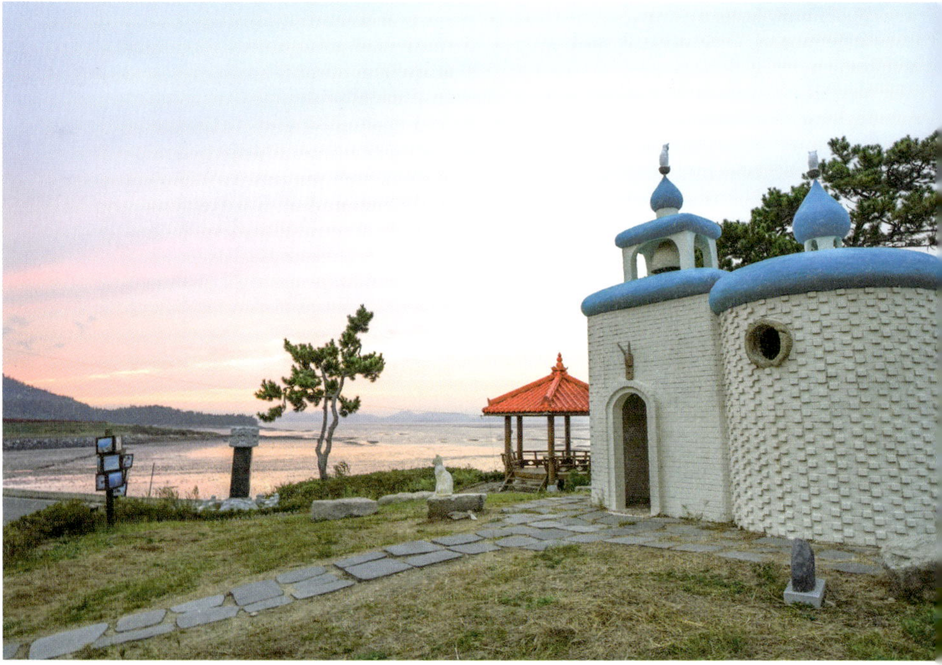

함께 둘러봐도 좋아요~

- **주변 여행지** 병풍도(전남 신안군 증도면 병풍리)
- **연계 가능 코스** 자은도(p.392)
- **키즈프렌들리 맛집** 기점·소악도마을식당(낙지비빔밥) | 전남 신안군 증도면 병풍리 1125 | 061-246-1245

311
자은도

 전남 신안

연계교과 4학년 사회 | 5학년 과학

신안군 자은면에 위치한 아름다운 섬으로 다도해의 자연을 오롯이 느낄 수 있는 조용하고 깨끗한 여행지다. 천사대교 개통으로 육지와 연결되어 접근성이 좋아졌으며, 섬 전체가 자연 놀이터처럼 구성되어 아이들과 함께 가족여행을 즐기기에 제격이다. 특히 둔장해변에 놓인 무한의 다리(Ponte Dell' Infinito)는 무인도인 구리도와 고도, 할미도를 차례로 연결한다. 세계적인 건축가 마리오 보타와 이탈리아에서 활동하는 조각가 박은선이 섬과 섬 사이를 연결함으로써 지속적인 발전을 꿈꾸는 마음을 담아 이름 지었다. 다리의 건축미도 뛰어나지만, 그 배경이 되는 푸른 하늘과 갯벌, 수많은 생명체가 완벽한 조화를 이룬다.

- 전남 신안군 자은면
- 061-271-8377
- #체험여행 #섬여행 #천사대교 #무한의다리 #무인도 #할미도 #힐링

함께 둘러봐도 좋아요~

- **주변 여행지** 1004뮤지엄파크(전남 신안군 자은서부2길 508-65)
- **연계 가능 코스** 기점·소악도(p.390)
- **키즈프렌들리 맛집** 하나로식당(백반 | 전남 신안군 암태면 장단고길 33-17 | 061-271-3400 | 유아 의자)

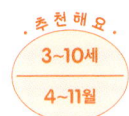

312 생일도

전남 완도

연계교과 4학년 사회 | 5학년 과학

생일도는 그 특별한 이름 덕분에 섬 길목인 서성항에 높이 6m 케이크 모형을 세웠고, 버튼을 누르면 각국의 흥겨운 생일 노래가 흘러나온다. 수령 200년이 넘는 해송도 '생일송'이란 새로운 이름과 함께 섬의 인기 포토존으로 다시 태어났다. 동글동글 조약돌이 감성을 자극하는 용출리해안갯돌밭과 큼지막한 돌이 가득 쏟아져 신비로운 풍광을 보여주는 금머리갯길 너덜경도 옥빛 바다를 눈에 담으며 '바다멍'을 즐기기 좋다. 해변에서 여유로운 산책을 즐겨보고 싶다면 금곡해수욕장을 추천한다. 맨발이 오히려 편할 만큼 곱고 부드러운 모래가 활처럼 굽은 해안선을 따라 펼쳐진다. 해변 양쪽에는 하얀 암벽 위로 짙푸른 해송과 동백나무가 우거졌다. 해 질 무렵이면 모래는 물론, 바다까지 온통 금빛으로 물들어 황홀한 풍광을 선사한다.

- 전남 완도군 생일면
- 061-550-6672
- #체험여행 #감성여행 #섬여행 #생일 #포토존

- **주변 여행지** 약산해안치유의숲(전남 완도군 약산면 당목길 148-1)
- **연계 가능 코스** 청산도(p.173)
- **키즈프렌들리 맛집** 생일민박식당(중식 | 전남 완도군 생일면 생일로 613 | 061-555-0911)

전남 장흥

313
정남진 편백숲 우드랜드

연계교과 3·5학년 과학

장흥 읍내가 한눈에 들어오는 억불산 자락에 위치한 우드랜드는 수령 40년 이상의 편백나무가 하늘을 가릴 만큼 거대한 숲을 이루고 있어 여유롭게 산책을 즐기기 좋다. 입구부터 만남의 광장까지 나무데크로 산책로가 조성되어 있고 숲길 대부분 완만한 경사로라 어린아이들과도 부담 없이 걸을 수 있다. 목재체험관에서는 나무블록을 쌓고 나무 실로폰과 나무 피아노에서 나는 맑고 특별한 소리를 즐기며, 때론 의자에 엎드리고 누워 나무가 주인공인 책을 읽으며 여유롭게 쉬어갈 수 있다. 체험관 외에도 활쏘기와 투호 등을 즐길 수 있는 전통놀이 공간과 아이들을 위한 숲체험 공간도 자리해 한나절의 산책이 지루할 새가 없다.

- 전남 장흥군 장흥읍 우드랜드길 180
- 09:00~18:00
- 어른 3,000원, 청소년 2,000원, 어린이 1,000원
- 061-864-0063
- www.jhwoodland.co.kr
- #체험여행 #편백숲 #나무데크 #목재체험관 #산림치유 #힐링

함께 둘러봐도 좋아요~

- **주변 여행지** 정남진장흥토요시장(www.jangheung.go.kr/jnjmarket)
- **연계 가능 코스** 정남진 장흥물축제(p.290)
- **키즈프렌들리 맛집** 3대곰탕(곰탕) | 전남 장흥군 장흥읍 토요시장3길 16-2 | 061-863-3113 | 좌식테이블

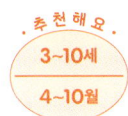

314
능주역

전남 화순

연계교과 5~6학년 사회

능주역은 1930년 보통역으로 영업을 시작했는데, 6·25전쟁 당시 기차역이 소실돼 1957년 지금의 역사가 새로 지어졌다. 녹청색 박공지붕에 상아색 외벽이 전형적인 50년대 기차역 모습이다. 경전선에 속하는 능주역은 마을사람들을 보성과 벌교, 순천은 물론, 멀리 부산과 서울까지 연결해주는 귀한 교통수단이었다. 90년대까지만 해도 대합실이 비좁게 느껴질 정도로 이용객이 많았지만 지금은 한적한 간이역의 풍경을 간직하고 있다. MBC 예능프로그램 〈손현주의 간이역〉 촬영지로도 등장했는데, 배우 이동휘가 직접 능주역 이정표에 그림을 그려 동화 같은 분위기마저 풍긴다.

- 전남 화순군 능주면 학포로 1896-10
- 1588-7788
- #체험여행 #기차여행 #간이역 #동화같은풍경

함께 둘러봐도 좋아요~
- **주변 여행지** 영벽정(전남 화순군 능주면 학포로 1922-53)
- **연계 가능 코스** 광주 펭귄마을(p.161)
- **키즈프렌들리 맛집** 목사골식당(보리밥 | 전남 화순군 능주면 지평길 5 | 061-373-9235)

Part 4

겨울

따뜻한 추억 만들어요

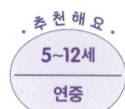

315 국립항공박물관

연계교과 3·5학년 과학 | 4·6학년 사회

비행기에 대한 아이들의 궁금증을 해결해줄 수 있는 곳이다. 국내 유일 항공 전문 박물관으로, 실제 크기 항공기와 다양한 체험시설이 마련되어 있다. 1층에는 항공기 역사와 원리를 배우는 전시 공간이, 2층에는 조종 시뮬레이터와 VR 체험존이 자리해 아이들의 관심을 끌기에 충분하다. 미취학 아동들을 위한 어린이 공항, 초등학생을 위한 기내훈련과 고학년을 위한 조종관제 등 연령별로 다양한 체험이 가능해 온 가족이 함께 즐기기에 좋다. 단, 블랙이글스 탑승을 제외하고는 홈페이지를 통해 사전 체험예약을 해야 편리하게 이용 가능하다.

- 서울 강서구 하늘길 177
- 10:00~18:00 **휴무** 월요일, 1월 1일, 설날·추석
- 무료 *일부 체험은 유료
- 02-6940-3198
- www.aviation.or.kr
- #체험여행 #파일럿체험 #항공시뮬레이션 #비행기탑승체험

함께 둘러봐도 좋아요~

- **주변 여행지** 서울식물원(botanicpark.seoul.go.kr | 체험프로그램 운영)
- **연계 가능 코스** 현대모터스튜디오 고양(p.405)
- **키즈프렌들리 맛집** 을왕리꾸덕집 마곡직영점(생선구이 | 서울 강서구 공항대로 236 2층 | 0507-1473-0358 | 유아 의자)

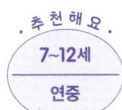

316
서소문성지역사박물관

연계교과 3~4·6학년 사회

서울

서소문성지역사박물관은 조선시대 역사부터 근현대사까지 아우르는 공간이다. 특히 조선 후기 천주교 박해가 벌어졌던 서소문 밖 네거리의 역사적 배경을 생생하게 전시하고 있어, 아이들이 역사적 사건을 쉽게 이해할 수 있도록 돕는다. '순교자의 칼', '노숙자 예수' 등 다양한 의미를 품은 예술작품과 지하 공간을 적극 활용한 독특한 건축이 관람객에게 생각할 거리를 던진다. 웅장한 규모의 디지털 전시도 눈길을 사로잡는다. 아동도서가 비치된 도서관도 자리해 아이들과 느긋하게 쉬어가기 좋다.

- 서울 중구 칠패로 5
- 09:30~17:30 **휴무** 월요일, 1월 1일, 설날·추석
- 02-3147-2400
- www.seosomun.org
- #역사여행 #박물관여행 #조선시대 #천주교박해 #근현대사

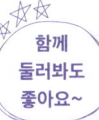

- **주변 여행지** 농협농업박물관(www.agrimuseum.or.kr) | 체험프로그램 운영)
- **연계 가능 코스** 문화역서울284(p.298)
- **키즈프렌들리 맛집** 서령 본점(냉면 | 서울 중구 소월로 10 | 0507-1427-8766 | 유아 의자)

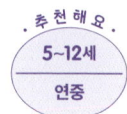

317
서울풍물시장

서울

연계교과 3~6학년 사회

만물시장으로 불리던 황학동시장에서 유래한 서울풍물시장은 지하철로도 쉽게 찾아갈 수 있을 뿐 아니라 따뜻한 실내에 자리해 한겨울에도 부담 없이 들러볼 수 있다. 살아있는 박물관이라고 불러도 될 만큼 아이들에게는 색다르게 느껴질 옛 물건들도 많고, 2층에는 '청춘일번가'란 이름으로 과거 서울의 상점가를 재현한 이색 공간도 자리하고 있다. 내부에 식당가도 있어 여유롭게 둘러보기 좋고, 시장 입구에는 다양한 전통소품을 만들어볼 수 있는 전통문화체험관도 운영하고 있다.

- 서울 동대문구 천호대로4길 21
- 10:00~19:00, 식당가 10:00~22:00, 전통문화체험관 10:00~18:30(휴게시간 12:00~13:00)
- 휴무 화요일
- 02-2232-3367
- pungmul.or.kr
- #체험여행 #전통시장 #만물시장 #살아있는박물관 #청춘일번가 #전통문화체험관

함께 둘러봐도 좋아요~

- **주변 여행지** 창신동문구완구시장(서울 종로구 종로52번길 21-1 | 02-743-7424)
- **연계 가능 코스** 청계천박물관(p.186)
- **키즈프렌들리 맛집** 남화루(중식 | 서울 동대문구 난계로 250 | 02-2232-1151 | 유아 의자)

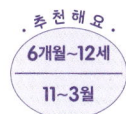
추천해요
6개월~12세
11~3월

318
서해금빛열차
연계교과 3·5학년 사회

서울

서해금빛열차는 기차여행의 매력을 제대로 만끽할 수 있는 테마열차로 서울 용산역에서 출발해 아산과 예산, 홍성, 대천, 서천, 군산, 익산까지 서해의 보석처럼 빛나는 풍경을 찾아 떠난다. 이 열차의 가장 큰 특징은 세계 최초의 좌식 '온돌마루'인데, 칸막이 객실에 간이탁자와 편백나무 베개까지 비치해 아이들과 뜨끈한 온돌방에 앉아 차창 밖 풍경을 볼 수 있다. 온돌마루는 티켓 구매 시 따로 옵션을 선택해야 하며, 탑승 후 승무원을 통해 예약하면 족욕실도 이용 가능하다. 지정한 기차역에서 하차한 후 해당 지역의 시티 투어 버스를 활용하면 보다 편하게 여행할 수 있다.

- 목~월요일, 용산역 출발 08:28 **휴무** 화·수요일
- **군산역 기준** 어른 23,900원, 어린이 13,600원 *온돌마루(3~6인) 1실당 40,000원 추가
- 1544-7788
- #체험여행 #감성여행 #테마열차 #좌식열차 #온돌마루 #족욕실 #시티투어

함께 둘러봐도 좋아요~

- **주변 여행지** 챔피언1250X 아이파크몰 용산점(서울 용산구 한강대로23길 55 아이파크몰 리빙파크 6층 | 0507-1372-1401)
- **연계 가능 코스** 국립생태원(p.429)
- **키즈프렌들리 맛집** 우동키노야 신용산본점(우동·소바 | 서울 용산구 한강대로7길 18-13 | 0507-1408-1984 | 유아 의자)

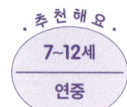

319
하이커 그라운드

 서울

연계교과 3학년 사회

한국을 찾은 여행자들을 위한 복합문화공간으로, 전통과 현대가 어우러진 다양한 K-콘텐츠를 경험할 수 있다. 건물에 들어서면 가장 먼저 압도적인 크기의 미디어월이 눈길을 사로잡는데, 서울을 비롯한 한국의 아름다운 관광지와 K-콘텐츠가 역동적인 영상으로 펼쳐진다. K-POP 버추얼스테이지는 외국인은 물론 내국인 관람객들에게도 인기 체험이다. 실제 아이돌 무대처럼 꾸며진 공간에서 춤을 추고, 가상 영상에 자신을 합성해 특별한 순간을 남길 수 있다. K-콘텐츠를 활용한 다양한 체험부스로 서울 도심 한가운데서 아이들과 함께 한국의 매력을 한껏 느껴볼 수 있다.

- 서울 중구 청계천로 40
- 10:00~19:00 **휴무** 월요일
  *1, 5층은 연중무휴
- 02-729-9498
- hikr.visitkorea.or.kr
- #체험여행 #미디어체험 #K-POP #내꿈은아이돌 #한류콘텐츠

함께 둘러봐도 좋아요~
- **주변 여행지** 청계광장 (서울 중구 태평로1가 1)
- **연계 가능 코스** 창덕궁 (p.61)
- **키즈프렌들리 맛집** 브루클린더버거조인트 청계천점 (수제버거 | 서울 중구 청계천로 14 | 02-318-7180 | 유아 의자)

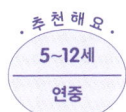

320 화랑대 철도공원

서울

연계교과 3학년 사회

역사 속으로 사라진 추억의 화랑대역이 철도공원으로 변신했다. 추억의 기찻길 소리를 들을 수 있는 '땡땡거리'와 공원 곳곳에 위치한 포토존에서 사진을 남기기 좋다. 철길 위를 마음껏 걸어볼 수 있는 것도 매력적이다. 옛 화랑대역 내부는 아스라한 경춘선의 흔적을 돌이켜볼 수 있는 전시 공간으로 다시 태어났다. 해가 저물면 공원은 더욱 화려한 옷으로 갈아입는다. '불빛정원'이란 이름으로 알록달록 야간조명을 밝히는데, 화랑대역 외부를 캔버스로 활용해 색다른 볼거리를 연출한다. 스위스의 아름다운 자연을 배경으로 실감 나는 디오라마와 기차 미니어처를 만날 수 있는 '노원기차마을', 기차가 음료를 배달해주는 카페도 즐거움을 더한다.

- 📍 서울 노원구 화랑로 608
- 🕙 화랑대 역사관 10:00~18:00, 노원기차마을 스위스관 10:00~19:00 **휴무** 월요일 *공원은 연중 개방
- 💰 노원기차마을 스위스관 어른 2,000원, 어린이 1,000원
- 📞 070-4179-3777
- @ #체험여행 #철도역사 #철도문화 #기차탑승체험 #야경맛집

함께 둘러봐도 좋아요~

- **주변 여행지** 태릉·강릉(서울 노원구 화랑로 681 | 02-972-0370)
- **연계 가능 코스** 북서울꿈의숲(p.52)
- **키즈프렌들리 맛집** 코타 텍사스바베큐(바비큐 | 서울 노원구 공릉로 165 | 0507-1355-5617 | 유아 의자)

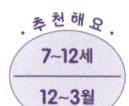

321
아침고요수목원 오색별빛정원전

추천해요 7~12세 / 12~3월

경기 가평

연계교과 3~5학년 과학 | 6학년 미술

10만여 평의 아름다운 정원을 자랑하는 가평 아침고요수목원에서 열리는 로맨틱한 겨울축제. 매년 12월에서 3월까지 동절기에 개최되는 오색별빛정원전은 자연을 밑그림 삼아 펼쳐지는 다채로운 빛의 향연이 눈길을 사로잡는다. 이왕이면 해 질 무렵에 수목원에 입장해 붉은 일몰도 감상하고 하나둘 불을 밝히는 축제의 순간도 즐겨보면 좋겠다. 특히 하경정원 전망대에서 바라보는 화려한 야경은 축제의 백미로 꼽히니 놓치지 말자. 겨울밤은 체감온도가 더욱 낮아지니 두꺼운 외투와 따뜻한 담요, 아이들을 위한 방한용품은 꼼꼼히 챙겨 갈 것!

- 경기 가평군 상면 수목원로 432
- 08:30~19:00
- 어른 11,000원, 청소년 8,500원, 어린이 7,500원
- 1544-6703
- www.morningcalm.co.kr
- #감성여행 #겨울정원 #별빛축제 #하경정원 #화려한야경 #방한용품필수

함께 둘러봐도 좋아요~

- **주변 여행지** 아침고요가족동물원(www.mczoo.co.kr) | 교감프로그램 운영)
- **연계 가능 코스** 제이드가든(p.90)
- **키즈프렌들리 맛집** 언덕마루 가평잣두부집(두부보쌈 | 경기 가평군 상면 수목원로 248 | 031-584-5368 | 유아 의자)

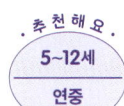

322
현대모터스튜디오 고양

경기 고양

연계교과 3·5학년 과학

현대자동차에서 운영하는 국내 최대 규모 체험형 자동차테마파크. 자동차의 탄생과정부터 평소 접하기 어려웠던 내부 구조, 안전을 위한 다양한 성능과 역할을 체험을 통해 이해할 수 있어 아이들도 흥미로워한다. 뿐만 아니라 다양한 주제의 원데이클래스와 연령대별로 교구를 활용해 자동차의 원리를 이해하는 키즈워크숍도 운영된다. 상설전시와 어린이 교육 프로그램 모두 홈페이지를 통해 예약 가능하며, 키즈워크숍은 아이들 단독으로 진행되기 때문에 연령에 맞게 프로그램을 선택해야 한다. 스튜디오 내에 유아 의자를 갖춘 레스토랑과 카페를 운영하고 있어 여유롭게 쉬어가기에도 좋다.

- 경기 고양시 일산서구 킨텍스로 217-6
- 차량전시 09:00~20:00, 체험전시 화~금요일 10:00~18:00, 토·일요일 10:00~19:00 **휴무** 체험전시 월요일
- 어른 10,000원, 청소년 7,000원, 어린이 5,000원
- 1899-6611
- motorstudio.hyundai.com/goyang
- #체험여행 #자동차테마파크 #자동차의탄생 #어린이교통안전클래스 #키즈워크숍

함께 둘러봐도 좋아요~
- **주변 여행지** 원마운트 스노우파크(onemount.co.kr)
- **연계 가능 코스** 국립항공박물관(p.398)
- **키즈프렌들리 맛집** 키친바이해비치(비빔밥·버거 | 현대모터스튜디오 고양 내 | 1899-6611 | 유아 의자)

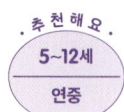

323
광명동굴

경기 광명

연계교과 3~6학년 과학 | 5~6학년 사회

광명동굴은 폐광을 활용해 조성한 국내 대표적인 동굴테마파크로, 자연과 역사가 어우러진 체험 공간이다. 동굴 내부는 일정한 온도를 유지해 여름에는 시원하고 겨울에는 따뜻해 사계절 내내 방문하기 좋다. 아이들은 빛의 공간, 황금길, 동굴 아쿠아월드, 와인동굴 등 다양한 테마존을 탐험하며 지질학과 광산 개발의 역사를 자연스럽게 배울 수 있다. 동굴 속 미디어아트 전시는 시각적 흥미를 더하며, 3D 홀로그램 쇼와 AR 체험도 마련되어 있어 학습 효과를 높인다. 단, 내부가 어둡고 미끄러울 수 있으니 바닥이 단단한 신발을 준비하면 좋다.

- 경기 광명시 가학로85번길 142
- 09:00~18:00 **휴무** 월요일
- 어른 10,000원, 청소년 5,000원, 어린이 3,000원
- 070-4277-8902
- www.gm.go.kr/cv
- #체험여행 #동굴탐험 #지질여행 #실내여행지 #겨울에따뜻한여행지

함께 둘러봐도 좋아요~
- **주변 여행지** 광명에디슨뮤지엄(blog.naver.com/edisonsm)
- **연계 가능 코스** 안양예술공원(p.71)
- **키즈프렌들리 맛집** 광명동굴 푸드코트(돈가스·우동 | 광명동굴 내 | 02-2612-7710 | 유아 의자)

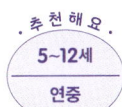

324
애기봉평화생태공원

경기 김포

연계교과 4~6학년 과학·사회

애기봉평화생태공원은 한강 하구와 북한 개풍군을 조망할 수 있는 곳으로, 분단과 평화의 의미를 직접 체험할 수 있는 공간이다. 2021년 새롭게 개장한 평화전망대에서는 최첨단 미디어를 활용한 전시를 통해 남북관계의 역사와 비무장지대(DMZ)의 생태적 가치를 배울 수 있다. 또한 통일을 염원하는 '평화의 종'과 DMZ 지역의 자연환경을 재현한 생태전시관도 마련되어 볼거리를 더한다. 특히 아이들은 망원경을 통해 북한 지역을 직접 바라보며 평화와 통일에 대한 관심을 키울 수 있다. 계절에 따라 철새 탐조 프로그램도 운영되니 방문 전 홈페이지를 확인하면 좋다.

- 경기 김포시 월곶면 평화공원로 289
- 09:30~17:30
- 어른 3,000원, 청소년 2,000원, 어린이 1,000원
- 031-989-7492
- aegibong.or.kr
- #체험여행 #안보여행 #북한이눈앞에 #통일여행 #생태여행

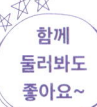

- **주변 여행지** 김포다도박물관(경기 김포시 월곶면 애기봉로275번길 187-49 | 031-998-1000)
- **연계 가능 코스** 강화역사박물관(p.412)
- **키즈프렌들리 맛집** 블루스모크 김포본점(바비큐 | 경기 김포시 하성면 하성로 294 2층 | 0507-1423-7073 | 유아 의자)

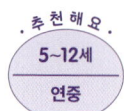

325 유리섬박물관

경기 안산

연계교과 3~4·6학년 과학 | 5학년 미술

대부도에 자리한 유리섬박물관은 국내 유일 유리예술테마파크로, 유리공예의 아름다움과 제작과정을 직접 체험할 수 있는 곳이다. 유리공예 전시관에서는 세계 각국의 유리 예술품을 감상할 수 있으며, 유리마을에서는 유리 불기, 샌드블라스팅, 모자이크 아트 등 다양한 체험프로그램이 운영된다. 특히 유리 공예사들의 실시간 퍼포먼스를 볼 수 있는 유리공예 시연장은 아이들에게 과학과 예술의 조화를 배우는 기회를 제공한다. 바닷가와 접한 아름다운 조각공원도 함께 둘러보면 더욱 알찬 여행이 된다.

- 경기 안산시 단원구 부흥로 254
- 09:30~18:00 **휴무** 월요일
- 어른 10,000원, 청소년 9,000원, 어린이 8,000원
- 0507-1477-6264
- www.glassisland.co.kr
- #체험여행 #박물관여행 #유리공예 #유리불기 #유리만들기 #체험프로그램

함께 둘러봐도 좋아요~
- **주변 여행지** 종이미술관(www.종이미술관.com)
- **연계 가능 코스** 공룡알 화석산지(p.320)
- **키즈프렌들리 맛집** 담식당(파스타 | 경기 안산시 단원구 대부황금로 836 | 0507-1308-5447 | 유아 의자)

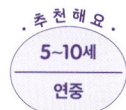

326
조명박물관

경기 양주

연계교과 3~5학년 과학 | 6학년 미술

우리 생활에서 빼놓을 수 없는 빛을 다양한 관점에서 살펴볼 수 있는 박물관이다. 시대별로 어떤 조명들이 사용되었는지 그 역사와 함께 세계 각국의 아름다운 조명도 직접 만나볼 수 있고, 빛의 원리와 특성을 활용해 상상력을 자극하는 빛상상공간과 조명 놀이터는 아이들도 무척 좋아한다. 빛공해 어린이전시실에는 자연에 해를 끼치지 않고 빛을 조화롭게 사용해야 한다는 메시지를 담아 재미뿐 아니라 교육적인 효과도 기대할 수 있다. 주말에는 램프인형과 터치스탠드 등을 만들어보는 체험프로그램도 운영되며 소극장에서는 아이들 눈높이에 맞춘 다양한 공연도 이뤄진다. 크리스마스를 전후해 특별전도 마련되니 홈페이지에서 확인해보자.

- 경기 양주시 광적면 광적로 235-48
- 10:00~17:00 **휴무** 1월 1일, 설날·추석 연휴, 창립기념일(6월 20일)
- **하절기** 대인 8,000원, 소인 7,000원
  동절기 대인 12,000원, 소인 10,000원
- 0507-1411-8911
- www.lighting-museum.com
- #체험여행 #박물관여행 #빛 #조명의역사 #앤티크조명 #빛상상공간 #조명놀이터 #체험프로그램

- **주변 여행지** 나의정원(경기 양주시 은현면 그루고개로371번길 131-18 | 010-7463-9970)
- **연계 가능 코스** 양주시립 장욱진미술관(p.312)
- **키즈프렌들리 맛집** 국가대표짜장면사무소(중식 | 경기 양주시 가래비9길 14 | 031-877-4380 | 유아 의자)

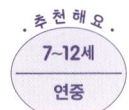

327 고랑포구역사공원

경기 연천

연계교과 4~6학년 과학 | 5~6학년 사회

고랑포구역사공원은 조선시대부터 근대까지 한강 물류의 중심지였던 고랑포구의 역사를 체험할 수 있는 곳이다. 과거 북한과의 무역 거점이었던 이곳은 6·25전쟁 당시 중요한 역할을 했으며, 현재는 역사교육과 자연탐방이 결합된 공간으로 조성되었다. 공원 내에는 당시 모습을 재현한 건물들과 전시관이 있어 무역의 흐름과 한강의 역할을 쉽게 이해할 수 있다. 특히 VR 체험관에서는 옛 고랑포구의 모습을 가상으로 체험할 수 있어 아이들의 흥미를 끈다. 어린이를 위한 실내놀이터도 자리해 한겨울에도 신나게 뛰어놀 수 있다.

- 경기 연천군 장남면 장남로 270
- 10:00~17:00 **휴무** 월요일(공휴일인 경우 그다음 날), 1월 1일, 설날·추석
- 어른 5,000원, 청소년 4,000원, 어린이 3,000원
- 031-835-2002
- yccs.or.kr/pub/hpark_fac.do
- #체험여행 #박물관여행 #근대역사 #실내여행지 #어린이놀이터 #포토존 #VR체험

함께 둘러봐도 좋아요~

- **주변 여행지** 호로고루(경기 연천군 장남면 원당리 1258)
- **연계 가능 코스** 연천전곡리유적(p.73)
- **키즈프렌들리 맛집** 노곡손두부마을(순두부 | 경기 연천군 백학면 청정로 38 | 031-835-1052 | 좌식테이블)

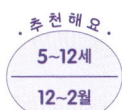

328
산정호수 썰매축제

경기 포천

연계교과 3~6학년 과학

산정호수썰매축제는 겨울철 꽁꽁 얼어붙은 산정호수에서 펼쳐지는 겨울 레저 축제다. 아이들은 넓은 얼음판에서 전통 얼음썰매, 스케이트, 눈썰매 등을 즐기며 겨울 놀이문화를 경험할 수 있다. 특히 귀여운 오리썰매는 아이들은 물론 어른들에게도 인기만점! 축제 기간 동안 얼음낚시, 눈조각 전시, 눈싸움 체험 등 다양한 프로그램이 운영되어 온 가족 함께 즐기기 좋다. 주변 산책로를 따라 걸으며 겨울 호수의 정취를 느낄 수도 있다. 단, 온도가 높아지면 안전상의 이유로 썰매장 운영이 중단되므로 방문 전 기온과 얼음 두께를 확인하는 것이 좋으며 방한용품을 충분히 준비하는 것은 필수다.

- 경기 포천시 영북면 산정호수로411번길 104
- 10:00~17:00 **휴무** 기상 상황에 따라 변동 가능
- 러버덕기차 7,000원, 얼음썰매 6,000원, 세발자전거 7,000원
- 031-532-6135
- www.sjlake.co.kr
- #체험여행 #자연체험 #겨울축제 #겨울호수 #눈썰매 #오리썰매

- **주변 여행지** 한가원(경기 포천시 영북면 산정호수로322번길 26-9 | 031-533-8121)
- **연계 가능 코스** 포천아트밸리(p.78)
- **키즈프렌들리 맛집** 지장산막국수 본점(막국수 | 경기 포천시 관인면 창동로 895 | 031-533-1801 | 유아 의자)

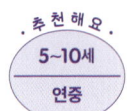

329
강화역사박물관

인천

연계교과 5~6학년 사회

청동기시대의 대표적인 무덤 형태인 고인돌은 전 세계적으로 그 절반 가까운 수가 우리나라에서 발견돼 유네스코 세계유산으로도 지정돼 있다. 특히 강화도 고인돌은 뛰어난 조형미 덕분에 우리나라 고인돌을 대표하는 이미지로 교과서에도 실릴 만큼 자주 사용된다. 어린아이들에게는 고인돌이 무엇인지 알려주기가 쉽지 않은데, 강화도 고인돌 바로 옆에 자리한 강화역사박물관에 들어서면 이 같은 고인돌의 제작과정과 역할을 디오라마로 제작해 보다 쉽게 이해할 수 있도록 돕는다. 또 강화 동종 등 박물관의 대표 유물들을 직접 보고 각각의 스탬프를 찍어오는 활동지를 배포해 아이들이 마치 미션을 수행하듯 재미있게 관람할 수 있다.

- 인천 강화군 하점면 강화대로 994-19
- 09:00~18:00 **휴무** 월요일, 1월 1일, 설날·추석
- 어른 3,000원, 청소년 및 어린이 2,000원
- 032-934-7887
- www.ganghwa.go.kr/open_content/museum_history
- #역사여행 #체험여행 #박물관여행 #강화고인돌 #청동기 #유네스코세계유산

함께 둘러봐도 좋아요~

- **주변 여행지** 강화풍물시장(인천 강화군 강화읍 중앙로 17-9 | 032-934-1318)
- **연계 가능 코스** 교동도 대룡시장(p.413)
- **키즈프렌들리 맛집** 금문도(중식 | 인천 강화군 강화읍 중앙로 43 2층 | 0507-1477-0833 | 유아 의자)

330
교동도 대룡시장
연계교과 5~6학년 사회

인천

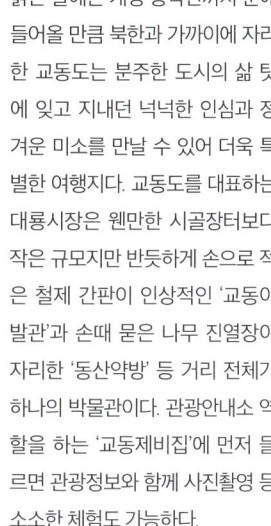

맑은 날에는 개성 송악산까지 눈에 들어올 만큼 북한과 가까이에 자리한 교동도는 분주한 도시의 삶 탓에 잊고 지내던 넉넉한 인심과 정겨운 미소를 만날 수 있어 더욱 특별한 여행지다. 교동도를 대표하는 대룡시장은 웬만한 시골장터보다 작은 규모지만 반듯하게 손으로 적은 철제 간판이 인상적인 '교동이발관'과 손때 묻은 나무 진열장이 자리한 '동산약방' 등 거리 전체가 하나의 박물관이다. 관광안내소 역할을 하는 '교동제비집'에 먼저 들르면 관광정보와 함께 사진촬영 등 소소한 체험도 가능하다.

- 교동제비집 인천 강화군 교동면 교동남로 20-1
- 교동제비집 10:00~18:00 **휴무** 매월 둘째·넷째 주 월요일
- 032-934-1000
- #체험여행 #감성여행 #전통시장 #교동이발관 #동산약방 #거리박물관 #교동제비집

함께 둘러봐도 좋아요~
- **주변 여행지** 교동향교(인천 강화군 교동남로 229-49)
- **연계 가능 코스** 강화역사박물관(p.412)
- **키즈프렌들리 맛집** 강만장(비빔밥) | 인천 강화군 교동면 대룡안길54번길 24 | 0507-1377-7250 | 유아 의자)

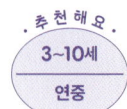

331 뒷뜨루

강원 강릉

연계교과 3~6학년 과학 | 4~6학년 사회

폐업한 퇴비공장을 아름다운 농원으로 재탄생시킨 뒷뜨루는 자연 속에서 다양한 체험을 즐길 수 있는 공간이다. 입장권을 구입하면 가장 먼저 온실로 꾸며진 카페를 만나는데, 한겨울에도 초록빛 정원과 유유히 헤엄치는 물고기들을 관찰할 수 있어 아이들과 함께 방문하기 좋다. 또 토끼와 나귀 등 귀여운 동물들에게 먹이를 주는 체험도 가능하다. 농원 곳곳에 예쁜 포토존이 마련돼 있으며, 퇴비공장 교반기 자리를 동굴로 꾸며 색다른 풍경을 만날 수 있다.

- 강원 강릉시 사천면 청솔공원길 108
- 10:00~17:00 **휴무** 목요일
- 어른 5,000원, 어린이 4,000원
- 0507-1352-9466
- blog.naver.com/dtr9466
- #체험여행 #생태체험 #관광농원 #동물먹이주기 #실내여행지 #온실

함께 둘러봐도 좋아요~
- **주변 여행지** 오죽헌(www.gn.go.kr/museum)
- **연계 가능 코스** 참소리에디슨손성목영화박물관(p.415)
- **키즈프렌들리 맛집** 진리피자(피자 | 강원 강릉시 사천면 진리해변길 109-1 2층 | 0507-1340-4072 | 유아 의자)

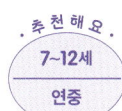

332 참소리에디슨손성목영화박물관

 강원 강릉

연계교과 4~6학년 과학 | 5~6학년 사회

천재 발명가로 불리는 에디슨의 뛰어난 발명품들을 직접 눈으로 볼 수 있는 박물관이다. 에디슨은 생전 1,000개가 넘는 특허를 보유한 것으로 알려져 있는데, 이곳 박물관에는 에디슨의 3대 발명품인 축음기와 전구, 영사기를 비롯해 전화기와 다리미, 온풍기, 인형 등 무려 200여 종의 발명품이 전시돼 있다. 에디슨이 타고 다니던 자동차와 마지막 숨이 담긴 유리관도 눈길을 끈다. 전 세계의 다양한 축음기를 전시한 축음기박물관은 아이들은 물론 어른들도 흥미롭게 관람할 수 있다. 해설사와 동행하면 일부 축음기를 직접 시연해 색다른 체험도 가능하다.

- 📍 강원 강릉시 경포로 393
- 🕐 10:00~17:00 **휴무** 화요일(공휴일인 경우 그다음 날)
- 💰 어른 15,000원, 중고생 12,000원, 어린이 9,000원, 미취학아동 6,000원
- 📞 033-655-1130
- 🏠 www.instagram.com/charmsori_museum
- 🔍 #체험여행 #박물관여행 #천재발명가 #에디슨 #축음기 #전구 #영사기

함께 둘러봐도 좋아요~
- **주변 여행지** 강릉메타버스체험관(www.gnmetaverse.or.kr)
- **연계 가능 코스** 뒷뜨루(p.414)
- **키즈프렌들리 맛집** 롱브레드 초당(브런치 | 강원 강릉시 난설헌로 221 | 0507-1432-0639 | 유아 의자)

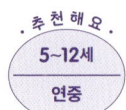
추천해요
5~12세
연중

333
연필뮤지엄

강원 동해

연계교과 3학년 과학 | 5학년 미술

국내 최초 연필박물관으로 전 세계 100여 개국에서 수집한 3,000여 종의 연필을 전시하고 있다. 이곳에서는 연필의 제작과정과 역사, 다양한 디자인의 연필을 직접 보고 체험할 수 있으며, 특히 캐릭터 연필과 유명 예술가들이 직접 사용한 연필 등을 통해 아이들의 창의력과 상상력을 자극한다. 연필로 그림 그리기와 글쓰기 체험 공간이 마련되어 있어 아이들이 직접 연필을 사용할 수 있다. 박물관 내에 자리한 카페에서는 아기자기한 디자인의 연필 관련 기념품도 구입할 수 있고, 창밖으로는 멀리 도째비골이 보일 만큼 시원한 전망을 자랑한다.

- 강원 동해시 발한로 183-6
- 10:00~18:00 **휴무** 화·수요일(공휴일인 경우 정상 운영)
- 어른 7,000원, 어린이 4,500원
- 033-532-1010
- www.pencilmuseum.co.kr
- #체험여행 #박물관여행 #연필의역사 #글쓰기체험 #기념품 #뷰맛집

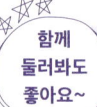
함께 둘러봐도 좋아요~

- **주변 여행지** 묵호항(강원 동해시 묵호진동 95-51)
- **연계 가능 코스** 도째비골 스카이밸리·해랑전망대(p.324)
- **키즈프렌들리 맛집** 고향의맛손칼국수감자옹심이(칼국수·옹심이 | 강원 동해시 중앙시장길 12-13 | 033-533-2988 | 좌식테이블)

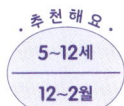

334
설악케이블카

강원 속초

연계교과 4~6학년 과학 | 5~6학년 사회

사계절 언제든 아름다운 설악산이지만 겨울이면 하얀 눈이 쌓인 웅장한 산자락이 보는 이들을 압도한다. 겨울산은 여러모로 접근하기 위험하지만 설악산은 해발 700m 정상인 권금성 입구까지 케이블카로 이동할 수 있어 아이들과 함께 들러보기에도 좋다. 맑은 날 속초 시내는 물론 멀리 동해의 푸른 물결과 울산바위, 얼어붙은 토왕성 폭포까지 눈에 담을 수 있고 눈부신 설경도 가까이서 감상할 수 있다. 잠시 추위를 피하거나 간단히 배를 채울 수 있는 공간도 마련돼 있다. 케이블카는 당일 기상 상황에 따라 운행이 중지되는 경우도 있으니 탑승 전에 미리 운행 여부를 확인해보는 것이 좋겠다.

- 강원 속초시 설악산로 1085
- 09:00~17:30 *계절과 날씨에 따라 변동 가능
- 대인 15,000원, 소인 11,000원
  *현장 구매만 가능
- 033-636-4300
- www.sorakcablecar.co.kr
- #체험여행 #설악산설경 #권금성 #울산바위 #토왕성폭포

함께 둘러봐도 좋아요~

- **주변 여행지** 얼라이브하트(home-ticket.co.kr/aliveheart)
- **연계 가능 코스** 상도문돌담마을(p.85)
- **키즈프렌들리 맛집** 해녀전복뚝배기(전복해물뚝배기) | 강원 속초시 영랑해안길 9 | 0507-1482-5157 | 유아의자

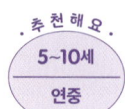

335
라디오스타박물관

강원 영월

연계교과 5~6학년 사회

국민배우 안성기와 박중훈 주연의 영화 〈라디오스타〉는 무려 약 20년 전 작품임에도 여전히 영월 곳곳에서 그 흔적을 만나볼 수 있다. 특히 영화의 주요 촬영지였던 구 KBS 영월방송국을 그대로 활용한 라디오스타박물관은 부모에게는 영화의 아련한 감동을, 아이에게는 직접 라디오 DJ로 변신해보는 특별한 경험을 선물한다. 라디오의 역사를 살펴볼 수 있는 1층을 지나 2층으로 올라서면 실제 라디오 스튜디오가 자리하고 있는데, 이곳에선 DJ가 된 것처럼 자신만의 라디오방송을 꾸며볼 수 있다. 원하는 음악도 삽입해 나만의 방송을 완성하면 해당 파일을 메일로 보내 색다른 추억을 오랫동안 간직할 수 있다.

- 강원 영월군 금강공원길 84-3
- 09:00~18:00 **휴무** 월요일(공휴일인 경우 그다음 날), 1월 1일, 설날·추석
- 어른 3,000원, 청소년 및 어린이 2,000원
- 033-372-8123
- #체험여행 #박물관여행 #영화촬영지 #라디오스타 #영월방송국 #라디오스튜디오 #꼬마DJ

함께 둘러봐도 좋아요~
- 주변 여행지 동강사진박물관(www.dgphotomuseum.com)
- 연계 가능 코스 별마로천문대(p.210)
- 키즈프렌들리 맛집 두메브런치(화덕피자·파스타 | 강원 영월군 영월읍 하송로 103-9 | 010-9834-1013 | 유아 의자)

추천해요
5~10세
연중

336
마을호텔 18번가

강원 정선

연계교과 5~6학년 사회·미술

마을호텔 18번가는 강원도 정선 고한읍의 작은 마을이 호텔처럼 운영되는 곳이다. 기존의 민박집이 객실이 되고, 마을 음식점이 호텔 레스토랑 역할을 하는 독특한 방식이다. 아이들은 마을 골목을 걸으며 호텔처럼 꾸며진 공간을 탐방하고, 주민들과 소통하는 경험을 할 수 있다. 마을 곳곳에는 예술작품과 벽화가 조성되어 있어 골목 투어를 하며 사진을 찍기 좋다. 또한 마을호텔 숙박객에게는 하이원리조트 곤돌라 할인, 삼탄아트마인 할인 혜택이 제공되므로 연계해서 즐기기 좋다. 조용하고 안전한 마을이라 가족 단위 여행객에게 추천할 만하다.

- 강원 정선군 고한읍 고한2길 36
- 객실별 상이(8~13만 원대)
- 070-4157-8487
- hotel18.co.kr
- #체험여행 #감성여행 #마을호텔 #도심재생 #예술마을

함께 둘러봐도 좋아요~

- **주변 여행지** 하이원리조트(www.high1.com)
- **연계 가능 코스** 삼탄아트마인(p.420)
- **키즈프렌들리 맛집** 구공탄구이(돼지고기구이) | 강원 정선군 고한읍 고한2길 71 | 0507-1326-9092)

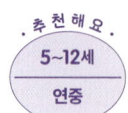

337 삼탄아트마인

연계교과 5~6학년 사회·미술

강원 정선

폐광을 활용한 문화공간으로 유네스코 세계문화유산에도 등재된 독일의 졸페라인(Zollverein)에서 아이디어를 얻었다. 한때 정선에서 손꼽히는 규모를 자랑하던 삼척탄좌를 아름다운 예술 공간으로 재탄생시킨 이곳은 실제 탄광과 갱도, 광부들이 석탄가루로 범벅이 된 몸을 씻어내던 샤워실과 조차장 등을 원형 그대로 전시 공간으로 사용하고 있어 아이들에겐 석탄박물관과는 또 다른 감상을 느끼게 한다. 전시장 곳곳에는 대형 조형물과 미디어아트 작품이 전시되어 있어 자유롭게 관람하며 사진을 찍기 좋다. 드라마 〈태양의 후예〉 촬영지로 직접 입고 사진 찍을 수 있는 군복도 비치되어 있다. 실내 공간이 많아 날씨와 관계없이 방문하기 좋으며, 체험프로그램도 종종 운영되니 방문 전 확인하면 더욱 알차게 즐길 수 있다.

- 강원 정선군 고한읍 함백산로 1445-44
- 동절기 09:30~17:30, 하절기 09:00~18:00, 극성수기(7월 25일~8월 21일) 09:00~19:00
- 휴무 월·화요일
- 대인 13,000원, 소인 11,000원
- 033-591-3001
- samtanartmine.com
- #감성여행 #미술관여행 #체험여행 #졸페라인 #폐광 #드라마촬영지 #태양의후예 #군복체험

함께 둘러봐도 좋아요~
- 주변 여행지 태백산눈축제(www.tbsnow.co.kr)
- 연계 가능 코스 마을호텔 18번가(p.419)
- 키즈프렌들리 맛집 함백산돌솥밥(곤드레밥) | 강원 정선군 고한읍 상갈래길 1 | 033-591-5564 | 좌식테이블

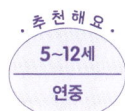

338
애니메이션박물관

 강원 춘천

연계교과 5~6학년 사회·미술

아이들이 좋아하는 애니메이션을 주제로 꾸며진 박물관이다. 애니메이션의 시작과 발전과정, 다양한 제작방법도 살펴보고 우리나라와 세계 각국 애니메이션 역사와 인기 작품도 둘러볼 수 있다. 아이들이 좋아하는 〈뽀로로〉와 〈구름빵〉은 물론 엄마, 아빠의 추억을 자극하는 〈영심이〉, 〈로보트 태권V〉 속 주인공도 만날 수 있어 온 가족이 함께 즐기기 좋다. 애니메이션의 음향효과와 더빙 제작체험, 인형애니메이션 촬영체험 등 체험전시물도 많아서 여유롭게 둘러보길 추천한다. 바로 옆 토이로봇관과 함께 둘러보면 더욱 풍성한 볼거리를 챙길 수 있다. 박물관 내에 베이커리카페도 있다.

- 강원 춘천시 서면 박사로 854
- 10:00~18:00 **휴무** 월요일(공휴일인 경우 그다음 날), 1월 1일, 설날·추석
- 통합관람권(애니메이션박물관+토이로봇관) 7,000원 *24개월 이상 동일
- 033-245-6470
- www.gica.or.kr/Ani/index
- #체험여행 #박물관여행 #애니메이션 #구름빵 #뽀로로 #더빙체험 #토이로봇관

함께 둘러봐도 좋아요~
- **주변 여행지** 춘천인형극박물관(www.cocobau.com)
- **연계 가능 코스** 제이드가든(p.90)
- **키즈프렌들리 맛집** 세인트콕스(스테이크 | 강원 춘천시 스포츠타운길399번길 22 | 033-253-4757 | 유아 의자)

339
추전역

강원 태백

연계교과 4~6학년 과학 | 5~6학년 사회

추전역은 대한민국에서 가장 높은 기차역으로, 해발 855m에 위치한 오붓한 간이역이다. 과거 석탄을 운반하는 산업 철도역으로 사용되었으며, 현재는 관광 명소로 남아있다. 아이들은 이곳에서 오래된 철도의 흔적을 발견하고, 기차와 관련된 역사적 의미를 배울 수 있다. 역 주변으로 광활한 산악 풍경이 펼쳐져 기차여행의 낭만을 느끼기에도 좋다. 특히 겨울철에는 하얀 눈으로 덮인 역이 동화 같은 분위기를 연출해 사진 명소로도 인기가 많다. 인근 석탄박물관과 연계하면 과거 탄광 산업과 기차의 역할을 함께 학습할 수 있다.

📍 강원 태백시 싸리밭길 47-63
📞 1588-7788
🏷️ #체험여행 #간이역 #기차여행 #우리나라에서가장높은기차역 #역무원체험

함께 둘러봐도 좋아요~

- **주변 여행지** 태백석탄박물관(www.taebaek.go.kr/coalmuseum | 체험프로그램 운영)
- **연계 가능 코스** 몽토랑산양목장(p.333)
- **키즈프렌들리 맛집** 태백산막국수(막국수 | 강원 태백시 태백로 338 | 033-553-8177 | 유아 의자)

강원 평창

340
대관령하늘목장

연계교과 3~4·5학년 과학 | 5학년 사회

대관령 최고봉인 선자령과 이웃한 하늘목장은 무려 300만 평이 넘는 초지에 조성돼 사계절 언제든 아이들이 마음껏 뛰어놀 수 있다. 트랙터마차를 이용하면 목장 구석구석을 돌아볼 수 있는데, 특히 겨울에 눈이 내리면 하늘마루 전망대에서 선자령의 풍력발전기와 드넓은 목장이 그림처럼 어우러진 아름다운 설경을 만날 수 있다. 삐뚤빼뚤한 자연 그대로의 나무를 이용해 만든 '내 마음대로 놀이터'에선 정해진 틀을 벗어나 아이들 스스로 놀이를 창조해내도록 돕는다. 겨울엔 비료포대를 이용한 눈썰매장도 운영한다. 7살 이상, 키 110cm 이상 아이들은 체험승마도 가능하다.

- 하늘목장 전망대 강원 평창군 대관령면 꽃밭양지길 458-23
- 동절기 09:00~17:30, 하절기 09:00~18:00
- 대인 8,000원, 소인 6,000원 *트랙터마차 대인 10,000원, 소인 8,000원, 건초주기 2,000원
- 033-332-8061
- www.skyranch.co.kr
- #체험여행 #감성여행 #대관령 #선자령 #트랙터마차 #그림같은풍경 #눈썰매장

함께 둘러봐도 좋아요~
- 주변 여행지 알펜시아 스키점프 센터 (www.alpensia.com)
- 연계 가능 코스 발왕산 관광케이블카 (p.424)
- 키즈프렌들리 맛집 대관령감자빵(베이커리) | 강원 평창군 대관령면 눈마을2길 17 | 033-335-1827 | 유아 의자

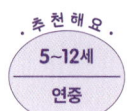
추천해요
5~12세
연중

341
발왕산 관광케이블카

강원 평창

연계교과 3·5학년 과학 | 4·6학년 사회

발왕산 관광케이블카는 용평리조트에서 해발 1,458m 발왕산 정상까지 연결한다. 왕복 7.4km 구간을 약 18분 동안 운행하는데, 케이블카를 타고 오르는 동안 사계절 변화하는 발왕산의 아름다운 풍광을 여유롭게 눈에 담을 수 있다. 정상에 도착하면 스카이워크에서 탁 트인 주변 산세를 감상할 수 있는데, 투명한 바닥 때문에 아찔한 기분마저 든다. 산책로도 잘 조성되어 아이들과 함께 걷기 좋으며, 발왕산의 다양한 식생과 자연을 직접 체험할 수 있다. 겨울에는 겨울왕국이라고 불러도 될 만큼 눈부신 설경이 펼쳐져 자연 그대로의 겨울감성을 느끼기 좋다. 단, 고도 때문에 강한 바람이 불 수 있으니 방한용품을 꼭 챙겨야겠다.

- 강원 평창군 대관령면 올림픽로 715
- 09:00~17:00 **휴무** 기상 상황에 따라 변동 가능
- 대인 왕복 25,000원, 소인 왕복 21,000원
- 033-335-5757
- www.yongpyong.co.kr
- #체험여행 #감성여행 #눈꽃여행 #설경 #발왕산 #스카이워크

함께 둘러봐도 좋아요~
- **주변 여행지** 월정사 전나무숲길(woljeongsa.org)
- **연계 가능 코스** 대관령하늘목장(p.423)
- **키즈프렌들리 맛집** 황태회관(황태요리) | 강원 평창군 대관령면 눈마을길 19 | 033-335-5795 | 유아 의자

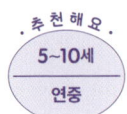

342 나는 숲이다

강원 홍천

연계교과 4~6학년 과학·미술

홍천의 울창한 숲을 배경으로 편안한 쉼을 즐길 수 있는 특별한 공간이다. 표범과 불곰, 호랑이 등 야생동물을 주제로 한 다큐멘터리를 촬영했던 감독이 직접 꾸민 이곳은 숲속카페와 숲속펜션, 호랑이갤러리 등이 자리한다. 투숙하지 않더라도 불멍을 즐길 수 있는 프로그램도 운영 중인데, 낮에는 11시부터 15시까지, 저녁에는 16시부터 20시까지 이용 가능하다. 산책로를 따라 걷다보면 이국적인 풍경을 빚어내는 자작나무숲도 만날 수 있다. 숙소 한 채 한 채 독특한 개성을 지니고 있어 아이들과 하룻밤 온전히 숲멍을 즐기고 싶다면 추천한다.

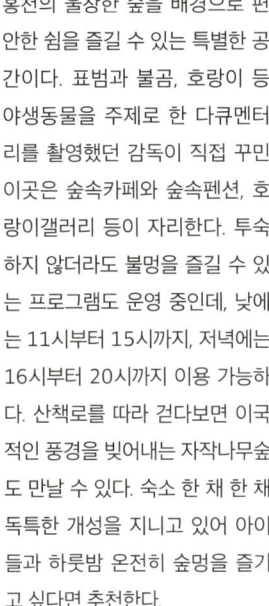

📍 강원 홍천군 화촌면 도심리길 269-16
🕐 카페 10:00~20:00
📞 010-5279-1318
🔖 #체험여행 #숲속카페 #숲속펜션 #자작나무숲 #호랑이갤러리 #숲멍 #불멍

함께 둘러봐도 좋아요~
- **주변 여행지** 홍천강꽁꽁축제(www.hccf.or.kr)
- **연계 가능 코스** 애니메이션박물관(p.421)
- **키즈프렌들리 맛집** 샘터골(청국장 | 강원 홍천군 홍천읍 옹기골길 18 | 033-432-4242 | 유아 의자)

343
활옥동굴

충북 충주

연계교과 3~4학년 과학 | 5~6학년 사회

활옥동굴은 100년 넘게 광산으로 운영되던 곳을 동굴테마파크로 꾸며 일반에 개방했다. 동굴 내부는 사계절 내내 11~15도로 유지되어 여름에는 시원하고 겨울에는 따뜻해 언제 방문해도 쾌적하다. 아이들은 동굴 속 신비로운 조명과 암반 구조를 관찰하며 지질과학에 대한 호기심을 키울 수 있고, 동굴 곳곳에 빛 조형물과 미디어아트 공간이 조성되어 동화 같은 분위기를 느낄 수 있다. 과거 광산에서 사용되던 장비와 채굴 현장을 그대로 재현한 공간도 마련되어, 석탄산업과 광물의 쓰임새를 배우기에도 좋다. 무엇보다 동굴 호수에서 투명카약을 타고 탐험하는 특별한 체험이 가능해 더욱 흥미롭다.

- 충북 충주시 목벌안길 26
- 09:00~18:00 **휴무** 월요일
- 대인 10,000원, 초중고 9,000원, 소인 8,000원 *투명카약 체험 5,000원
- 0507-1447-0517
- #체험여행 #동굴여행 #활옥광산 #실내여행지 #투명카약 #겨울에도따뜻한여행지

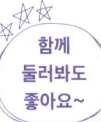

- **주변 여행지** 국립충주기상과학관(science.kma.go.kr/science | 체험프로그램 운영)
- **연계 가능 코스** 중앙탑사적공원(p.99)
- **키즈프렌들리 맛집** 권고집만두(만두전골 | 충북 충주시 안림로 180 | 0507-1430-7838 | 유아 의자)

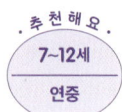

344
한국조폐공사 화폐박물관

연계교과 5~6학년 사회

대전

우리나라는 뛰어난 화폐인쇄술과 위조방지기술을 지니고 있어 세계 각국에 은행권과 특수안료, 보안 잉크 등을 수출하고 있다. 대전에 자리한 화폐박물관에선 이 같은 화폐의 제작과정과 실제 화폐에 적용된 위조방지기술은 물론, 우리나라 화폐 천년의 역사를 되짚어볼 수 있다. 우리나라 최초의 주화로 알려진 건원중보와 조선시대 주화인 상평통보, 북한에서 사용되는 지폐 등 흥미로운 볼거리가 전시실을 가득 채우고 있다. 1층에는 직접 오만 원권의 지폐 인물이 되어볼 수 있는 포토존과 스티커 사진기도 자리해 아이들에게 색다른 재미를 선사한다.

- 📍 대전 유성구 과학로 80-67
- 🕐 10:00~17:00 **휴무** 월요일, 1월 1일, 설날·추석 연휴
- 📞 042-870-1200
- 🏠 museum.komsco.com
- 🔍 #체험여행 #박물관여행 #화폐의역사 #건원중보 #상평통보 #북한지폐

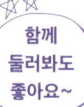
함께 둘러봐도 좋아요~

- **주변 여행지** 지질박물관(kigam.re.kr/museum)
- **연계 가능 코스** 대전근현대사전시관(p.338)
- **키즈프렌들리 맛집** 628파스타(파스타 | 대전 유성구 은구비로155번길 32-9 | 0507-1389-6282 | 유아 의자)

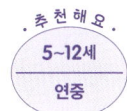

345
국립생태원

충남 서천

연계교과 4~6학년 과학·사회

다양한 생태계와 생물들을 한곳에서 체험할 수 있는 종합생태교육 공간이다. 아이들은 이곳에서 지구의 다양한 기후대와 그에 적응한 생물들을 직접 관찰하며 자연의 신비를 체험할 수 있다. 특히 '에코리움'은 열대, 사막, 지중해, 온대, 극지 등 5대 기후대별 생태계를 재현한 실내 전시관으로 각 기후대에 서식하는 동식물을 실제 환경과 유사하게 조성하여 아이들이 생태계를 직접 경험할 수 있다. 덕분에 한겨울에도 따스한 관람이 가능하며 여름이라면 북극체험도 흥미롭다. 전시뿐 아니라 아이들 눈높이에 맞춘 다양한 생태체험 활동도 제공한다. 전문 해설사와 생태원을 탐방하거나 자연재료를 활용한 만들기 체험을 통해 창의력을 키울 수 있다.

- 충남 서천군 마서면 금강로 1210
- 동절기 09:30~17:00, 하절기 09:30~18:00 **휴무** 월요일(공휴일인 경우 첫 번째 평일)
- 어른 5,000원, 청소년 3,000원, 어린이 2,000원
- 041-950-5300
- www.nie.re.kr
- #체험여행 #생태여행 #생태계 #사막 #열대 #북극체험 #기후위기

함께 둘러봐도 좋아요~

- **주변 여행지** 국립해양생물자원관(www.mabik.re.kr)
- **연계 가능 코스** 서해금빛열차(p.401)
- **키즈프렌들리 맛집** 국가대표해물칼국수 서천본점(칼국수 | 충남 서천군 서천읍 서천역길 82 | 041-951-3778 | 유아 의자)

346
경주 버드파크

경북 경주

연계교과 4~6학년 과학

겨울에도 따뜻한 실내에서 다양한 동물친구들과 교감할 수 있는 곳이다. 알에서 태어났다는 신라 시조 박혁거세 건국신화와 우리나라 최초 동식물원으로 전해지는 월지를 현대적으로 재해석한 이곳은 새둥지 모양의 외관부터 이채롭다. 안으로 들어서면 무려 250여 종에 이르는 새를 직접 만날 수 있으며, 일부 체험장에선 새들이 관람객의 머리와 어깨에 날아와 앉으며 즐거운 교감을 나눈다. 인큐베이터에서 부화하는 아기새들도 직접 관찰할 수 있어 다채로운 경험이 가능하다. 근처 동궁원도 실내 식물원이라 함께 둘러보길 추천한다.

- 경북 경주시 보문로 74-14
- 10:00~19:00
- 대인 20,000원, 소인 15,000원
- 054-777-7200
- www.birdparks.co.kr
- #체험여행 #실내여행지 #조류테마파크 #박혁거세 #월지 #아기새 #동궁원

함께 둘러봐도 좋아요~
- **주변 여행지** 안녕경주야(경북 경주시 보문로 484-7 | 054-740-1560)
- **연계 가능 코스** 경주세계자동차박물관(p.431)
- **키즈프렌들리 맛집** 호반오리 불국사본점(오리주물럭 | 경북 경주시 불국신택지7길 25 | 0507-1432-9999 | 유아 의자)

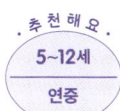

 347

 경북 경주

경주세계자동차박물관

연계교과 4~6학년 과학

세계 최초의 자동차로 평가되는 벤츠 페이턴트 모터바겐을 비롯해 세계 3대 명차로 꼽히는 롤스로이스, 모든 차량을 손수 제작해 하나의 예술작품으로 평가되는 부가티까지 130년 자동차의 역사를 한 자리에서 볼 수 있다. 1층에는 다양한 클래식카들이 전시돼 있고, 2층에는 화려한 디자인의 F1카와 국내 자동차 역사를 대변하는 추억의 포니, 1세대 소나타 등이 볼거리를 더한다. 보문호가 한눈에 들어오는 3층 자동차카페에서 잠시 여유를 즐겨도 좋고, 한쪽에 마련된 놀이공간에서 아이들이 신나게 놀 수도 있다.

- 경북 경주시 보문로 132-22
- 10:00~18:30
- 어른 9,900원, 청소년 8,000원, 어린이 6,600원
- 0507-1441-8926
- carmuseum.co.kr
- #체험여행 #박물관여행 #세계최초의자동차 #롤스로이스 #부가티 #클래식카 #자동차카페

함께 둘러봐도 좋아요~
- **주변 여행지** 키덜트뮤지엄(kidultmuseum.co.kr)
- **연계 가능 코스** 경주 버드파크(p.430)
- **키즈프렌들리 맛집** 보문뜰(떡갈비 | 경북 경주시 경감로 142-3 | 054-775-8251 | 유아 의자)

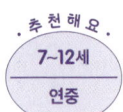

경북 안동

348
경상북도독립운동기념관

연계교과 5~6학년 사회

흔히 안동이나 주변 경북지역을 유교의 고장으로 칭하는데, 나라가 어려움에 처했을 때 주저 없이 목숨을 내놓았던 이들도 선비들이었다. 안동을 중심으로 경북지역에서 배출된 수천 명의 독립운동가들을 소개한 경상북도독립운동기념관은 우리나라 독립운동사를 한자리에서 보는 것은 물론, 우리가 미처 기억하지 못했던 지역의 독립운동가들을 만나 더욱 뜻깊다. 과거 신흥무관학교의 정신과 교육과정을 재현한 체험장에선 미리 홈페이지를 통해 예약하면 활쏘기와 사격, 서바이벌 게임도 즐길 수 있다.

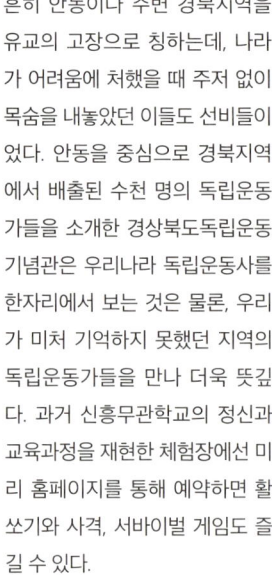

- 경북 안동시 임하면 독립기념관길 2
- 09:00~18:00 **휴무** 월요일, 1월 1일, 설날·추석
- 054-820-2600
- 815gb.or.kr
- #역사여행 #일제강점기 #독립운동 #독립운동가 #신흥무관학교 #사격체험

함께 둘러봐도 좋아요~

- **주변 여행지** 내앞마을 (경북 안동 임하면 내앞길 35)
- **연계 가능 코스** 안동문화관광단지 유교랜드 (p.243)
- **키즈프렌들리 맛집** 산청식당 (간고등어 | 경북 안동시 대석3길 14-1 | 054-841-3211 | 유아 의자)

349 청도소싸움미디어체험관

경북 청도

연계교과 4~6학년 사회

추석 무렵 노동의 고단함을 잊기 위해 주요한 생산수단이었던 황소를 맞붙여 승부를 겨루는 소싸움은 농경사회를 대표하는 놀이문화 중 하나이다. 경상도 일부 지역에선 이 같은 소싸움이 연례적으로 이뤄졌는데, 그중에서도 청도는 "정월 씨름, 팔월 소싸움"이란 말이 있을 만큼 향토문화로서의 소싸움이 원형 그대로 이어지고 있다. 덕분에 매년 전국적인 명성의 소싸움축제가 열리는가 하면, 아예 상설경기장을 두어 주말에 전통방식의 소싸움이 벌어진다. 경기장 옆에는 소싸움미디어체험관이 자리해 청도 소싸움의 유래와 역사, 경기방식 등을 알기 쉽게 설명한다. 소와 줄다리기를 하는 체험도 흥미롭다.

- 경북 청도군 화양읍 남성현로 346
- 09:30~17:30 휴무 월요일
- 어른 3,000원, 청소년 및 어린이 2,000원
- 054-373-9612
- #체험여행 #소싸움 #전통놀이문화 #소싸움경기장 #박물관여행 #소와줄다리기

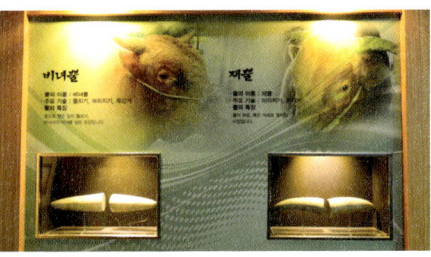

함께 둘러봐도 좋아요~

- **주변 여행지** 청도프로방스 (www.cheongdo-provence.co.kr)
- **연계 가능 코스** 한국코미디타운 (p.253)
- **키즈프렌들리 맛집** 시골집(옹치기) | 경북 청도군 청도읍 고수동5길 18 | 054-373-0303 | 유아 의자

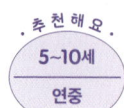

추천해요
5~10세
연중

350
구룡포과메기문화관

경북 포항

연계교과 4~6학년 사회

포항을 대표하는 겨울 먹거리인 과메기를 쉽고 재미있게 풀어낸 공간이다. 과메기의 주요 산지인 구룡포에 자리한 문화관은 과메기의 어원과 문헌기록, 생산과정 등을 알기 쉽게 전시한 것은 물론 70년대 구룡포의 마을 풍경과 실제 꽁치잡이에 이용됐던 목선도 재현해 풍성한 볼거리를 제공한다. 2층과 4층에는 아이들을 위한 해양체험관도 자리하고 있는데 버들치와 볼락 등 물고기를 직접 만져볼 수 있는 터치풀과 신나는 제트스키 라이더, 영상을 활용해 나만의 물고기를 완성하고 모래놀이도 즐겨보는 체험 공간 등이 알차게 꾸며져 있다. 구룡포가 한눈에 들어오는 카페도 자리해 잠시 쉬어가기에도 좋다.

- 경북 포항시 남구 구룡포읍 구룡포길117번길 28-8
- 09:00~18:00 **휴무** 월요일(공휴일인 경우 그다음 날), 1월 1일, 설날·추석
- 054-270-2865
- pohang.go.kr/dept/contents.do?mid=0405010000
- #체험여행 #박물관여행 #과메기 #구룡포 #해양체험관 #터치풀 #제트스키라이더 #모래놀이

함께 둘러봐도 좋아요~
- **주변 여행지** 구룡포근대문화역사거리(경북 포항시 남구 구룡포읍 구룡포길 153-1)
- **연계 가능 코스** 포항운하(p.255)
- **키즈프렌들리 맛집** 대게닷컴(대게 | 경북 포항시 남구 구룡포읍 호미로 148 | 054-284-1774)

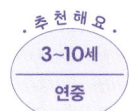

351 거제식물원

경남 거제

연계교과 4~6학년 과학

거제식물원은 국내 최대 규모 돔형 열대온실인 '거제정글돔'을 중심으로 다양한 식물과 생태계를 체험할 수 있는 공간이다. 정글돔 내부에는 300여 종, 1만여 주 열대식물이 식재되어 아이들이 다양한 식물을 직접 관찰하며 자연의 신비를 체험할 수 있다. 돔 내부는 여러 테마로 구성되어 있는데, 석부작 계곡에서는 무릉도원을 모티브로 아름다운 경관을 감상할 수 있고, 암석원에서는 바위산과 같은 독특한 지형을 경험할 수 있다. 특히 커다란 새 둥지 모양 포토존은 사진 촬영지로 인기가 높다. 야외에 대형 미끄럼틀과 실내놀이시설이 자리한 '정글타워'도 아이들이 마음껏 뛰어놀기 좋다.

- 경남 거제시 거제면 거제남서로 3595
- 동절기 09:30~17:00, 하절기 09:30~18:00 **휴무** 월요일(공휴일인 경우 그다음 날), 1월 1일, 설날·추석
- 어른 5,000원, 청소년 4,000원, 어린이 3,000원
- 055-639-6997
- www.geoje.go.kr/gbg
- #체험여행 #정글체험 #정글돔 #겨울에따뜻한여행지 #열대온실 #새둥지 #포토존

함께 둘러봐도 좋아요~

- **주변 여행지** 버드앤피쉬체험장(blog.naver.com/bf5200)
- **연계 가능 코스** 거제꿀벌교육농장(p.131)
- **키즈프렌들리 맛집** 거제샤브농장(샤브샤브 | 경남 거제시 거제면 읍내로 10 | 0507-1463-0663 | 유아 의자, 놀이방)

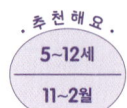

추천해요
5~12세
11~2월

352
고성독수리

연계교과 3~6학년 과학

경남 고성

경남 고성은 매년 겨울 몽골에서 날아온 수백 마리 독수리가 월동하는 서식지로 알려져 있다. 고성독수리체험은 아이들이 겨울 철새를 가까이에서 관찰하며 생태계를 배울 수 있는 특별한 기회다. 지역의 한 미술교사가 버려지는 고기 일부를 독수리에게 먹이로 주면서 형성된 독수리식당이 체험의 중심이다. 체험프로그램에서는 독수리 생태에 대한 설명을 듣고, 철새 보호의 중요성을 배우는 시간을 가진다. 또 망원경을 이용해 독수리를 관찰하고, 독수리 모형을 만들거나 생태해설을 들으며 독수리가 우리 자연에서 어떤 역할을 하는지 배울 수 있다. 독수리가 머무는 겨울철 한정 운영 프로그램이므로 사전 예약이 필수다.

- 경남 고성군 송학리 363-12
- 11~2월 화·목요일, 토·일요일 10:00~12:00 *독수리 이동에 따라 변동 가능
- 1인 15,000원
- 055-672-3223
- www.gsvulture.kr
- #체험여행 #독수리생태탐방 #겨울철새 #몽골 #독수리식당

함께 둘러봐도 좋아요~

- **주변 여행지** 고성박물관(gsmuseum.goseong.go.kr)
- **연계 가능 코스** 고성공룡박물관(p.264)
- **키즈프렌들리 맛집** 바닷가에햇살한스푼(리소토·뇨끼) | 경남 고성군 고성읍 신월로 157 | 0507-1404-6160 | 유아 의자

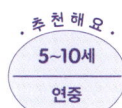

353
밀양한천테마파크

연계교과 3~6학년 과학

경남 밀양

우뭇가사리 등의 홍조식물을 뜨거운 물에 끓여 추출한 액체를 응고시킨 한천은 74% 이상이 식이섬유로 이뤄져 대표적인 다이어트 식품이자 영양 간식으로 꼽힌다. 특히 밀양은 일교차가 심해 겨울 동안 자연에서 동결과 해동, 건조를 거친 고품질의 한천을 생산하는 지역으로 알려져 있다. 우리나라 최초의 한천박물관이 자리한 이곳에선 한천을 이용한 과일 젤리와 묵 만들기 등 다양한 체험프로그램도 운영한다. 체험은 홈페이지를 통해 예약 가능하며, 자연에서 얻은 재료로 직접 음식을 만들면서 과학적 원리를 배울 수 있어 교육적으로도 유익하다. 테마파크 내에는 밀양한천으로 만든 다양한 제품을 만날 수 있는 판매장과 한천을 이용한 음식을 내는 레스토랑도 있다.

- 경남 밀양시 산내면 봉의로 58-31
- 09:00~18:00 *체험프로그램 10:00·11:30·13:00·14:30·16:00
- 어린이 코스(양갱케이크+구슬젤리 or 한천젤리 or 젤리바 or 곤약젤리) 22,000원
- 1577-6526
- miryangagaragar.com
- #체험여행 #박물관여행 #한천박물관 #우뭇가사리 #과일젤리만들기 #한천레스토랑

- **주변 여행지** 트윈터널(경남 밀양시 삼랑진읍 삼랑진로 537-11 | 055-802-8828)
- **연계 가능 코스** 위양지(p.141)
- **키즈프렌들리 맛집** 마중(돈가스·곤약야채비빔밥 | 한천테마파크 내 | 055-354-2137 | 유아 의자)

354
개평마을

연계교과 5~6학년 사회

경남 함양

함양 개평마을은 조선시대 양반 가옥이 그대로 보존된 전통 한옥마을로, 아이들과 함께 과거로 떠나온 듯한 특별한 경험을 할 수 있는 공간이다. 100년이 넘은 한옥 60여 채가 남아있어 조선시대 생활상을 엿볼 수 있으며, 특히 성리학자인 정여창 선생의 생가인 일두고택이 자리해 역사적 의미도 크다. 아이들은 마을을 걸으며 한옥의 구조와 전통가옥의 특징을 직접 체험할 수 있으며 사랑채와 안채, 사당 등을 둘러보며 조선시대 사람들의 생활을 상상해보는 것도 흥미롭다. 또 투호놀이, 제기차기, 윷놀이 등 전통놀이 체험도 가능해 아이들이 전통문화를 재미있게 배울 수 있다. 일부는 민박을 운영해 한옥에서 하룻밤 묵으며 고택 체험을 할 수도 있다.

📍 경남 함양군 지곡면 개평길 59
📞 055-963-9645
🏷 #체험여행 #한옥마을 #전통마을 #시간여행 #고택체험 #전통놀이

- **주변 여행지** 남계서원(경남 함양군 남계서원길 8-11)
- **연계 가능 코스** 거창 항노화힐링랜드(p.137)
- **키즈프렌들리 맛집** 갑을식당(소불고기 | 경남 함양군 함양읍 함양로 1104-1 | 055-962-3540 | 유아 의자)

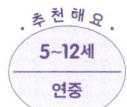

355
부산영화체험박물관

 부산

연계교과 3·6학년 국어 | 4학년 사회 | 5학년 미술

'영화의 도시' 부산에 자리한 체험박물관으로 영화가 만들어지는 과정을 직접 체험하고, 영화 속 주인공이 되는 특별한 경험을 할 수 있다. 박물관에서는 크로마키를 활용한 특수촬영 체험이 가능해 영화 속 장면을 재현해볼 수 있다. 또한 VR체험존에서는 공룡시대나 우주공간을 탐험하며 영화 속 배경을 실감나게 체험할 수 있다. 실제 영화 세트장에서 연기를 해보거나 애니메이션 더빙을 직접 해보며 영상 제작과정을 쉽게 이해할 수 있다. 전시 공간에서는 영화의 역사와 발전 과정도 배울 수 있는데 영화 필름이 어떻게 만들어지는지, 특수효과는 어떤 원리로 작동하는지 다양한 전시물을 통해 배워볼 수 있다.

- 📍 부산 중구 대청로126번길 12
- 🕐 10:00~18:00 **휴무** 월요일, 1월 1일, 설날·추석
- 💰 어른 10,000원, 청소년 및 어린이 7,000원
- 📞 0507-1377-4201
- 🌐 busanbom.kr
- \# #체험여행 #영화도시 #영화제작 #영화탐험 #영화놀이터 #영화마을 #실내여행지

함께 둘러봐도 좋아요~
- **주변 여행지** 부산타워(부산 중구 용두산길 37-30)
- **연계 가능 코스** 임시수도기념관(p.370)
- **키즈프렌들리 맛집** 이재모피자 본점(피자 | 부산 중구 광복중앙로 31 | 051-255-9494 | 유아 의자)

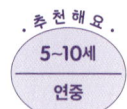

356 해운대블루라인파크

부산

연계교과 3·5학년 사회 | 4·6학년 과학

해운대블루라인파크는 부산 해운대를 지나는 옛 동해남부선 철도를 관광형으로 개조한 해안열차다. 미포에서 송정까지 이어지는 4.8km 구간을 따라 '해변열차'와 '스카이캡슐'을 타고 푸른 바다와 해안 절경을 감상한다. 해변열차는 바다와 가까운 구간을 천천히 달리며 해운대와 청사포, 송정해수욕장의 풍경을 한눈에 담을 수 있도록 설계되어 있으며 빈티지한 객차 내부에서 창밖을 바라보며 기차여행을 즐길 수 있다. 스카이캡슐은 미포에서 청사포까지 2km 구간을 공중 레일을 따라 이동하는 캡슐형 차량으로, 바다 위를 떠다니는 듯한 기분을 느끼게 한다. 가족끼리 단독으로 이용할 수 있어 조용하고 여유로운 시간을 보낼 수 있다. 겨울에는 루돌프 콘셉트의 스카이캡슐이 아이들의 눈길을 사로잡는다.

- 부산 해운대구 청사포로 116
- 해변열차(미포 출발) 동절기 09:30~19:00, 비수기 09:30~19:30, 성수기 09:30~20:30, 극성수기 09:30~21:30 *당일 예약 불가
- 해변열차(1회) 8,000원, 스카이캡슐 편도(4인) 50,000원
- 051-701-5548
- www.bluelinepark.com
- #체험여행 #기차여행 #해변열차 #스카이캡슐 #해운대 #오션뷰

함께 둘러봐도 좋아요~
- 주변 여행지 해운대 달맞이길 (부산 해운대구 달맞이길 190)
- 연계 가능 코스 국립부산과학관 (p.271)
- 키즈프렌들리 맛집 미포집 해운대본점(솥밥) | 부산 해운대구 달맞이길62번길 3 | 0507-1382-2205 | 유아 의자

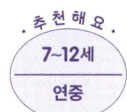

357
이영춘가옥

전북 군산

연계교과 3~6학년 사회

이영춘가옥은 1920년대 일본인 대지주 별장으로 지어졌으며, 해방 후 한국 농촌의료의 선구자로 꼽히는 이영춘 박사가 거주하면서 그의 이름을 따르게 된 역사 건축물이다. 한국, 일본, 서양 건축 양식이 혼합된 독특한 구조를 갖추고 있어 아이들과 함께 다양한 건축문화를 배울 수 있다. 가옥 내부에는 서양식 응접실, 일본식 다다미방, 한국식 온돌방이 조화를 이루고 있으며, 이영춘 박사의 생애와 업적을 소개하는 전시관으로 활용되고 있다. 해설사도 상주하고 있어 '한국의 슈바이처'로 불릴 만큼 농촌의료 개선과 공공보건을 위해 힘쓴 이영춘 박사의 삶을 배우고, 봉사와 희생의 의미를 되새길 수 있다.

- 전북 군산시 동개정길 7
- 10:00~17:00 *휴게시간 12:00~13:00 **휴무** 월요일, 1월 1일, 설날·추석
- 063-452-8884
- #역사여행 #체험여행 #근대역사 #근대건축 #이영춘박사 #한국의슈바이처

함께 둘러봐도 좋아요~

- **주변 여행지** 채만식문학관(museum.gunsan.go.kr/new/contents/exhibition401.jsp)
- **연계 가능 코스** 군산시간여행마을(p.374)
- **키즈프렌들리 맛집** 빈해원(중식 | 전북 군산시 동령길 57 | 063-445-2429 | 좌식테이블)

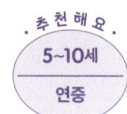

358
태권도원

전북 무주

연계교과 3·5학년 사회 | 4·6학년 과학

태권도를 단순한 스포츠 종목이 아니라 우리의 자랑스러운 문화유산으로서 이해할 수 있는 공간으로, 태권도를 배우는 아이들이라면 더없이 반가워 할 곳이다. 세계 최초이자 최대 규모인 태권도박물관은 태권도의 역사와 문화적 가치, 그리고 대한민국뿐 아니라 세계인이 함께 즐기는 스포츠가 되기까지의 과정을 알기 쉽게 설명하고 있다. 태권도체험관에선 가상체험을 하는데, 마치 게임을 하듯 미션 하나하나를 수행하는 과정이 아이들로 하여금 짜릿한 성취감을 맛보게 한다. 상설공연장인 T1에선 오전 11시와 오후 2시에 멋진 시범공연도 만나볼 수 있다.

- 전북 무주군 설천면 무설로 1482
- 10:00~18:00 **휴무** 월요일, 1월 1일, 설날·추석
- 063-320-0114
- www.tpf.or.kr/t1
- #역사여행 #체험여행 #박물관여행 #태권도 #태권도박물관 #태권도체험관 #태권도공연

함께 둘러봐도 좋아요~
- **주변 여행지** 무주반디랜드(tour.muju.go.kr/bandiland)
- **연계 가능 코스** 진안홍삼스파(p.444)
- **키즈프렌들리 맛집** 나무와그릇(카페 | 전북 무주군 설천면 길산리 1 | 010-3786-8274 | 좌식테이블)

359
학산숲속시집도서관

연계교과 1~5학년 국어

전북 전주

학산숲속시집도서관은 숲속에서 시를 감상하고 자연을 느낄 수 있는 특별한 공간이다. 산책로를 걸으며 시 한 구절을 읽고, 마음에 와닿는 글귀를 필사하며 아이들이 문학과 친숙해지는 곳이다. 도서관 내부는 커다란 창으로 둘러싸여 있어 사방으로 숲의 풍경이 펼쳐진다. 곳곳에 비치된 시집을 자유롭게 읽을 수 있으며, 아이들은 시를 필사하거나 직접 짧은 시를 써볼 수도 있다. 도서관 한쪽 문학 자판기의 버튼을 누르면 짧은 시나 문학 작품의 일부가 출력된다. 랜덤 출력된 시구를 읽으며 문학에 대한 흥미를 키울 수 있다. 유리창 너머 계절마다 변하는 풍경 속에서 독서를 즐기다 보면 자연스럽게 감성이 자라고, 문학이 더 친근하게 다가온다. 특히 겨울 설경이 무척 아름답다. 책을 읽고 난 후에는 아이들과 함께 가장 인상 깊었던 시를 공유하며 이야기를 나누는 것도 좋은 방법이겠다.

- 전북 전주시 완산구 평화동2가 산81
- 09:00~17:00 **휴무** 월요일
- 063-714-3525
- #체험여행 #숲속도서관 #숲뷰 #시집도서관 #감성필사 #문학자판기

함께 둘러봐도 좋아요~
- **주변 여행지** 서학예술마을도서관(전북 전주 완산구 서학로 12-1)
- **연계 가능 코스** 오성한옥마을(p.158)
- **키즈프렌들리 맛집** 대하반점(중식 | 전북 전주시 완산구 평화11길 11 | 0507-1494-8790 | 유아 의자)

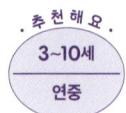

추천해요
3~10세
연중

360
진안홍삼스파

연계교과 3~6학년 과학

전북 진안

마이산의 아름다운 풍광을 배경으로 아이들이 좋아하는 물놀이는 물론 특별한 힐링스파를 즐길 수 있는 공간이다. 따뜻한 온열베드에 앉아 홍삼거품으로 마사지를 즐기는 태극존과 엄마의 뱃속처럼 편안함을 느낄 수 있는 사운드플로팅, 멸균건조한 개똥쑥으로 몸을 따뜻하게 만들어주는 허브테라피 등 이색체험들이 가득하다. 스파 입장객들은 반드시 수영복을 착용해야 하며 바데풀에서 물놀이를 할 때는 수영모자도 필수다. 각 체험마다 정해진 시간과 인원이 있기 때문에 미리 리스트에 이름을 올려두고 대기하는 동안 물놀이를 하면 시간을 효율적으로 사용할 수 있다. 바로 옆에 숙소도 함께 운영하고 있다.

- 전북 진안군 진안읍 외사양길 16-10
- 비수기 09:00~18:00, 성수기 09:30~20:00 *동시수용인원 300명 이상 시 입장 제한
- 주중 대인 39,000원, 소인 30,000원, 주말 대인 43,000원, 소인 34,000원
- 1588-7597
- www.redginsengspa.co.kr
- #체험여행 #힐링여행 #마이산 #홍삼거품 #태극존 #허브테라피 #물놀이 #수영복필수

함께 둘러봐도 좋아요~

- **주변 여행지** 마이산 탑사 (전북 진안군 마령면 마이산남로 367 | 063-433-0012)
- **연계 가능 코스** 학산숲속시집도서관 (p.443)
- **키즈프렌들리 맛집** 초가정담(더덕정식) | 전북 진안군 마령면 마이산남로 213 | 063-432-2469 | 유아 의자)

추천해요
7~12세
연중

361
목포근대역사관

전남 목포

연계교과 3~6학년 사회

1897년 목포항 개항과 함께 밀려들어온 일본인들은 일제강점기에 이르러 잔혹한 수탈과 억압을 일삼는다. 지금의 목포역을 중심으로 일본인들의 집단 거주지도 형성되었는데, 당시 일본영사관과 동양척식주식회사로 사용되었던 건물은 현재 목포근대역사관 1관과 2관으로 바뀌어 목포의 과거를 살펴볼 수 있는 중요한 공간이 되었다. 이곳에서는 일제강점기의 비극적인 역사자료는 물론 태평양전쟁 당시 조성된 방공호도 만나볼 수 있다. 입구에서 해설을 요청하면 아이들의 눈높이에 맞게 건물의 역사와 전시물에 대한 친절한 설명도 들을 수 있다.

- **1관** 전남 목포시 영산로29번길 6
  2관 전남 목포시 번화로 18
- 09:00~17:30 **휴무** 월요일
- 성인 2,000원, 청소년 1,000원, 초등학생 500원
- **1관** 0507-1438-0462
  2관 0507-1371-8728
- #역사여행 #박물관여행 #일제강점기 #일본영사관 #동양척식주식회사 #방공호

함께 둘러봐도 좋아요~

- **주변 여행지** 이훈동정원 (전라남도 목포시 유동로 63 | 061-244-2529)
- **연계 가능 코스** 목포해상케이블카 (p.168)
- **키즈프렌들리 맛집** 유달콩물 (콩국수·비빔밥 | 전남 목포시 호남로58번길 23-1 | 061-244-5234 | 유아 의자)

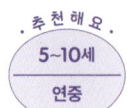

362 득량역 추억의 거리

전남 보성

연계교과 3~6학년 사회

득량역 근처에 마련된 '추억의 거리'는 개인 수집품으로 꾸며진 거리 박물관이다. 이곳에서 40년 넘게 이발소와 다방을 운영하고 있는 어르신 내외와 아들이 함께 아이디어를 냈다고 한다. 엄마, 아빠의 어릴 적 추억이 고스란히 담긴 '득량국민학교'와 옛 기차역 풍경을 짐작해볼 수 있는 '문화역 득량', 독수리 5형제와 철인 28호가 기다리는 '꾸러기문구', 70~80년대 마을의 만물상으로 통했던 '득량점방' 등이 길목을 따라 이어진다. 행운다방에서는 달콤한 커피 한잔에 잠시 걸음도 쉬어가고 마을의 지나온 이야기도 들을 수 있다.

전남 보성군 득량면 역전길 23-2(행운다방)

#체험여행 #감성여행 #간이역 #득량역 #거리박물관 #득량초등학교 #득량점방 #행운다방

- **주변 여행지** 비봉공룡공원(bibongdinopark.com)
- **연계 가능 코스** 율포해수녹차센터(p.447)
- **키즈프렌들리 맛집** 청광도예원(녹차정식 | 전남 보성군 보성읍 사동길 52-11 | 061-853-4125 | 유아 의자)

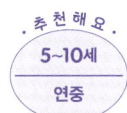

363 율포해수녹차센터

전남 보성

연계교과 3~4·6학년 과학

율포해수욕장에 자리잡은 노천해수탕으로 가격 대비 다양한 시설을 즐길 수 있어 관광객은 물론 현지인들에게도 인기가 많다. 이전에는 실내에서 해수사우나만 가능했던 것과 달리, 리모델링 후에는 수영복을 입고 노천탕에서 아름다운 바다를 감상하며 해수욕을 즐길 수 있다. 겨울에는 노천탕 대부분이 수온을 높여 따뜻하게 운영되고 유아풀도 마련돼 아이들이 놀기 좋다. 수영복 대여도 가능하지만 이용객이 많은 경우 금방 동이 나기 때문에 가능한 미리 준비하길 추천한다. 해수탕 외에도 대형 찜질방과 아이들을 위한 놀이공간도 있어 가족여행지로도 부족함이 없다.

- 전남 보성군 회천면 우암길 21
- 06:00~20:00
- 대인 8,000원, 소인 6,000원 *의류대여비 3,000원
- 061-853-4566
- #체험여행 #해수탕 #노천탕 #가성비 #유아풀 #찜질방 #놀이방

함께 둘러봐도 좋아요~

- **주변 여행지** 대한다원(dhdawon.com)
- **연계 가능 코스** 득량역 추억의 거리 (p.446)
- **키즈프렌들리 맛집** 특미관(떡갈비 | 전남 보성군 보성읍 봉화로 53 | 0507-1359-4545 | 유아 의자)

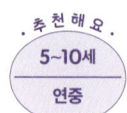

364 영암곤충박물관

전남 영암

연계교과 3~6학년 과학

영암곤충박물관은 다양한 곤충과 파충류를 직접 보고 체험할 수 있는 공간이다. 세계 각국 곤충 표본을 비롯해 장수풍뎅이, 사슴벌레, 나비 등 살아있는 곤충을 관찰하며 자연의 신비를 배울 수 있다. 박물관에서는 곤충의 생태를 쉽게 이해할 수 있도록 해설프로그램을 제공하고 있는데, 단순한 설명보다 우리와 공존하는 생명으로서 곤충과 파충류를 바라보는 따뜻한 시선을 배울 수 있도록 배려한다. '숲속곤충관'에서는 실제 곤충들이 살아가는 모습을 볼 수 있고, '곤충관'에서는 장수풍뎅이와 사슴벌레를 직접 만져보며 생태를 학습할 수 있다. 특히 곤충 표본 만들기 체험은 아이들이 자연을 더욱 가까이 느낄 수 있는 기회다.

- 전남 영암군 영암읍 기찬랜드로 41
- 화~금요일 10:00~17:00, 토·일요일 10:00~18:00 **휴무** 월요일
- 1인 8,000원
- 061-471-4300
- 영암곤충박물관.com
- #체험여행 #박물관여행 #생태여행 #곤충탐험 #파충류탐험 #표본만들기

함께 둘러봐도 좋아요~

- **주변 여행지** 기찬랜드(전남 영암군 영암읍 기찬랜드로 19-10)
- **연계 가능 코스** 강진만생태공원(p.380)
- **키즈프렌들리 맛집** 왕벚165(백숙·찜닭 | 전남 영암군 서호면 왕인로 165 | 061-471-9193 | 좌식테이블)

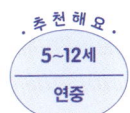

365 미황사

전남 해남

연계교과 3~6학년 사회

달마산을 병풍처럼 두르고 자리한 해남 미황사는 우리나라 최남단의 사찰로 잘 알려져 있다. 13세기 남송의 학자들이 찾아왔다는 기록이 남아 있을 만큼 중국에까지 널리 알려졌던 사찰로 오랜 역사와 전통을 자랑한다. 단청을 덧칠하지 않아 살빛처럼 부드러운 나뭇결이 그대로 남은 대웅보전과 연꽃과 게가 그려진 기둥돌 등 아늑하면서도 이국적인 분위기가 인상적이다. 1년 내내 템플스테이를 운영해 언제든 부담 없이 머물 수 있고 정갈한 숙소와 샤워실, 세탁실 등 편의시설도 잘 갖춰져 있어 아이와 함께 이용하기에도 불편함이 없다.

- 전남 해남군 송지면 미황사길 164
- 061-533-3521
- www.mihwangsa.com
- #역사여행 #체험여행 #감성여행 #달마산 #템플스테이 #대웅보전

함께 둘러봐도 좋아요~

- **주변 여행지** 도솔암 (전남 해남군 송지면 마봉송종길 297-111)
- **연계 가능 코스** 포레스트수목원 (p.291)
- **키즈프렌들리 맛집** 월송한우촌 삼산점(불고기) | 전남 해남군 삼산면 고산로 540 | 061-533-2955 | 유아 의자

Special Page

제주

언제 떠나도 좋은

① 거문오름   #걷기여행 #유네스코세계유산

제주에서 가장 긴 용암협곡을 비롯해 화산활동의 흔적이 다양하게 남아있어 유네스코 세계자연유산으로 등재됐다. 홈페이지에서 사전 예약된 탐방객들에 한해 입장 가능하며 당일 예약은 불가하다. 1시간부터 3시간 30분까지 코스 선택이 가능하고 탐방 동안 화장실 이용이 어려워 주의해야 한다. 해설사와 동행하기 때문에 아이들에게도 특별한 경험이 된다.

📍 제주 제주시 조천읍 선교로 569-36   🕐 09:00~13:00 *30분 간격 출발   휴무 화요일, 설날·추석   💰 어른 2,000원, 청소년 및 어린이 1,000원   📞 064-710-8981   🌐 www.jeju.go.kr/wnhcenter/black/black.htm

② 걸어가는 늑대들   #미술관여행 #꼬마화가

어린이 화가로 큰 관심을 모았던 전이수 작가의 감성과 철학이 오롯이 담긴 미술관이다. 어린 시절부터 그림과 글로 세상을 표현해온 작가의 원화들이 곳곳을 채운다. 따뜻한 색감과 일상을 바라보는 특별한 시선이 마치 조용한 대화를 건네듯 마음을 울린다. 예약제로 운영되는 만큼 아이들과 한적한 분위기에서 작품을 온전히 감상할 수 있다.

📍 제주 제주시 조천읍 조함해안로 556   🕐 10:00~19:00   💰 일반 10,000원, 어린이 2,000원 *사전 예약제   📞 010-2592-9482

③ 노루생태관찰원   #체험여행 #노루

웅대한 거친오름을 배경으로 200여 마리의 노루가 자유롭게 뛰노는 모습을 관찰할 수 있다. 노루생태전시관에서 노루의 생태적 특징을 이해하고 상시관찰원에서 직접 먹이도 주며 노루와 한층 가까워진다. 목요일과 주말, 공휴일을 제외한 요일에 나뭇가지 노루 만들기 체험도 운영한다.

📍 제주 제주시 명림로 520   🕐 하절기 09:00~18:00, 동절기 09:00~17:00 | 노루 먹이 주기 체험 09:00~16:00   💰 일반 1,000원, 청소년 600원, 노루 먹이 주기(1회) 1,000원   📞 064-728-3511   🌐 www.jejusi.go.kr/roedeer/main.do

④ 노형수퍼마켙

#혁디어아트 #색깔도둑

우리 일상에서 색깔이 사라진다면 어떻게 될까? 특별한 상상이 현실이 된 이곳은 평범한 슈퍼마켓 문을 여는 순간 전혀 다른 차원이 펼쳐진다. 레트로한 감성을 자극하는 입구를 지나면 거대한 미디어아트 전시 공간이 등장한다. 시즌마다 변하는 테마 전시는 매번 새로운 감동을 선사하고, 빛과 소리로 가득 찬 공간 속에서 아이도 어른도 즐거운 시간을 보낼 수 있다.

📍 제주 제주시 노형로 89 🕘 09:00~19:00 💰 일반 15,000원, 청소년 13,000원, 어린이 10,000원 📞 064-713-1888 🌐 nohyung-supermarket.com

⑤ 돌하르방미술관

#체험여행 #돌하르방

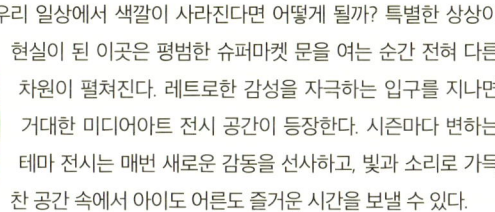

제주 토박이 화가가 꾸민 예술공원으로 곳곳에 다양한 모습의 돌하르방이 자리하고 있다. 전통적인 형태부터 현대적으로 재해석된 친근하고 유머러스한 모습이 아이들의 눈과 마음을 즐겁게 해준다. 아기자기한 카페는 물론, 공방에서 다양한 체험프로그램도 운영한다.

📍 제주 제주시 조천읍 북촌서1길 70 🕘 하절기 09:00~18:00, 동절기 09:00~17:00 💰 성인 7,000원, 소인 5,000원 📞 064-782-0570

⑥ 비양도

#걷기여행 #섬여행

제주도에서 가장 최근에 형성된 화산섬 비양도에는 다양한 모양의 암석들이 자리해 마치 하나의 거대한 돌박물관을 연상시킨다. 비양도에서 자생한다고 하여 이름 붙은 비양나무 군락지 비양봉, 짠 바닷물과 냇물이 만나 이뤄진 펄랑못, 아담하고 예쁜 비양분교까지 걷는 내내 소소한 볼거리가 이어진다. 섬이 작아서 한 바퀴 도는 데 아이들 걸음으로도 2시간이면 충분하다.

📍 제주 제주시 한림읍 한림해안로 146 📞 064-796-7522

⑦ 비자림

#걷기여행 #초록초록

최고 수령 900년에 이르는 오랜 역사의 비자나무 숲이다. 무려 3,000여 그루의 비자나무가 원시의 생명숲 그대로 보존되고 있다. 산책로는 화산송이를 깔아 아이들이 걷기에도 편하다. 이왕이면 시간 여유를 두고 천천히 쉬어가며 천년의 숲이 뿜어내는 맑은 공기를 마음껏 들이켜보길 추천한다.

📍 제주 제주시 구좌읍 비자숲길 55 🕘 09:00~18:00 💰 일반 3,000원, 청소년 및 어린이 1,500원 📞 064-710-7912

⑧ 산양큰엉곶

#감성여행 #곶자왈

동화 속으로 놀러 와!

울창한 숲길과 제주 바다가 만나는 특별한 공간. 오래된 곶자왈을 따라 걷다보면 마치 동화 속을 거니는 듯한 기분이 든다. 한적한 숲속 오솔길, 푸른 바다를 향해 열려있는 전망대, 나무 위에 자리잡은 아기자기한 쉼터까지 곳곳이 포토 스폿이다. 푸른 초원에서는 토끼들이 한가롭게 풀을 뜯고 있어 아이들과 함께 방문하기에 좋다.

📍 제주 제주시 한경면 청수리 956-6 🕘 하절기 09:30~18:00, 동절기 09:30~17:00 💰 일반 8,000원, 청소년 및 어린이 6,000원 📞 0507-1341-4229 🌐 sanyangforest.com

⑨ 선흘리 동백동산

#걷기여행 #동백꽃

제주의 독특한 지형 중 하나인 곶자왈 지대로 각종 식물들이 공생하는 생태숲이다. 특히 겨울부터 봄까지 붉은 동백꽃이 가득 피어나 이름 그대로 동백동산을 이룬다. 탐방코스는 총 5km로 대부분 경사가 완만해 아이와 함께 걷기 좋다. 과거 곶자왈을 배경으로 살았던 이들의 흔적도 잘 남아있어 제주민의 생활사를 이해하는 데도 도움이 된다.

📍 제주 제주시 조천읍 동백로 77 🕘 09:00~18:00 📞 064-784-9446

⑩ 예술곶산양 #미술관여행 #폐교

한때 아이들의 웃음이 가득했던 폐교가 이제는 예술가들의 창작 공간으로 다시 태어났다. 국내외 다양한 예술가들이 머물며 작업하는 레지던시 공간이자 전시와 공연이 열리는 열린 예술 무대이기도 하다. 교실을 개조한 전시관에는 독창적인 작품들이 가득하고, 창밖으로 보이는 제주 풍경은 한 편의 그림처럼 마음을 차분하게 만든다.

📍 제주 제주시 한경면 중산간서로 3181　🕙 10:00~18:00 휴무 월요일, 4·3희생자추념일, 근로자의날, 법정공휴일　📞 064-800-9188
🌐 www.jfac.kr/operatingSpace/sanYang/sanYangGuide

⑪ 용눈이오름 #걷기여행 #오름

사진작가 김영갑이 제주에서 가장 사랑했던 풍경으로 꼽는 용눈이오름은 마치 어머니의 가슴처럼 봉긋하게 솟아오른 아름다운 곡선이 보는 이의 눈길을 사로잡는다. 비교적 완만한 경사 때문에 아이들과 함께 오르기 좋고, 잠시 걸음을 멈추고 돌아보면 사방으로 제주의 웅장한 풍광이 펼쳐진다.

📍 제주 제주시 구좌읍 종달리 산28

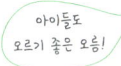

⑫ 저지문화예술인마을 #감성여행 #예술인마을

제주에서 활동 중인 예술가들이 모여 공동체를 형성한 마을로 건물 배치도 자유분방하고 건축물 하나하나 예술가의 개성이 고스란히 드러난다. 주민들이 직접 운영하는 카페나 숙소도 색다르다. 돌담을 따라 천천히 산책하기도 좋고, 입구에 제주현대미술관도 자리하고 있어 다양한 볼거리를 챙길 수 있다.

📍 **제주현대미술관** 제주 제주시 한경면 저지14길 35

⑬ 제주돌문화공원

#체험여행 #박물관여행

제주의 아름다운 자연과 문화가 조화롭게 어우러진 가장 제주다운 공원이다. 제주섬의 형성과정과 기묘한 형태의 제주 자연석들로 역사 속의 돌문화도 자세하게 살펴볼 수 있다. 영국의 스톤헨지를 떠올리게 하는 '전설의 통로' 등 야외전시장에도 볼거리가 풍성해 넉넉히 시간을 두고 관람하길 추천한다.

📍 제주 제주시 조천읍 남조로 2023   🕐 09:00~18:00   **휴무** 월요일, 1월 1일, 설날·추석   💰 일반 5,000원, 청소년 3,500원   📞 064-710-7732~3   🌐 www.jeju.go.kr/jejustonepark

⑭ 제주월령선인장군락지

#걷기여행 #선인장

우리나라 유일의 선인장 자생지로 생태적 가치를 인정받아 천연기념물로 지정됐다. 선인장은 본래 멕시코가 원산지인데, 바닷물에 밀려 온 씨앗이 이곳 월령리 해안에 싹을 틔웠으니 그야말로 놀라운 생명력이라 하겠다. 집집마다 담벼락은 물론 마을 전체가 선인장으로 뒤덮인 신비로운 분위기가 아이들의 흥미를 끌기에도 충분하다.

📍 제주 제주시 한림읍 월령리 359-4 일대

⑮ 귀도

#섬여행 #트레킹

30년 넘게 인간의 발길을 허락하지 않았던 무인도로 지금은 유람선을 이용해 트레킹만 가능하다. 붉은 화산송이가 고스란히 드러난 해안절벽과 시원한 바닷바람을 온몸으로 느끼며 오르게 되는 볼레기언덕, 옛 주민들이 직접 쌓아 만들었다는 등대를 모두 돌아보는 데 1시간이면 충분하다.

📍 제주 제주시 한경면 고산리

무인도는 처음이야!

456

16 탐나라공화국

#감성여행 #제주속남이섬

남이섬을 탄생시킨 강우현 대표가 제주에 또 하나의 예술공간을 꾸몄다. 화산석과 나무를 활용해 만든 조형물이 곳곳에 자리하고, 감각적인 색감의 건축물이 이국적인 분위기를 자아낸다. 덕분에 하나의 거대한 예술작품 속을 여행하는 듯한 기분이 든다. 곳곳에 마련된 포토존 덕분에 아이들과 색다른 사진을 남기기에도 좋다.

📍 제주 제주시 한림읍 한창로 897 🕘 09:00~18:00 ₩ 일반 10,000원, 어린이 5,000원 📞 064-772-2878 🌐 www.jejutamnara.com

구석구석 볼거리가 가득해~

17 하도해변

#걷기여행 #별방진

비교적 덜 알려진 해변이라 작고 소박한 풍경이 인상적이다. 무엇보다 조선시대 왜적의 침입을 막기 위해 쌓은 성곽인 별방진이 일부 남아있어 푸른 바다와 색다른 조화를 이룬다. 성곽을 따라 걷다보면 아담한 마을과 구불구불한 돌담이 한눈에 펼쳐진다.

📍 별방진 제주 제주시 구좌읍 하도리 3354

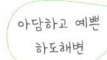

아담하고 예쁜 하도해변

18 한담해안산책로

#걷기여행 #해안산책로

한담에서 곽지에 이르는 1.5km의 해안산책로로 짙푸른 제주 바다를 끼고 약 1시간여를 걷는다. 수려한 해안절경에 갖가지 모양과 크기의 기암괴석, 계절마다 피고 지는 색색깔의 야생화까지 볼거리도 다양하다. 해안 모양에 따라 구불구불하게 난 길은 아이들도 부담 없이 걸을 수 있을 만큼 완만하고 잘 다듬어져 있다.

📍 제주 제주시 애월읍 애월로 11

⑲ 해녀박물관　　　　#체험여행 #박물관여행

제주의 거친 자연환경을 끈질긴 생명력과 강인한 생활력으로 극복했던 해녀는 세계 무형문화유산으로 등재될 만큼 큰 주목을 받고 있다. 해녀박물관은 이 같은 제주 해녀의 역사와 문화를 다양한 자료들을 통해 정리해놓았다. 어린이체험관도 자리하고 있어 아이들도 제주와 해녀문화를 이해하는 데 큰 도움이 된다.

제주 제주시 구좌읍 해녀박물관길 26　09:00~18:00　휴무 첫째·셋째 주 월요일, 1월 1일, 설날·추석　성인 1,100원, 청소년 500원　064-782-9898　www.jeju.go.kr/haenyeo/index.htm

⑳ 환상숲곶자왈공원　　　　#체험여행 #초록초록

제주 특유의 화산지형 위에 다양한 동식물이 어우러진 곶자왈은 한겨울에도 초록빛이 무성할 만큼 신비로운 분위기를 자아낸다. 이곳에선 숲지기와 동행하는 해설프로그램을 운영하는데, 아이들이 곶자왈의 놀라운 생명력을 배우고 자연과 더불어 살아가는 제주 사람들의 지혜를 배울 수 있어 더욱 뜻깊다.

제주 제주시 한경면 녹차분재로 594-1　09:00~18:00　휴무 일요일 오전 *13:00 오픈　일반 및 청소년 5,000원, 어린이 4,000원　064-772-2488　www.jejupark.co.kr

㉑ 김영갑갤러리 두모악　　　　#감성여행 #예술여행

제주를 사랑한 사진작가 김영갑의 작품을 만날 수 있는 공간이다. 작은 폐교를 직접 가꿔서 만든 미술관이라 소박하고 따스한 분위기다. 한동안 운영에 어려움을 겪었으나 작가를 사랑하는 이들의 마음이 모여 재개관했다. 특히 현무암과 흙으로 빚은 인형이 어우러진 정원이 아름답다.

제주 서귀포시 성산읍 삼달로 137　봄·가을 09:30~18:00, 여름 09:30~18:30, 겨울 09:30~17:00 휴무 일·월요일, 1월 1일, 설날·추석　어른 5,000원, 청소년 및 어린이 3,000원　064-784-9907　www.dumoak.com

㉒ 마라도

#섬여행 #짜장면시키신분

대한민국 최남단에 위치한 작은 섬으로, 거센 파도와 바람이 빚어낸 거친 자연경관이 매력적이다. 섬을 한 바퀴 도는 데 1시간이면 충분하지만, 곳곳에 숨겨진 절경과 독특한 풍경이 발길을 멈추게 한다. 푸른 바다를 배경으로 우뚝 선 등대와 '마라도 최남단비'는 인증샷 명소로 인기. 바다를 품은 작은 성당과 소박한 마을 풍경도 특별한 감성을 더한다. 무엇보다 이곳에서 맛보는 짜장면 한 그릇은 여행의 색다른 즐거움이 된다.

📍 제주 서귀포시 대정읍 마라도길 10

㉓ 무민랜드 제주

#사랑해무민 #아기자기

핀란드의 사랑스러운 캐릭터 무민이 제주에 찾아왔다. 국내 최초 무민하우스 전시는 마치 무민의 세계에 들어온 듯한 착각을 부른다. 무민하우스를 비롯해 미디어아트, 아트 체험, 무민 카페, 기프트숍, 무민 정원 등 다양한 공간으로 구성돼 있다. 아이는 물론 어른도 무해한 동심의 세계에 빠져들기 좋다.

📍 제주 서귀포시 안덕면 병악로 420 🕐 10:00~18:00 휴무 화요일 *공휴일인 경우 운영 💰 성인 15,000원, 청소년 14,000원, 어린이 12,000원 📞 064-794-0420 🌐 www.moominlandjeju.co.kr

㉔ 서귀포 치유의 숲

#감성여행 #편백숲

울창한 편백나무와 삼나무 숲길을 따라 천천히 걸으며 몸과 마음을 치유할 수 있는 공간이다. 곳곳에 쉼터가 마련되어 있어 아이들과 여유롭게 자연을 감상하기 좋다. 숲 해설프로그램과 치유 체험프로그램도 운영해 자연과 더욱 가까이 할 수 있는 기회가 된다.

📍 제주 서귀포시 산록남로 2271 🕐 하절기 08:00~16:00, 동절기 09:00~16:00 💰 성인 1,000원, 청소년 600원 *1일 수용인원 600명, 사전 예약 필수 📞 064-760-3067 🌐 eticket.seogwipo.go.kr/contents?bmcode=heel

25 안덕계곡

#자연체험 #상록수림

천연기념물로 지정된 상록수림이 마치 요정들이 숨어 살 것처럼 신비스러운 풍광을 자랑한다. 한여름엔 하늘을 가릴 만큼 빽빽하게 우거진 숲과 계곡 전체를 감싸고 도는 시원한 바람 덕분에 특별한 피서지가 되어준다. 산책로 아래는 물이 흐르는 너럭바위 지대라 아이들이 미끄러지지 않도록 주의가 필요하다.

📍 제주 서귀포시 안덕면 일주서로 1524   📞 064-794-9001

26 오조포구

#감성여행 #성산일출봉

오조리는 성산일출봉을 배경으로 잔잔한 바다가 펼쳐진 조용한 어촌마을이다. 유명 항구와 달리 한적한 분위기가 매력적인데, 특히 해 질 무렵 포구 너머로 붉게 물드는 노을이 장관을 이룬다. 아이들과 바닷가를 따라 천천히 걸으며 제주의 고즈넉한 정취를 만끽하기에 더없이 좋다.

📍 제주 서귀포시 성산읍 오조로80번길 47

27 이중섭거리

#예술여행 #역사여행

전쟁으로 얼룩진 불운한 시대를 가난하지만 뜨겁게 살다 간 천재화가 이중섭의 흔적을 만나볼 수 있는 거리다. 그의 작품이 전시된 미술관을 비롯해 피난시절 사랑하는 가족과 함께 머물렀던 작은 집도 고스란히 남아있다. 주말에는 거리 곳곳에서 플리마켓이 열려 개성 넘치는 젊은 예술가들도 만나볼 수 있다.

📍 이중섭미술관 제주 서귀포시 이중섭로 33

㉘ 제주 항공우주박물관

#박물관여행 #꼬마파일럿

실제 항공기와 인공위성 모형, 우주탐사 장비 등이 전시되어 아이들은 물론 어른들에게도 흥미로운 체험 공간이다. 시즌에 따라 다양한 체험프로그램을 운영하며 이동천문관측대를 활용한 우주캠프는 이색 가족여행으로 손색없다. 영유아를 위한 체험존도 운영하고 있어 연령대별로 알차게 관람할 수 있다.

📍 제주 서귀포시 안덕면 녹차분재로 218　🕐 09:00~18:00 **휴무** 매월 셋째 주 월요일　💰 일반 10,000원, 청소년 9,000원, 어린이 8,000원
📞 064-800-2000　🏠 www.jdc-jam.com

㉙ 조랑말체험공원

#승마체험 #말똥쿠키

가시리는 조선시대 최고의 말을 사육했던 갑마장이 있었던 마을로 조랑말체험공원은 바로 그 자리에 제주의 600년 목축문화를 고스란히 담아낸 복합문화공간으로 조성되었다. 말과 관련된 유물도 관람하고 직접 말을 타보는 승마체험은 물론 카페에서 말똥쿠키 만들기도 가능하다.

📍 제주 서귀포시 표선면 녹산로 381-17　🕐 하절기 10:00~18:00, 동절기 10:00~17:00　📞 064-787-0960　🏠 www.jejuhorsepark.co.kr

㉚ 하효살롱

#체험여행 #감귤디저트만들기

하효마을 주민들이 직접 운영하는 이곳에서는 감귤을 활용한 다양한 디저트를 맛보고, 직접 만들어볼 수도 있다. 갓 구운 감귤 타르트와 달콤한 감귤칩과즐 만들기는 이곳의 대표프로그램. 천혜향과 한라봉 등 시즌에 따라 귤청을 만드는 체험도 운영해 1년 내내 아이들과 상큼한 체험을 즐길 수 있다.

📍 제주 서귀포시 효돈순환로 217-8　🕐 09:00~18:00 **휴무** 일요일　💰 감귤칩과즐·감귤타르트 만들기 20,000원　📞 064-733-8181
🏠 www.하효맘.com

인덱스

숫자·영어
365세이프타운 · 220
3917마중 · 167
DMZ박물관 · 323

ㄱ
간절곶 · 275
감천문화마을 · 149
감추해수욕장 · 83
강릉솔향수목원 · 199
강진만생태공원 · 380
강화역사박물관 · 412
개평마을 · 438
거문오름 · 452
거제 맹종죽테마파크 · 261
거제꿀벌교육농장 · 131
거제식물원 · 435
거제파노라마케이블카 · 132
거제포로수용소유적공원 · 133
거창 항노화힐링랜드 · 137
걸어가는 늑대들 · 452
경교장 · 51
경상남도안전체험관 · 148
경상북도독립운동기념관 · 432
경암동 철길마을 · 375
경주 버드파크 · 430

경주 솔거미술관 · 347
경주 양동마을 · 114
경주세계자동차박물관 · 431
계족산 황톳길 · 100
고라데이마을 · 223
고랑포구역사공원 · 410
고려청자박물관 · 283
고석정 · 216
고성공룡박물관 · 264
고성독수리 · 436
고창고인돌박물관 · 154
골굴사 · 115
공곶이수목원 · 134
공룡알 화석산지 · 320
공산성 · 103
공주 원도심 투어 · 104
광명동굴 · 406
광주 펭귄마을 · 161
교동도 대룡시장 · 413
구례5일시장 · 163
구룡포과메기문화관 · 434
구미에코랜드 · 237
구와우마을 · 219
국립경찰박물관 · 180
국립나주박물관 · 284
국립백두대간수목원 · 350
국립부산과학관 · 271
국립생태원 · 429
국립서울현충원 · 50
국립수목원 · 318
국립한글박물관 · 294
국립항공박물관 · 398

국립해양과학관 · 250
국립현대미술관 청주 · 228
군산시간여행마을 · 374
군위 한밤마을 · 362
권정생동화나라 · 120
기점·소악도 · 390
김영갑갤러리 두모악 · 458
김천 추풍령테마파크 · 116
김천녹색미래과학관 · 238

ㄴ

나는 숲이다 · 426
나리분지 · 123
나전역 · 212
나주학생독립운동기념관 · 166
나폴리농원 · 267
난계국악박물관 · 336
남사예담촌 · 366
남원 백두대간트리하우스 · 279
남원다움관 · 155
남원시립 김병종미술관 · 156
남해 독일마을 · 365
남해보물섬전망대 · 265
낭도 · 286
내포보부상촌 · 108
노루생태관찰원 · 452
노추산 모정탑길 · 79
노형수퍼마켙 · 453
능주역 · 395

ㄷ

다랭이마을 · 139
단군성전 · 295
달빛소리수목원 · 281
당림미술관 · 107
대가야역사테마관광지 · 236
대관령양떼목장 · 92
대관령하늘목장 · 423
대구미술관 · 257
대둔산 · 376
대전근현대사전시관 · 338
덕산기계곡 · 213
도담삼봉 · 224
도산서원 · 353
도깨비골 스카이밸리·해랑전망대 · 324
독도 · 125
돈의문박물관마을 · 296
돌하르방미술관 · 453
동강전망자연휴양림 · 214
동구릉 · 67
동의보감촌 · 266
뒷뜨루 · 414
드라마 최참판댁 촬영지 · 367
득량역 추억의 거리 · 446
등기산스카이워크 · 126

ㄹ

라디오스타박물관 · 418
로미지안가든 · 330
르꼬따쥬 · 80

인덱스 463

ㅁ

마라도 · 459
마비정 벽화마을 · 363
마을호텔 18번가 · 419
만항재 · 331
맨션애플트리 · 352
맹개마을 · 354
메종카누네 · 326
목아박물관 · 313
목포근대역사관 · 445
목포해상케이블카 · 168
몽토랑산양목장 · 333
무민랜드 제주 · 459
무섬마을 · 121
무안황토갯벌랜드 · 386
문경단산 관광모노레일 · 349
문경새재도립공원 · 118
문경에코월드 · 240
문화역서울284 · 298
물맑음수목원 · 68
뮤지엄 산 · 88
미인폭포 · 205
미황사 · 449
밀양한천테마파크 · 437

ㅂ

바우지움조각미술관 · 202
발왕산 관광케이블카 · 424
배다리헌책방골목 · 321
백두대간협곡열차 · 242
백운동정원 · 381

베어트리파크 · 102
별마로천문대 · 210
별별미술마을 · 122
병방치스카이워크 · 215
보광미니골프장 with 카페18홀 · 84
봉정사 · 356
부산시티투어 야경코스 · 272
부산영화체험박물관 · 439
부소산성 · 339
부여왕릉원 · 340
북서울꿈의숲 · 52
북한산둘레길 우이령길 · 299
비양도 · 453
비자림 · 454
빙계계곡 · 251
뿌리공원 · 101
쁘띠포레 · 70

ㅅ

사량도 · 144
사명대사공원 · 348
사천케이블카 자연휴양림 · 142
산속등대 · 377
산양큰엉곶 · 454
산정호수 썰매축제 · 411
삼례문화예술촌 · 378
삼성궁 · 269
삼성현역사문화공원 · 346
삼성화재 모빌리티뮤지엄 · 194
삼진어묵체험관 · 150
삼탄아트마인 · 420

상도문돌담마을 · 85
상주 자전거박물관 · 119
생일도 · 393
서귀포 치유의 숲 · 459
서대문형무소역사관 · 53
서도역 · 157
서소문성지역사박물관 · 399
서울교육박물관 · 300
서울상상나라 · 181
서울새활용플라자 · 54
서울시립 북서울미술관 · 301
서울약령시한의약박물관 · 182
서울에너지드림센터 · 55
서울풍물시장 · 400
서해금빛열차 · 401
석파정 서울미술관 · 302
선농단역사문화관 · 183
선도 · 172
선비촌 · 357
선암사 · 169
선유도 · 278
선유도공원 · 303
선흘리 동백동산 · 454
설악케이블카 · 417
섬이정원 · 140
섬진강기차마을 · 382
섬진강도깨비마을 · 162
세종대왕릉 · 72
소금산그랜드밸리 · 325
속삭이는자작나무숲 · 328
속초시립박물관 · 207
송광사 · 384

송도해상케이블카 · 273
송암스페이스센터 · 192
송파책박물관 · 184
수암골 · 95
수양개빛터널 · 225
순매원 · 143
순천 낙안읍성 · 387
순천만국가정원 · 388
신리성지 · 105
신장쇼핑몰 · 75
신전뮤지엄 · 258
심우장 · 56

ㅇ

아그로랜드 태신목장 · 109
아르카북스 책방 · 317
아미미술관 · 229
아야진해수욕장 · 203
아침고요수목원 오색별빛정원전 · 404
아홉산숲 · 151
안덕계곡 · 460
안동문화관광단지 유교랜드 · 243
안면도쥬라기박물관 · 232
안산자락길 · 58
안성맞춤랜드 · 309
안성팜랜드 · 69
안양예술공원 · 71
앞산공원전망대 · 259
애기봉평화생태공원 · 407
애니메이션박물관 · 421
양남주상절리 · 113

양주시립 장욱진미술관 · 312
연천전곡리유적 · 73
연필뮤지엄 · 416
영덕 고래불국민야영장 · 244
영덕풍력발전단지 · 246
영암곤충박물관 · 448
영월 청령포 · 87
영종도 씨사이드파크 · 196
영천전투메모리얼파크 · 247
예술곶산양 · 455
예술랜드 · 288
예천곤충생태원 · 358
오대호아트팩토리 · 98
오성한옥마을 · 158
오조포구 · 460
옥녀봉 그리팅맨 · 314
옥산서원 · 235
옥화마을 · 135
왕궁리 유적 · 379
외고산옹기마을 · 372
외도 보타니아 · 262
외암민속마을 · 344
외옹치바다향기로 · 208
용눈이오름 · 455
우리옛돌박물관 · 57
운림산방 · 174
울릉역사문화체험센터 · 124
웅도 · 342
위양지 · 141
유기방가옥 · 106
유리섬박물관 · 408
윤동주문학관 · 304

율포해수녹차센터 · 447
은성농원 · 345
을숙도생태공원 낙동강하구에코센터 · 371
의림지 · 226
의성조문국박물관 · 252
이상원미술관 · 91
이영춘가옥 · 441
이외수문학관 · 222
이응노의 집 · 112
이중섭거리 · 460
이화동 벽화마을 · 305
익산 교도소세트장 · 280
인제스피디움 · 329
인천어린이과학관 · 198
임시수도기념관 · 370
임실치즈테마파크 · 159
임진각 관광지 · 76

ㅈ

자은도 · 392
장도 · 289
장사도 해상공원 까멜리아 · 145
장생포 고래문화특구 · 276
저도 · 136
저지문화예술인마을 · 455
전곡항 · 195
전일빌딩245 · 282
전혁림미술관 · 268
젊은달와이파크 · 86
정남진 장흥물축제 · 290
정남진 편백숲 우드랜드 · 394

정동길 · 306
정동진조각공원 · 200
정선아리랑열차 · 332
정약용유적지 · 190
제이드가든 · 90
제주 항공우주박물관 · 461
제주돌문화공원 · 456
제주월령선인장군락지 · 456
제천 배론성지 · 93
제천기차마을 · 227
조랑말체험공원 · 461
조명박물관 · 409
종로구립 박노수미술관 · 60
주왕산 · 360
죽도 상화원 · 230
죽변해안스카이레일 · 127
중남미문화원 · 65
중앙탑사적공원 · 99
증도 소금박물관 · 285
지리산치즈랜드 · 164
지산유원지 · 160
진도개테마파크 · 176
진도타워 · 177
진안홍삼스파 · 444
진영역철도박물관 · 138
짚라인문경 · 239

ㅊ

차귀도 · 456
차이나타운 · 322
참소리에디슨손성목영화박물관 · 415

창덕궁 · 61
책마을해리 · 373
천개의향나무숲 · 165
천리포수목원 · 234
천부 해중전망대 · 248
천상의정원 수생식물학습원 · 337
천안 유관순열사유적 · 111
철도박물관 · 74
철원역사문화공원 · 217
청계천박물관 · 186
청남대 · 97
청도소싸움미디어체험관 · 433
청라언덕 · 129
청산도 · 173
청옥산 육백마지기 · 221
청와대사랑채 · 187
청주 운보의 집 · 96
청풍호반케이블카 · 94
초량이바구길 · 152
추전역 · 422
충의사 · 110
칠곡 가산산성야영장 · 128
칠곡호국평화기념관 · 254

ㅋ

캠프그리브스역사공원 · 315
크라운해태키즈뮤지엄 · 188
클레이아크 김해미술관 · 364

ㅌ

탐나라공화국 · 457
태권도원 · 442
태종대 · 274
통영 삼도수군통제영 · 146
통인시장 · 62

ㅍ

파주 이이 유적 · 316
퍼플섬 · 170
포레스트수목원 · 291
포천아트밸리 · 78
포항운하 · 255

ㅎ

하늬라벤더팜 · 204
하도해변 · 457
하동 차마실 · 147
하동레일바이크 · 368
하슬라아트월드 · 81
하이원추추파크 · 206
하이커 그라운드 · 402
하효살롱 · 461
학산숲속시집도서관 · 443
학성리공룡발자국화석산지 · 231
한국마사회 원당목장 · 66
한국만화박물관 · 191
한국조폐공사 화폐박물관 · 428
한국코미디타운 · 253
한담해안산책로 · 457

한반도뗏목마을 · 211
한산모시관 · 341
한양도성박물관 · 308
한탄강지질공원 · 218
함안말이산고분군 · 369
합천영상테마파크 · 270
항동철길 · 63
해녀박물관 · 458
해운대블루라인파크 · 440
행남해안산책로 · 249
향촌문화관 · 260
현대모터스튜디오 고양 · 405
호미곶해맞이광장 · 256
호미반도 해안둘레길 · 361
홍릉숲 · 64
화담숲 · 310
화랑대 철도공원 · 403
화본마을 · 130
화진포 · 82
환상숲곶자왈공원 · 458
활기찬예천활체험센터 · 359
활옥동굴 · 427
황순원문학촌 소나기마을 · 193
효석달빛언덕 · 334
효창공원 · 189
휴휴암 · 209
흰여울문화마을 · 153

• 프리미엄 해외여행 가이드북 •

셀프트래블

셀프트래블은 테마별 일정을 포함한 현지의 최신 여행정보를
감각적이고, 실속 있게 담아낸 프리미엄 가이드북입니다.

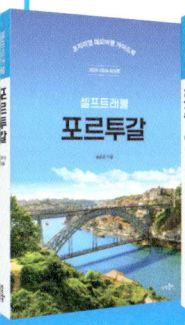

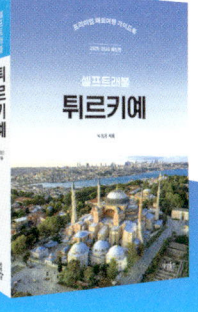

- 01 크로아티아
- 02 이스탄불
- 03 싱가포르
- 04 규슈
- 05 교토
- 06 홍콩·마카오
- 07 라오스
- 08 필리핀
- 09 미얀마
- 10 타이베이
- 11 남미
- 12 말레이시아
- 13 대마도
- 14 오사카
- 15 그리스
- 16 베이징
- 17 프라하
- 18 스페인
- 19 블라디보스토크
- 20 하와이
- 21 미국 서부
- 22 동유럽
- 23 괌
- 24 뉴욕
- 25 나고야
- 26 다낭
- 27 도쿄
- 28 타이완
- 29 이탈리아
- 30 방콕
- 31 파리
- 32 북유럽
- 33 스위스
- 34 발리
- 35 푸꾸옥·나트랑
- 36 오키나와
- 37 후쿠오카
- 38 런던
- 39 남미 5개국
- 40 독일
- 41 포르투갈
- 42 호주
- 43 홋카이도
- 44 베트남
- 45 튀르키예

www.esangsang.co.kr

상상출판

세상은 '뉴스콘텐츠'와 통한다

뉴스콘텐츠

http://newscontents.co.kr

콘텐츠 뉴스를 공급하고 새로운 트렌드와
콘텐츠 산업계를 연결하는 인터넷 뉴스입니다.

뉴스콘텐츠는 모바일, 영상, SNS 등 디지털 매체를 통한 브랜딩과 콘텐츠 뉴스를 전달합니다.
여행(국내여행, 해외여행, 관광정책, 여행Biz, 동향&트랜드 등),
문화(책, 전시&공연, 음악&미술, 웹툰&웹소설), 연예, 라이프, 경제 등
디지털 매체를 통한 브랜딩과 콘텐츠 뉴스를 전달합니다.

보도자료 및 기사 제보 sscon1@naver.com   광고문의 070-7727-2832